SOMMAIRE

1 LES TESTS PSYCHOTECHNIQUES

Utilisés pour la première fois aux États-Unis en 1916 pour la sélection des soldats de l'armée américaine, les tests psychotechniques se sont aujourd'hui largement répandus. Ils sont employés dans le cadre de nombreuses sélections tant pour l'accès à un emploi que pour l'entrée dans certaines écoles.

1. Capacités évaluées

Les textes définissant les épreuves de tests psychotechniques précisent que « les capacités évaluées par cette épreuve sont essentiellement l'aptitude au raisonnement, à l'analyse et à la synthèse. Cette épreuve permet également de tester la rapidité du candidat et la maîtrise qu'il a de lui-même. Il convient de souligner qu'il s'agit de tests d'efficience et non de tests de projection (test de personnalité) ».

L'efficience intellectuelle se compose de plusieurs capacités telles que le langage, le raisonnement logique, la pensée abstraite, l'attention…

Les tests mesurent de multiples compétences :
- faculté de retenir de nombreux faits ;
- finesse de compréhension des mots et des phrases ;
- capacité à résoudre des problèmes ;
- aptitude à établir des relations logiques entre différentes données…

Chaque épreuve tend à évaluer le niveau de compétence du candidat dans un domaine particulier.

Ajoutons que les qualités généralement appréciées sont l'ouverture d'esprit, l'analyse et la synthèse, la logique et le jugement, l'imagination et la rigueur.

2. Description des épreuves

Les épreuves de tests peuvent se présenter sous deux formes :
- QCM (Questions à choix multiple) avec possibilité de choisir entre plusieurs réponses proposées ;
- QROC (Questions à réponses ouvertes courtes) sans réponses proposées.

Les réponses sont toutes standardisées, c'est-à-dire justes ou fausses, ne donnant lieu à aucune hésitation ou interprétation.

Les scores des candidats seront comparés et permettront d'établir un classement.

Dans les tests psychotechniques, vous pouvez trouver plusieurs types d'exercices :
- les tests d'aptitude verbale (exercices à partir de vocabulaire et d'expressions, exercices d'orthographe, de grammaire…) ;
- les tests d'aptitude numérique (calculs mentaux, estimations, petits problèmes, vérification d'opérations…) ;
- les tests de raisonnement logique (exercices à partir de progressions, de suites…) ;
- les tests d'attention et d'observation (dessins, listes, labyrinthes…).

2

COMMENT FAIRE LA DIFFÉRENCE ET RÉUSSIR ?

La réussite à un concours s'improvise rarement : de l'entraînement en amont au jour « J », on n'est jamais plus serein que lorsqu'on est bien préparé.

1. Pendant la préparation

1.1. S'entraîner efficacement

Pour se préparer efficacement, il est important de mettre les meilleurs atouts de son côté en :
– **disposant du matériel de base** : stylo, brouillon et montre ;
– **révisant les quatre opérations numériques** (addition, soustraction, multiplication, division), faisant les calculs mentalement, approfondissant les techniques de résolution de problèmes, etc. ;
– **se rendant complètement disponible** : la concentration est essentielle ;
– **ne s'enfermant pas dans des certitudes**, en restant ouvert à d'autres raisonnements : ce sont les facultés d'adaptation qui sont mobilisées par les tests ;
– **exerçant au quotidien ses facultés** d'observation, sa mémoire visuelle et auditive.

1.2. Se détendre

Certains facteurs perturbent les mécanismes de travail intellectuel : le stress, l'alcool, la drogue, les antidépresseurs, les somnifères, le manque de sommeil, une mauvaise alimentation… Toute la difficulté consiste donc à trouver un équilibre entre une bonne hygiène de vie et les petits plaisirs quotidiens :
– **manger sainement et à heures fixes** (faire de « vrais » repas, assis autour d'une table…) ;
– **respecter les cycles du sommeil** (ne pas se coucher trop tard…) ;
– **stimuler son intelligence** (lire, communiquer, jouer…) ;
– **s'aérer, se changer les idées** (se balader, aller au cinéma, aux concerts, voir des proches…).

2. Pendant l'épreuve

2.1. Connaître le barème de notation

On doit être très attentif au système de notation car il détermine la façon de répondre.

Il existe deux barèmes possibles pour une épreuve de QCM :
– 1 point par bonne réponse ; 0 point pour une réponse fausse ou une absence de réponse. Ce système inclut le facteur chance car il ne pénalise pas les réponses données au hasard.

Ne vous privez donc pas de répondre à toutes les questions.

– ou 1 point par réponse juste, 0 point pour une absence de réponse, moins 1 point ou moins 0,5 point par réponse fausse. Ce barème pénalise les réponses données au hasard.

Ne répondez pas à la légère si vous n'êtes pas sûr car vous risquez, avec cette notation, d'atteindre la note éliminatoire.

Théoriquement, des indications sur le système de notation pratiqué sont données. En cas de doute, et si cela est possible, demandez des précisions avant le début du concours.

Chaque point compte : le classement et la réussite ne se jouent souvent qu'à un ou deux points.
Soyez donc très vigilant : n'oubliez pas une question, ne vous trompez pas de ligne dans la grille de réponse, répondez à un maximum de questions « jusqu'au dernier moment ».

2.2. Établir une stratégie de réponse

Les stratégies donnent confiance en soi et s'avèrent souvent fructueuses : pour les QCM, elles reposent surtout sur la manière de répondre. Faut-il répondre dans l'ordre ou dans le désordre ? Les deux techniques sont utilisées, avec leurs qualités et leurs défauts.
– On peut **répondre aux questions les unes après les autres**, en lisant attentivement chaque consigne sans se fonder sur l'articulation du QCM.

Avantages
Cette méthode vous permet de rester concentré, d'être moins sujet aux erreurs d'inattention. Par ailleurs, il est également plus facile de vérifier le temps restant car vous avez un rythme plus régulier.

Inconvénients
Vous subissez le test car vous ne choisissez pas vos questions et vous devez faire attention à bien gérer votre temps. Rien ne vous informe, en effet, sur la difficulté des questions à venir.

– À l'inverse, on peut **commencer par lire rapidement le test, puis ne répondre qu'aux questions dont on connaît les réponses**, et enfin à reprendre le QCM depuis le début pour répondre plus tranquillement aux questions qui semblent plus difficiles.

Avantages
Vous avez une vision globale de l'épreuve, vous prenez confiance en vous et vous _tes plus serein pour les questions plus ardues.

Inconvénients
Vous risquez de répondre trop vite et de tomber dans les pièges, car vous n'avez pas bien lu la consigne ou ce qui vous a semblé facile était un piège. Vous vous exposez à oublier certaines questions ou à décaler vos réponses dans la grille car vous ne travaillez pas dans l'ordre du test.

2.3. Gérer son temps

Le facteur temps a une place décisive lors des épreuves de QCM et de QROC.
Afin d'être le plus rapide et efficace, il faut :
– **savoir que l'épreuve est fondée sur le manque de temps.** Il est pratiquement impossible de répondre à toutes les questions dans le délai donné. Ainsi, sont sélectionnés les candidats qui ont réussi à aller le plus loin possible et qui ont répondu de manière exacte ;
– **organiser son temps.** Dès que l'épreuve commence, calculez le temps moyen nécessaire par question et essayez de vous y adapter en surveillant votre montre (exemple : durée de l'épreuve : 1 h 30, nombre de questions : 100 → temps moyen : 54 s par question) ;
– **ne pas perdre son temps.** Il faut passer les questions difficiles et y revenir à la fin, d'autant plus que la résolution de certaines questions peut être plus longue ;
– **gagner du temps.** En s'entraînant régulièrement dans les conditions de l'épreuve (même nombre de questions en un temps donné), on acquiert la notion du temps et on apprend à repérer rapidement la difficulté des questions pour mieux s'organiser.

2.4. Se rassurer

Lorsqu'on s'angoisse, il est toujours utile de se rappeler certaines évidences :
– **il n'y a pas de piège partout.** Si l'on doit être vigilant, on ne doit pas non plus devenir paranoïaque : le premier rôle des QCM est de vérifier l'étendue des connaissances des candidats et non de les piéger ;
– **on ne peut pas tout savoir.** Il est impossible de tout connaître. Il ne faut donc pas céder à l'affolement lorsque les questions abordent un sujet qu'on ne maîtrise pas. Il faut y revenir plus tard et prendre le temps de réfléchir ou, si le barème n'est pas pénalisant, répondre au hasard ;
– **on ne peut parfois pas tout faire.** Le but est de donner le plus de réponses justes possibles : il ne faut pas se décourager si on ne répond pas à toutes les questions ;
– **les autres ne sont pas obligatoirement meilleurs.** Les questions qui paraissent difficiles le seront également pour les autres et, dans la négative, d'autres questions leur poseront problème. Par ailleurs, certains candidats ne sont pas préparés et d'autres passent le concours de manière « préventive » (peur de perdre un emploi, avant d'avoir les résultats du bac, par exemple) ;
– **avoir du recul.** On ne doit pas se priver de réfléchir par élimination : même si l'on ne connaît pas une réponse, on peut la deviner en éliminant les réponses absurdes, impossibles, anachroniques, etc.

2.5. Être attentif

Les QCM, malgré leur apparence simple et leur aspect parfois ludique, demandent néanmoins une grande attention car rien n'est laissé au hasard : tout ce qui est écrit a son importance.

Pour éviter toute erreur d'« étourderie », il est nécessaire de :
– **bien lire les consignes.** Afin de ne pas perdre de temps et/ou de points, il faut bien lire le temps imparti et les consignes de réponse (couleur de crayon, etc.) ;
– **bien lire les questions.** Les mots clés (par exemple : « synonyme », « intrus », « définition… ») sont très importants et méritent toujours d'être bien repérés.

2.6. Rester concentré

La concentration est un des meilleurs atouts pour réussir.

Plusieurs astuces permettent de maîtriser sa propre concentration :
– **s'être entraîné dans les conditions de l'épreuve.** De nombreux éléments parasitent la salle (bruits des autres candidats, matériels défectueux…) et agissent comme des « anti-concentrations ». On peut alors, pour s'y préparer, s'exercer en amont en travaillant chez soi avec des bruits parasites (télévision ou radio en fond sonore) ou en bibliothèque (présence d'autres personnes qui génèrent du bruit…) ;
– **faire des pauses.** Avec la redondance des questions, la fatigue, le stress, on constate souvent que la vigilance diminue. Il est alors recommandé de relâcher son attention quelques secondes afin de mieux se recentrer et canaliser son énergie.

1

Les aptitudes verbales sont particulièrement importantes lors de l'aspect relationnel d'une profession.
Ces tests vérifient le niveau de connaissance du langage au travers d'exercices de vocabulaire et de logique verbale.

L'APTITUDE VERBALE

3 LES TESTS D'APTITUDE VERBALE

Le vocabulaire est le matériau principal de l'expression. La richesse de vocabulaire est un signe de culture, d'ouverture d'esprit et de curiosité intellectuelle : raisons pour lesquelles l'aptitude verbale est testée.

1. Les objectifs

Les principaux tests verbaux proposés peuvent être de simples exercices de vocabulaire comme des épreuves de compréhension verbale ou de logique.

L'aptitude verbale apprécie donc la richesse et la compréhension du vocabulaire ainsi que les connaissances de base en orthographe et grammaire.

2. Les synonymes

Les synonymes sont des mots de sens voisin. Pour chaque question, un mot en majuscules (ou capitales) vous est présenté ; ce mot est suivi de quatre ou cinq autres mots. Vous devez choisir, parmi les propositions, le mot dont le sens se rapproche le plus de celui du mot en majuscules.

Exemple Trouvez le synonyme de ATERMOYER.

Ⓐ Différer Ⓑ Pleurer Ⓒ Exiger Ⓓ Ordonner

Le mot dont le sens se rapproche le plus de « atermoyer » (chercher à gagner du temps) est « différer ». Vous choisissez donc la réponse Ⓐ.

3. Les antonymes

Un antonyme est un contraire c'est-à-dire un mot qui, par son sens, s'oppose directement à un autre mot. Il vous est donc demandé de trouver un mot dont le sens est contraire au mot en majuscules ou dont le sens est le plus éloigné.

Comme pour les synonymes, la difficulté de ce test réside dans les propositions de réponses. En effet, certaines sont assez voisines bien que distinctes ; d'autres peuvent être des pièges choisis pour leur ressemblance (prononciation très proche) ; d'autres sont des synonymes du mot en majuscules. Or, comme il s'agit de trouver l'antonyme et que l'on est plus enclin à découvrir un synonyme, il faut être très vigilant aux consignes.

Exemple Trouvez le contraire de GRACILE.

Ⓐ Élancé Ⓑ Trapu Ⓒ Aimable Ⓓ Revêche

Le mot « gracile » signifie « mince et délicat », son antonyme est donc « trapu » qui signifie « massif ». Réponse Ⓑ.

4. Les proverbes et expressions

Chaque question se compose d'une expression, d'un proverbe ou d'une citation suivie de trois ou quatre phrases. Il vous est demandé de trouver la phrase qui rappelle le mieux l'idée essentielle exprimée dans l'expression ou la citation, ou qui s'en écarte le moins.

Exemple Trouvez la signification de la phrase suivante.

« Presser quelqu'un comme un citron. »

Ⓐ Jouer avec les nerfs de quelqu'un

Ⓑ Pousser une personne au suicide

Ⓒ Exploiter quelqu'un

Ⓓ Avoir le teint pâle

La réponse est Ⓒ car exploiter quelqu'un, c'est en extraire au maximum ce dont on peut profiter sans se préoccuper du reste ; tout comme le citron qui est jeté une fois que le jus en est extrait.

5. Les intrus

Un intrus est un mot indésirable parmi un ensemble appartenant à une même association d'idées. Il s'agit du plus facile des tests verbaux. Ce type de tests apprécie plus votre logique verbale que votre vocabulaire car les mots proposés sont généralement très simples.

Exemple Indiquez l'intrus parmi les cinq propositions.

Ⓐ Baleine Ⓑ Homme Ⓒ Dauphin Ⓓ Sardine Ⓔ Chien

L'intrus est la sardine (Ⓓ) car c'est un poisson parmi des mammifères.

6. Les analogies

Une analogie est une ressemblance, établie par l'imagination, entre deux ou plusieurs objets de pensée essentiellement différente. Il faut s'intéresser au premier mot du second couple afin d'identifier, par analogie, la nature du mot manquant (nom, adjectif, verbe, etc.), puis comprendre la relation sémantique existant entre ces deux mots.

Exemple Hiver est à décembre ce que automne est à :

Ⓐ septembre Ⓑ mois Ⓒ novembre Ⓓ été

La réponse est « septembre » c'est-à-dire Ⓐ car le rapport sémantique entre « hiver » et « décembre » est identique au rapport entre « automne » et « septembre ». Le lien qui unit ces couples est la saison et le mois durant lequel commence la saison.

C'est en lisant le mot « décembre » que vous pouvez vous orienter sur la piste du mois.

La logique est donnée par le sens de la phrase mais aussi par la position des mots. L'ordre et la nature grammaticale des mots sont primordiaux : ce sont eux qui vont déterminer la relation.

7. Les conseils

➜ Ayez le réflexe de rechercher l'ensemble des mots que vous découvrez dans un dictionnaire, non seulement pour en vérifier l'orthographe ou le sens mais aussi pour revoir la grammaire et dans tous les cas, enrichir votre vocabulaire.

➜ Essayez parfois de procéder par élimination successive lorsque vous ne trouvez pas immédiatement la réponse.

➜ Commencez par trouver la signification du mot en capitales.

➜ Faites attention de ne pas confondre le synonyme et le contraire.

➜ Consultez les proverbes répertoriés dans les dictionnaires.

➜ Commencez par lire attentivement l'expression dans sa globalité afin de bien la comprendre, d'en saisir et retenir les principaux éléments comme les détails. Lisez ensuite calmement les phrases proposées.

4 LES TESTS DE DÉFINITION

Une définition est une explication qui donne la signification d'un mot ou d'une expression.

1. Lire la consigne

Il s'agit de trouver la définition d'un mot ou d'une expression en la choisissant parmi plusieurs propositions. Le mot dont vous devez découvrir la signification est placé au sein d'une phrase, afin que vous puissiez donner plus simplement cette définition en vous aidant du contexte.

Il existe toujours une quatrième proposition qui est « aucune réponse » et que vous choisirez lorsque la définition correcte du mot recherché n'est pas présente.

Exemple Donnez la définition du mot souligné.

En usant de sa verve, ce représentant de commerce a réussi à leurrer ses clients.

Ⓐ vendre à tout prix
Ⓑ tromper
Ⓒ espérer très fortement
Ⓓ aucune réponse

La réponse est Ⓑ car « leurrer » signifie « attirer quelqu'un par des apparences séduisantes, des espérances vaines » ; par extension, choisissez le verbe « tromper » (réponse Ⓑ) comme explication de ce mot.

2. Conseil

Aidez-vous du contexte dans lequel est placé le mot dont vous devez trouver la signification : lisez et analysez la phrase dans son intégralité puis isolez le mot afin de trouver sa définition. Si vous ne connaissez pas le mot, procédez par élimination.

3. Le recours à l'éthymologie

La connaissance des préfixes, des suffixes et de l'origine des mots augmente grandement vos chances de découvrir le sens d'un mot que vous ignorez.

Préfixe	Sens	Exemples
a-	*privation*	anormal, analphabète
ab-	*éloignement*	abstraction
ana-	*en remontant par*	analyse, anagramme
anté-	*avant, devant*	antécédent, antérieur
anti-	*contre*	antigel, antivol
apo-	*hors de, à partir de*	apothéose, apogée
cata-	*en bas*	catacombe, catalyse
circon-	*autour de*	circonférence, circonscription
co-	*avec*	comité, compassion
dia-	*à travers*	diapositive, dialyse

Préfixe	Sens	Exemples
dys-	*difficulté*	dyslexie, dysfonctionnement
ecto-	*en dehors*	ectoplasme
en-	*dans*	endettement, enraciné
endo-	*dedans*	endogène, endogame
épi-	*sur*	épiderme, épigramme
eu-	*bien*	euphorie, euthanasie
ex-	*hors de*	exhumation, expiration
exo-	*dehors*	exogamie
extra-	*au-delà*	extrapolation
hyper-	*sur, plus*	hypertension, hypertrophie
hypo-	*sous, moins*	hypothèse, hypoglycémie
in-	*dans ou négation*	inhalation, incurable
inter-	*entre*	intermède, intercalaire
intra-, intro-	*dedans*	introduction, intraveineux
juxta-	*à côté de*	juxtaposition
méta-	*avec, après*	métaphore, métaphasique
para-	*près, contre*	paragraphe, parapluie
péné-	*presque*	péninsule
per-	*par, à travers*	perforateur
péri-	*autour*	périphérie, périscope
pré-	*devant, avant*	préfixe, préhistoire
pro-	*pour*	prolongation, pronom
ré-	*répétition, retour*	réitération, régression
rétro	*en arrière*	rétroviseur, rétroactif
semi-	*à moitié, demi*	semi-conducteur
sub-	*sous*	subaquatique, suburbain
super-	*sur*	supérieur, supermarché
supra-	*au-dessus*	supraterrestre
syn-	*avec*	synchrone, synonyme
trans-	*au-delà, à travers*	transmetteur, transatlantique
ultra	*au-delà de*	ultrason, ultraviolet

Suffixe	Sens	Exemples
-algie	*douleur*	lombalgie
-cide	*qui tue*	insecticide, homicide
-èdre	*base*	polyèdre
-fère	*qui porte*	mammifère
-forme	*qui a la forme de*	multiforme
-gène	*origine*	pathogène, thermogène
-grade	*qui marche*	digitigrade, plantigrade
-graphe	*qui écrit*	télégraphe, orthographe
-logie	*science, étude*	biologie, psychologie
-pare	*qui engendre*	vivipare
-pathie	*ce que l'on éprouve ou maladie*	antipathie, ostéopathie
-phage, -vore	*qui mange*	macrophage, herbivore
-phobie	*qui craint*	claustrophobie
-tomie	*qui coupe*	anatomie

Exercice 1.

> Trouvez la définition du mot souligné parmi celles qui vous sont proposées.

1. Tout ce que fait cette femme est <u>oiseux</u> et puéril.

Ⓐ très enfantin
Ⓑ dépourvu d'occupation
Ⓒ qui ne mène à rien
Ⓓ aucune réponse

2. L'huissier va faire procéder à la <u>cession</u> des créances.

Ⓐ période pendant laquelle se tient une séance
Ⓑ action de céder un droit ou un bien
Ⓒ recouvrement
Ⓓ aucune réponse

3. À ce jour, les divers comptes de la société ont été <u>apurés</u>.

Ⓐ vidés de leur contenu
Ⓑ transférés dans une autre banque
Ⓒ reconnus exacts après vérification
Ⓓ aucune réponse

4. Vous avez devant vous un jeune <u>impétrant</u>.

Ⓐ personne fière d'elle
Ⓑ personne ayant obtenu un diplôme
Ⓒ personne qui a un tempérament fougueux
Ⓓ aucune réponse

5. Le patron est <u>en butte</u> à l'hostilité de ses ouvriers.

Ⓐ exposé à
Ⓑ le sujet de
Ⓒ prêt à affronter
Ⓓ aucune réponse

6. De cette colline <u>sourdait</u> une eau limpide et fraîche.

Ⓐ filtrait
Ⓑ descendait
Ⓒ jaillissait
Ⓓ aucune réponse

7. Ces troncs d'arbres ont été emportés et traînés comme des <u>fétus</u>.

Ⓐ stade suivant l'embryon
Ⓑ brin de paille
Ⓒ objet ayant un pouvoir magique
Ⓓ aucune réponse

8. Ce pays voyait venir le <u>prodrome</u> de la grande crise.

Ⓐ annonce d'un événement
Ⓑ agression contre le peuple juif
Ⓒ dépenses excessives
Ⓓ aucune réponse

CORRIGÉS

Exercice 1.

1. Ⓒ
2. Ⓑ
3. Ⓒ
4. Ⓑ
5. Ⓐ
6. Ⓐ
7. Ⓑ
8. Ⓐ

Exercice 2.

> Trouvez la définition du mot souligné parmi celles qui vous sont proposées.

1. Aujourd'hui, ce puissant homme a défrayé la chronique.

Ⓐ fréquenté
Ⓑ est le sujet de
Ⓒ est dénigré par
Ⓓ aucune réponse

2. Ce corps a été exhumé afin de l'autopsier.

Ⓐ découpé
Ⓑ déshabillé
Ⓒ sorti de terre
Ⓓ aucune réponse

3. Devant un médecin psychiatre, il faut faire son anamnèse.

Ⓐ action d'évoquer volontairement son passé
Ⓑ action de dévoiler sa personnalité
Ⓒ fait de garder ses secrets
Ⓓ aucune réponse

4. Cette jeune personne possède de l'entregent.

Ⓐ imagination hors du commun
Ⓑ très riches connaissances
Ⓒ facilité à se conduire en société
Ⓓ aucune réponse

5. Les États ont leurs années climatériques aussi bien que les hommes.

Ⓐ difficiles à franchir
Ⓑ qui ont rapport avec la météorologie
Ⓒ qui reviennent alternativement
Ⓓ aucune réponse

6. On peut appliquer cette pommade sur la peau car c'est un bon siccatif.

Ⓐ qui empêche la déshydratation
Ⓑ qui possède une action cicatrisante
Ⓒ qui empêche les blessures
Ⓓ aucune réponse

7. Le nombre croissant de déchets favorise la subsidence de la terre.

Ⓐ pollution de l'atmosphère
Ⓑ réchauffement de la terre
Ⓒ affaissement de l'écorce terrestre
Ⓓ aucune réponse

8. Même cursive, cette lettre n'en reste pas moins émouvante.

Ⓐ faite rapidement, d'une seule traite
Ⓑ comprenant des formules toutes faites
Ⓒ contenant des expressions grossières
Ⓓ aucune réponse

CORRIGÉS

Exercice 2.

1. Ⓑ
2. Ⓒ
3. Ⓐ
4. Ⓒ
5. Ⓐ
6. Ⓑ
7. Ⓒ
8. Ⓐ

Exercice 3.

> Retrouvez la définition du mot donné en caractère gras.

1. Redondant
Ⓐ qui a de l'embonpoint
Ⓑ qui est arrondi
Ⓒ qui rebondit
Ⓓ qui est répétitif

2. Émigrant
Ⓐ qui voyage de pays en pays
Ⓑ qui entre dans un pays pour s'y établir
Ⓒ qui quitte sont pays pour s'établi dans un autre
Ⓓ apatride

3. Réfuter
Ⓐ accuser violemment
Ⓑ démontrer la vérité
Ⓒ combattre par des arguments
Ⓓ discuter calmement

4. Préjudiciable
Ⓐ qui a des effets négatifs
Ⓑ qui est plein de préjugés
Ⓒ qui peut se justifier
Ⓓ qui doit être discuté

5. Faire long feu
Ⓐ attendre patiemment
Ⓑ faire attendre sans raison
Ⓒ ne pas atteindre son but
Ⓓ réussir après de longs efforts

6. Éradication
Ⓐ action de faire disparaître radicalement
Ⓑ action d'ôter en profondeur
Ⓒ action de démolir
Ⓓ action d'arracher

7. Supputer
Ⓐ encourager fortement
Ⓑ estimer la valeur de quelque chose
Ⓒ soupeser avec délicatesse
Ⓓ envisager sérieusement

8. Facétieux
Ⓐ qui aime faire des farces
Ⓑ qui aime rire
Ⓒ qui est méchant
Ⓓ qui a un visage avenant

9. Prééminence
Ⓐ préambule
Ⓑ bosse
Ⓒ prépondérance
Ⓓ préliminaire

10. Sardonique
Ⓐ qui a un air moquer
Ⓑ qui fait peur
Ⓒ qui veut être supérieur aux autres
Ⓓ qui change souvent d'avis

CORRIGÉS

Exercice 3.

1. Ⓓ
2. Ⓒ
3. Ⓒ
4. Ⓐ
5. Ⓒ
6. Ⓐ
7. Ⓑ
8. Ⓐ
9. Ⓒ
10. Ⓐ

Exercice 4.

> Pour chaque mot, choisissez la bonne définition.

1. LOGORRHÉE
Ⓐ Jeu de société
Ⓑ Mal de gorge
Ⓒ Besoin irrésistible de parler
Ⓓ Règle mathématique

2. CÉPHALOPODE
Ⓐ Escargot
Ⓑ Mollusque dont la tête porte des tentacules
Ⓒ Monstre marin
Ⓓ Tumeur au cerveau

3. MÉTRONOME
Ⓐ Géomètre
Ⓑ Instrument de maçon
Ⓒ Calculateur
Ⓓ Instrument marquant la mesure

4. PLÉNIPOTENTIAIRE
Ⓐ Qui a les pleins pouvoirs pour une mission
Ⓑ Dictateur
Ⓒ Condamné à être pendu
Ⓓ Coupable de plusieurs délits

5. SÉCABLE
Ⓐ Périssable
Ⓑ Qui peut être coupé
Ⓒ Trop mûr
Ⓓ Désagrégé

6. CENTRIFUGE
Ⓐ Central
Ⓑ Automatique
Ⓒ Très rapide
Ⓓ Qui pousse loin du centre

7. HÉMATOME
Ⓐ Produit désinfectant
Ⓑ Ouvrage médical
Ⓒ Accumulation de sang dans un tissu
Ⓓ Plaie non cicatrisée

8. AURIFÈRE
Ⓐ Très chaud
Ⓑ Métallique
Ⓒ Qui contient de l'or
Ⓓ De nature volcanique

9. MAGNUM
Ⓐ Tas de détritus
Ⓑ Grosse bouteille d'environ 2 litres
Ⓒ Emballage en carton
Ⓓ Magot de pièces d'or

10. CALICOT
Ⓐ Gilet
Ⓑ Toile de coton
Ⓒ Chapeau rond
Ⓓ Gobelet en étain

11. UBUESQUE
Ⓐ Situation critique
Ⓑ Absurde
Ⓒ Très grave
Ⓓ Originaire d'une autre culture

12. ÉPHÉMÉRIDE
Ⓐ Calendrier
Ⓑ Papillon vivant un seul jour
Ⓒ Fleur tropicale
Ⓓ Recueil

13. ÉPIDÉMIOLOGIE
Ⓐ Épidémie très importante
Ⓑ Maladie infectieuse
Ⓒ Étude des facteurs relatifs aux maladies
Ⓓ Prescription médicale

CORRIGÉS

Exercice 4.

1. Ⓒ
2. Ⓑ
3. Ⓓ
4. Ⓐ
5. Ⓑ
6. Ⓓ
7. Ⓒ
8. Ⓒ
9. Ⓑ
10. Ⓑ
11. Ⓑ
12. Ⓐ
13. Ⓒ

Exercice 5.

> Trouvez la définition du mot souligné parmi celles qui vous sont proposées.

1. L'orchestre accorde ses instruments dans une innommable cacophonie.

Ⓐ rencontre de sons disharmonieux
Ⓑ musique rythmique
Ⓒ bruit très harmonieux
Ⓓ aucune réponse

2. Pour planter leur tente, ils ont choisi l'endroit idoine.

Ⓐ qui convient parfaitement
Ⓑ qui est identique
Ⓒ qui est bien abrité
Ⓓ aucune réponse

3. Des gens hâves et déguenillés se promenaient sur le pont.

Ⓐ bronzés
Ⓑ hauts en couleurs
Ⓒ maigres et pâles
Ⓓ aucune réponse

4. Depuis qu'il est à la retraite, il a une légère tendance à l'asthénie.

Ⓐ être victime d'une infection cutanée
Ⓑ être extrêmement fatigué
Ⓒ être d'une faible constitution
Ⓓ aucune réponse

5. Les faits ont corroboré ses assertions que l'on trouvait injustifiées.

Ⓐ affirmations
Ⓑ inscriptions
Ⓒ polémiques
Ⓓ aucune réponse

6. Les réfugiés et les apatrides sont dépourvus de tous biens.

Ⓐ étrangers venant des antipodes
Ⓑ personnes qui doivent être expulsées
Ⓒ personnes sans nationalité légale
Ⓓ aucune réponse

7. Son visage glabre resplendissait sous le soleil.

Ⓐ très maigre
Ⓑ qui fait preuve d'autorité
Ⓒ qui n'a pas de poils
Ⓓ aucune réponse

8. Au travers de ce cadeau, il voit déjà l'exultation de sa bien-aimée.

Ⓐ exubérance
Ⓑ excitation
Ⓒ jubilation
Ⓓ aucune réponse

9. Depuis quelques années, il mène une vie d'anachorète.

Ⓐ médecin spécialiste
Ⓑ écrivain autodidacte
Ⓒ prêtre vivant dans la solitude
Ⓓ aucune réponse

10. En tant que naturaliste, il est farouchement opposé à la taxidermie.

Ⓐ chasse à courre
Ⓑ pêche à l'aide de filets
Ⓒ opération par laquelle on conserve un animal
Ⓓ aucune réponse

CORRIGÉS

Exercice 5.

1. Ⓐ
2. Ⓐ
3. Ⓒ
4. Ⓑ
5. Ⓐ
6. Ⓒ
7. Ⓒ
8. Ⓒ
9. Ⓒ
10. Ⓒ

5 LES TESTS DE DICTONS, PROVERBES ET LOCUTIONS

Un dicton est une sentence populaire passée en proverbe. Un proverbe est un court énoncé exprimant un conseil. Une expression est comprise comme un mot ou groupe de mots ou une phrase. La locution est un groupe de mots constituant une unité de sens.

1. Objectif de ces tests

Cette épreuve vise à apprécier la culture littéraire du candidat. Ce type de test est utilisé afin d'approcher de façon précise les capacités d'analyse et de compréhension verbale des candidats.

2. Comprendre la consigne

Chaque question se compose d'une expression, d'un proverbe ou d'une citation suivie de trois ou quatre phrases. Il vous est demandé de trouver la phrase qui rappelle le mieux l'idée essentielle exprimée dans l'expression ou la citation, ou qui s'en écarte le moins.

Chacune des phrases proposées est supposée dire la même chose que l'expression de départ. Certaines ont un sens voisin mais distinct, distant ou différent ; d'autres apportent le même message avec des mots différents et quelques-unes sont tout simplement hors sujet.

Exemple Donnez l'explication de l'expression suivante :

« La pitié n'a qu'un tort, regarder de haut. » A. Stil

Ⓐ Mieux vaut faire envie que pitié

Ⓑ Le tort de la pitié, c'est la condescendance

Ⓒ Il n'est pas bon d'éprouver de la pitié pour quelqu'un

Ⓓ La pitié devrait être interdite tellement elle fait du tort

La réponse est Ⓑ car « condescendance » signifie « complaisance hautaine, fait de regarder de haut ».

La proposition Ⓐ est sans rapport avec la citation car la notion d'envie n'est pas présente dans la phrase initiale.

La proposition Ⓒ est hors sujet car la phrase initiale n'introduit aucune idée de bien et de mal.

La proposition Ⓓ apporte une idée en plus : l'interdiction.

3. Conseil

➜ Lisez attentivement l'expression dans sa globalité afin de bien la comprendre, d'en saisir et d'en retenir les principaux éléments comme les détails. Ensuite, lisez calmement les expressions proposées.

➜ Consultez les proverbes qui sont généralement répertoriés dans les meilleurs dictionnaires.

Exercice 1.

> Trouvez la signification des expressions ou locutions suivantes.

1. Être blanc comme neige.
Ⓐ Être très pâle
Ⓑ Ne pas supporter le froid
Ⓒ Être innocent
Ⓓ Se perdre dans le décor

2. Mettre sous verre.
Ⓐ Jeter quelqu'un en prison
Ⓑ Protéger d'une manière excessive
Ⓒ Examiner avec attention
Ⓓ Mettre sous tutelle

3. Traîner la savate.
Ⓐ User ses chaussures
Ⓑ Vivre dans la pauvreté
Ⓒ Marcher en traînant les pieds
Ⓓ Se mouvoir lentement

4. De bonne prise.
Ⓐ Qui fait beaucoup rire
Ⓑ Sans problème évident
Ⓒ Qui a fait une bonne récolte
Ⓓ Qui mérite d'être pris

5. La force des choses.
Ⓐ Objets ayant leur propre volonté
Ⓑ Importante vitalité
Ⓒ Nécessité qui résulte d'une situation
Ⓓ Routine coutumière

6. Aux derniers les bons.
Ⓐ Il est parfois utile d'être en retard
Ⓑ Les meilleurs seront récompensés
Ⓒ Il ne sert à rien de se précipiter
Ⓓ Ceux qui se servent en dernier seront les mieux servis

7. C'est en forgeant qu'on devient forgeron.
Ⓐ L'habileté ne s'acquiert que par la pratique
Ⓑ On ne peut acquérir qu'une compétence à la fois
Ⓒ Il est difficile de prendre sa place
Ⓓ Tout résultat vient après beaucoup de travail

8. Couver des yeux.
Ⓐ Avoir du mal à admettre l'évidence
Ⓑ Garder sous sa coupe
Ⓒ Regarder avec un intérêt passionné
Ⓓ Être très attentif

9. Presser quelqu'un comme un citron.
Ⓐ Jouer avec les nerfs de quelqu'un
Ⓑ Pousser une personne au suicide
Ⓒ Exploiter quelqu'un
Ⓓ Avoir le teint pâle

10. Pierre qui roule n'amasse pas mousse.
Ⓐ Les choses doivent se faire par étape
Ⓑ Pour tenir longtemps, il faut garder des forces
Ⓒ Accuser quelqu'un à tort
Ⓓ Une vie agitée ne favorise pas l'accumulation de biens

CORRIGÉS

Exercice 1.

1. Ⓒ
2. Ⓑ
3. Ⓒ
4. Ⓓ
5. Ⓒ
6. Ⓓ
7. Ⓐ
8. Ⓓ
9. Ⓒ
10. Ⓓ

Exercice 2.

> Trouvez la signification des proverbes suivants.

1. Au royaume des aveugles, le borgne est roi.

Ⓐ Tout est relatif

Ⓑ Mieux vaut être sourd qu'aveugle

Ⓒ La pauvreté est toujours un grand malheur

2. Il faut faire son devoir sans se préoccuper de ce que pense autrui.

Ⓐ Les travailleurs sont souvent les meilleurs

Ⓑ Le novice pense détenir la vérité

Ⓒ La personne consciencieuse ignore la critique

3. C'est dans le besoin que l'on reconnaît ses amis.

Ⓐ Seuls les vrais amis nous aident en cas de malheur

Ⓑ C'est à ses amis que l'on doit emprunter de l'argent

Ⓒ Tous les amis sont présents au moment opportun

4. Il n'y a pas de fumée sans feu.

Ⓐ Toute cheminée fume sans discontinuité

Ⓑ Il y a souvent un fond de vérité dans les rumeurs

Ⓒ Un feu alerte souvent les promeneurs

5. Il faut battre le fer quand il est chaud.

Ⓐ Il ne faut pas remettre à demain ce que l'on peut faire le jour même

Ⓑ Le forgeron travaille le fer blanc

Ⓒ Les réflexions à chaud ne sont pas toujours bonnes à dire

6. La raison du plus fort est toujours la meilleure.

Ⓐ Les juristes l'emportent toujours sur les petites gens

Ⓑ Les puissants imposent leur loi

Ⓒ Les plus nombreux sont les plus forts

7. Petit à petit, l'oiseau fait son nid.

Ⓐ À l'approche de l'hiver, l'oiseau se fabrique un abri

Ⓑ La reconnaissance s'installe au fil du temps

Ⓒ Il faut être persévérant

8. Le mieux est l'ennemi du bien.

Ⓐ On prend un risque en voulant améliorer

Ⓑ L'argent est l'ennemi du bonheur

Ⓒ Mieux vaut faire le bien que le mal

9. La nuit, tous les chats sont gris.

Ⓐ Un chat gris porte malheur

Ⓑ La nuit, on confond les choses

Ⓒ Les mal voyants voient tout en nuances de gris

10. Nul n'est prophète en son pays.

Ⓐ Seuls les indigènes sont maîtres dans leurs pays

Ⓑ Dans chaque pays, il faut prendre sa place

Ⓒ Personne n'est apprécié à sa juste valeur là où il vit habituellement

CORRIGÉS

Exercice 2.

1. Ⓐ
2. Ⓒ
3. Ⓐ
4. Ⓑ
5. Ⓐ
6. Ⓑ
7. Ⓒ
8. Ⓐ
9. Ⓑ
10. Ⓒ

Exercice 3.

> Trouvez la signification des expressions ou proverbes suivants.

1. À chaque jour suffit sa peine.

Ⓐ Chaque jour, il faut travailler sans relâche

Ⓑ Un prisonnier compte les jours qui le séparent de sa libération

Ⓒ Ne pensons pas aux maux de demain

2. L'air ne fait pas la chanson.

Ⓐ Il ne faut pas se fier aux apparences

Ⓑ La musique n'est qu'une question de notes

Ⓒ L'air se brasse à tout vent

3. L'appétit vient en mangeant.

Ⓐ On ne reste pas affamé devant un festin

Ⓑ C'est à force de manger que l'on profite

Ⓒ Plus on a, plus on veut en avoir

4. À quelque chose malheur est bon.

Ⓐ Pour certains, le malheur peut être un grand bonheur

Ⓑ Le malheur transforme tout homme

Ⓒ Même le malheur peut apporter quelque chose de positif

5. Autant en emporte le vent.

Ⓐ Le vent balaie la campagne

Ⓑ Les paroles s'envolent, les promesses aussi

Ⓒ Les paroles s'oublient mais les écrits restent

6. Qui aime bien châtie bien.

Ⓐ Un amour véritable est celui qui ne craint pas d'user d'une sage sévérité

Ⓑ Les passions naissent dans la douleur

Ⓒ En amour, on manque parfois de respect

7. Qui a bu boira.

Ⓐ Une personne ivre en vaut deux

Ⓑ Lors d'un bon repas, les verres s'enchaînent

Ⓒ On ne se corrige jamais d'un défaut devenu une habitude

8. Le temps, c'est de l'argent.

Ⓐ Le temps bien employé est un profit

Ⓑ Lorsque l'on travaille, le temps nous est compté

Ⓒ Le repos est préférable à la fortune

9. Une hirondelle ne fait pas le printemps.

Ⓐ Les hirondelles migrent chaque hiver

Ⓑ Ce n'est pas la valeur d'une chose que l'on juge mais celui qui l'a faite

Ⓒ On ne peut rien conclure d'un seul fait

10. Ce que femme veut, Dieu le veut.

Ⓐ Dieu créa la femme avant l'homme

Ⓑ Les femmes parviennent toujours à leurs fins

Ⓒ Il faut rendre honneur à chacun, suivant son rang

CORRIGÉS

Exercice 3.

1. Ⓒ
2. Ⓐ
3. Ⓒ
4. Ⓒ
5. Ⓑ
6. Ⓐ
7. Ⓒ
8. Ⓐ
9. Ⓒ
10. Ⓑ

Exercice 4.

> Trouvez la signification des expressions ou proverbes suivants.

1. Qui vole un œuf vole un bœuf.

Ⓐ Celui qui vole une chose est toujours puni

Ⓑ Les voleurs ne sont que méprisables

Ⓒ Qui commet un vol minime est capable d'en commettre un plus considérable

2. Un de perdu, dix de retrouvés.

Ⓐ La personne ou la chose perdue est très facilement remplaçable

Ⓑ Il est plus facile de retrouver un petit nombre d'objet

Ⓒ La recherche d'une aiguille dans une botte de foin est impossible

3. Bien mal acquis ne profite jamais.

Ⓐ On ne peut pas jouir en paix du bien obtenu illégalement

Ⓑ Si l'on vole une somme, il sera impossible de la faire fructifier

Ⓒ Il est difficile d'acquérir un bien inestimable

4. Erreur n'est pas compte.

Ⓐ Les erreurs ne sont jamais prises en compte

Ⓑ Tant que subsiste une erreur, un compte n'est pas définitif

Ⓒ Tout homme commet des erreurs mais elles font progresser

5. Il vaut mieux tenir que courir.

Ⓐ La possession vaut mieux que l'espérance

Ⓑ Avec des hypothèses tout devient possible

Ⓒ Il ne faut pas vendre un bien avant de l'avoir acquis

6. On ne fait pas d'omelette sans casser des œufs.

Ⓐ Un bon cuisinier ne casse jamais d'œufs

Ⓑ Toute peine mérite salaire

Ⓒ On n'arrive pas à un résultat sans peine ni sacrifices

7. Pauvreté n'est pas vice.

Ⓐ Tout vice ignore la pauvreté

Ⓑ Il n'y a pas de honte à être pauvre

Ⓒ Mieux vaut être riche et bien portant que pauvre et malade

8. Il faut que jeunesse se passe.

Ⓐ On doit excuser les fautes commises par péché de jeunesse

Ⓑ La vieillesse succède toujours à la jeunesse

Ⓒ Laissons la jeunesse faire ce qu'elle souhaite

9. Qui ne dit mot consent.

Ⓐ Une personne sourde et muette est toujours d'accord

Ⓑ Ne rien dire relève de l'inconscient

Ⓒ Ne pas élever d'objections, c'est donner son adhésion

10. Tous les chemins mènent à Rome.

Ⓐ Un athée peut être nommé au Vatican

Ⓑ Il y a bien des moyens d'arriver au même but

Ⓒ Plusieurs routes peuvent nous conduire en Italie

CORRIGÉS

Exercice 4.

1. Ⓒ
2. Ⓐ
3. Ⓐ
4. Ⓑ
5. Ⓐ
6. Ⓒ
7. Ⓑ
8. Ⓐ
9. Ⓒ
10. Ⓑ

Exercice 5.

> Associez les locutions latines à leur définition.

A *In vivo*	**1.** À plus forte raison
B *A contrario*	**2.** Dernières lignes d'une référence
C *In situ*	**3.** Qui convient
D *In fine*	**4.** Sans fixer de date
E *In vitro*	**5.** Venant de rien
F *A fortiori*	**6.** Pour la raison des contraires
G *Ad hoc*	**7.** Dans l'organisme vivant
H Sine die	**8.** À part soi
I *Ex nihilo*	**9.** Dans son milieu naturel
J *In petto*	**10.** En milieu artificiel

Exercice 6.

> Pour chaque locution en majuscules, choisissez l'explication correcte.

1. BAYER AUX CORNEILLES
- Ⓐ Rêver tout éveillé
- Ⓑ Parler en croassant
- Ⓒ Regarder en l'air niaisement
- Ⓓ Faire la sieste dans la nature

2. RESTER COI
- Ⓐ Renoncer, capituler
- Ⓑ Se taire
- Ⓒ Être en colère
- Ⓓ Être sans défense

3. A VAU-DE-ROUTE
- Ⓐ Dans la vallée
- Ⓑ Prendre l'eau
- Ⓒ Au sommet
- Ⓓ Dans un désordre complet

4. PEU OU PROU
- Ⓐ Plus ou moins
- Ⓑ Rien
- Ⓒ Également
- Ⓓ Quantité négligeable

5. JOUER SON VA-TOUT
- Ⓐ Jouer en premier
- Ⓑ Jouer le tout pour le tout
- Ⓒ Gagner une partie
- Ⓓ Perdre une partie

6. PÊCHER EN EAU TROUBLE
- Ⓐ Pêcher en étang
- Ⓑ Mentir
- Ⓒ Se procurer un profit à la faveur du désordre
- Ⓓ Dérober

7. DE HAUT LIGNAGE
- Ⓐ Grandes lettres
- Ⓑ Très élevé
- Ⓒ De naissance noble
- Ⓓ Matière fibreuse

8. ENTRER EN LICE
- Ⓐ Être très fâché
- Ⓑ S'engager dans une lutte, une compétition
- Ⓒ Entrer par effraction
- Ⓓ Éclater de rire

9. LA FINE FLEUR
- Ⓐ L'extrait de parfum
- Ⓑ La noblesse
- Ⓒ L'alcool de fleurs
- Ⓓ L'élite

10. LIRE ENTRE LES LIGNES
- Ⓐ Survoler un texte
- Ⓑ Corriger un texte
- Ⓒ Deviner ce qui n'est pas dit explicitement
- Ⓓ Lire sans prêter attention

CORRIGÉS

Exercice 5.

A – 7 ; B – 6 ; C – 9 ; D – 2 ; E – 10 ; F – 1 ; G – 3 ; H – 4 ; I – 5 ; J – 8.

Exercice 6.

1. C **2.** B **3.** D **4.** A **5.** B **6.** C **7.** C **8.** B **9.** D **10.** C

6 LES TESTS DE SYNONYMES

Les synonymes sont des mots ou des expressions qui ont une signification très proche et, à la limite, le même sens.

1. Objectifs des tests de synonymes

Ces tests verbaux sont fréquemment utilisés dans les batteries de tests car ils permettent d'évaluer l'étendue du vocabulaire et la compréhension de la langue. C'est une façon d'apprécier l'intelligence verbale du candidat.

2. Lire les consignes

Il s'agit d'un exercice sur le sens des mots. Pour chaque question, un mot en majuscules vous est présenté ; ce mot est suivi de quatre ou cinq autres. Vous devez choisir, parmi ces propositions, le mot qui a le même sens que celui en majuscules ou dont le sens s'approche le plus.

Exemple MINUTIE

Ⓐ Parcimonie
Ⓑ Ingéniosité
Ⓒ Préciosité
Ⓓ Méticulosité

Le mot dont le sens se rapproche le plus de « minutie » (application attentive aux petits détails) est « méticulosité ». Vous choisissez donc la réponse Ⓓ.

3. Conseil

Vous devrez parfois procéder par élimination car vous ne trouverez pas de synonyme, mais seulement un mot qui se rapproche du mot en capitales.

Exercice 1.

> Choisissez parmi les quatre mots proposés le synonyme ou celui qui a le même sens que le mot en capitales.

1. EXHORTER
Ⓐ Inciter
Ⓑ Continuer
Ⓒ Perturber
Ⓓ Persuader

2. SABRETACHE
Ⓐ Épée
Ⓑ Ceinture
Ⓒ Moquerie
Ⓓ Sacoche

3. TARAUDER
Ⓐ Tourmenter
Ⓑ Accidenter
Ⓒ Exacerber
Ⓓ Chaparder

4. OURDIR
Ⓐ Entendre
Ⓑ Comploter
Ⓒ Morceler
Ⓓ Tracer

5. VAISSEAU
Ⓐ Canal
Ⓑ Véhicule
Ⓒ Navire
Ⓓ Faisceau

6. PHANTASME
Ⓐ Émanation
Ⓑ Rêve
Ⓒ Surnaturel
Ⓓ Caprice

7. MOTION
Ⓐ Déposition
Ⓑ Motivation
Ⓒ Concept
Ⓓ Proposition

8. AURORE
Ⓐ Orée
Ⓑ Aube
Ⓒ Crépuscule
Ⓓ Éruption

9. LICITE
Ⓐ Libre
Ⓑ Perpétuel
Ⓒ Permis
Ⓓ Germicide

10. MUNIFICENCE
Ⓐ Générosité
Ⓑ Merveille
Ⓒ Libéralité
Ⓓ Admiration

11. OPPROBRE
Ⓐ Approbation
Ⓑ Fierté
Ⓒ Considération
Ⓓ Honte

12. TÉNUITÉ
Ⓐ Subtilité
Ⓑ Opiniâtreté
Ⓒ Petitesse
Ⓓ Fugacité

CORRIGÉS

Exercice 1.

1. Ⓐ Exhorter = encourager ;
synonyme = inciter

2. Ⓓ

3. Ⓐ Tarauder = torturer ;
synonyme = tourmenter

4. Ⓑ Ourdir = combiner ;
synonyme = comploter

5. Ⓒ Vaisseau = bateau ;
synonyme = navire

6. Ⓑ Phantasme ou fantasme = imagination ;
synonyme = rêve

7. Ⓓ

8. Ⓑ

9. Ⓒ

10. Ⓐ Munificence = largesse ;
synonyme = générosité

11. Ⓓ Opprobre = déshonneur, ignominie ;
synonyme = honte

12. Ⓐ Ténuité = finesse ;
synonyme = subtilité

Exercice 2.

> Choisissez parmi les quatre mots proposés le synonyme ou celui qui a le même sens que le mot en capitales.

1. LANTERNER
Ⓐ Éclairer
Ⓑ Presser
Ⓒ Musarder
Ⓓ Entraîner

2. BEFFROI
Ⓐ Tour
Ⓑ Monument
Ⓒ Promenade
Ⓓ Exploit

3. ACRIMONIE
Ⓐ Avarice
Ⓑ Douceur
Ⓒ Hargne
Ⓓ Économie

4. IDYLLE
Ⓐ Passion
Ⓑ Aversion
Ⓒ Chicane
Ⓓ Amourette

5. PESTILENTIEL
Ⓐ Menaçant
Ⓑ Tyrannique
Ⓒ Purulent
Ⓓ Malodorant

6. ASCÉTIQUE
Ⓐ Acide
Ⓑ Austère
Ⓒ Aimable
Ⓓ Triste

7. FLAGORNEUR
Ⓐ Malhonnête
Ⓑ Épieur
Ⓒ Flatteur
Ⓓ Imposteur

8. PLATITUDE
Ⓐ Banalité
Ⓑ Calme
Ⓒ Saveur
Ⓓ Servitude

9. AFFLICTION
Ⓐ Allégresse
Ⓑ Plaisir
Ⓒ Chagrin
Ⓓ Affectation

10. VÉGÉTER
Ⓐ Prospérer
Ⓑ Grandir
Ⓒ Exciter
Ⓓ Stagner

CORRIGÉS

Exercice 2.

1. Ⓒ Lanterner = lambiner ;
synonyme = musarder

2. Ⓐ

3. Ⓒ Acrimonie = aigreur ;
synonyme = hargne

4. Ⓓ

5. Ⓓ Pestilentiel = fétide ;
synonyme = malodorant

6. Ⓑ Ascétique = rigoriste ;
synonyme = austère

7. Ⓒ

8. Ⓐ Platitude = fadaise ;
synonyme = banalité

9. Ⓒ Affliction = tristesse ;
synonyme = chagrin

10. Ⓓ Végéter = vivoter ;
synonyme = stagner

Exercice 3.

> Choisissez parmi les quatre mots proposés le synonyme ou celui qui a le même sens que le mot en capitales.

1. AGONIR
Ⓐ Décliner
Ⓑ Mourir
Ⓒ Injurier
Ⓓ Accabler

2. SÉDATIF
Ⓐ Poison
Ⓑ Calmant
Ⓒ Dépuratif
Ⓓ Médicament

3. AFFECTER
Ⓐ Attribuer
Ⓑ Refuser
Ⓒ Présumer
Ⓓ Infliger

4. FOURBERIE
Ⓐ Ruse
Ⓑ Hypocrisie
Ⓒ Droiture
Ⓓ Influence

5. CONTRITION
Ⓐ Endurcissement
Ⓑ Impénitence
Ⓒ Quote-part
Ⓓ Repentir

6. MIGNARDISE
Ⓐ Gourmandise
Ⓑ Préciosité
Ⓒ Magnificence
Ⓓ Miniature

7. SALUBRE
Ⓐ Sain
Ⓑ Maladif
Ⓒ Propre
Ⓓ Impeccable

8. TRUCULENT
Ⓐ Magnifique
Ⓑ Tumultueux
Ⓒ Pittoresque
Ⓓ Habituel

9. TUMÉFIER
Ⓐ Augmenter
Ⓑ Gonfler
Ⓒ Enflammer
Ⓓ Humidifier

10. MANICHÉEN
Ⓐ Dualiste
Ⓑ Rigoureux
Ⓒ Objectif
Ⓓ Pluraliste

11. AMULETTE
Ⓐ Poisson
Ⓑ Talisman
Ⓒ Arbalète
Ⓓ Ânesse

CORRIGÉS

Exercice 3.

1. Ⓒ Agonir = insulter ;
synonyme = injurier
Ne confondez pas avec agoniser = être dans les derniers moments de sa vie.

2. Ⓑ

3. Ⓐ Affecter = désigner, nommer ;
synonyme = attribuer

4. Ⓑ Fourberie = fausseté ;
synonyme = hypocrisie

5. Ⓓ Contrition = remords ;
synonyme = repentir

6. Ⓑ Mignardise = délicatesse ;
synonyme = préciosité

7. Ⓐ

8. Ⓒ

9. Ⓑ Tuméfier = enfler ;
synonyme = gonfler

10. Ⓐ

11. Ⓑ Amulette = fétiche ;
synonyme = talisman

Exercice 4.

> Choisissez parmi les quatre mots proposés le synonyme ou celui qui a le même sens que le mot en capitales.

1. BÉATITUDE
Ⓐ Félicité
Ⓑ Bonté
Ⓒ Inquiétude
Ⓓ Peine

2. ÉGÉRIE
Ⓐ Muse
Ⓑ Inspiratricc
Ⓒ Nurse
Ⓓ Conseillère

3. ÉGIDE
Ⓐ Distinction
Ⓑ Protection
Ⓒ Faveur
Ⓓ Proportion

4. CHARIVARI
Ⓐ Silence
Ⓑ Sonorité
Ⓒ Tapage
Ⓓ Violence

5. RHÉTEUR
Ⓐ Admirateur
Ⓑ Poète
Ⓒ Orateur
Ⓓ Dictateur

6. INGAMBE
Ⓐ Infirme
Ⓑ Cultivé
Ⓒ Invalide
Ⓓ Alerte

7. SERVITUDE
Ⓐ Sujétion
Ⓑ Indépendance
Ⓒ Assistance
Ⓓ Émancipation

8. VOLUBILE
Ⓐ Volage
Ⓑ Prolixc
Ⓒ Discret
Ⓓ Jaseur

9. PUÉRILE
Ⓐ Sénile
Ⓑ Vigoureux
Ⓒ Juvénile
Ⓓ Vif

10. MERCANTILE
Ⓐ Généreux
Ⓑ Fertile
Ⓒ Prolifique
Ⓓ Cupide

11. BUCOLIQUE
Ⓐ Urbain
Ⓑ Champêtre
Ⓒ Raffiné
Ⓓ Oral

CORRIGÉS

Exercice 4.

1. Ⓐ Béatitude = bonheur ;
synonyme = félicité

2. Ⓑ Égérie = inspiratrice ;

3. Ⓑ

4. Ⓒ Charivari = tumulte, vacarme ;
synonyme = tapage

5. Ⓒ

6. Ⓓ Ingambe = gaillard ;
synonyme = alerte

7. Ⓐ Servitude = soumission ;
synonyme = sujétion

8. Ⓑ Volubile = bavard, loquace ;
synonyme = prolixe

9. Ⓒ Puérile = infantile ;
synonyme = juvénile

10. Ⓓ Mercantile = profiteur ;
synonyme = cupide

11. Ⓑ Bucolique = pastoral ;
synonyme = champêtre

Exercice 5.

> Choisissez parmi les quatre mots proposés le synonyme ou celui qui a le même sens que le mot en capitales.

1. HÉTÉROCLITE
Ⓐ Régulier
Ⓑ Exceptionnel
Ⓒ Aberrant
Ⓓ Hétérogène

2. IRRÉMISSIBLE
Ⓐ Impardonnable
Ⓑ Excusable
Ⓒ Intermittent
Ⓓ Irréversible

3. SUAIRE
Ⓐ Linéaire
Ⓑ Linceul
Ⓒ Joker
Ⓓ Reposoir

4. OBOLE
Ⓐ Pièce
Ⓑ Cierge
Ⓒ Vase
Ⓓ Offrande

5. LARDER
Ⓐ Graisser
Ⓑ Huiler
Ⓒ Cribler
Ⓓ Laper

6. SUBREPTICE
Ⓐ Ostensible
Ⓑ Furtif
Ⓒ Interstice
Ⓓ Manifeste

7. QUÉRIR
Ⓐ Chercher
Ⓑ Mendier
Ⓒ Envoyer
Ⓓ Trouver

8. SUBJUGUER
Ⓐ Admirer
Ⓑ Aimer
Ⓒ Fasciner
Ⓓ Adorer

9. PANTOIS
Ⓐ Interdit
Ⓑ Stupéfait
Ⓒ Stimulé
Ⓓ Stupide

CORRIGÉS

Exercice 5.

1. Ⓓ Hétéroclite = disparate ;
synonyme = hétérogène

2. Ⓐ

3. Ⓑ

4. Ⓓ Obole = petite contribution en argent ;
synonyme = offrande

5. Ⓒ Larder = entremêler, truffer ;
synonyme = cribler

6. Ⓑ Subreptice = caché, clandestin ;
synonyme = furtif

7. Ⓐ

8. Ⓒ Subjuguer = séduire, charmer ;
synonyme = fasciner

9. Ⓑ Pantois = déconcerté ;
synonyme = stupéfait

Exercice 6.

> Dans chaque série, trouvez le mot qui a le même sens que celui qui est écrit en majuscules.

1. BOURRU
Ⓐ Grossier
Ⓑ Brutal
Ⓒ Brusque
Ⓓ Bête

2. ACARIÂTRE
Ⓐ Hargneux
Ⓑ Vicieux
Ⓒ Amer
Ⓓ Vieux

3. TANNÉ
Ⓐ Fatigué
Ⓑ Vieilli
Ⓒ Coloré
Ⓓ Basané

4. ACABIT
Ⓐ Complice
Ⓑ Espèce
Ⓒ Marchandise
Ⓓ Prétexte

5. ACCORTE
Ⓐ Méchant
Ⓑ Entreprenant
Ⓒ Sérieux
Ⓓ Aimable

6. SORNETTE
Ⓐ Baliverne
Ⓑ Folie
Ⓒ Poésie
Ⓓ Caprice

7. CHANCRE
Ⓐ Trou
Ⓑ Col
Ⓒ Ulcère
Ⓓ Idiot

8. ANACHRONIQUE
Ⓐ Dépareillé
Ⓑ Dépassé
Ⓒ Retardé
Ⓓ Pauvre

9. DISSENSION
Ⓐ Désaccord
Ⓑ Punition
Ⓒ Séparation
Ⓓ Échec

10. GALLUP
Ⓐ Sondage
Ⓑ Allure
Ⓒ Chapeau
Ⓓ Soupe

11. GLÈBE
Ⓐ Peuple
Ⓑ Terre
Ⓒ Foule
Ⓓ Houle

12. DOUVE
Ⓐ Insecte
Ⓑ Tour
Ⓒ Fossé
Ⓓ Capuchon

13. PERTINENT
Ⓐ Obéissant
Ⓑ Effronté
Ⓒ Judicieux

CORRIGÉS

Exercice 6.

1. Ⓒ
2. Ⓐ
3. Ⓓ
4. Ⓑ
5. Ⓓ
6. Ⓐ
7. Ⓒ
8. Ⓑ
9. Ⓐ
10. Ⓐ
11. Ⓑ
12. Ⓒ
13. Ⓒ

7 LES TESTS D'ANTONYMES

Un antonyme est un mot qui, par son sens, s'oppose directement à un autre mot.

1. Objectif des tests d'antonymes

L'objectif de cette épreuve est, encore une fois, de tester votre richesse de vocabulaire.

2. Lire la consigne

Au-delà d'une recherche de sens, il vous sera demandé de trouver un mot dont le sens est contraire au mot en majuscules ou le plus éloigné.

Comme pour les synonymes, la difficulté de ce test réside dans les propositions de réponses. En effet, certaines sont assez voisines bien que distinctes ; d'autres peuvent être des pièges choisis pour leur ressemblance (prononciation très proche) ; d'autres sont des synonymes du mot en majuscules. Or, comme il s'agit de trouver l'antonyme et que l'on est naturellement plus enclin à découvrir un synonyme, il faut être très vigilant.

Exemple ALTRUISTE

Ⓐ égoïste
Ⓑ prétentieux
Ⓒ philosophe
Ⓓ misanthrope

Le mot « altruiste » signifie « disposé à s'intéresser et à se dévouer à autrui » ; son antonyme est donc « égoïste » qui signifie « disposé à parler trop de soi, à tout rapporter à soi ».

3. Conseils

➜ Commencez par trouver la signification du mot en capitales et recherchez ensuite son antonyme, c'est-à-dire le mot de sens contraire.

➜ Comme le synonyme du mot recherché est très souvent présent dans les propositions de réponses, faites attention de ne pas vous tromper.

Exercice 1.

> Choisissez parmi les quatre mots proposés l'antonyme ou celui qui a le sens contraire du mot en capitales.

1. FLÉTRISSURE
Ⓐ considération
Ⓑ altération
Ⓒ infamie
Ⓓ isolement

2. IRRÉSOLU
Ⓐ décidé
Ⓑ hésitant
Ⓒ insolent
Ⓓ réductible

3. BELLICISTE
Ⓐ pacifique
Ⓑ partisan
Ⓒ guerrier
Ⓓ fidèle

4. VERVE
Ⓐ inspiration
Ⓑ ordinaire
Ⓒ esprit
Ⓓ platitude

5. ÉRUDIT
Ⓐ scientifique
Ⓑ imbécile
Ⓒ ignorant
Ⓓ cultivé

6. PROVINCE
Ⓐ région
Ⓑ ville
Ⓒ capitale
Ⓓ village

7. INNÉ
Ⓐ instinctif
Ⓑ atavique
Ⓒ acquis
Ⓓ naturel
Ⓔ héréditaire

8. SECTAIRE
Ⓐ public
Ⓑ libéral
Ⓒ partisan
Ⓓ laïque
Ⓔ nomade

9. ÉMETTRE
Ⓐ démettre
Ⓑ rassembler
Ⓒ omettre
Ⓓ recevoir
Ⓔ déchoir

CORRIGÉS

Exercice 1.

1. Ⓐ Flétrissure = avilissement ; antonyme = considération

2. Ⓐ Irrésolu = incertain ; antonyme = décidé

3. Ⓐ Belliciste = qui aime la guerre ; antonyme = pacifiste

4. Ⓓ Verve = faconde ; antonyme = platitude

5. Ⓒ Érudit = instruit ; antonyme = ignorant

6. Ⓒ Province = partie d'un pays ayant un caractère propre à l'exclusion de la capitale ; antonyme = capitale

7. Ⓒ Inné = naturel ; antonyme = acquis

8. Ⓑ Sectaire = intolérant, fanatique ; antonyme = libéral

9. Ⓓ Émettre = diffuser, transmettre ; antonyme = recevoir

Exercice 2.

> Choisissez parmi les quatre mots proposés l'antonyme ou celui qui a le sens contraire du mot en capitales.

1. RUDIMENTAIRE
Ⓐ élémentaire
Ⓑ raffiné
Ⓒ développé
Ⓓ rassurant
Ⓔ pâle

2. IMMINENT
Ⓐ éloigné
Ⓑ fatal
Ⓒ proche
Ⓓ inéluctable
Ⓔ infaillible

3. OSTENSIBLE
Ⓐ incertain
Ⓑ apparent
Ⓒ audacieux
Ⓓ discret
Ⓔ véridique

4. COI
Ⓐ tranquille
Ⓑ cultivé
Ⓒ agité
Ⓓ sot

5. SEREIN
Ⓐ calme
Ⓑ agité
Ⓒ oiseux
Ⓓ nuageux

6. PRÉSOMPTUEUX
Ⓐ admirateur
Ⓑ impudent
Ⓒ modeste
Ⓓ factieux

7. INSONORE
Ⓐ raisonnant
Ⓑ sonore
Ⓒ bruyant
Ⓓ verbal

8. LAUDATIF
Ⓐ élogieux
Ⓑ dubitatif
Ⓒ critique
Ⓓ admiratif

9. MUNIFICENCE
Ⓐ magnificence
Ⓑ avarice
Ⓒ générosité
Ⓓ amertume

CORRIGÉS

Exercice 2.

1. Ⓑ Rudimentaire = élémentaire ; antonyme = raffiné

2. Ⓐ Imminent = immédiat ; antonyme = éloigné

3. Ⓓ Ostensible = visible ; antonyme = discret

4. Ⓒ Coi = tranquille ; antonyme = agité

5. Ⓑ Serein = beau, clair ; antonyme = agité

6. Ⓒ Présomptueux = arrogant ; antonyme = modeste

7. Ⓑ

8. Ⓒ Laudatif = élogieux ; antonyme = critique

9. Ⓑ Munificence = magnificence, largesse ; antonyme = avarice

Exercice 3.

> Choisissez parmi les quatre mots proposés l'antonyme ou celui qui a le sens contraire du mot en capitales.

1. HONTE
Ⓐ honneur
Ⓑ louange
Ⓒ orgueil
Ⓓ pardon
Ⓔ repentir

2. PARLER
Ⓐ chanter
Ⓑ discourir
Ⓒ se taire
Ⓓ ronchonner
Ⓔ rire

3. MOUVEMENT
Ⓐ pause
Ⓑ immobilité
Ⓒ repos
Ⓓ stabilité
Ⓔ rapidité

4. CONCRET
Ⓐ ambigu
Ⓑ abstrait
Ⓒ imprécis
Ⓓ absurde
Ⓔ déviant

5. LÂCHETÉ
Ⓐ héroïsme
Ⓑ combativité
Ⓒ audace
Ⓓ courage
Ⓔ impétuosité

6. DOMINER
Ⓐ travailler
Ⓑ servir
Ⓒ exécuter
Ⓓ s'adapter
Ⓔ harmoniser

7. AVARICE
Ⓐ richesse
Ⓑ prodigalité
Ⓒ pauvreté
Ⓓ magnanimité
Ⓔ mécénat

8. ÉVOLUTION
Ⓐ révolution
Ⓑ stabilité
Ⓒ restriction
Ⓓ récession
Ⓔ répression

9. ANGOISSE
Ⓐ sûreté
Ⓑ ingénuité
Ⓒ confiance
Ⓓ courage
Ⓔ sérénité

CORRIGÉS

Exercice 3.

1. Ⓐ Honte = déshonneur ; antonyme = honneur

2. Ⓒ

3. Ⓑ

4. Ⓑ

5. Ⓓ Lâcheté = faiblesse ; antonyme = courage

6. Ⓑ Dominer = diriger ; antonyme = servir

7. Ⓑ Avarice = avidité, cupidité ; antonyme = prodigalité

8. Ⓑ Évolution = transformation ; antonyme = stabilité

9. Ⓔ Angoisse = anxiété, peur ; antonyme = sérénité

Exercice 4.

> Quel est l'antonyme (celui qui a le sens contraire) de chaque mot écrit en majuscules ?

1. INUSITÉ
Ⓐ Rare
Ⓑ Original
Ⓒ Banal
Ⓓ Neuf

2. URBAIN
Ⓐ Citadin
Ⓑ Agreste
Ⓒ Poli
Ⓓ Onéreux

3. SPORADIQUE
Ⓐ Chronique
Ⓑ Général
Ⓒ Anachronique
Ⓓ Calme

4. ORTHODOXE
Ⓐ Conformiste
Ⓑ Anticonformiste
Ⓒ Traditionnel
Ⓓ Fidèle

5. INIMITIÉ
Ⓐ Sympathie
Ⓑ Calme
Ⓒ Rudesse
Ⓓ Antipathie

6. GRACILE
Ⓐ Gros
Ⓑ Menu
Ⓒ Têtu
Ⓓ Svelte

7. INOPINÉ
Ⓐ Prévu
Ⓑ Imprévu
Ⓒ Bizarre
Ⓓ Comique

8. TACITE
Ⓐ Implicite
Ⓑ Explicite
Ⓒ Faux
Ⓓ Prouvé

9. DÉSOPILANT
Ⓐ Réel
Ⓑ Comique
Ⓒ Sérieux
Ⓓ Impoli

10. INDIGENCE
Ⓐ Misère
Ⓑ Utilité
Ⓒ Richesse
Ⓓ Liberté

11. IGNARE
Ⓐ Propre
Ⓑ Savant
Ⓒ Poli
Ⓓ Civilisé

CORRIGÉS

Exercice 4.

1. Ⓒ Inusité : inhabituel
Antonyme : banal

2. Ⓑ Urbain : citadin
Antonyme : agreste

3. Ⓐ Sporadique : irrégulier
Antonyme : chronique

4. Ⓑ Orthodoxe : conformiste
Antonyme : anticonformiste

5. Ⓐ Inimitié : antipathie
Antonyme : sympathie

6. Ⓐ Gracile : menu
Antonyme : gros

7. Ⓐ Inopiné : Imprévu
Antonyme : Prévu

8. Ⓑ Tacite : implicite
Antonyme : explicite

9. Ⓒ Désopilant : comique
Antonyme : sérieux

10. Ⓒ Indigence : pauvreté
Antonyme : richesse

11. Ⓑ Ignare : ignorant
Antonyme : savant

Exercice 5.

> Quel mot a le sens contraire du mot en majuscules ?

1. Irrésolu
Ⓐ Décidé Ⓑ Hésitant
Ⓒ Insolent Ⓓ Réductible

2. Érudit
Ⓐ Scientifique Ⓑ Imbécile
Ⓒ Ignorant Ⓓ Cultivé

3. Sectaire
Ⓐ Public Ⓑ Tolérant
Ⓒ Partisan Ⓓ Laïque

4. Rudimentaire
Ⓐ Élémentaire Ⓑ Raffiné
Ⓒ Développé Ⓓ Rassurant

5. Imminent
Ⓐ Éloigné Ⓑ Fatal
Ⓒ Proche Ⓓ Inéluctable

CORRIGÉS

Ⓐ Irrésolu = incertain ; antonyme = décidé.

Ⓒ Érudit = instruit ; antonyme = ignorant.

Ⓑ Sectaire = intolérant ; antonyme = tolérant.

Ⓑ Rudimentaire = élémentaire ; antonyme = raffiné.

Ⓐ Imminent = immédiat ; antonyme = éloigné *(ne pas confondre avec éminent : important)*.

8 LES TESTS D'HOMONYMES

Les homonymes sont des mots qui ont une prononciation identique (homophones) mais un sens différent, qu'ils aient la même orthographe (homographe) ou non.

1. Lire la consigne

Vous devez découvrir le mot manquant parmi une liste d'homonymes. Utilisez la phrase pour que le sens du mot recherché vous apparaisse très clairement.

Exemple Ce roi emploie un .... corvéable à merci.
Ⓐ Cerf
Ⓑ Serre
Ⓒ Serf
Ⓓ Sert

La réponse est Ⓒ « serf » : personne privée de liberté, attachée à une terre ou à un maître et assujettie à certaines obligations et redevances.

Si vous ne connaissez pas la réponse, vous pouvez tout de même la découvrir par élimination : ce n'est ni le « cerf », qui est un mammifère ; ni la « serre », qui est un endroit clos où l'on cultive des végétaux ; ni « sert » qui est une forme conjuguée du verbe servir.

2. Conseil

Dans les tests verbaux, on retrouve souvent les mêmes homonymes car il en existe peu dans la langue française. Il est donc important de les retenir et de rechercher la signification des autres mots proposés lorsque vous résolvez un exercice de ce type en entraînement.

Exercice 1.

> Parmi les mots proposés, trouvez l'homonyme qui convient le mieux.

1. La création d'une .... officialise un enseignement.

Ⓐ chair
Ⓑ chaire
Ⓒ cher
Ⓓ chère

2. Cette vitrine offrait à nos yeux de nombreux vêtements blancs à .... bleues.

Ⓐ raies
Ⓑ rais
Ⓒ rés
Ⓓ rets

3. Le .... est le seul aliment naturel contenant les substances essentielles à l'organisme.

Ⓐ lai
Ⓑ laid
Ⓒ lait
Ⓓ lais

4. Au moindre .... , la bombe peut exploser.

Ⓐ heur
Ⓑ heure
Ⓒ heurt
Ⓓ heurs

5. Le complice faisait le .... pendant que le voleur opérait.

Ⓐ gai
Ⓑ gay
Ⓒ guai
Ⓓ guet

6. Le trône du roi est surmonté d'un .... rouge et or.

Ⓐ dais
Ⓑ dé
Ⓒ dès
Ⓓ dey

7. Tous les occupants de cet immeuble possèdent des .... commerciaux.

Ⓐ bau
Ⓑ baud
Ⓒ baux
Ⓓ beaux

8. Les pêcheurs tirent une immense .... regorgeant de poissons.

Ⓐ cène
Ⓑ saine
Ⓒ seine
Ⓓ scène

CORRIGÉS

Exercice 1.

Certaines définitions vous sont proposées ici pour que vous connaissiez les principaux homonymes.

1. Ⓑ Chaire = tribune du professeur
Chair = parties molles du corps comme la peau, les muscles ; cher = coûteux ;
chère = aimée, nourriture ;
cheire = coulée volcanique

2. Ⓐ Raies = lignes
Rai = rayon ; ré = note de musique ;
rets = pièges

3. Ⓒ Lait = liquide
Lai = poème ; laid = vilain ;
laie = femelle du sanglier, hache ;
lais = terrain découvert par la mer ;
lé = largeur ; lez ou lès ou les = près de ;
les = article ou pronom

4. Ⓒ Heurt = coup donné en cognant
Heur = chance ; heure = moment

5. Ⓓ Guet = surveillance
Gai = de bonne humeur ; gay = homosexuel ;
gué = passage ; guai ou guais = hareng

6. Ⓐ Dais = baldaquin
Dé = protection du doigt, cube ;
dès = préposition ;
dey = chef en Algérie ; des = article

7. Ⓒ Baux (pluriel de bail) = contrats
Bau = poutre ; baud = unité ; beau = joli ;
bot = se dit d'un pied

8. Ⓒ Seine ou senne = filet
Cène = dernier repas du Christ ;
saine (feminin de sain) = en bonne santé ;
scène = théâtre ; sen = unité monétaire

Exercice 2.

> Parmi les mots proposés, trouvez l'homonyme qui convient le mieux.

1. Le navire vogue au .... des flots.
Ⓐ sain
Ⓑ saint
Ⓒ sein
Ⓓ seing

2. Ce cheval est blessé aux ....
Ⓐ ares
Ⓑ arrhes
Ⓒ ars
Ⓓ arts

3. Il est impossible de pénétrer en son .... intérieur.
Ⓐ for
Ⓑ fors
Ⓒ fort
Ⓓ faure

4. La .... est une membrane visqueuse formée à la surface du vinaigre.
Ⓐ mair
Ⓑ maire
Ⓒ mer
Ⓓ mère

5. Une sueur froide sortit spontanément des .... de cette jeune femme.
Ⓐ porcs
Ⓑ pores
Ⓒ ports
Ⓓ paures

6. Votre .... a été de présenter les choses de manière aussi abrupte.
Ⓐ taure
Ⓑ tore
Ⓒ tors
Ⓓ tort

7. Elle exhibe une chevelure noire de ....
Ⓐ geai
Ⓑ j'ai
Ⓒ jais
Ⓓ jet

8. Un cheval .... paît tranquillement dans ce pré.
Ⓐ bai
Ⓑ baie
Ⓒ bée
Ⓓ bey

CORRIGÉS

Exercice 2.

1. Ⓒ Sein = dans, au cœur de
Sain = en bonne santé ;
saint = homme très bon ; seing = signature

2. Ⓒ Ars = endroit où le membre antérieur d'un cheval est uni au tronc
Ares = unités de mesure ; arrhes = garanties ;
arts = créations ; harts = pendaison

3. Ⓐ For = au plus profond de la conscience
Fors = excepté ; fort = puissant, beaucoup, ouvrage fortifié ; faure n'existe pas.

4. Ⓓ Mère = membrane visqueuse se formant à la surface des alcools mais aussi femme qui a des enfants
Mer = étendue d'eau salée ;
maire = magistrat municipal ;
mair n'existe pas.

5. Ⓑ Pores = orifices
Porcs = cochons ; por = abri, allure ;
paure n'existe pas.

6. Ⓓ Tort = erreur, dommage
Taure = jeune vache ; tore = moulure ;
torr = unité de pression ; tors = tordu

7. Ⓒ Jais = noir brillant
Geai = oiseau ; jet = action de lancer, avion ;
j'ai = verbe avoir conjugué

8. Ⓐ Bai = rouge brun
Baie = ouverture, golfe, fruit ;
bée = bouchée bée ;
bey = dignitaire turc

Exercice 3.

> Parmi les mots proposés, trouvez l'homonyme qui convient le mieux.

1. Ce jeune homme est un excellent .... d'école.
Ⓐ mètre
Ⓑ maître

2. Le .... est un jeu pratiqué dans les casinos.
Ⓐ baccara
Ⓑ baccarat

3. Son chemisier arborait une .... d'encre indélébile.
Ⓐ tache
Ⓑ tâche

4. Cette magnifique porte en .... dissuade les voleurs.
Ⓐ chaîne
Ⓑ chêne

5. Ils se sont donné une .... de main chaleureuse.
Ⓐ poignée
Ⓑ poignet

6. Le candidat avait un maintien ....
Ⓐ gourmé
Ⓑ gourmet

7. Je l'ai fait par .... de conscience.
Ⓐ acquis
Ⓑ acquit

8. Plus une seule .... ne séjourne dans ce placard.
Ⓐ mite
Ⓑ mythe

9. Le .... d'eau de ce voilier nous a impressionnés.
Ⓐ tirant
Ⓑ tyran

10. Le .... attendait ses victimes dans le bois.
Ⓐ satire
Ⓑ satyre

CORRIGÉS

Exercice 3.

1. Ⓑ Maître = personne qui enseigne
Mètre = mesure ; mettre = placer

2. Ⓐ Baccara = jeu de cartes
Baccarat = cristal

3. Ⓐ Tache = salissure
Tâche = travail

4. Ⓑ Chêne = arbre
Chaîne = lien

5. Ⓐ Poignée = partie d'un objet faite pour être tenue avec la main fermée
Poignet = articulation

6. Ⓐ Gourmé = raide et précieux
Gourmet = personne qui s'y connaît en bonne chère

7. Ⓑ Acquit = décharge
Acquis = obtenu

8. Ⓐ Mite = insecte
Mythe = légende

9. Ⓐ Tirant = profondeur
Tyran = chef autoritaire

10. Ⓑ Satyre = homme lubrique
Satire = écrit moqueur

Exercice 4.

> Dans chaque phrase, choisissez le bon homonyme.

1. Les bibelots sont éparpillés (sa, ça, çà) et là dans la pièce.

2. Les enfants n'imaginent les fêtes que (parce qu', par ce qu') elles ont de joyeux.

3. Je n'aurais (quand, quant) à moi, jamais osé le dire.

4. Elle manifestait peu d'(en train, entrain).

5. Je me demande si elles (c'en, s'en) remettront.

6. Il ne (t'en, tant) a pas dit plus.

7. Il est (or, hors) la loi.

8. (c', s') est trop!

Exercice 5.

> Parmi les trois propositions, quelle est la bonne orthographe (mot bien orthographié)?

1. Ⓐ Desceller son cheval
Ⓑ Déceler son cheval
Ⓒ Desseller son cheval

2. Ⓐ Un rets de lumière
Ⓑ Un rais de lumière
Ⓒ Un raie de lumière

3. Ⓐ Du ri de veau
Ⓑ Du riz de veau
Ⓒ Du ris de veau

4. Ⓐ Les fonds de commerce
Ⓑ Les font de commerce
Ⓒ Le fond de commerce

5. Ⓐ Le chat de l'aiguille
Ⓑ Le shah de l'aiguille
Ⓒ Le chas de l'aiguille

6. Ⓐ Une piqûre de temps
Ⓑ Une piqûre de taon
Ⓒ Une piqûre de tant

7. Ⓐ Maintenir le statu quo
Ⓑ Maintenir le statut quo
Ⓒ Maintenir le statue quo

8. Ⓐ Aller à vau-l'eau
Ⓑ Aller à veau-l'eau
Ⓒ Aller à vaux-l'eau

CORRIGÉS

Exercice 4.

1. çà ; **2.** par ce qu' ; **3.** quant
4. entrain ; **5.** s'en ; **6.** t'en
7. hors ; **8.** c'

Exercice 5.

1. Ⓒ Desseller: ôter la selle (desceller: arracher; déceler: découvrir).

2. Ⓑ Rais ou rai: rayon (raie: poisson; rets: filet).

3. Ⓒ Ris (ri: verbe rire; riz: plante).

4. Ⓐ Fonds (fond: partie basse; font: verbe faire). *Attention: les fonts baptismaux.*

5. Ⓒ Chas (chat: animal; shah ou schah ou chah d'Iran).

6. Ⓑ Taon: insecte.

7. Ⓐ Statu: état actuel des choses (statut: situation dans un groupe; statue: sculpture).

8. Ⓐ Aller à vau-l'eau: péricliter (vaux: vallées).

Exercice 6.

> Trouver parmi les mots proposés celui qui permet de compléter la phrase en respectant le sens de la phrase et l'othographe

1. L'......... est une plante fourragère appartenant à la famille des lentilles.
Ⓐ ère Ⓑ erre
Ⓒ hère Ⓓ ers

2. Les chevaux .... des péniches sur ce canal.
Ⓐ allaient Ⓑ halaient
Ⓒ hâlaient Ⓓ hallaient

3. Au milieu de son visage se trouvait un nez ....
Ⓐ aquilin Ⓑ aquilain
Ⓒ aquillin Ⓓ aquillain

4. Ce violoniste vient de casser son ....
Ⓐ archer Ⓑ archet
Ⓒ arché Ⓓ archée

5. Il passe son temps à .... aux corneilles.
Ⓐ bailler Ⓑ bâiller
Ⓒ ballier Ⓓ bayer

6. Un ... l'opposait à son voisin.
Ⓐ diférend Ⓑ différent
Ⓒ différend Ⓓ diférent

7. Il a grimpé au .... de l'arbre.
Ⓐ fête Ⓑ fait
Ⓒ faite Ⓓ faîte

8. La .... religieuse est un insecte.
Ⓐ mante Ⓑ mente
Ⓒ menthe Ⓓ manthe

9. La .... s'est infectée.
Ⓐ plai Ⓑ plaid
Ⓒ plée Ⓓ plaie

10. Ces cloches .... faiblement.
Ⓐ raisonent Ⓑ raisonnent
Ⓒ résonnent Ⓓ résonent

CORRIGÉS

Exercice 6.

1. Ⓓ ers : plante herbacée cultivée comme fourrage
ère : époque
erre : se dit d'un navire qui court sur sa lancée
hère : homme pauvre, misérable

2. Ⓒ halaient : verbe haler (tirer)
allaient : verbe aller
hâlaient : verbe hâler (brunir)

3. Ⓐ aquilin : fin et busqué
aquilain : réservé pour les chevaux

4. Ⓑ archet : baguette dont on se sert pour jouer du violon
archer : soldat armé d'un arc
archée : liée aux alchimistes

5. Ⓓ bayer : uniquement dans l'expression « bayer aux corneilles »
bailler : donner
bâiller : ouvrir la bouche

6. Ⓒ différend : désaccord
différent : dissemblable

7. Ⓓ faîte : partie la plus haute de quelque chose
fait, faite : verbe faire
fête : réjouissance

8. Ⓐ mante (religieuse) : insecte
mente : verbe mentir
menthe : plante aromatique

Exercice 7.

> Parmi les mots proposés, trouvez l'homonyme qui convient le mieux.

1. Un .... noir glissait sur la glace.
Ⓐ signe
Ⓑ cygne

2. La sève de ce .... s'écoule sans fin de l'écorce.
Ⓐ bouleau
Ⓑ boulot

3. Ce fromage est à pâte ....
Ⓐ mole
Ⓑ molle

4. Le jeu de .... existe depuis très longtemps.
Ⓐ paume
Ⓑ pomme

5. Ce mannequin prend une .... avantageuse.
Ⓐ pause
Ⓑ pose

6. Le .... laisse passer l'air et le vent.
Ⓐ vantail
Ⓑ ventail

7. Cette actrice est au .... de sa carrière.
Ⓐ terme
Ⓑ therme

8. Cette vieille cabane fut un .... de brigands.
Ⓐ repaire
Ⓑ repère

9. Va chercher le vin au ....
Ⓐ cellier
Ⓑ sellier

10. Le .... de cette aiguille est beaucoup trop fin pour ce fil.
Ⓐ chat
Ⓑ chas

CORRIGÉS

Exercice 7.

1. Ⓑ Cygne = oiseau
Signe = indication

2. Ⓐ Bouleau = arbre
Boulot = travail

3. Ⓑ Molle = qui cède facilement au toucher, qui manque d'énergie
Mole = unité de quantité de matière
Maul = mêlée au rugby
Môle = poisson

4. Ⓐ Paume = ancien jeu de balle, intérieur de la main
Pomme = fruit

5. Ⓑ Pose = attitude
Pause = arrêt

6. Ⓑ Ventail = partie de la visière ou du casque par où l'on peut respirer
Vantail = panneau pivotant

7. Ⓐ Terme = limite, fin
Thermes = bains publics

8. Ⓐ Repaire = refuge
Repère = marque

9. Ⓐ Cellier = lieu au rez-de-chaussée où sont stockées les provisions
Sellier = celui qui fabrique des selles

10. Ⓑ Chas = trou d'une aiguille
Chat = animal

9 LES TESTS DE PARONYMES

Les paronymes sont des mots dont le sens diffère mais qui offrent une ressemblance de prononciation ou orthographique. Ils sont quasi homonymes et peuvent être très facilement confondus.

1. Objectif de ces tests

Ces tests ont pour objectif de vérifier la précision du vocabulaire du candidat.

2. Lire la consigne

Parmi deux ou trois propositions de paronymes, vous devez trouver le manquant. Aidez-vous de la phrase donnée pour que la signification du mot recherché vous apparaisse clairement.

Exemple

Le grand air .... l'appétit des jeunes enfants.

Ⓐ simulait

Ⓑ stimulait

La réponse est Ⓑ « stimuler » qui signifie encourager, exciter, accélérer, alors que « simuler » signifie imiter, feindre et ne peut donc pas convenir.

Exercice 1.

> Trouvez le paronyme qui convient le mieux parmi les deux proposés.

1. Le champignon .... que tu as cueilli risque de nous intoxiquer.

Ⓐ vénéneux Ⓑ venimeux

2. Dans cette université, il y a plusieurs .... professeurs.

Ⓐ imminents Ⓑ éminents

3. Cet homme est atteint d'hyperglycémie, il doit faire .... de sucreries.

Ⓐ abstention Ⓑ abstinence

4. .... ces causes, c'est diminuer le stress.

Ⓐ élucider Ⓑ éluder

5. Les massacres .... par les barbares restent ancrés dans toutes les mémoires.

Ⓐ perpétués Ⓑ perpétrés

6. Les sectes .... leur doctrine à leurs adeptes.

Ⓐ inculpent Ⓑ inculquent

7. Pour son roman, cet auteur recherche une .... toute simple empruntée à la réalité.

Ⓐ exorde Ⓑ exode

8. Cet athlète a déjà sauté 2 mètres, ... il doit pouvoir sauter 1,75 mètre.

Ⓐ a priori Ⓑ a fortiori

9. Les exportations ont .... en deux ans.

Ⓐ décuplé Ⓑ découplé

10. Dans la .... actuelle, il est bien difficile de faire des pronostics quant à l'avenir de ce pays.

Ⓐ conjoncture Ⓑ conjecture

CORRIGÉS

Exercice 1.

1. Ⓐ Vénéneux = qui contient un poison ; venimeux = qui renferme du venin, méchant

2. Ⓑ Éminents = qui dominent, excellents ; imminents = immédiats

3. Ⓑ Abstinence = le fait de se priver ; abstention = action de s'abstenir dans l'exercice d'un droit ou d'une fonction

4. Ⓐ Élucider = éclaircir ; éluder = éviter avec adresse

5. Ⓑ Perpétrer = commettre ; perpétuer = rendre perpétuel, faire durer très longtemps

6. Ⓑ Inculquer = imprimer une chose dans l'esprit de quelqu'un ; Inculper = ouvrir une instruction judiciaire contre une personne présumée coupable

7. Ⓐ Exorde = introduction ; exode = fuite

8. Ⓑ A fortiori = à plus forte raison ; a priori = au premier abord

9. Ⓐ Décupler = rendre 10 fois plus grand ; découpler = détacher

10. Ⓐ Conjoncture = circonstance ; conjecture = hypothèse

Exercice 2.

> Trouvez le paronyme qui convient le mieux parmi les deux proposés.

1. Les .... proposent des excursions afin de découvrir les fonds marins.

Ⓐ naturalistes Ⓑ naturistes

2. Cette loi de .... est entrée en vigueur.

Ⓐ proscription Ⓑ prescription

3. Au cours de ces obsèques, il y eut une magnifique oraison ....

Ⓐ funèbre Ⓑ funeste

4. Cet acte de barbarie est .... mais malheureusement bien réel.

Ⓐ amoral Ⓑ immoral

5. Chaque semaine, elle doit se .... les cheveux.

Ⓐ teindre Ⓑ teinter

6. Une coupure de courant .... est survenue au cours de l'orage.

Ⓐ temporaire Ⓑ temporelle

7. Cet été, les .... de températures sont excessives.

Ⓐ variantes Ⓑ variations

8. L'......... télévisée du chef de l'État est restée dans toutes les mémoires.

Ⓐ élocution Ⓑ allocution

9. La .... des vaisseaux sanguins permet l'afflux de sang.

Ⓐ constriction Ⓑ construction

10. L'Allier et la Loire .... en un même point.

Ⓐ affluent Ⓑ confluent

CORRIGÉS

Exercice 2.

1. Ⓐ Naturaliste = personne qui étudie l'histoire naturelle ;
naturiste = personne qui pratique le nudisme

2. Ⓐ Proscription = interdiction ;
prescription = commandement précis et formel, ordonnance médicale

3. Ⓐ Funèbre = qui concerne les funérailles, funéraire ;
funeste = qui concerne la mort, mortel

4. Ⓑ Immoral = qui est sans principes moraux ;
amoral = étranger à la morale

5. Ⓐ Teindre = imprégner d'une couleur ;
teinter = colorer très légèrement

6. Ⓐ Temporaire = qui ne dure que peu de temps, intérimaire
temporel = qui n'est pas éternel

7. Ⓑ Variations = changements, modifications ;
variantes = formes ou solutions légèrement différentes mais voisines

8. Ⓑ Allocution = petit discours ;
élocution = manière de parler

9. Ⓐ Constriction = action d'exercer un resserrement par pression circulaire ;
construction = élaboration

10. Ⓑ Confluer = se réunir, aller vers le même endroit ;
affluer = venir en abondance

Exercice 3.

> Trouvez le paronyme qui convient le mieux parmi les deux proposés.

1. Cet auteur a consulté toute la .... sur son thème de recherche.

Ⓐ biographie Ⓑ bibliographie

2. Le prenant à part, nous essayâmes de le ....

Ⓐ raisonner Ⓑ résonner

3. Ils se sont retrouvés et ont .... leurs meilleurs souvenirs.

Ⓐ évoqué Ⓑ invoqué

4. Après de nombreuses séances de rééducation, il a pu .... sa mobilité.

Ⓐ recouvrer Ⓑ recouvrir

5. C'est un homme ...., il saura vous excuser.

Ⓐ compréhensible Ⓑ compréhensif

6. Un orateur .... ennuie son auditoire.

Ⓐ verbal Ⓑ verbeux

7. L'.......... du roi fut annoncé au peuple.

Ⓐ avènement Ⓑ événement

8. Les jeunes gens sont souvent plus .... que les personnes d'âge mûr.

Ⓐ individualistes Ⓑ individuels

CORRIGÉS

Exercice 3.

1. Ⓑ Bibliographie = répertoire des écrits relatifs à un sujet ;
biographie = histoire de la vie d'une personne

2. Ⓐ Raisonner = faire entendre raison à quelqu'un ;
résonner = retentir

3. Ⓐ Évoquer = rappeler le passé ;
invoquer = prier, appeler

4. Ⓐ Recouvrer = récupérer ce qui était perdu ;
recouvrir = couvrir de nouveau

5. Ⓑ Compréhensif = qui fait preuve de compréhension, tolérant ;
compréhensible = qui peut être compris

6. Ⓑ Verbeux = qui abonde en paroles inutiles ;
verbal = qui se fait de vive voix et non par écrit

7. Ⓐ Avènement = élévation à une dignité suprême, arrivée ;
événement = fait important

8. Ⓐ Individualiste = qui s'affirme indépendamment des autres ;
individuel = qui concerne une seule personne

Exercice 4.

> Donnez les paronymes des mots suivants.

1. Raisonner
2. Irruption
3. Appât
4. Apurer
5. Sujétion
6. Perpétrer
7. Abjurer
8. Infester
9. Affectif
10. Collision
11. Expansion
12. Injection

CORRIGÉS

Exercice 4.

1. Raisonner (se servir de sa raison) ; résonner (réfléchir le son).

2. Irruption (entrée brusque) ; éruption (projection d'un volcan ou maladie de la peau).

3. Appât (pâture employée pour atttirer les animaux) ; appas (charmes d'une femme).

4. Apurer (vérifier un compte) ; épurer (rendre plus pur).

5. Sujétion (dépendance) ; suggestion (proposition).

6. Perpétrer (commettre) ; perpétuer (faire durer).

7. Abjurer (renier publiquement) ; adjurer (prier).

8. Infester (envahir) ; infecter (contaminer).

9. Affectif (relatif aux émotions) ; effectif (tangible, réel ou nombre de personnes).

10. Collision (choc) ; collusion (entente secrète).

11. Expansion (augmentation de volume ou de surface ou encore augmentation de l'activité économique) ; extension (action d'étendre).

12. Injection (piqûre) ; injonction (ordre) ou éjection (action d'éjecter).

Exercice 5.

> Pour chaque phrase, choisissez le mot correct pour compléter la parenthèse.

1. Il se perd en (...................) pour régler cette affaire.
Ⓐ conjectures
Ⓑ conjoncture

2. Les souris sont très (...............).
Ⓐ prolixes
Ⓑ prolifiques

3. Apprenant la bonne nouvelle, elle (...................).
Ⓐ exalte
Ⓑ exulte

4. Le savant est un personnage (................).
Ⓐ éminent
Ⓑ imminent

5. Le boxeur apprend à (..............) les coups.
Ⓐ esquiver
Ⓑ esquisser

6. Ses dépenses excessives le font qualifier de (...................).
Ⓐ prodige
Ⓑ prodigue

7. Le voleur est entré par (...........).
Ⓐ infraction
Ⓑ effraction

8. Les enfants ont une (................) pour les sucreries.
Ⓐ inclination
Ⓑ inclinaison

CORRIGÉS

Exercice 5.

1. Ⓐ conjecture : présomption ; conjoncture : situation.

2. Ⓑ prolifiques : se multiplient rapidement ; prolixes : emploient un grand nombre de mots.

3. Ⓑ exulter : être transporté de joie ; exalter : louer, vanter hautement.

4. Ⓐ éminent : hautement placé ; imminent : très prochainement.

5. Ⓐ esquiver : éviter ; esquisser : faire un dessin, une esquisse rapide.

6. Ⓑ prodigue : dépensier, généreux ; prodige : personne extraordinaire ou phénomène au caractère surnaturel.

7. Ⓑ effraction : entrée faite en cassant ; infraction : faute.

8. Ⓐ inclination : penchant, goût ; inclinaison : pente.

Exercice 6.

> Quel est le mot manquant remplacé par «?» dans chaque phrase: A ou B?

1. Au bord du chemin, il y avait un tas de ?
Ⓐ gravats
Ⓑ grabats

2. Vous êtes trop ?, il faut réduire cet article.
Ⓐ prolifique
Ⓑ prolixe

3. Tous ces arguments ? ne convainquent plus personne.
Ⓐ rebattus
Ⓑ rabattus

4. Les grenouilles ? dans la mare.
Ⓐ coassent
Ⓑ croassent

5. C'est un ? personnage d'État.
Ⓐ imminent
Ⓑ éminent

6. Ce terrain est très ?
Ⓐ ombrageux
Ⓑ ombreux

7. Ces plantes ? sont dangereuses.
Ⓐ vénéneuses
Ⓑ venimeuses

8. Le boucher vante la ? de cette viande.
Ⓐ tendreté
Ⓑ tendresse

9. Ce bateau a subi une grave ?.
Ⓐ avanie
Ⓑ avarie

10. Il est ? faire un discours.
Ⓐ censé
Ⓑ sensé

11. Ce produit a subi une ?.
Ⓐ altercation
Ⓑ altération

12. Elle a une ? pour les sucreries.
Ⓐ inclination
Ⓑ inclinaison

CORRIGÉS

Exercice 6.

1. Ⓐ gravats : débris de démolition ; grabat : lit.

2. Ⓑ prolixe : bavard, trop long ; prolifique : qui se reproduit rapidement.

3. Ⓐ rebattus : répétés ; rabattus : repliés.

4. Ⓐ c'est le corbeau qui croasse.

5. Ⓑ éminent : supérieur ; imminent : très prochain.

6. Ⓑ ombrageux : qui s'inquiète ; ombreux : qui est à l'ombre.

7. Ⓐ venimeuses se dit pour les animaux.

8. Ⓐ la tendresse est un sentiment.

9. Ⓑ avarie : dommage ; avanie : affront.

10. Ⓐ sensé : qui a du sens.

11. Ⓑ altération : changement en mal ; altercation : dispute.

12. Ⓐ inclination : goût, penchant ; inclinaison : pente.

10 LES TESTS D'ANAGRAMMES

Une anagramme est un mot obtenu par transposition des lettres d'un autre mot.

1. Objectif des tests d'anagrammes

Cet exercice cherche à apprécier votre maîtrise de l'orthographe : c'est un des tests les plus ludiques car vous devez faire preuve d'astuces pour résoudre les anagrammes.

2. Comprendre la consigne

Vous devez remettre les lettres d'un mot qui vous est proposé dans un ordre différent afin de découvrir un autre mot.

Exemple SCRUTEE

La solution est SECTEUR car lorsque vous êtes en présence des lettres R, U, E, il y a de fortes chances pour que la configuration « EUR » soit présente dans le mot à découvrir. Vous barrez ces lettres exploitées et il vous reste S, C, T, E : vous pouvez alors former CES ou SEC et, avec le T, le mot SECTEUR vous apparaît.

3. Conseils

➜ Pensez qu'une consomme est souvent suivie d'une voyelle, que « m » peut précéder « b » ou « p ». Si vous êtes en présence de C et H, il y a de fortes chances que vous trouviez la configuration « CH » ; si deux mêmes consonnes existent, elles sont parfois doublées ; et beaucoup d'autres astuces de la langue française.

➜ Prenez cet exercice comme un jeu et surtout ne vous bloquez pas sur un mot. Passez rapidement au suivant et revenez ensuite sur le mot que vous n'avez pas trouvé, il risque de vous apparaître subitement.

Exercice 1.

> Pour chaque mot ci-dessous, trouvez une anagramme des mots proposés.

1. COUPE
2. USURE
3. MUTILE
4. FUMOIR
5. BIVALVE
6. FIOLE
7. REVER
8. LABILE
9. ALCOVE
10. EGALAIT

Exercice 2.

> Parmi les anagrammes suivants, cinq ont un point commun. Trouvez l'intrus.

1. NACENI
2. ROILEMA
3. ERACHIMO
4. OMPOLATE
5. ENICIVIS
6. ENIGVEC

Exercice 3.

> Remettez les lettres dans le bon ordre afin de découvrir le mot qui se cache derrière chaque exemple.

1. AUTABE
2. ALEOMIBOUT
3. RETOMOVULE
4. CECLYTIS
5. OVINA
6. TOIRUVE

Exercice 4.

> Remettez les lettres dans le bon ordre afin de découvrir le mot intrus.

1. TAROCET
2. TEVAN
3. CHATOIR
4. AMOTTE
5. LORIBOC
6. ADALES

Exercice 5.

> Remettez les lettres dans le bon ordre afin de découvrir un autre mot.

1. SUER
2. VAREUSE
3. RIVER
4. NÉGOCE
5. CANOÉ
6. RUPINER

CORRIGÉS

Exercice 1.

1. POUCE
2. SUEUR
3. ULTIME
4. FOURMI
5. VIVABLE
6. FOLIE
7. VERRE
8. BAILLE (tonneau)
9. VOCALE
10. LAITAGE

Exercice 2.

1. CANINE
2. MOLAIRE
3. MACHOIRE
4. OMOPLATE
5. INCISIVE
6. GENCIVE

L'intrus est OMOPLATE qui est un os parmi des mots ayant tous rapport avec la dentition.

Exercice 3.

1. BATEAU
2. AUTOMOBILE
3. VÉLOMOTEUR
4. CYCLISTE
5. AVION
6. VOITURE

Exercice 4.

1. CAROTTE
2. NAVET
3. HARICOT
4. TOMATE
5. BROCOLI
6. SALADE

L'intrus est TOMATE qui est un fruit parmi des légumes.

Exercice 5.

1. USER ou RUSE
2. VERSEAU
3. VIRER
4. COGNÉE
5. OCÉAN
6. PRUNIER

11 LES TESTS DE COMPOSITIONS DE MOTS

Ce type d'exercices verbaux fait appel à vos connaissances linguistiques mais aussi à votre sens logique. Par conséquent, vous pouvez également trouver ce genre de questions au sein de l'épreuve d'aptitude logique.

1. Objectif des tests de compositions de mots

Ces tests apprécient votre capacité à mobiliser très rapidement vos connaissances et votre esprit d'analyse et de logique.

Exemple Entre les parenthèses, placez un mot qui doit former, tant avec le premier qu'avec le suivant, un terme ou une idée nouvelle.

PRESSE ...... MONNAIE

La réponse est « PAPIER » car il forme, avec le mot « presse », « presse-papier » : objet lourd que l'on pose sur des papiers pour qu'ils ne se dispersent pas ; et avec le mot « monnaie », « papier-monnaie » : monnaie de papier, c'est-à-dire les billets de banque.

Exemple Trouvez un mot à placer entre les parenthèses, qui complète le premier mot et commence le second.

BEAU .... ELLE

La solution est le mot « COUP » qui termine « beau » en formant « beaucoup » et précède « elle » pour former « coupelle ».

Exemple Trouvez un mot qui peut terminer toutes les syllabes ci-dessous.

POUB
BRET
MIRAB → ....
RU
CITRONN

Si vous ajoutez le mot « ELLE » à toutes les syllabes, vous obtenez les mots poubelle, bretelle, mirabelle, ruelle et citronnelle.

2. Conseils

Le plus souvent, le nombre de point entre parenthèses vous indique le nombre de lettres à découvrir. Faites preuve d'un peu d'imagination !

Respectez absolument le style des caractères de l'exercice : majuscules ou minuscules.

EXERCICES

Exercice 1.

> Trouvez un mot qui doit former, tant avec le précédent qu'avec le suivant, un nom composé.

1. SERRE .... BÊCHE
2. COUVRE .... LIEU
3. PARE ..... GLACE
4. AVANT ..... MALADE
5. CONTRE .... BOT
6. GARDE ... RIRE
7. COUPE ..... DE PIGEON
8. CHIEN .... GAROU
9. NON .... INTERDIT
10. CASSE ... COU

Exercice 2.

> Trouvez le mot que termine le premier et commence le second.

1. MATE .... ION
2. PARA ... TRAIRE
3. SOU .... RUE
4. AUTO ..... GRAPHIE
5. GALET .. NUE
6. MA .... TIQUE
7. DENT .... DALE
8. BAR .. COLIQUE
9. CAMP .. URE
10. CHAR .. AGE
11. CARRE .... NÉE
12. CON .... MENT
13. CAR .. TORSION
14. DE .... ON
15. MINE ... SONNER
16. SUR ... AGE

CORRIGÉS

Exercice 1.

1. TÊTE : serre-tête et tête-bêche
2. CHEF : couvre-chef et chef-lieu
3. BRISE : pare-brise et brise-glace
4. GARDE : avant-garde et garde-malade
5. PIED : contre-pied et pied-bot
6. FOU : garde-fou et fou rire
7. GORGE : coupe-gorge et gorge de pigeon (*mélange de couleur*)
8. LOUP : chien-loup et loup-garou
9. SENS : non-sens et sens interdit
10. COU : casse-cou et coucou

Attention : « coucou » n'est pas un mot composé, mais cet exercice piège a réellement été posé en concours.

Exercice 2.

1. LOT : matelot et lotion
2. DIS : paradis et distraire
3. VENT : souvent et ventrue
4. RADIO : autoradio et radiographie
5. TE : galette et tenue
6. DRAS : madras et drastique
7. AIRE : dentaire et airedale (*chien terrier*)
8. BU : barbu et bucolique
9. US : campus et usure
10. NU : charnu et nuage
11. FOUR : carrefour et fournée
12. VIVE : convive et vivement
13. RÉ : carré et rétorsion
14. BOUT : debout et bouton
15. RAI : minerai et raisonner
16. VOL : survol et volage

Exercice 3.

> Trouvez les syllabes communes aux termes proposés.

1. ÉCLAIR / RAM / PLUM / MASS → (...)
2. (...) → CADEUR / QUE / ERNE / TRATION
3. COLLO / SOU / BAN / MASSI → (...)
4. (..) → STRUCTION / SERVATION / SÉDANT / TUS
5. (..) → NACHER / TIENT / ROI / RALLÈLE
6. CHE / NA / RI / CARNA → (...)
7. (..) → RIL / GUE / TEAU / TAILLE
8. (...) → BUSTION / BINE / BLES / MERCE
9. SILHOU / PIROU / COU / BOUL → (....)
10. (..) → PENSE / DIT / CRET / SISTER
11. PLANTA / AMBI / COLLEC / MIGRA → (....)
12. (....) → SOL / DOS / CHUTE / DIS

CORRIGÉS

Exercice 3.

1. AGE : éclairage, ramage, plumage et massage

2. CAS : cascadeur, casque, caserne et castration

3. QUE : colloque, souque, banque et massique

4. OB : obstruction, observation, obsédant et obtus

5. PA : panacher, patient, paroi et parallèle

6. VAL : cheval, naval, rival et carnaval

7. BA : baril, bague, bateau et bataille

8. COM : combustion, combine, combles et commerce

9. ETTE : silhouette, pirouette, couette et boulette

10. DÉ : dépense, dédit, décret et désister

11. TION : plantation, ambition, collection et migration

12. PARA : parasol, parados, parachute et paradis

Exercice 4.

> Entre les parenthèses, placez un mot qui doit former, tant avec le premier qu'avec le dernier, un mot composé.

1. COUVRE (.............) CAGE
2. PARE (.............) GLACE
3. CASSE (.............) BÊCHE
4. PIQUE (.............) FOLLET
5. CHIEN (.............) GAROU

Exercice 5.

> Entre les parenthèses, placez un mot qui doit former, tant avec le premier qu'avec le dernier, un terme nouveau.

1. PERCE (............) ÉTERNELLE
2. GAGNE (.............) BÉNIT
3. PUR (.............) BLEU
4. PORTE (.............) D'ÉVANGILE
5. ABAT (.............) FÉRIÉ

Exercice 6.

> Trouvez la syllabe commune permettant de composer trois mots.

1. .... TRIQUE / TRONOME / TÉROPODE
2. .... LIE / LIO / IRE
3. .... SE / RCIR / RAUD
4. PÉNIT / SOMNOL / NÉGLIG ....
5. PÉ............. NIÈRE / EMENT / TE
6. RA............. DAN / GE / SSIS

CORRIGÉS

Exercice 4.

1. LIT (COUVRE-LIT/LIT-CAGE).
2. BRISE (PARE-BRISE/BRISE-GLACE).
3. TÊTE (CASSE-TÊTE/TÊTE-BÊCHE).
4. FEU (PIQUE-FEU/FEU-FOLLET).
5. LOUP (CHIEN-LOUP/LOUP-GAROU).

Exercice 5.

1. NEIGE (PERCE-NEIGE/NEIGE ÉTERNELLE).
2. PAIN (GAGNE-PAIN/PAIN BÉNIT).
3. SANG (PUR-SANG/SANG BLEU).
4. PAROLE (PORTE-PAROLE/PAROLE D'ÉVANGILE).
5. JOUR (ABAT-JOUR/JOUR FÉRIÉ).

Exercice 6.

1. GAS (GASTRIQUE, GASTRONOME, GASTÉROPODE).
2. FO (FOLIE, FOLIO, FOIRE).
3. NOI (NOISE, NOIRCIR, NOIRAUD).
4. ENCE (PÉNITENCE, SOMNOLENCE, NÉGLIGENCE).
5. PI (PÉPINIÈRE, PÉPIEMENT, PÉPITE).
6. MA (RAMADAN, RAMAGE, RAMASSIS).

2

Les tests de logique apparaissent complexes et déroutent beaucoup les candidats. Il faut apprendre à les maîtriser en restant toujours méthodique et organisé.
Ils exigent de la concentration, un esprit de déduction et l'apprentissage de quelques « trucs ».

L'APTITUDE LOGIQUE

12 Les tests d'aptitude logique

Après les tests numériques, l'aptitude logique représente l'épreuve que redoutent le plus les candidats. Pourtant, il suffit de mobiliser ses capacités d'observation et d'analyse pour réussir avec succès ce type de tests.

1. Objectifs des tests d'aptitude logique

Les différents tests de logique sont destinés à mesurer votre aptitude à raisonner sur des chiffres, des lettres, des mots ou des figures, à travers une multitude d'exercices aussi variés et déconcertants que l'imagination des concepteurs peut en créer.

2. Déchiffrer les consignes

La diversité des exercices est souvent déstabilisante pour le candidat ; cependant, les méthodes de résolution ne comportent que peu de difficultés et ne requièrent pas de connaissances particulières.

Nombreux sont les exercices qui appréhendent votre esprit logique par l'intermédiaire de suites de chiffres et/ou de lettres.

Exemple Retrouvez la suite logique.

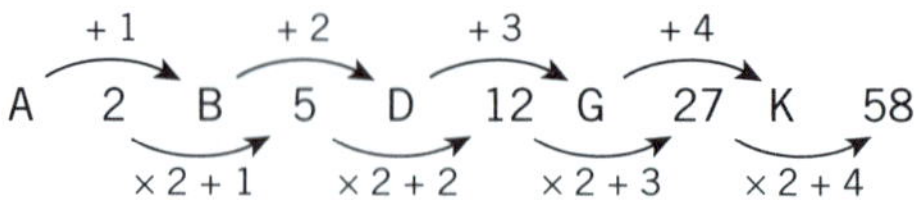

Certains vérifient votre culture générale ou votre richesse de vocabulaire au travers de mots à découvrir.

Exemple Trouvez l'intrus.

Carpe – Bar – Requin – Cabillaud – Baleine

L'intrus est « Baleine » car c'est un mammifère et non un poisson.

Lorsque vous êtes en présence de figures logiques, il s'agit toujours de dégager la loi qui régit la disposition de ces figures.

Exemple Trouvez la quatrième figure de cette série logique.

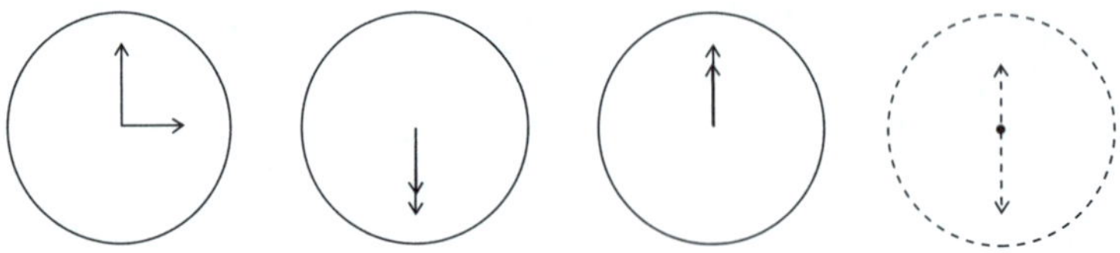

La grande aiguille avance d'une $\frac{1}{2}$ heure alors que la petite aiguille avance d'$\frac{1}{4}$ heure, $\frac{1}{2}$ heure et 1 heure.

D'autres exercices s'appuient sur votre sens de l'orientation et vous obligent à constituer des repères dans l'espace afin de « visualiser » mentalement les mouvements d'un objet.

Exemple Trouvez la quatrième figure qui complète la série.

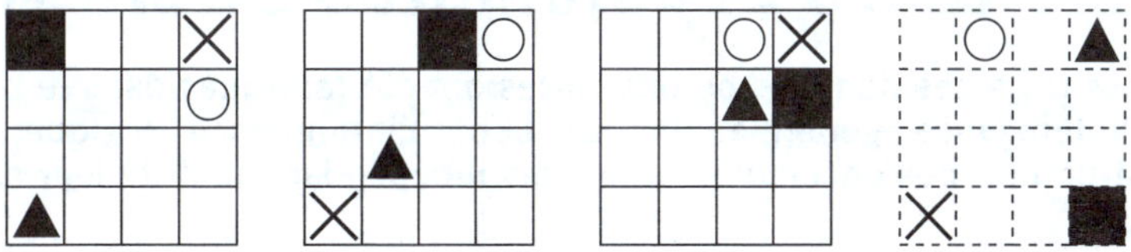

Le carré noir se déplace de deux cases dans le sens des aiguilles d'une montre. La croix se déplace aux extrémités de la diagonale. Le rond blanc se déplace d'une case dans le sens inverse des aiguilles d'une montre. Et le triangle se déplace d'une case sur la diagonale.

Enfin certains problèmes font appel à votre logique de déduction, à votre bon sens, à votre perspicacité ou simplement à votre intuition.

Exemple Si CARAMEL = 7 et VANILLE = 15 alors CITRON = ?
Le nombre associé au mot correspond à la somme du rang dans l'alphabet des voyelles composant le mot. Donc I = 9 et O = 15 soit 9 + 15 = 24.

3. Conseils

➜ Comme pour tous les tests limités dans le temps, passez sans attendre à la question suivante lorsque la solution ne vous apparaît pas immédiatement.

➜ Lisez très attentivement les consignes car elles varient d'un exercice à l'autre, voire d'une question à l'autre au sein d'un même exercice.

➜ Exercez au quotidien vos facultés d'observation ainsi que votre mémoire visuelle : ces aptitudes sont les plus sollicitées dans les exercices de logique. Par exemple, astreignez-vous à vous rappeler systématiquement le nom des villes, villages ou rues que vous empruntez pour vous rendre à une quelconque destination. Puis, une fois que cette habitude sera acquise, exercez-vous à noter, sur chacun de vos chemins (quotidien, hebdomadaire, habituel ou pas), des détails (de paysage, d'affichage) en fonction de leur lieu.

➜ Ne vous enfermez pas dans des certitudes ou des préjugés car vous risquez de « passer à côté » de certaines solutions très singulières : adoptez une attitude non sclérosante, c'est-à-dire mobilisez vos capacités d'adaptation, primordiales dans ce type d'exercices. Pour vous entraîner, soyez attentif à l'action et au mode de vie des autres. Interrogez-vous sur le sens de leurs actes, mais sans porter de jugement. L'objectif n'étant pas de comparer ou de critiquer, mais de comprendre une logique autre que la vôtre.

➜ Soyez curieux et optez pour une attitude d'ouverture d'esprit sur l'environnement : ce comportement vous fera sans aucun doute progresser.

Les aptitudes logiques sont plus ou moins développées d'un individu à l'autre ; néanmoins, elles peuvent toujours s'acquérir ou s'améliorer avec un entraînement régulier.

13 LES TESTS DES DOMINOS ET CARTES

Les tests des dominos ou des cartes ont été fabriqués dans le but de mesurer l'intelligence générale. Ils évaluent l'intelligence logique, l'aptitude à structurer des ensembles rationnels indépendamment de leur contenu.

1. Les dominos

Le principe

Un domino est divisé en deux parties dont chaque face a une valeur comprise entre 0 et 6. Les deux parties d'un même domino peuvent avoir la même valeur.

→ Une seule règle à retenir : les sept valeurs des dominos se succèdent aussi bien dans l'ordre croissant que dans l'ordre décroissant. Par conséquent, après le 6 vient le 0 lorsque la suite est croissante, non le 7. Il en est de même lorsque la suite est décroissante : après le 0 vient le 6.

Chaque planche comporte un nombre variable de dominos, disposés dans des arrangements variés : ligne, rectangle, croix, spirale, etc., mais toujours selon un ordre logique à découvrir.

Exemple Quel est le domino manquant ?

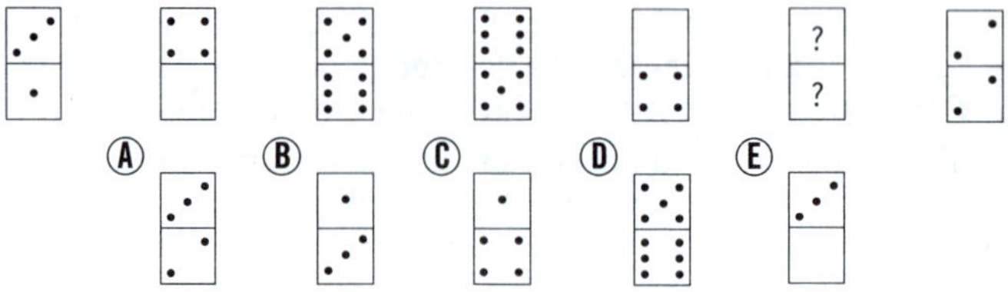

Pour les parties supérieures, la suite croît d'une unité à partir de 3 donc après 6 vient le 0, suivi du 1. Au niveau des parties inférieures, la suite est décroissante d'une unité à partir de 1, donc 4 moins 1 donne 3.
La solution est Ⓑ.

Les conseils

→ La durée de ces tests étant limitée, le temps moyen par exercice est de vingt secondes. Il faut naturellement aller très vite pour résoudre les premiers exercices, généralement plus faciles, afin de pouvoir consacrer plus de temps aux exercices suivants plus complexes.

→ Comme pour tous les tests limités dans le temps, il est toujours préférable de passer sans attendre à la question suivante lorsque la solution n'apparaît pas immédiatement.

→ Inscrivez toujours à votre portée, les valeurs des dominos (0, 1, 2, 3, 4, 5 et 6) afin de ne pas vous tromper lorsque des écarts sont à calculer.

2. Les cartes

Le principe

Ces tests sont composés de plusieurs cartes groupées pour former une figure. À l'exclusion des rois, dames, valets, toutes les valeurs (de l'as au dix) sont employées dans toutes les couleurs (trèfle, cœur, carreau et pique). Le joker est parfois utilisé mais il ne sert qu'à remplir les espaces vides ainsi qu'à perturber le candidat.

Une carte, parfois deux, est retournée et le problème consiste à trouver la couleur (on entend par couleur : trèfle, carreau, cœur, pique et non rouge ou noir) et la valeur de cette carte.

Exemple Trouvez la carte manquante.

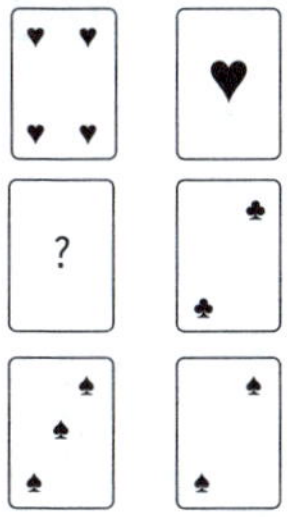

Ⓐ 2♥
Ⓑ 3♣
Ⓒ 3♠
Ⓓ 4♦

Dans cet exemple, vous devez travaillez en ligne.
Sur chaque ligne, vous avez une couleur différente : 1re ligne, cœur ; 2e ligne, trèfle et 3e ligne, pique. D'autre part, sur toutes les lignes, la somme des valeurs est égale à 5. Sur la 2e ligne, il manque 3 pour avoir une somme de 5.
La carte à découvrir est le 3 de trèfle. La réponse est Ⓑ.

Les lois qui régissent les tests des cartes sont les mêmes que celles qui régissent les combinaisons de dominos : lois de succession, de progression, de symétrie, d'exclusion, de proportion, etc.

Exemple Quelle est la carte manquante ?

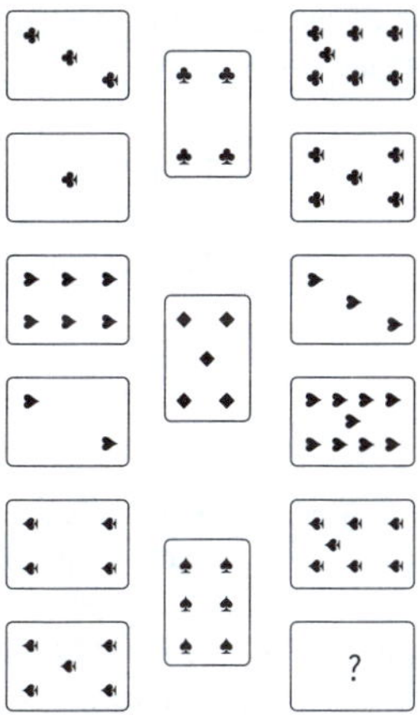

Ⓐ 2 ♣
Ⓑ 8 ♥
Ⓒ 8 ♠
Ⓓ 4 ♠

Les cartes externes par rapport à la carte centrale sont toutes de même couleur : manque pique dans 3e groupe de cartes. La valeur carte centrale = somme des cartes externes divisée par 4. Sur la 1re ligne, somme des cartes externes = 16 (3 + 1 + 7 + 5) et 16 ÷ 4 = 4, valeur de la carte centrale. Pour le 3e groupe de cartes, multipliez par 4 la carte centrale soit (6 × 4) égale 24 et vous trouvez la somme des cartes externes. Ensuite, il faut soustraire 16 (4 + 5 + 7) à 24 pour découvrir la valeur de la carte manquante : 24 – 16 = 8. La réponse est Ⓒ.

Les conseils

➜ Le temps moyen est de trente secondes par exercice car vous devez découvrir deux éléments (couleur et valeur). Au-delà de ce temps, passez à la question suivante car la solution des exercices suivants révèlera peut-être le moyen de résoudre la difficulté sur laquelle vous aurez buté.

➜ Commencez toujours par la couleur : elle est souvent plus facile à découvrir car il n'existe que quatre possibilités alors que dix valeurs sont possibles.

➜ Arrivez toujours à la solution car, dans le cas contraire (lorsque vous partez de la solution), vous risquez d'être induit en erreur.

CORRIGÉS

Exercice 1.

> Quel est le domino manquant ?

1.

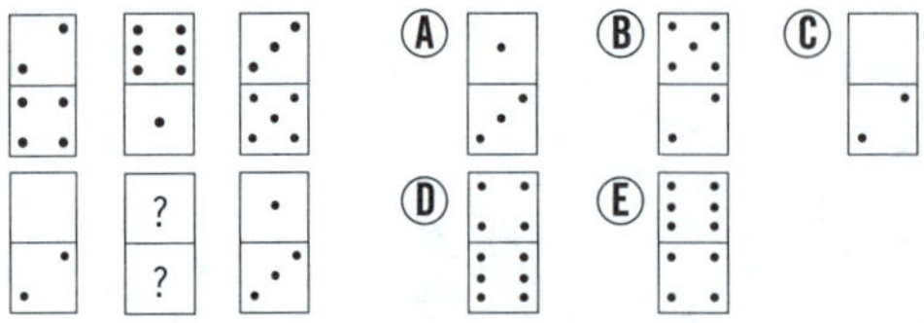

2.

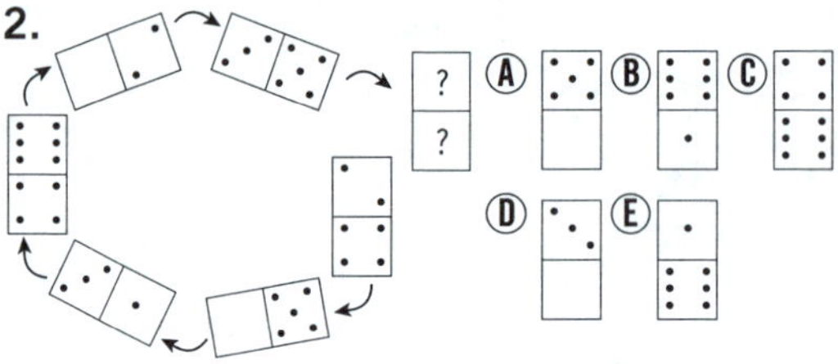

3.

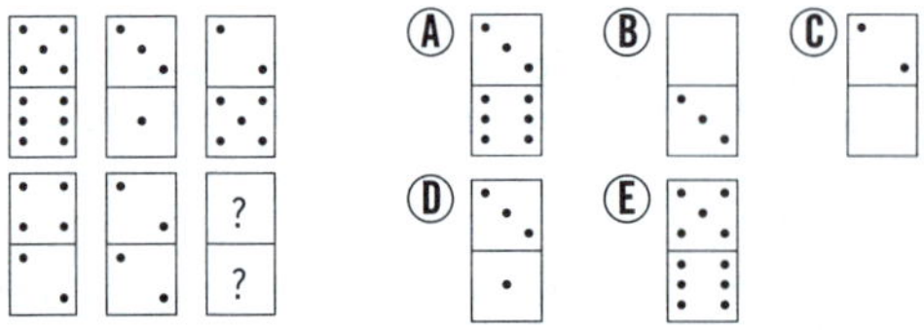

4.

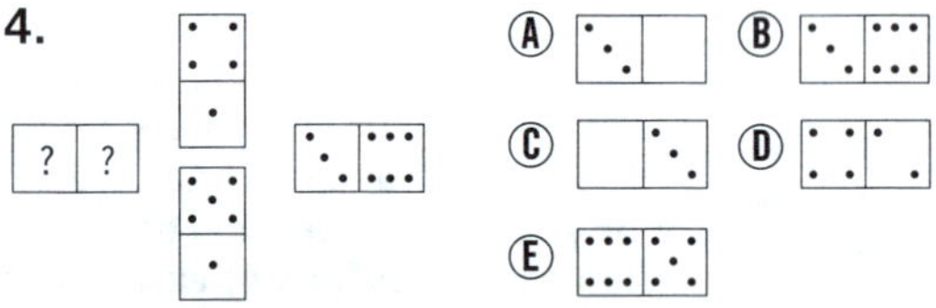

5.

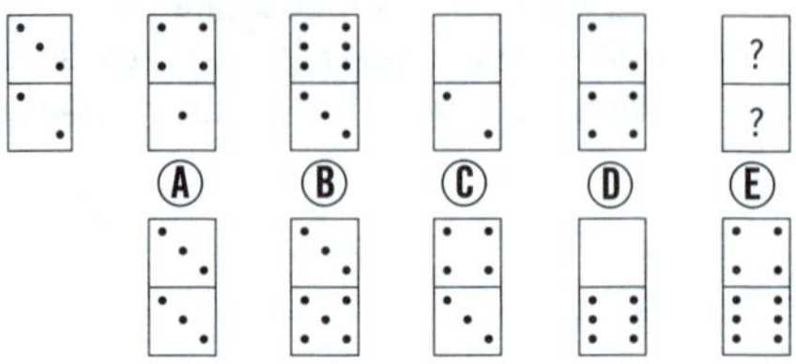

6.

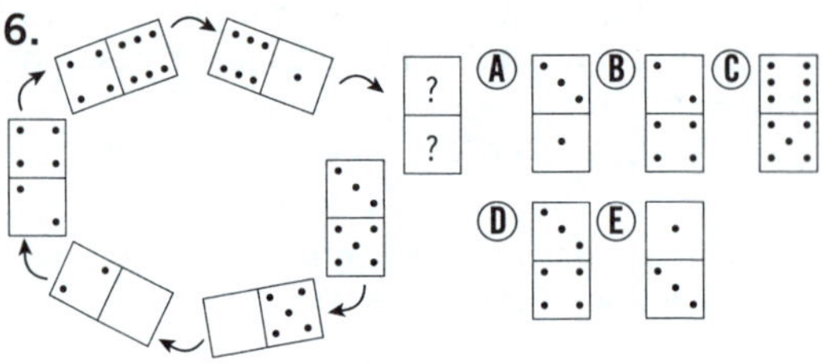

→ Ⓓ De haut en bas sur un domino et du bas vers le haut du domino suivant, les valeurs se suivent en ajoutant deux.

→ Ⓑ À l'intérieur d'un domino (pour passer de sa partie supérieure à sa partie inférieure), les valeurs augmentent de deux alors que pour passer d'un domino à l'autre, les valeurs se suivent dans l'ordre croissant.

→ Ⓒ Vous obtenez la valeur de la partie supérieure du 3e domino en soustrayant les parties supérieures des deux premiers dominos. Procédez de la même manière pour obtenir la valeur de la partie inférieure du 3e domino.

→ Ⓐ Pour les parties externes ainsi que les parties internes des dominos, vous ajoutez deux à chaque fois.

→ Ⓐ La progression est de + 1 puis + 2 chaque fois pour les parties supérieures des dominos et elle est de – 1 puis + 2 chaque fois pour les parties inférieures des dominos.

→ Ⓔ Progression : + 2 à l'intérieur d'un domino (pour passer de sa partie supérieure à sa partie inférieure). Partie inférieure d'un domino devient partie supérieure du domino qui le suit. Autre méthode de résolution : passez de la partie supérieure d'un domino à l'autre ainsi que de la partie inférieure d'un domino à l'autre en ajoutant 2.

Exercice 2.

> Quelles valeurs (à noter en chiffres) faut-il mettre dans le domino comportant des points d'interrogation pour continuer chaque série ?

1.
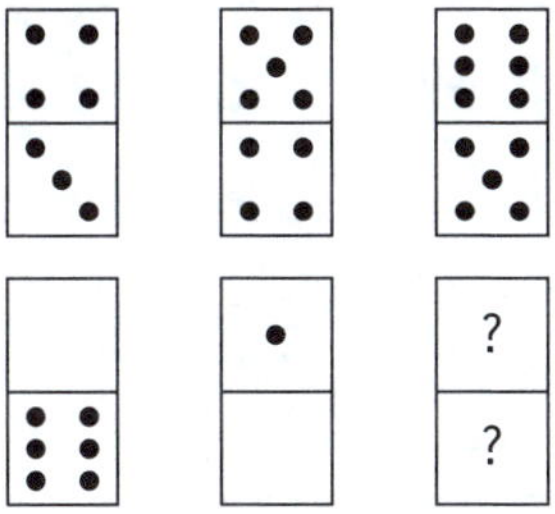

2.
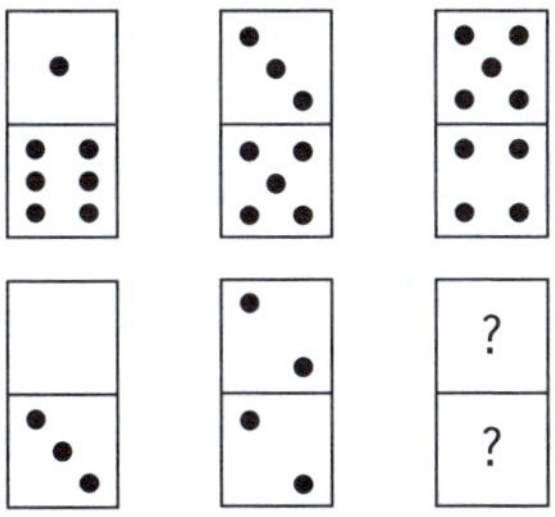

3.
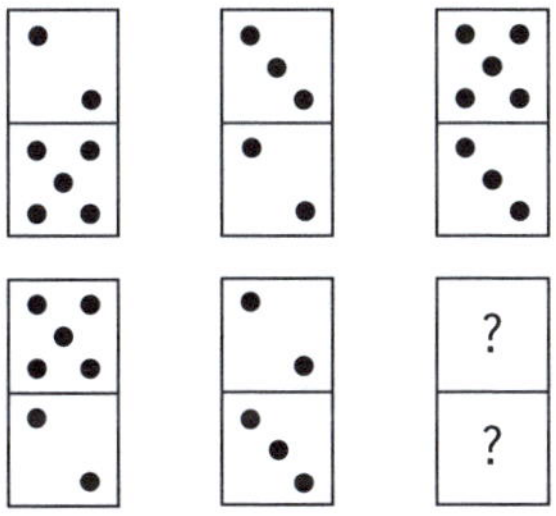

4.
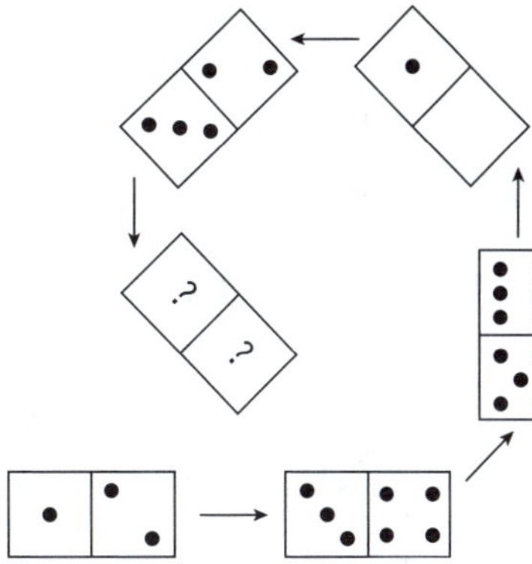

5.

CORRIGÉS

Exercice 2.

1.

En passant d'un domino à l'autre + 1 en haut et + 1 en bas.

2.

+ 2 en haut ; – 1 en bas.

3.

Dominos symétriques entre la 1re ligne et la 2e ligne.

4.
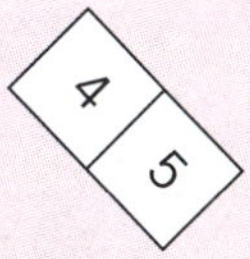

Suite numérique.

5.
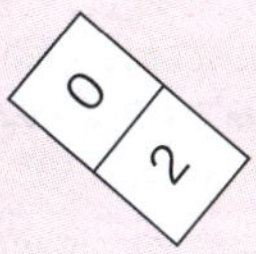

+ 1 en passant de l'intérieur à l'extérieur.

6.
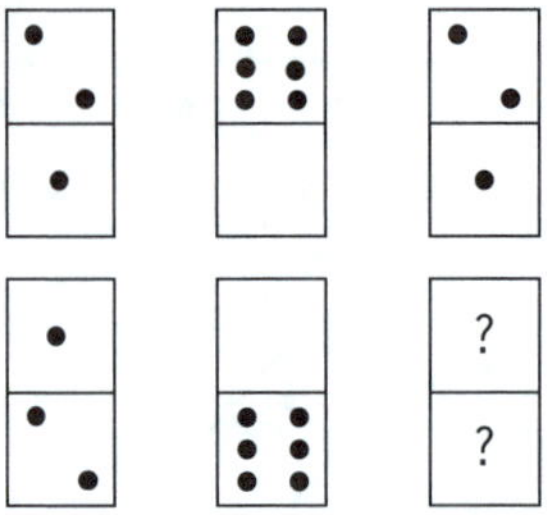

7.
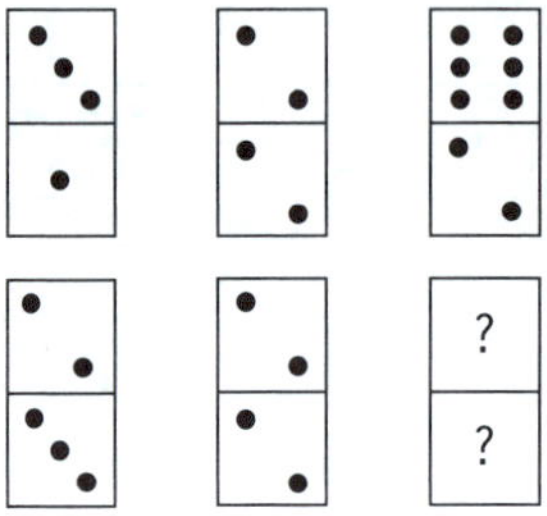

8.
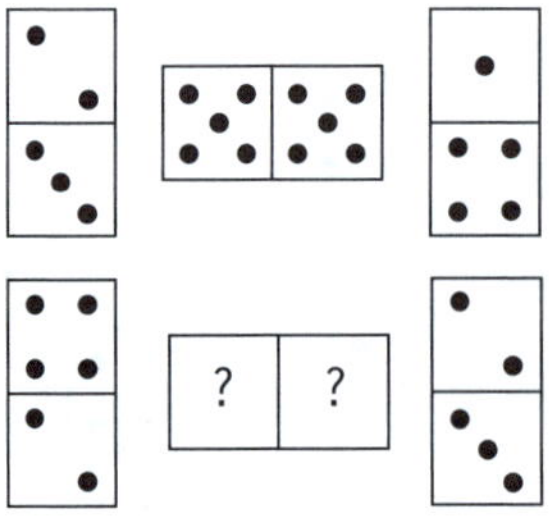

9.
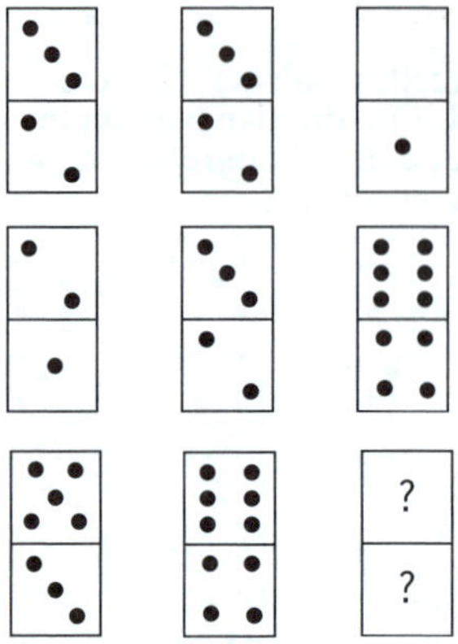

10.
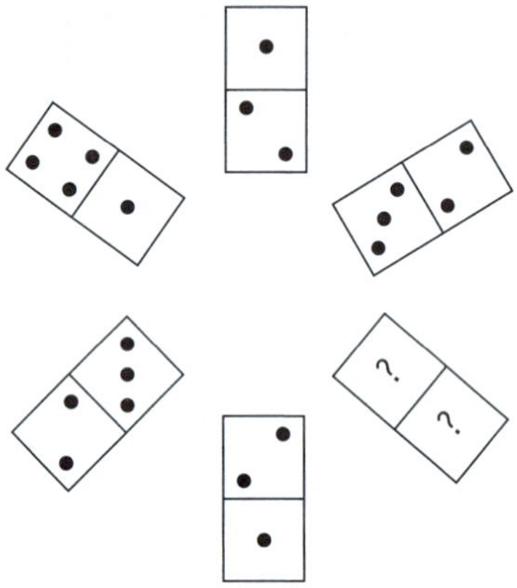

CORRIGÉS

6.
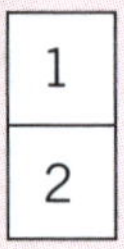

Symétrie.

7.
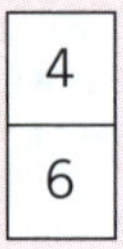

Pour chaque ligne on multiplie les valeurs des 1er et 2e dominos (cases du haut et cases du bas) pour donner la valeur du 3e domino.

8.
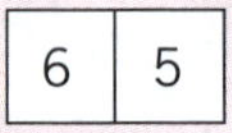

6 = Somme des valeurs du domino de gauche.
5 = Somme des valeurs du domino de droite.

9.
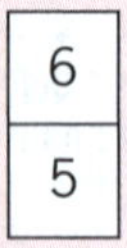

Sur chaque ligne verticale, addition des valeurs (cases du haut et cases du bas) des deux premiers dominos pour obtenir les valeurs du 3e.

10.
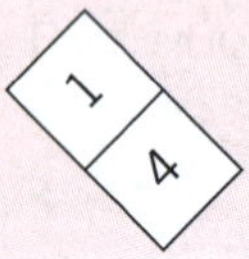

Symétrie.

Exercice 3.

> Observez chaque groupe de dominos et cherchez la valeur de celui comportant des points d'interrogation.

1.

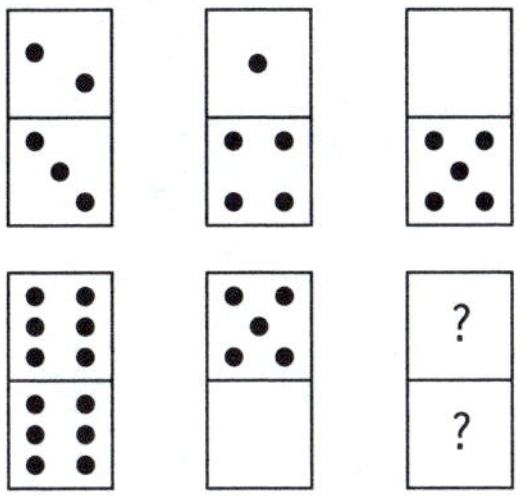

2.

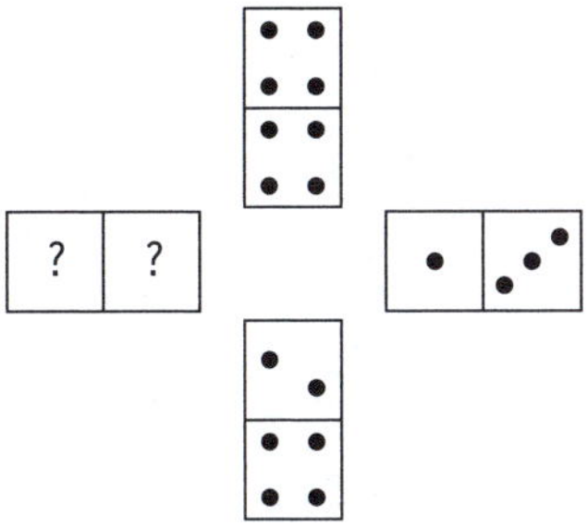

3.

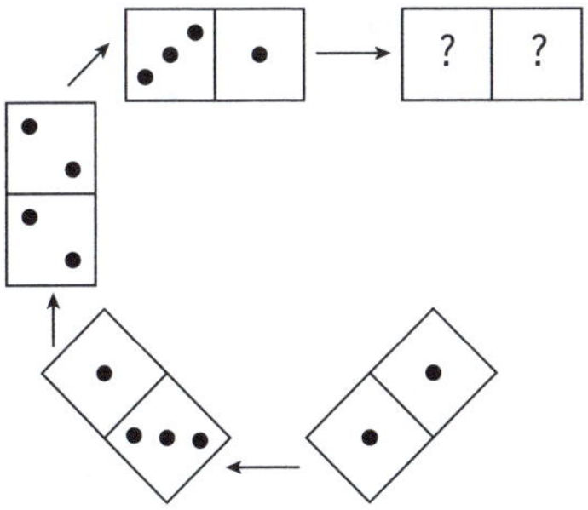

4.

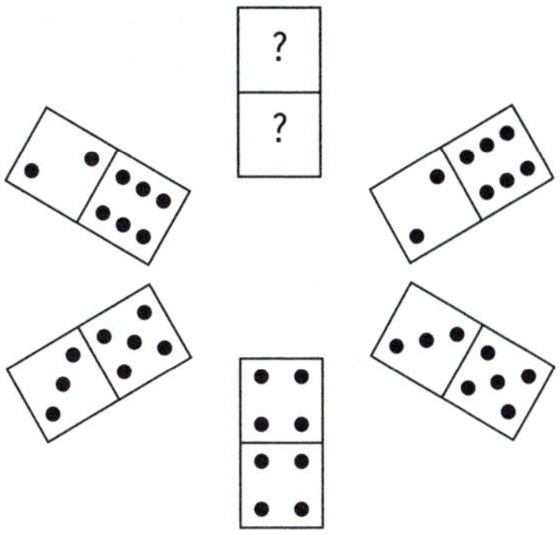

5.

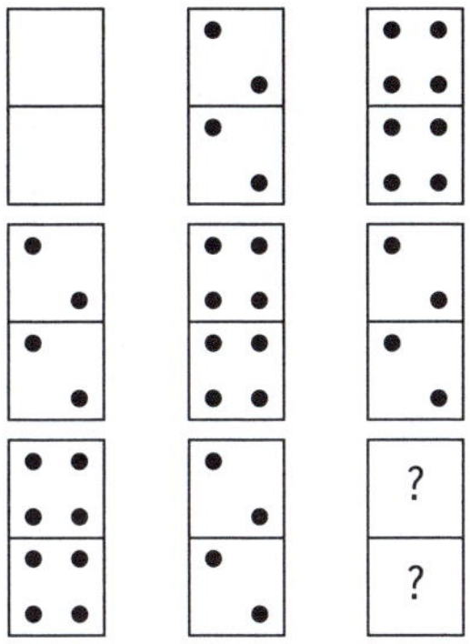

6.

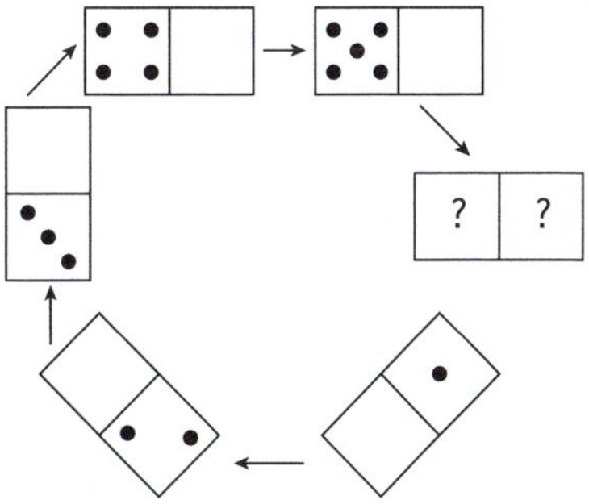

CORRIGÉS

Exercice 3.

1. 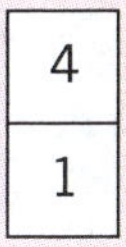

En haut, ordre décroissant ; en bas, ordre croissant.

2. 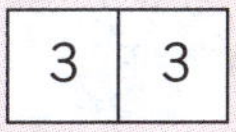

À l'intérieur, progression de 1 dans le sens des aiguilles d'une montre ; à l'extérieur, alternance de 3 et de 4.

3. 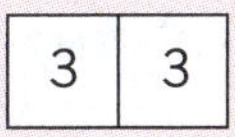

Augmentation de 1 tous les deux dominos.

4. 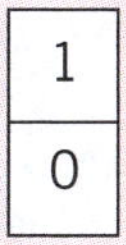

Dans le sens des aiguilles d'une montre, progression de 1 à l'intérieur, diminution de 1 à l'extérieur.

5. 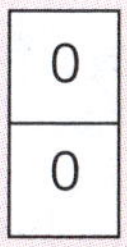

Dominos placés de façon symétrique par rapport au centre de la figure.

6. 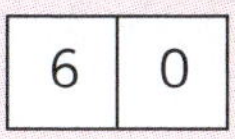

Progression de 1 dans la case de gauche.

7. 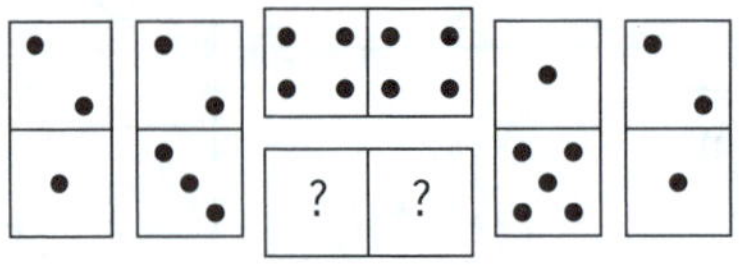

8. 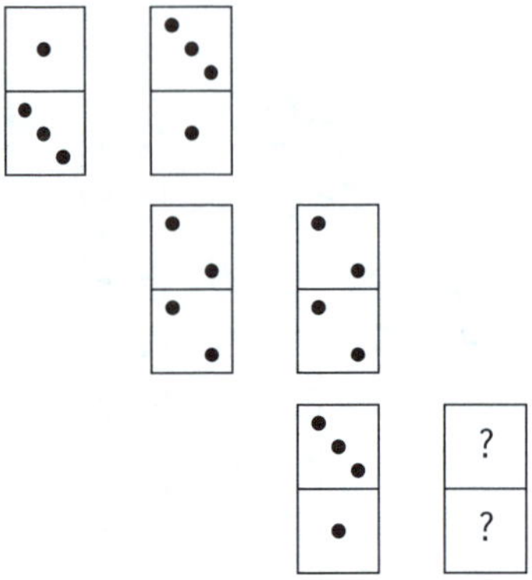

9. 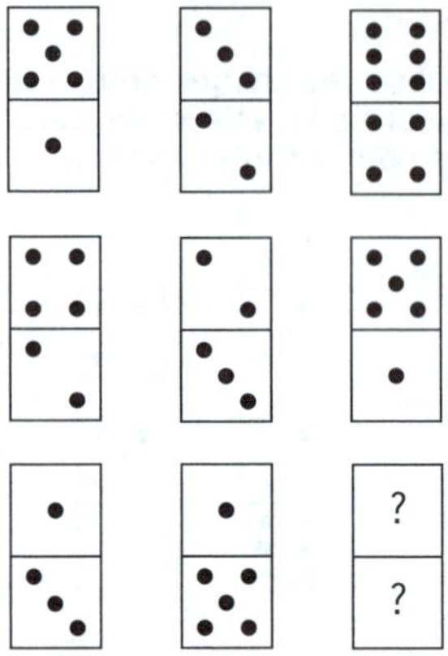

10. 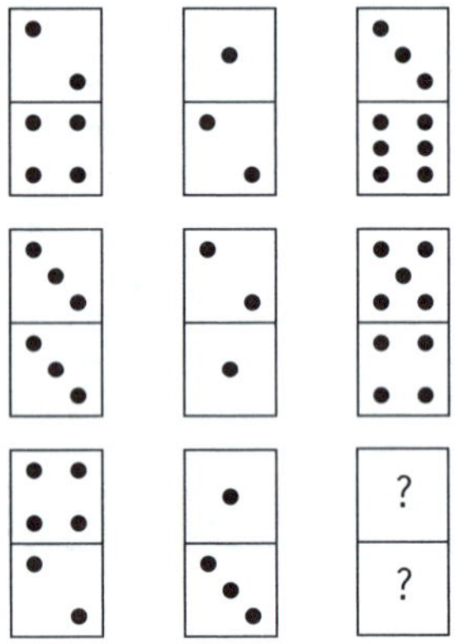

CORRIGÉS

7. 3 | 6

Addition des 2 dominos de gauche → domino milieu haut.
Addition des 2 dominos de droite → domino milieu bas.

8. 1 / 3

Dominos placés de façon symétrique par rapport au centre de la figure.

9. 1 / 5

Par lignes verticales : en haut, la soustraction des 2 premiers dominos donne la valeur du 3e ; en bas, l'addition des 2 premiers donne la valeur du 3e.

10. 5 / 5

Par lignes horizontales : en haut, l'addition des parties des 2 premiers dominos donne la valeur du 3e ; idem en bas.

Exercice 4.

> Pour chacune des questions de cette exercice, on vous propose un groupe de dominos dont l'un est masqué. Vous devez trouver les deux valeurs du domino masqué à partir de déductions logiques.

1.

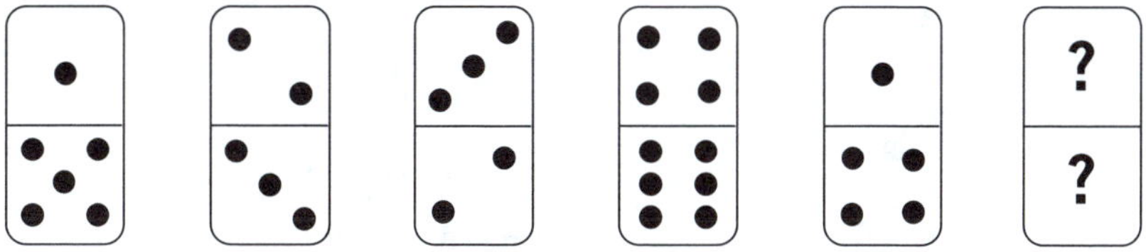

2.

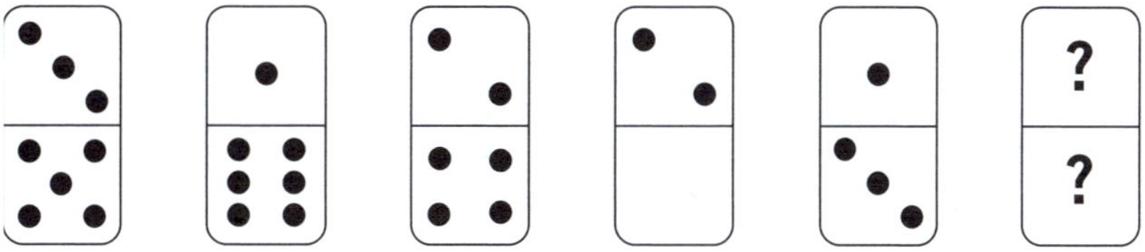

3.

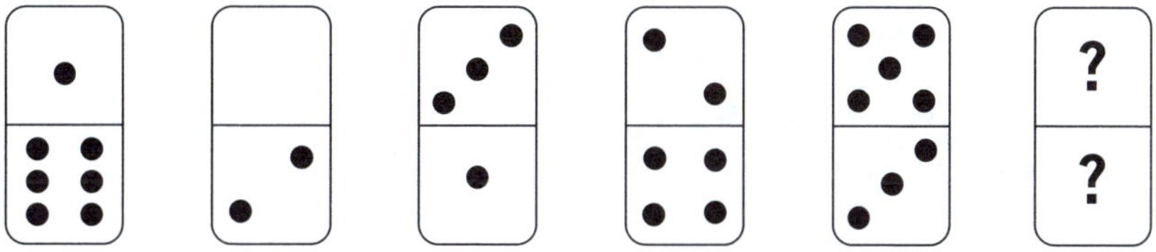

CORRIGÉS

1.

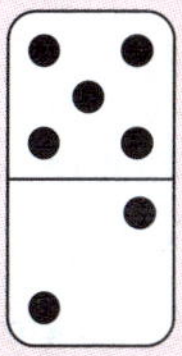

On travaille avec les trois premiers dominos. La partie supérieure du troisième domino correspond à la somme des deux premiers tandis que la partie inférieure correspond à la différence entre les valeurs des deux premiers dominos. La partie supérieure du dernier domino correspond donc à la somme des deux dominos qui le précèdent soit $4 + 1 = 5$ et la partie inférieure à la différence soit $6 - 4 = 2$

2.

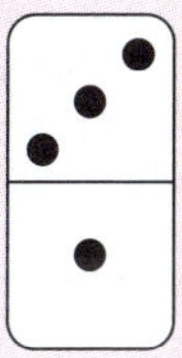

Il faut travailler un domino sur deux. Sur les parties supérieures, on a 3 sur le premier domino et 2 pour le troisième puis 1 pour le cinquième. On enlève 1 à chaque fois. On a la même caractéristique sur les parties inférieures de ces mêmes dominos : on part de 5 pour obtenir 4 puis 3. En partant du deuxième domino, on passe de 1 à 2 sur le quatrième pour les parties supérieures et de 6 à 0 pour les parties inférieures. Le domino manquant se trouve sur cette série, il faut donc ajouter 1 en haut et en bas du quatrième domino pour obtenir les valeurs sur le dernier. On a alors $2 + 1 = 3$ en haut et $0 + 1 = 1$ pour le bas.

3.

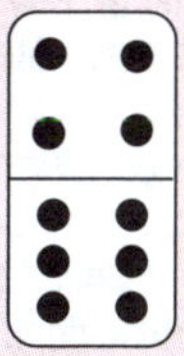

On part de la partie supérieure du premier domino (1) puis on passe à la partie inférieure du deuxième (2) pour revenir à la partie supérieure du troisième (3) et ainsi de suite : (4) puis (5) pour obtenir (6) sur la partie inférieure du dernier domino. Pour la partie inférieure du premier domino, on part de (6) pour arriver à (0) sur la partie supérieure du deuxième domino et ainsi de suite : (1) puis (2) puis (3) puis (4) sur la partie supérieure du dernier domino.

4.

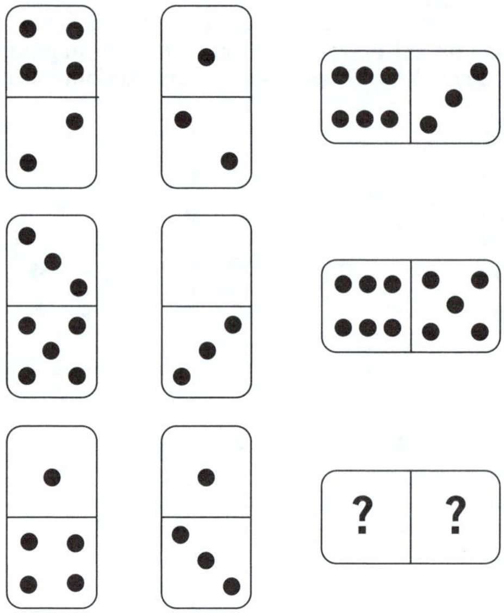

5.

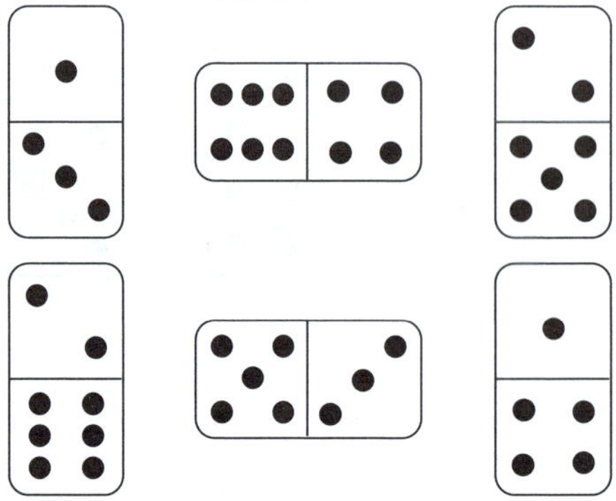

CORRIGÉS

4.

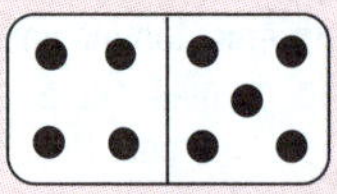

Le domino horizontal est le résultat d'une combinaison des deux dominos verticaux. On peut penser que la valeur 6 est obtenue en additionnant les deux valeurs du premier domino (4 + 2) et que le 3 est obtenu en ajoutant les deux valeurs du deuxième domino (1 + 2).

Si on applique cette règle à la deuxième ligne, on obtient 3 + 5 = 8 pour le premier domino, valeur impossible et qui ne correspond pas au 6 inscrit à gauche sur le dernier domino. On remarque que la valeur 6 peut être obtenue en additionnant le haut du premier domino (3) au bas du deuxième domino (3) et que la valeur 5 est obtenue en additionnant le bas du premier domino (5) et le haut du deuxième (0).

Il faut maintenant vérifier que cette combinaison marche pour la première ligne et on remarque que les valeurs obtenues sont 4 + 2 = 6 et 2 + 1 = 3. Il faut maintenant appliquer cette caractéristique à la dernière ligne : 1 + 3 = 4 et 4 + 1 = 5, soit 4 pour la gauche du domino et 5 pour la droite.

5.

Sur chaque ligne et sur chaque colonne, on a les valeurs 1, 2, 3, 4, 5 et 6. Il manque sur la dernière ligne les valeurs 3 et 6 et on vérifie que ces valeurs manquent aussi sur la dernière colonne. Il y a alors deux possibilités pour placer les valeurs sur le domino, le 3 en haut ou en bas ; même logique pour le 6.

6.

7.

CORRIGÉS

6.

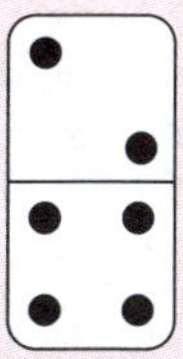

Il faut travailler avec la disposition en spirale des dominos. En partant du domino central : de la valeur 3, on passe à 4 pour la première valeur du domino suivant, puis à 5 sur le troisième domino, puis on poursuit avec 6, 0 et 1. La valeur suivante est donc 2 sur la partie supérieure du domino.

Si on repart du bas du domino central (5), on passe à 6 pour le deuxième domino puis à 0, 1, 2, 3 et la dernière valeur sera donc 4.

7.

Il faut partir de l'intérieur du domino en bas à gauche (3) puis aller vers l'extérieur du domino juste au-dessus (5), retourner vers l'intérieur (0) puis l'extérieur (2). On avance de + 2 ; la valeur intérieure du dernier domino est donc 4.

Pour les valeurs opposées aux précédentes, on a la suite (0) ; (2) ; (4) ; (6) et donc (1) pour poursuivre la série.

Exercice 5.

> Voici des séries de cartes à jouer ; la dernière carte de chaque série est retournée face cachée. Quelle est cette carte ?

1.

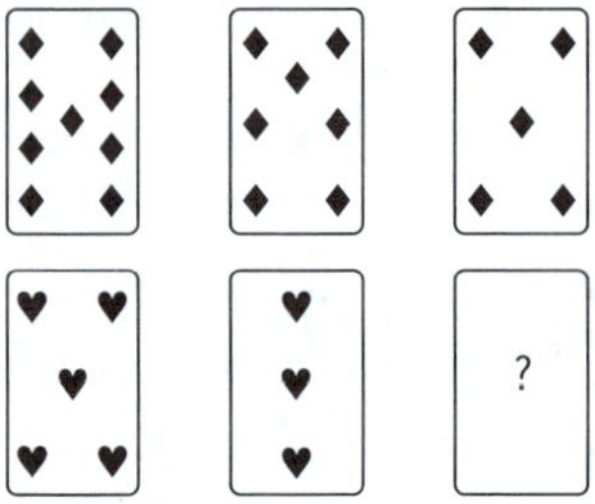

2.

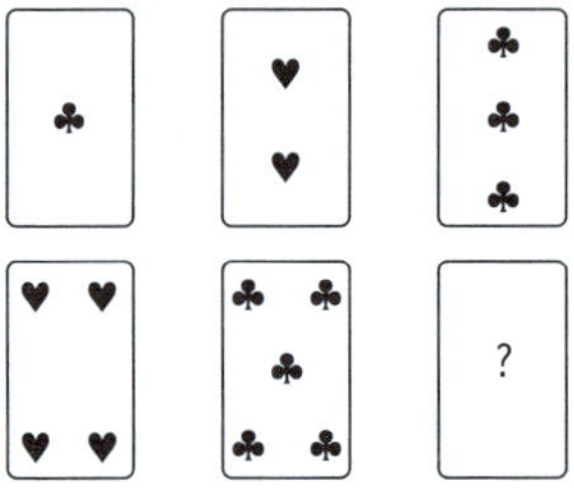

3.

4.

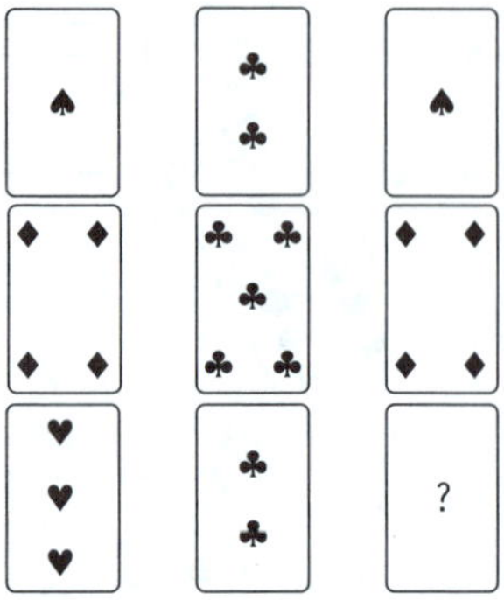

5.

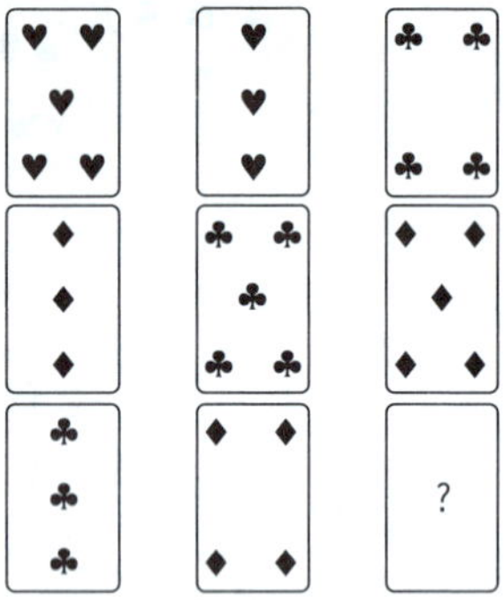

6.

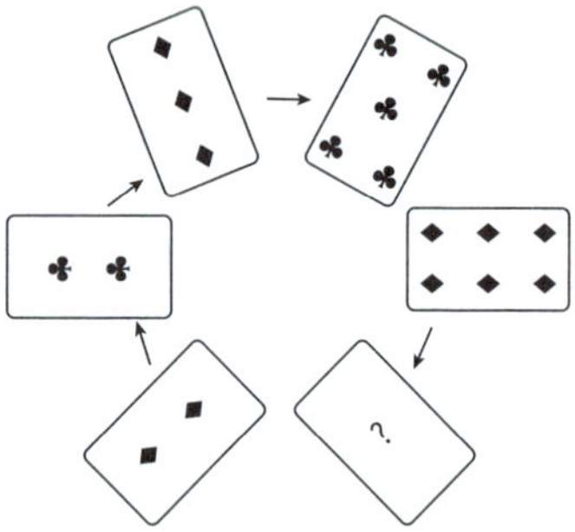

CORRIGÉS

Exercice 5.

1. 

Saut de – 2 dans la même couleur. *Rappelons qu'aux cartes, on appelle « couleur » chacune des quatre marques (carreau, cœur, pique, trèfle).*

2. 

On ajoute à chaque fois un point en alternant cœur et trèfle.

3. 

Lecture en diagonales croisées :
– pour les carreaux, on ajoute 1 ;
– pour les cœurs, on retranche 1.

4. 

Symétrie.

5. 

Mêmes cartes dans 3 couleurs (carreau, cœur, trèfle) donc il manque le 4 de cœur.

6. 

Suite de nombres avec un écart qui augmente de un en alternant carreau et trèfle.

7.

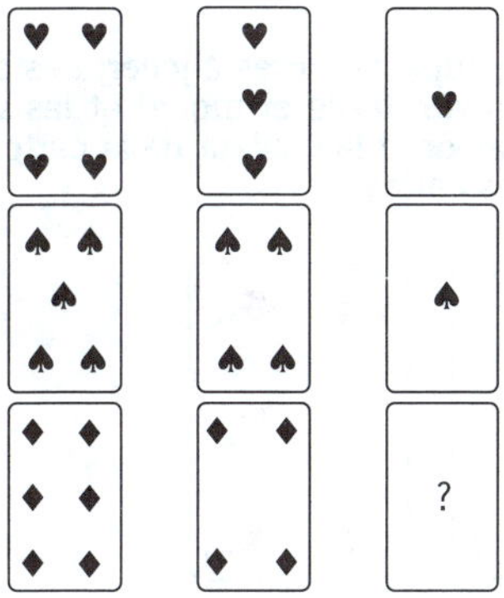

8.

9.

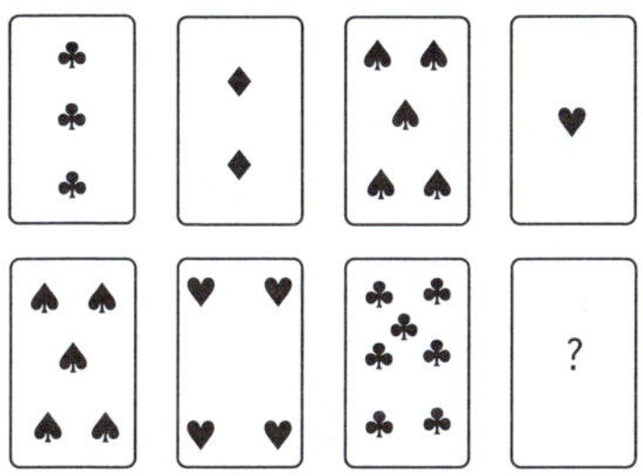

10.

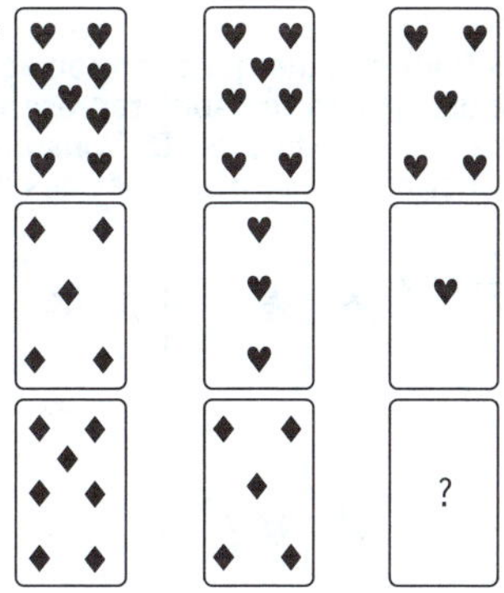

11.

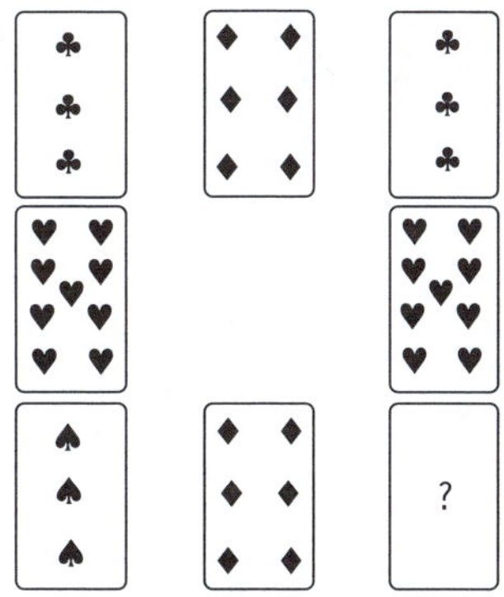

12.

CORRIGÉS

7. 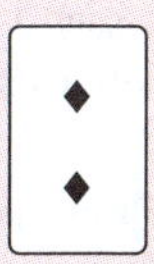

Sur chaque ligne horizontale, valeur de la carte 1 moins valeur de la carte 2 donne valeur de la carte 3.

8. 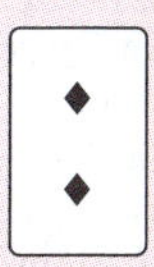

Les couleurs rouge et noir alternent, la valeur des cartes noires augmente de 1, celle des cartes rouges diminue de 1.

9. 

Pour chaque ligne : dans le noir,saut de + 2 avec inversion de couleur ; dans le rouge, saut de - 1 avec inversion de couleur.

10. 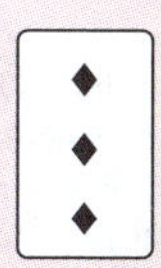

Pour chaque ligne : saut de – 2 dans la même couleur.

11. 

Symétrie par rapport à un axe vertical.

12. 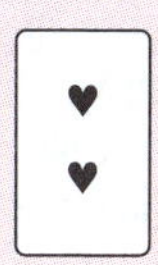

Les cartes noires forment un rectangle dont les sommets opposés sont identiques. Il en est de même des cartes rouges.

Exercice 6.

> Pour chaque question, on vous propose un groupe de cartes à jouer. Les quatre couleurs des cartes sont représen-tées (cœur, carreau, trèfle et pique) et les valeurs des cartes vont de 1 à 10. Vous devez trouver la valeur et la couleur de la carte cachée en fonction de la position et des valeurs des autres cartes.

1.

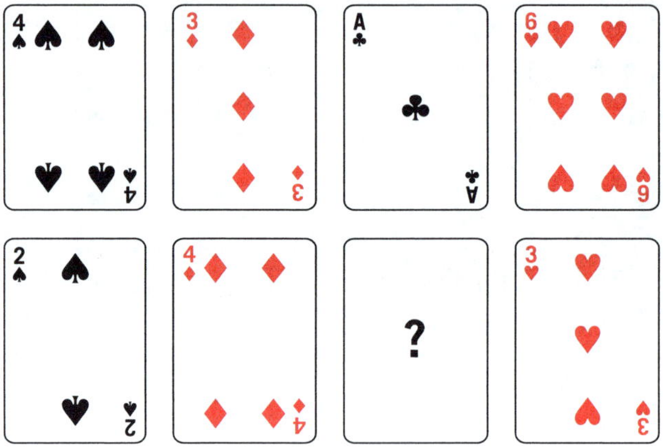

2.

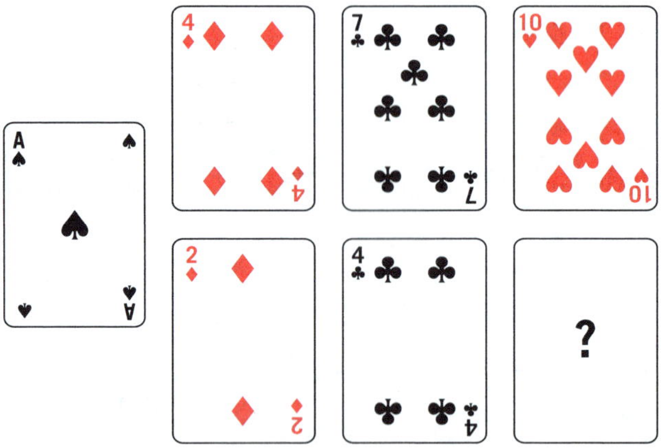

CORRIGÉS

1.

On ne peut pas trouver de progression régulière aussi bien sur la première ligne que sur la seconde. Il faut donc travailler avec les deux lignes ensemble. Si on additionne les valeurs des deux cartes de la première colonne, on obtient 6 (4 + 2 = 6), pour la deuxième colonne, 7 (3 + 4 = 7) et pour la dernière 9 (6 + 3 = 9). Si on considère que la troisième colonne vaut 8, on a la suite 6, 7, 8 et 9 pour la somme de chacune des colonnes. La carte à trouver doit avoir la valeur **7**. Dans chaque colonne, les deux cartes sont de la même couleur donc la carte à trouver est un **trèfle**.

2.

Il faut partir de la première carte pour les deux séries. Pour passer de 1 à 4 pour la carte du haut, on ajoute 3, *idem* pour passer de 4 à 7, puis de 7 à 10. Sur la seconde ligne, on passe de 1 à 2 (1 + 1 = 2), puis de 2 à 4 (2 + 2 = 4), on ajoute donc + 1 puis + 2 ; il faudra ajouter + 3 pour obtenir la dernière valeur : 4 + 3 = 7 ; chaque colonne comportant des cartes de même couleur, il faut ici un cœur. La carte est un **7 de cœur**.

3

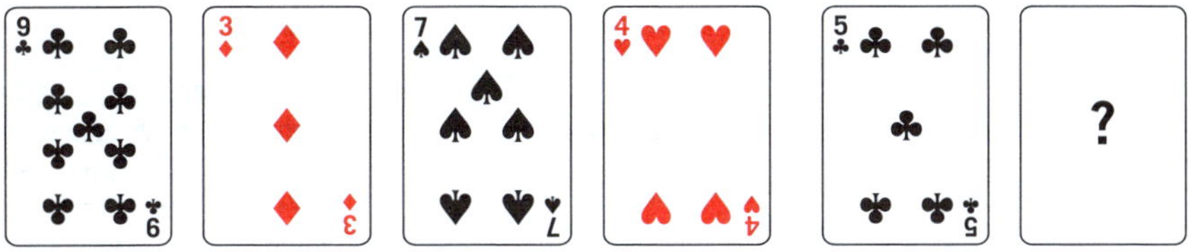

CORRIGÉS

3.

On ne peut trouver aucune progression si on prend les cartes les unes après les autres. Par contre, si on travaille uniquement avec les cartes noires donc une carte sur deux, on observe que les valeurs de ces cartes diminuent de 2 à chaque fois (9 – 2 = 7 et 7 – 2 = 5).

Pour les cartes rouges, la progression entre les deux premières cartes est une augmentation de un : 3 + 1 = 4. La même progression doit être appliquée à partir de 4, donc 4 + 1 = **5**. La valeur de la dernière carte est un 5 et ce doit être une carte rouge. Pour les cartes noires, on alterne les deux couleurs : trèfle – pique – trèfle. Pour les cartes rouges, on a carreau – cœur – donc **carreau** pour la dernière carte.

Exercice 7.

> Quelles sont les cartes manquantes ?

1.

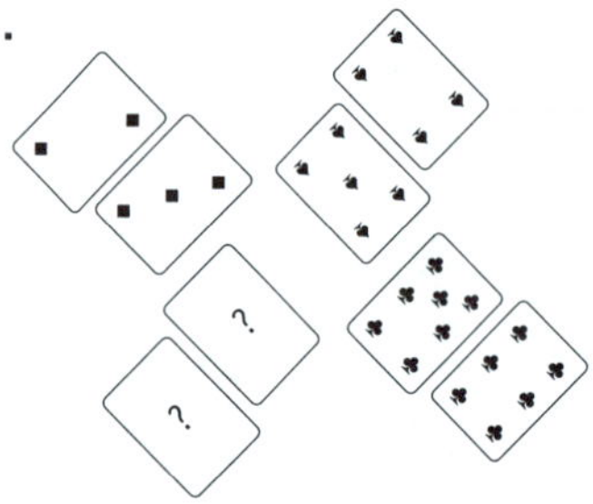

Ⓐ 8 ♠ – 9 ♠
Ⓑ 10 ♥ – 1 ♥
Ⓒ 8 ♥ – 9 ♥
Ⓓ 4 ♠ – 5 ♠

2.

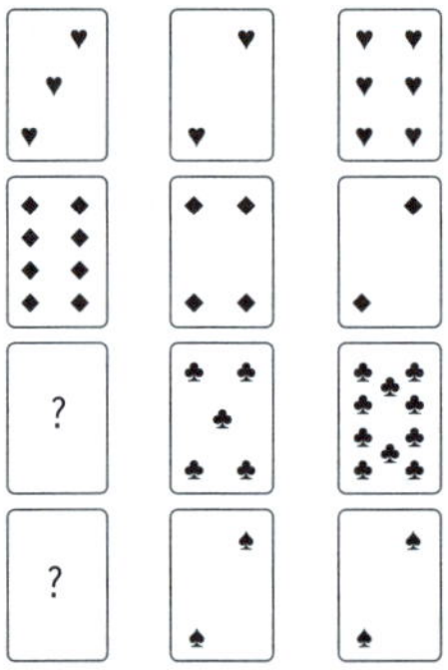

Ⓐ 2 ♣ – 4 ♠
Ⓑ 3 ♣ – 10 ♠
Ⓒ 2 ♣ – 5 ♠
Ⓓ 4 ♣ – 2 ♠

3.

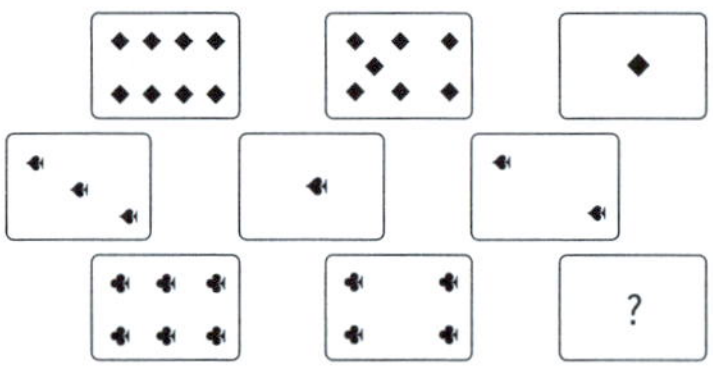

Ⓐ 1 ♣
Ⓑ 3 ♥
Ⓒ 4 ♠
Ⓓ 2 ♣

4.

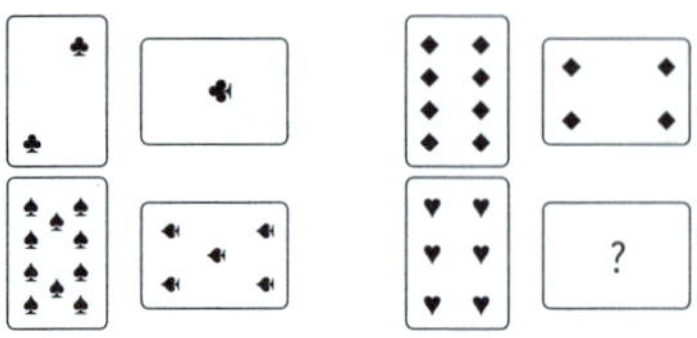

Ⓐ 3 ♠
Ⓑ 3 ♥
Ⓒ 2 ♥
Ⓓ 1 ♣

5.

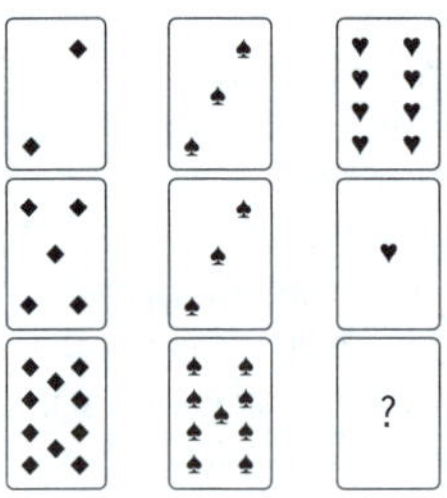

Ⓐ 4 ♥
Ⓑ 3 ♦
Ⓒ 4 ♠
Ⓓ 5 ♥

CORRIGÉS

→ Ⓒ Chaque paire de cartes possède la même couleur : seul manque le cœur. Les valeurs, de l'extérieur vers l'intérieur, augmentent d'une unité à chaque fois. → 8 et 9 de cœur.

→ Ⓐ Travaillez en ligne. Les couleurs de chaque ligne sont uniformes. La 3e ligne est du trèfle et la 4e ligne est du pique.
Sur les 1re et 3e lignes, la valeur de la 1re carte (à découvrir) est obtenue en divisant la valeur de la 3e carte par la valeur de la 2e carte. Sur les 2e et 4e lignes, la valeur de la 1re carte est obtenue en multipliant la valeur de la 3e carte par la valeur de la 2e carte. → 2 de trèfle et 4 de pique.

→ Ⓓ Travaillez en ligne. Chaque ligne possède sa propre couleur : la dernière ligne est du trèfle.
Pour la valeur, il suffit de soustraire la valeur de la 2e carte à celle de la 1re carte pour trouver la 3e carte donc 6 – 4 = 2. Il manque le 2 de trèfle.

→ Ⓑ Vous avez deux cartes de chaque couleur (une verticale et une horizontale). Couleur manquante = cœur.
Pour obtenir la valeur de la carte horizontale, divisez la valeur de la carte verticale par 2, donc vous divisez 6 par 2, soit 3 → 3 de cœur.

→ Ⓐ Travaillez en colonne. Couleur de chaque colonne unique : la 3e colonne correspond au cœur.
Pour trouver la valeur, faites la somme de la colonne : la 1re colonne = 17, 2e colonne = 15. Somme 3e colonne = 13. Pour obtenir valeur carte manquante, soustrayez 9 (8 + 1) à 13 et obtenez 4. → 4 de cœur.

14 LES TESTS DES FIGURES LOGIQUES

Les tests de figures logiques sont destinés à évaluer l'intelligence concrète c'est-à-dire à estimer les facultés d'observation et d'organisation logique.

1. La description de ces tests

Le matériel de ces tests se compose de planches comportant des figures aux motifs abstraits ou géométriques. Ces figures sont arrangées selon un ordre logique et il s'agit de découvrir la loi qui régit la combinaison des figures.

Dans ce type de tests, les capacités de perception sont fondamentales, plus particulièrement celles qui concernent l'identification et la discrimination des formes.

Exemple Quelle figure complète la série ?

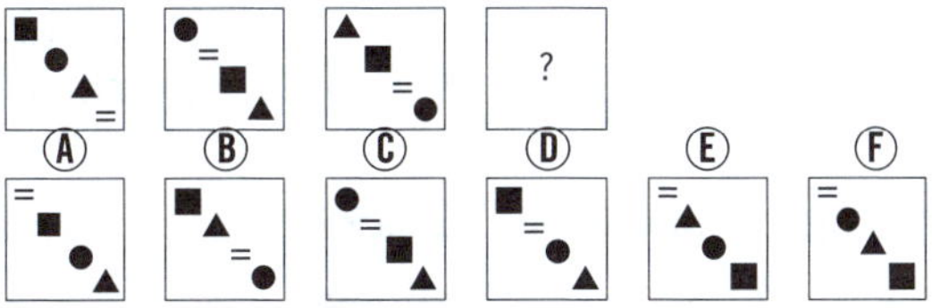

Les quatre éléments (carré, rond, triangle et signe égal) occupent chaque place (1, 2, 3 et 4) sur la diagonale du carré. La solution est Ⓔ.

2. Les conseils

→ Le temps moyen consacré à chaque question est de vingt secondes. Il vaut mieux ne pas s'attarder lorsqu'une figure présente une difficulté insurmontable dans les limites du temps moyen.

→ Travaillez sur un seul élément à la fois et remarquez son mouvement d'une figure à l'autre.

Exemple Laquelle des six figures complète la série ?

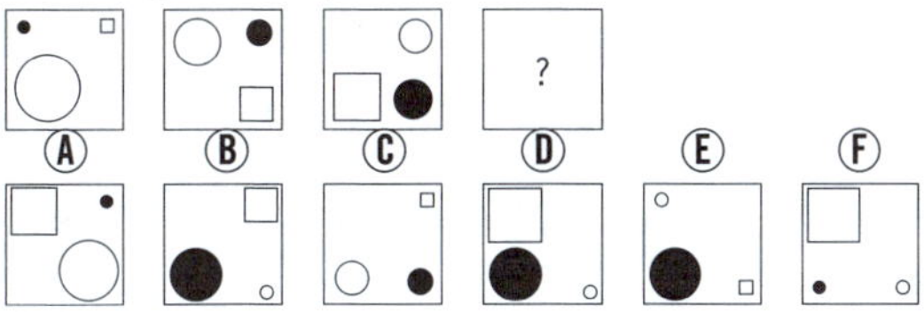

De la 1re à la 3e figure, le rond noir se déplace dans le sens des aiguilles d'une montre et augmente de taille pour se retrouver en bas à gauche. Le rond blanc se déplace également dans le sens des aiguilles d'une montre mais diminue de taille et se retrouve en bas à droite. Le carré blanc se déplace toujours dans le même sens en grossissant pour se retrouver en haut à gauche.

Les trois éléments (rond noir, rond blanc et carré blanc) se déplacent donc aux quatre coins du carré dans le sens des aiguilles d'une montre en changeant de taille (augmentation ou diminution progressive).

Sur la 4e figure, le rond noir sera en bas à gauche et le plus grand possible, le carré blanc sera en haut à gauche et le plus grand possible alors que le rond blanc sera en bas à droite et le plus petit possible.

La réponse est la solution Ⓓ.

→ Prenez toujours du recul au sens propre du terme, c'est-à-dire visualisez l'ensemble de l'exercice lorsque vous êtes en présence de formes «géométriques».

Exercice 1.

1. Trouvez la figure qui fait suite aux trois premiers carrés.

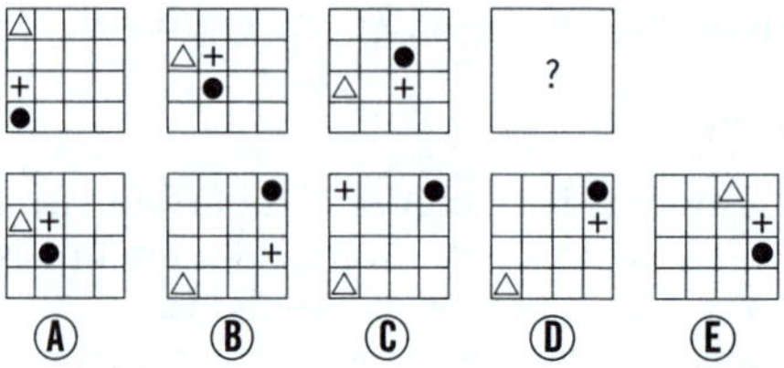

2. Trouvez la figure qui complète la série.

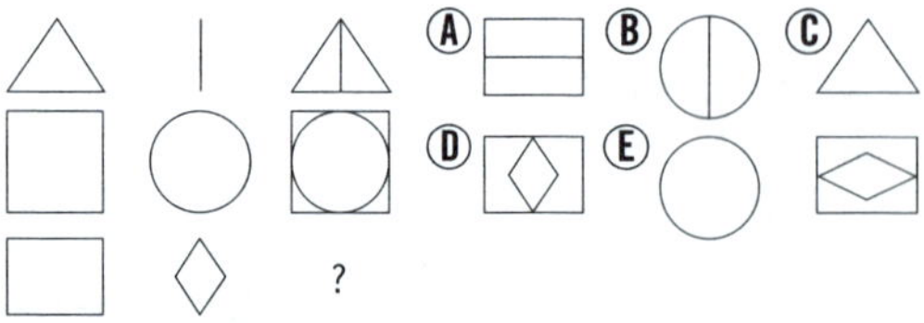

3. Quelle figure complète la série ?

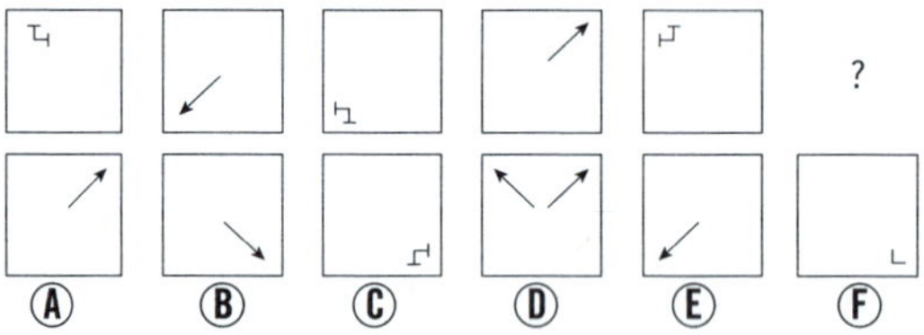

4. Laquelle de ces six figures convient au carré vide ?

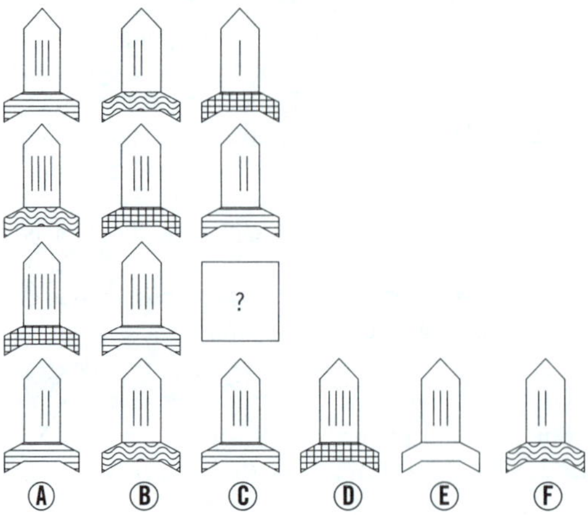

CORRIGÉS

→ Ⓓ Travaillez toujours sur un seul élément à la fois. De la 1re à la 3e figure, le triangle passe de la 1re à la 3e case de la 1re colonne : le triangle se déplace verticalement dans la même colonne. Dans la 4e figure, il se place donc dans la 4e case de la 1re colonne. De plus, le cercle se déplace en diagonale de la case en bas à gauche à la case en haut à droite. Dans la 4e figure, il est en haut à droite. La croix se déplace en « zigzag » de la 3e case de la 1re colonne à la 3e case de la 3e colonne en passant par la 2e case de la 2e colonne. Dans la 4e figure, la croix est dans la 2e case 4e colonne.

→ Ⓓ Travaillez en ligne car, sur chaque ligne, la 3e figure correspond à la somme de la 1re et de la 2e figures. Donc, la 3e figure est obtenue en superposant les deux premières → losange à l'intérieur d'un carré.

→ Ⓔ Un carré sur deux, une flèche est orientée en bas à gauche ou en haut à droite : il manque la flèche orientée en bas à gauche.

→ Ⓑ Sur chaque ligne, le socle de la fusée peut être de trois « couleurs » différentes : hachures horizontales, quadrillages ou vagues. Il manque les vagues sur la 3e ligne. Pour les traits verticaux, leur nombre diminue d'une unité de la 1re à la 3e figure → trois traits sur la 3e figure.

Exercice 2.

1. Laquelle des cinq figures complète cette ligne ?

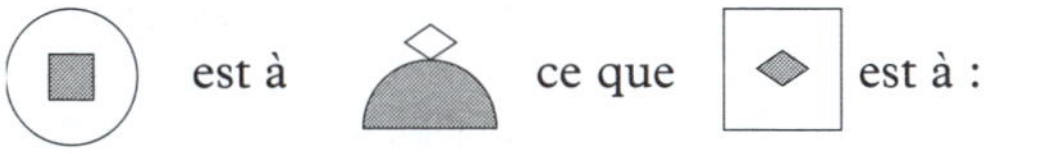

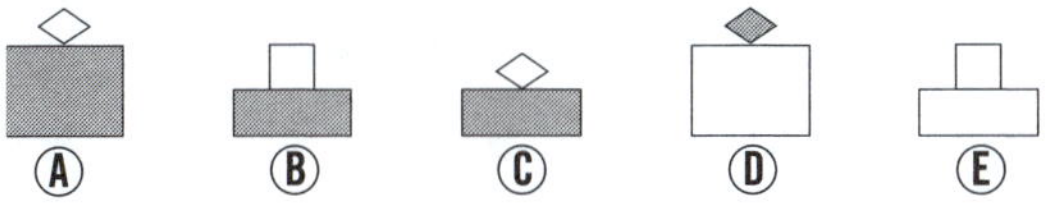

2. Trouvez la figure qui fait suite aux trois premiers carrés.

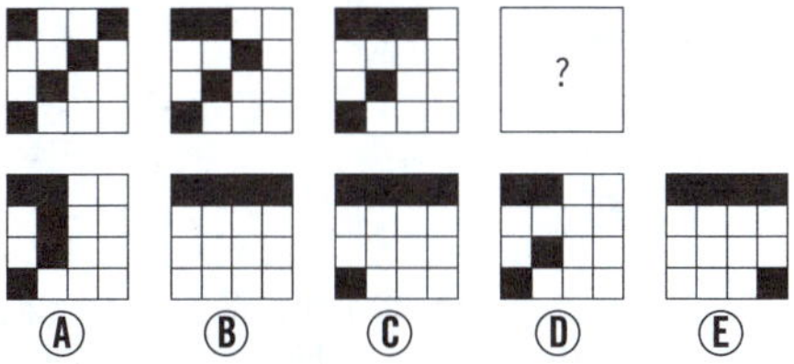

3. Trouvez la bonne réponse.

3	12	24	33
36	42	?	?
15	45	6	27
21	9	48	39

Ⓐ	0	51
Ⓑ	18	30
Ⓒ	39	45
Ⓓ	18	10

4. Laquelle des six figures complète cette ligne ?

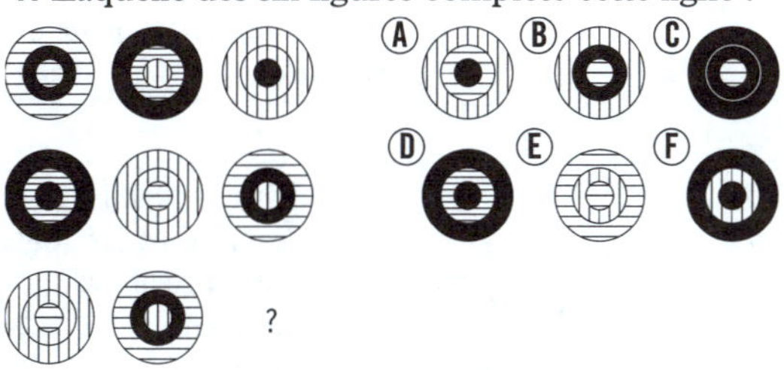

CORRIGÉS

➜ Ⓑ Pour passer de la 1re à la 2e figure, le cercle devient un demi-cercle et change de couleur (blanc à gris) ; le carré devient losange et change de couleur (gris puis blanc). Pour passer de la 3e à la 4e figure, appliquez les mêmes lois : le carré blanc est scindé en deux et devient rectangle gris. De même, le losange gris devient un carré blanc.

➜ Ⓒ Pour passer d'une figure à l'autre, un carré noir est ôté de la diagonale pour compléter la première ligne horizontale. Sur la 4e figure, il ne reste plus que le dernier carré noir de la diagonale (en bas à gauche) et l'intégralité de la première ligne est remplie des carrés disparus de la diagonale.

➜ Ⓑ Dans ce quadrillage, tous les nombres sont des multiples de 3 en commençant par 3 jusqu'à 48 : il manque seulement 18 et 30.

➜ Ⓓ Que vous travailliez en ligne ou en colonne, la logique est identique. Chaque figure est composée de trois cercles : externe, moyen et interne, de trois « couleurs » différentes (noir, hachures verticales et hachures horizontales). Par exemple, en ligne, les trois cercles internes des trois figures sont de couleur différente ; les trois cercles moyens sont aussi de couleurs différentes. Il en est de même pour le cercle externe. Sur la 3e figure de la 3e ligne, il manque le cercle interne noir, le cercle moyen hachuré horizontalement et le cercle externe noir.

Exercice 3.

1. Trouvez la figure qui fait suite aux trois premiers carrés.

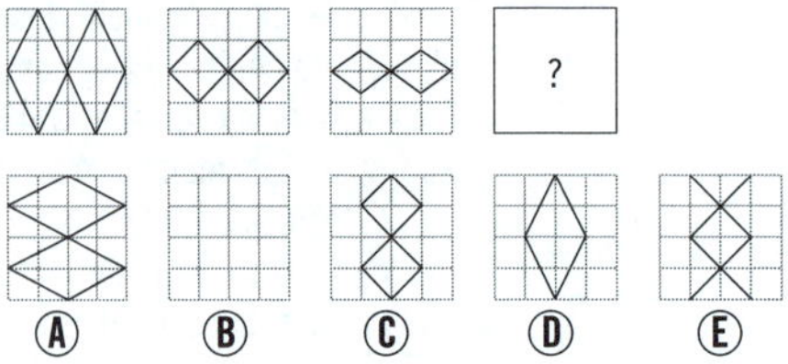

2. Trouvez la figure qui complète la série.

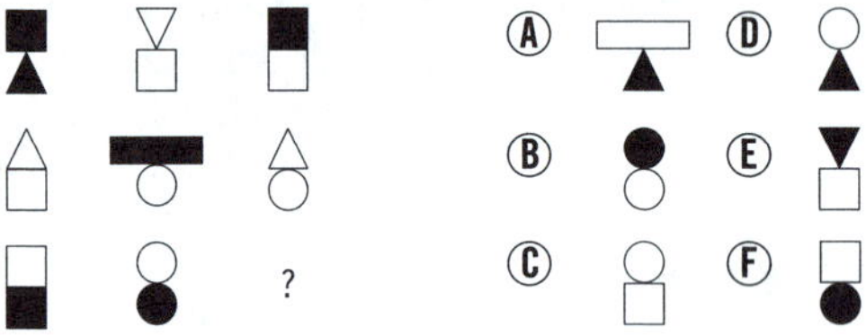

3. Laquelle de ces six figures est la suivante de la série ?

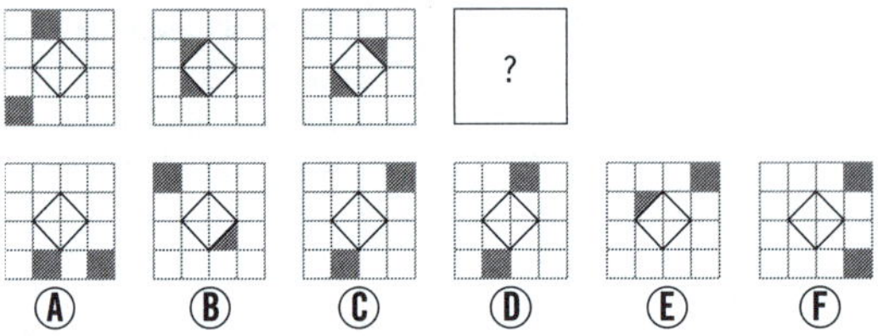

4. Trouvez la bonne réponse.

♦	♣	♥	♠
♠	♦	♣	♦
♥	?	♥	♣
♣	♦	♠	♥

Ⓐ	♠
Ⓑ	♣
Ⓒ	♥
Ⓓ	♦

CORRIGÉS

→ Ⓑ Pour passer d'un carré à l'autre, le losange s'aplatit. Dans le dernier carré, il est totalement plat et se confond avec les lignes du quadrillage.

→ Ⓕ La 3e figure de chaque ligne est obtenue en additionnant la partie supérieure de la 1re figure à la partie inférieure de la 2e figure.

→ Ⓒ Dans toutes les figures, le losange blanc est toujours présent au centre. Les carrés noirs se déplacent. À partir de la 1re figure, le carré en bas à gauche se déplace sur la diagonale et se retrouve en haut à droite sur la 4e figure. Alors que le carré en 2e position sur la première ligne se déplace sur la deuxième colonne de haut en bas ; dans la 4e figure, il se retrouve en 2e position sur la dernière ligne.
Dans les figures 2 et 3, vous ne percevez par l'intégralité des carrés noirs car ils sont masqués par le losange mais ils sont bien présents.

→ Ⓐ Dans ce quadrillage, les quatre couleurs de cartes (trèfle, carreau, pique et cœur) sont en quatre exemplaires sauf le pique qui n'est présent que trois fois. Cette couleur remplace donc le point d'interrogation.

Exercice 4.

1.

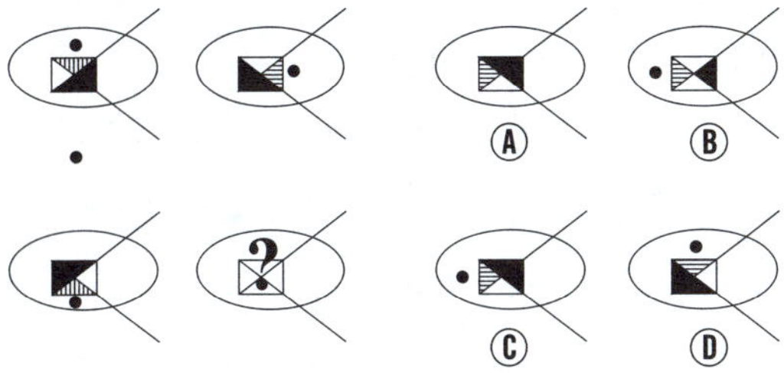

Ⓒ Le rond noir se déplace dans le sens des aiguilles d'une montre (en haut, à droite, en bas). Sur la figure à découvrir, il sera à gauche. Les « couleurs » du carré tournent également dans le sens des aiguilles d'une montre. De la 1re à la 4e figure, la zone hachurée est en haut, à droite, en bas et enfin à gauche. Puis elle sera suivie de deux zones noires.

2.

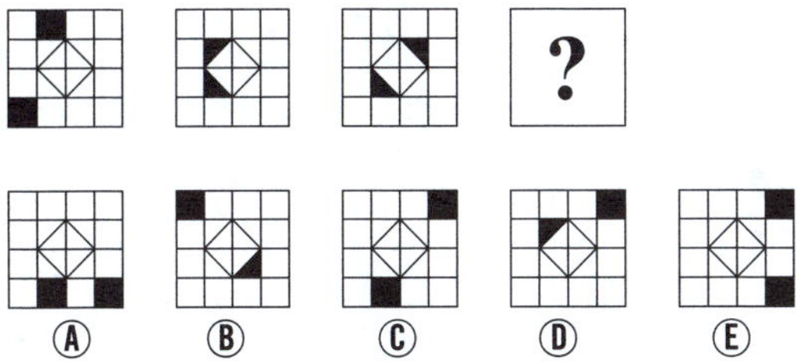

Ⓒ Dans toutes les figures, le losange est toujours présent au centre. Les carrés noirs se déplacent. À partir de la 1re figure, le carré en bas à gauche se déplace sur la diagonale en haut à droite sur la 4e figure. Le carré en 2e position sur la première ligne se déplace sur la deuxième colonne de haut en bas ; dans la 4e figure, il se retrouve en 2e position sur la dernière ligne. Dans les figures 2 et 3, on ne perçoit pas l'intégralité des carrés noirs car ils sont masqués par le losange.

3.

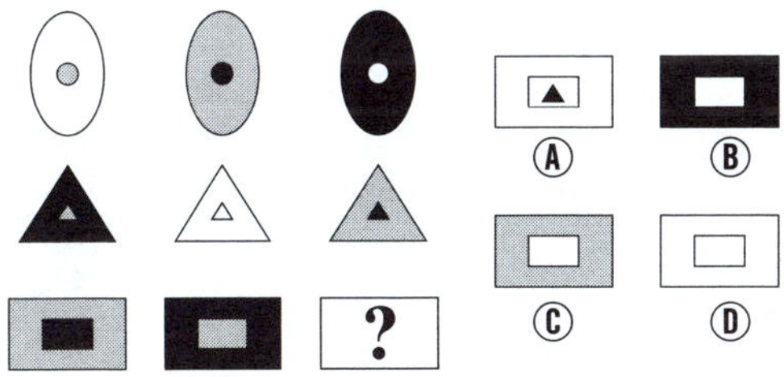

Ⓓ Toujours en ligne, les figures externes et internes sont de trois couleurs différentes (blanc, gris et noir). Sur la 3e ligne, la grande figure est grise ou noire : il manque le rectangle blanc. Il en est de même pour la petite figure interne qui sera blanche.

Exercice 5.

1. Quelle figure complète la série ?

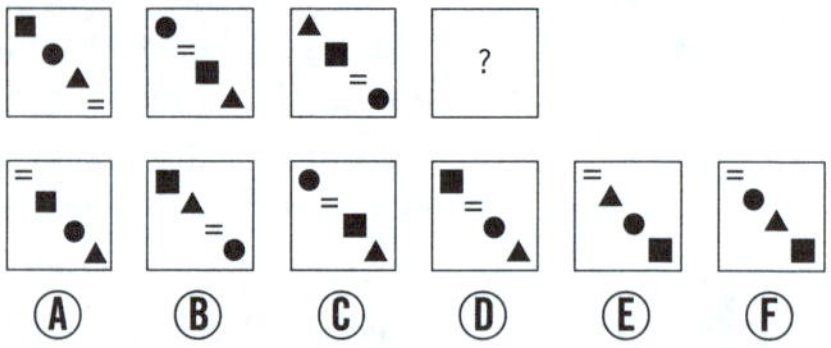

2. Laquelle des six figures complète la série ?

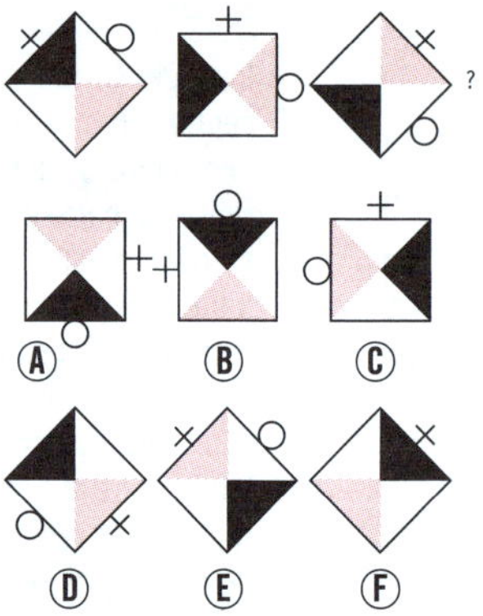

3. Trouver la figure manquante.

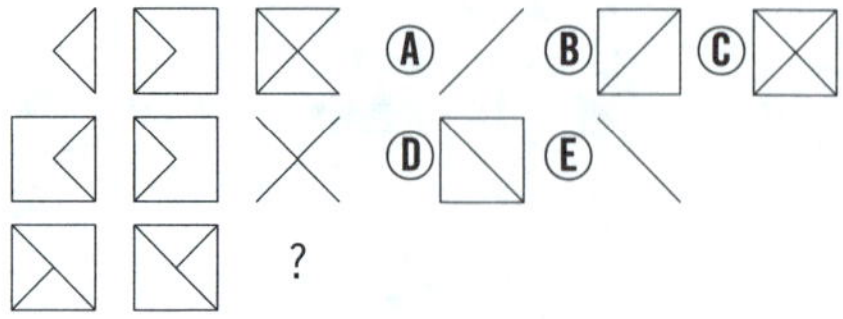

4. Complétez logiquement la série suivante.

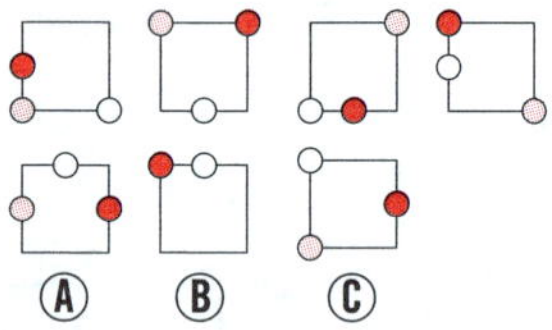

5. Quelle figure complète la série ?

CORRIGÉS

Exercice 5.

1. Ⓔ Les quatre signes occupent chaque place (1, 2, 3 et 4) sur la diagonale du carré.

2. Ⓐ Observez la progression de chaque élément des figures.

3. Ⓔ La 3e figure résulte de la superposition des deux premières figures en enlevant les segments en communs.

4. Ⓒ
Le rond ○ se déplace dans le sens des aiguilles d'une montre à chaque coin du carré. Le rond ● se déplace d'un carré et demi dans le sens des aiguilles d'une montre. Le rond ○ se déplace d'un demi carré dans le sens des aiguilles d'une montre.

5. Ⓐ Pour passer d'une horloge à l'autre, on avance de 5 heures 45 à chaque fois.

Exercice 6.

1. Quelle figure complète la série suivante ?

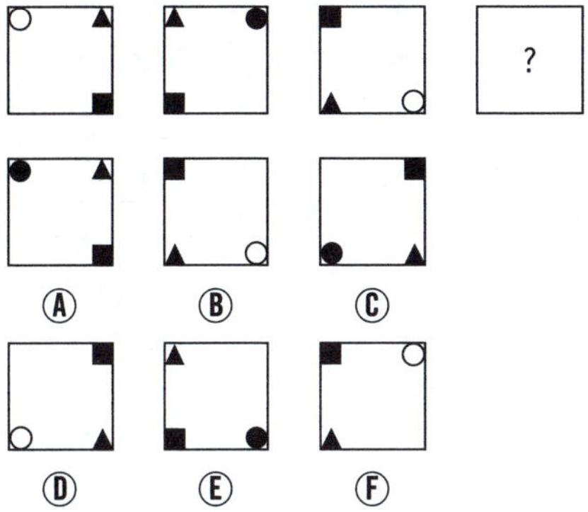

2. Quelle figure peut remplacer le point d'interrogation ?

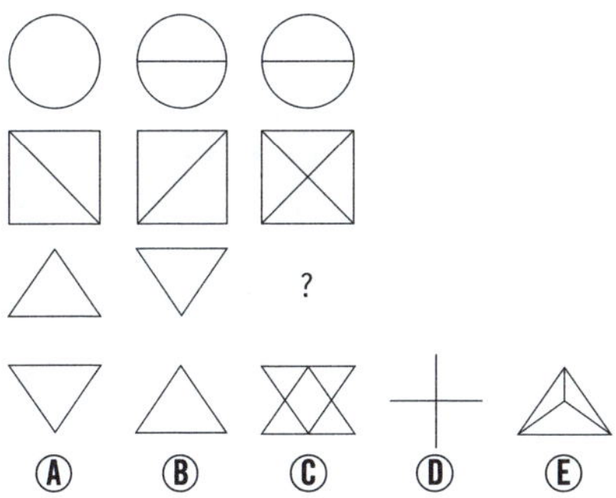

3. Complétez logiquement la série suivante.

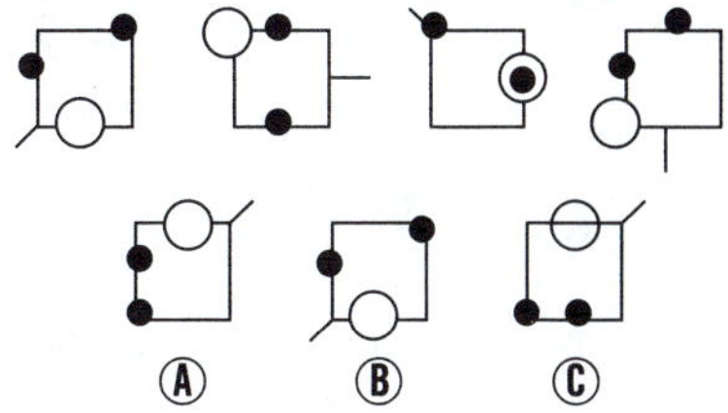

4. Laquelle des six figures convient au carré vide ?

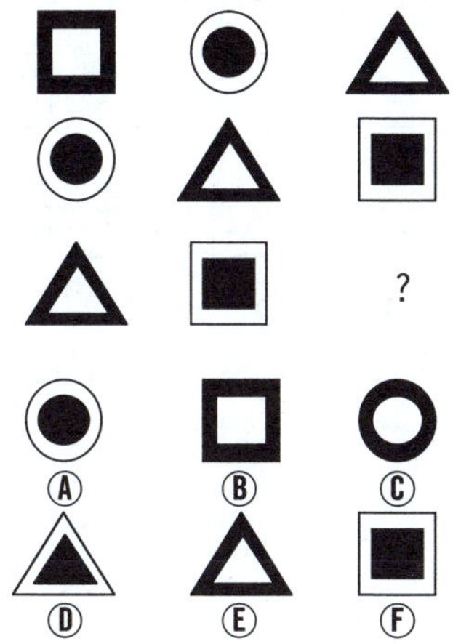

CORRIGÉS

Exercice 6.

1. Ⓒ Travaillez sur un seul élément à la fois et remarquez son mouvement d'une figure à l'autre. D'une figure à l'autre, le rond se déplace d'une case dans le sens des aiguilles d'une montre. De plus, une fois sur deux, ce rond est blanc ou noir. Le triangle se déplace à chaque fois d'une case dans le sens inverse des aiguilles d'une montre. Le carré se déplace d'une case dans le sens des aiguilles d'une montre.

2. Ⓒ Travaillez ligne par ligne.
Sur chaque ligne, la 3e figure est constituée de la superposition des deux premières figures.

3. Ⓐ Tous les déplacements se font dans le sens inverse des aiguilles d'une montre. Le grand cercle blanc progresse à chaque fois d'un côté et demi de carré. Le trait recule d'un côté et demi de carré. Le cercle noir situé en haut à droite recule de la moitié d'un côté de carré et le second cercle noir recule d'un côté du carré (au milieu).

4. Ⓒ Sur chaque ligne, il y a un carré, un triangle et un rond. Au centre, le blanc et le noir alternent. Sur la 3e ligne, il manque donc un rond qui doit être blanc au centre.

5. Trouvez la figure qui complète la série.

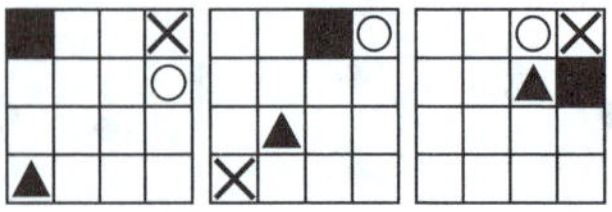

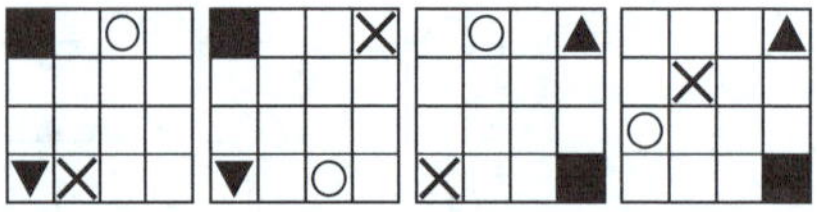

Ⓐ Ⓑ Ⓒ Ⓓ

6. Quelle figure remplace le point d'interrogation ?

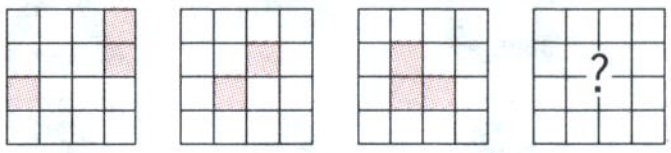

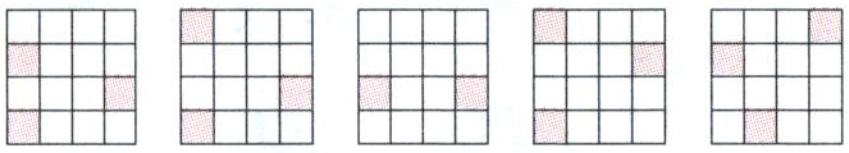

Ⓐ Ⓑ Ⓒ Ⓓ Ⓔ

7. Quelle figure complète le point d'interrogation ?

Ⓐ Ⓑ Ⓒ Ⓓ

CORRIGÉS

5. Ⓒ Travaillez sur un seul élément à la fois et remarquez son mouvement d'une figure à l'autre.
Le carré noir se déplace de deux cases dans le sens des aiguilles d'une montre. La croix se déplace aux extrémités de la diagonale. Le rond blanc se déplace d'une case dans le sens inverse des aiguilles d'une montre. Le triangle se déplace d'une case dans la diagonale ascendante de gauche à droite.

6. Ⓐ Tous les carrés roses progressent d'une case : celui de la 1re ligne progresse suivant la diagonale descendante de droite à gauche ; celui de la 2e ligne progresse horizontalement vers la gauche et celui de la 3e ligne progresse horizontalement vers la droite.

7. Ⓓ Toutes les figurines progressent d'une case dans le sens des aiguilles d'une montre ou dans le sens inverse. La figurine ♕ se déplace dans le sens des aiguilles d'une montre, la figurine ♜ se déplace dans le sens inverse des aiguilles d'une montre, la figurine ♖ se déplace également dans le sens inverse des aiguilles d'une montre et la figurine ♛ progresse dans le sens des aiguilles d'une montre.

Exercice 7.

> Quelle figure A, B, C ou D complète la série des trois ou cinq premières figures ?

1.

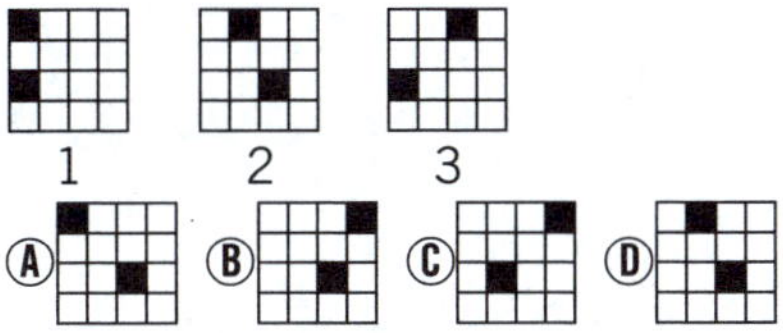

2.

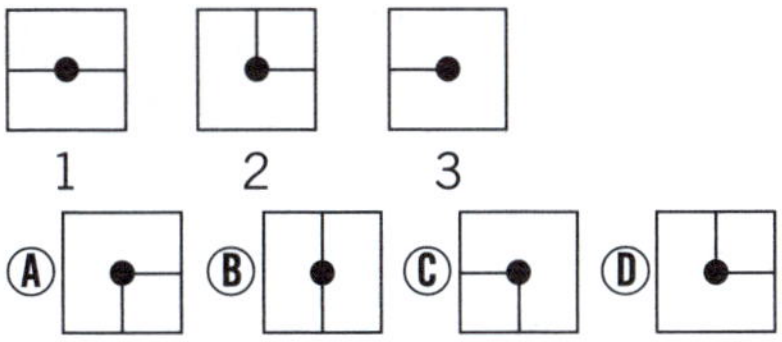

3.

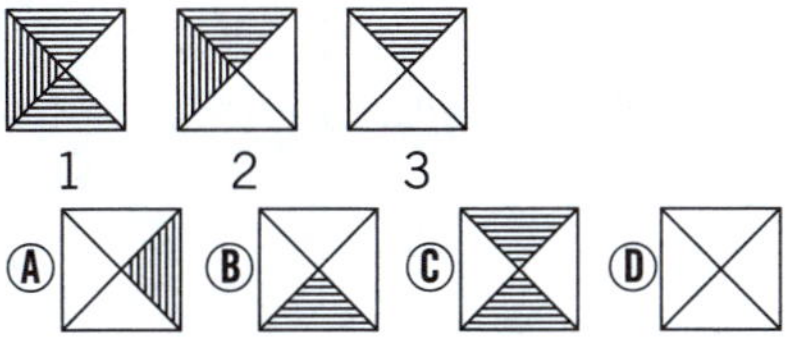

4.

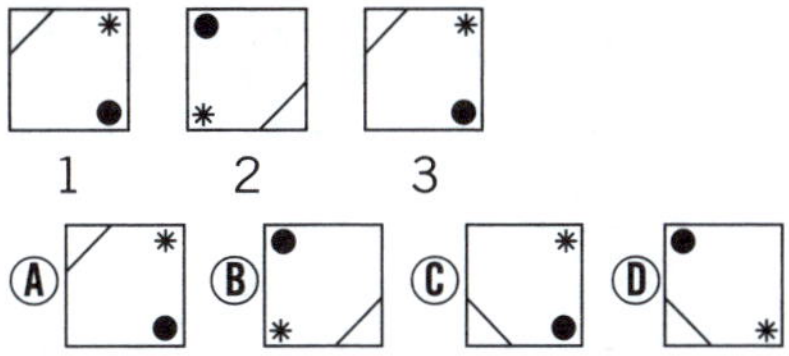

5.

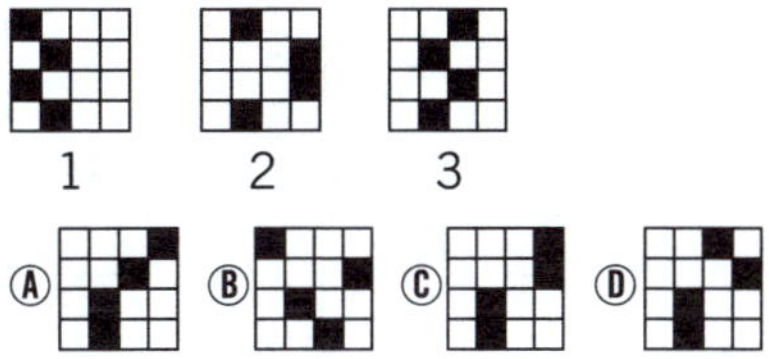

6.

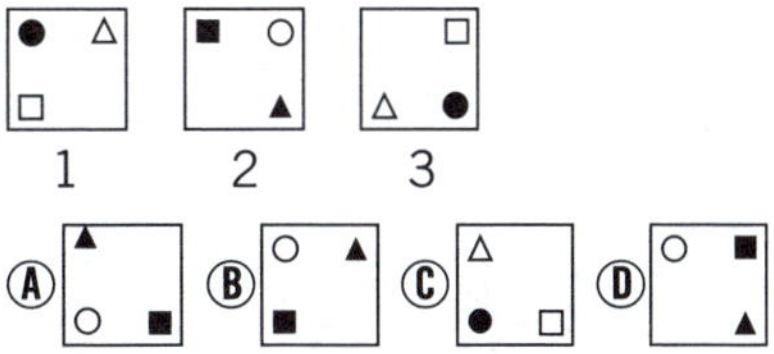

CORRIGÉS

Exercice 7.

1. Ⓑ 1re ligne horizontale : case noire avance de 1 ; 3e ligne horizontale : case noire avance de 2.

2. Ⓐ Dans le sens des aiguille d'une montre : barre 1 avance de 2 quarts ; barre 2 avance de 3 quarts.

3. Ⓓ Un triangle blanc apparaît en tournant dans le sens des aiguilles d'une montre.

4. Ⓑ Chaque élément passe alternativement à l'angle opposé de haut en bas et de bas en haut.

5. Ⓒ 1re ligne : case noire avance de 1 ;
2e ligne : case noire avance de 2 ;
3e ligne : case noire avance de 3 ;
4e ligne : case noire ne bouge pas.

6. Ⓐ Chaque élément passe dans l'angle suivant en tournant dans le sens des aiguilles d'une montre et change de couleur.

7.

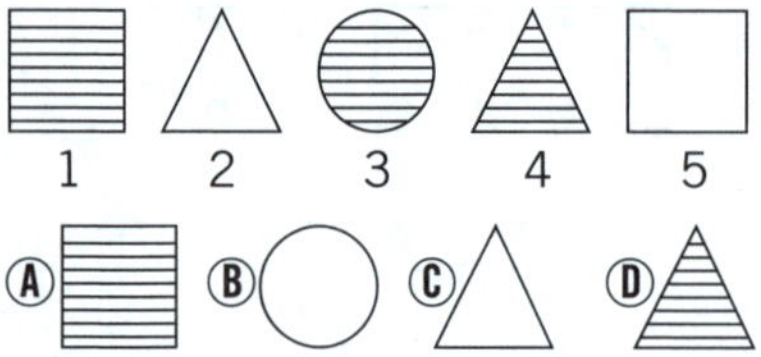

8.

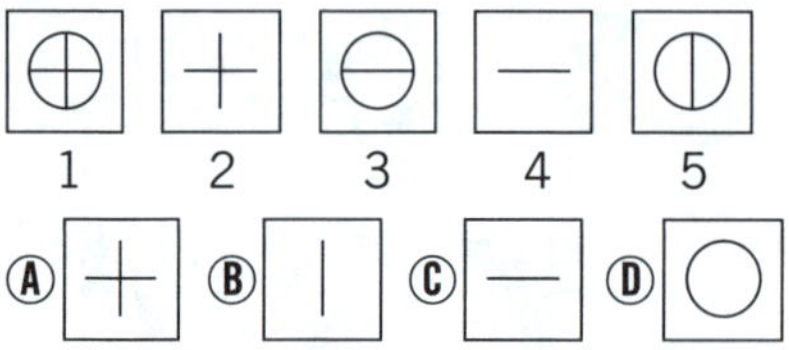

9.

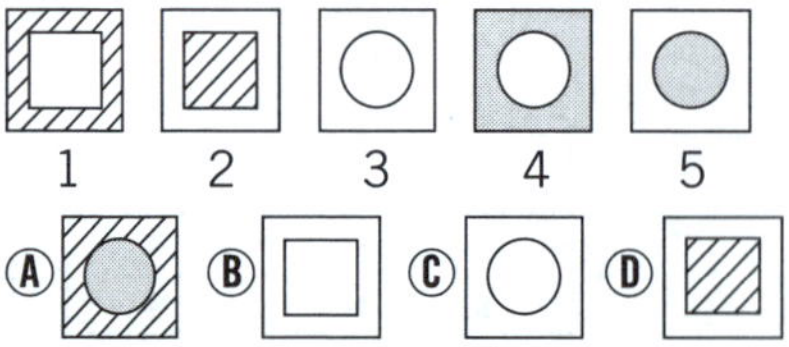

10.

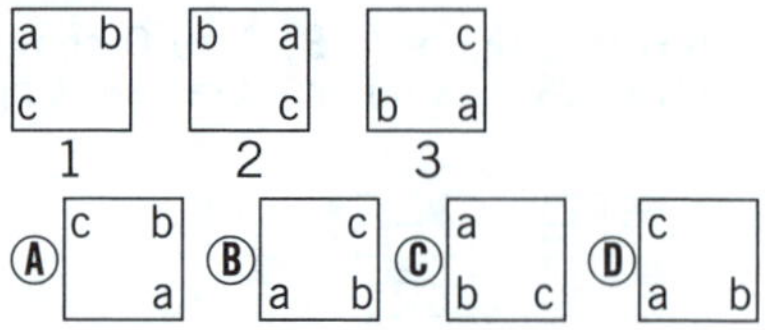

11.

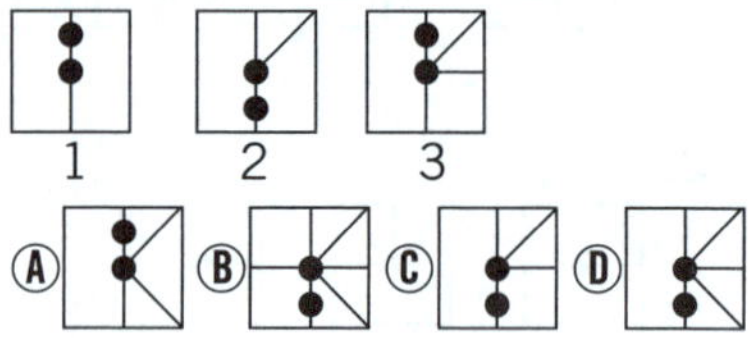

12.

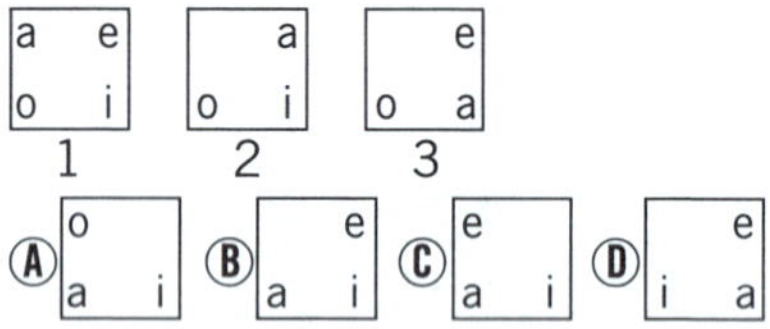

CORRIGÉS

7. Ⓑ Seule figure n'existant pas en blanc.

8. Ⓑ Élément central alternativement entouré et non entouré.

9. Ⓑ L'impression passe de l'élément extérieur à l'élément intérieur puis les deux éléments sont blancs avec changement de figure centrale.

10. Ⓓ a passe dans l'angle opposé en tournant dans le sens des aiguilles d'une montre ; b et c passent dans l'angle opposé en tournant dans le sens inverse.

11. Ⓓ Une barre en plus à chaque figure ; le rond central reste fixe, l'autre rond passe de haut en bas.

12. Ⓑ a prend alternativement la place de e, de i et de o.

Exercice 8.

> Complétez chaque planche géométrique en choisissant parmi les figures A, B, C, D, E ou F.

1.

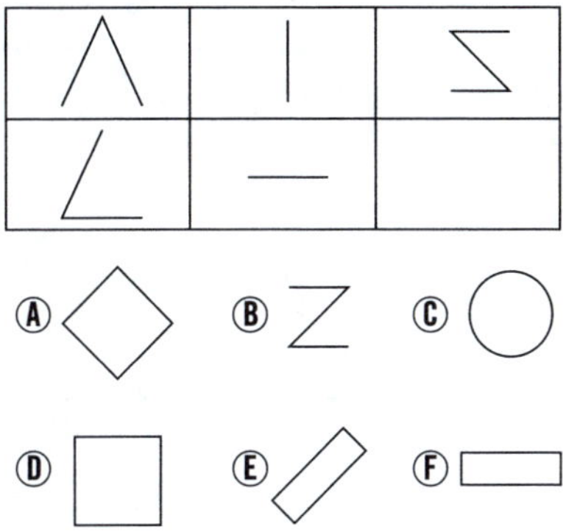

2.

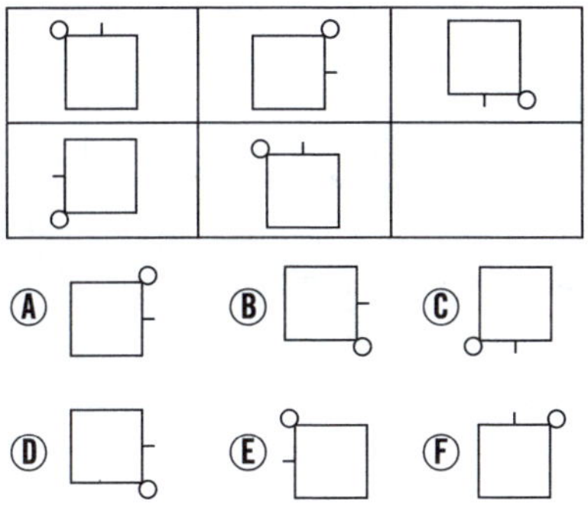

3.

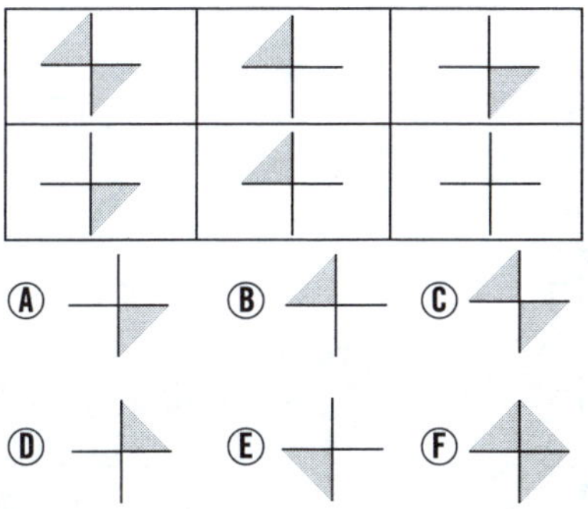

4.

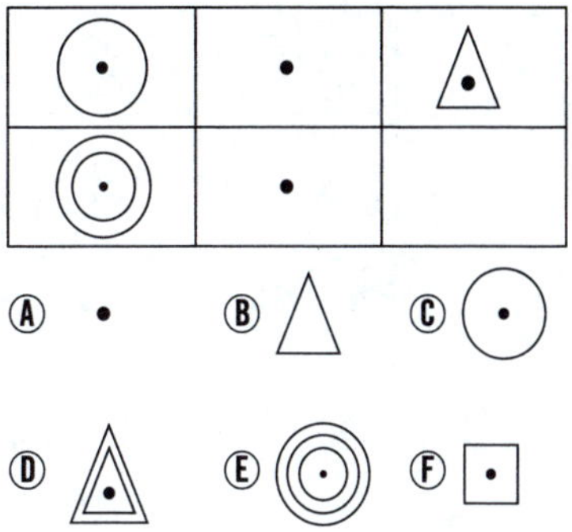

5.

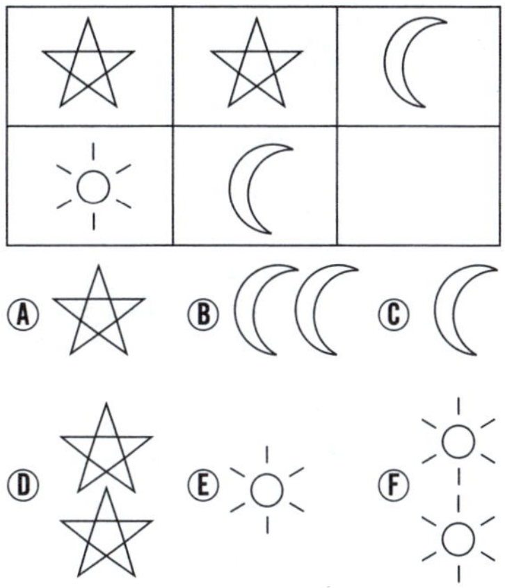

CORRIGÉS

Exercice 8.

1. Ⓑ Trois barres.

2. Ⓐ Chaque élément tourne dans le sens des aiguilles d'une montre.

3. Ⓒ

4. Ⓓ

5. Ⓔ Deux éléments de chaque sorte.

6.
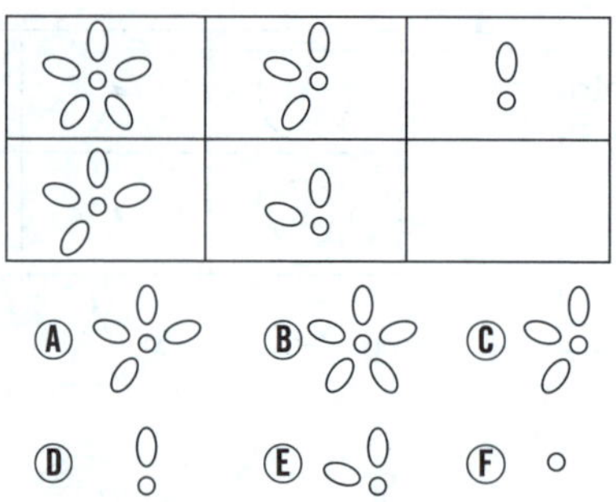

7.
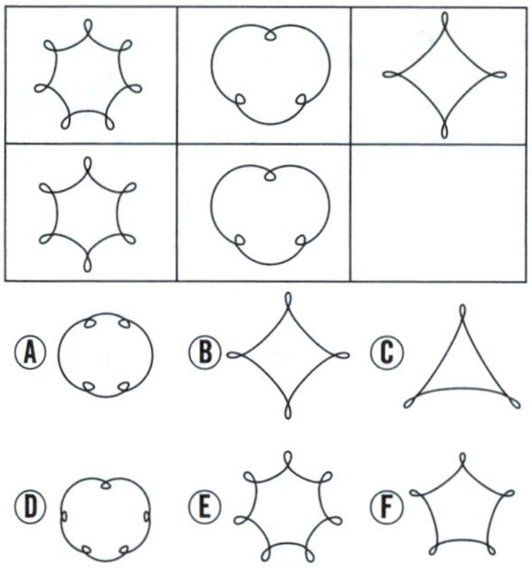

8.
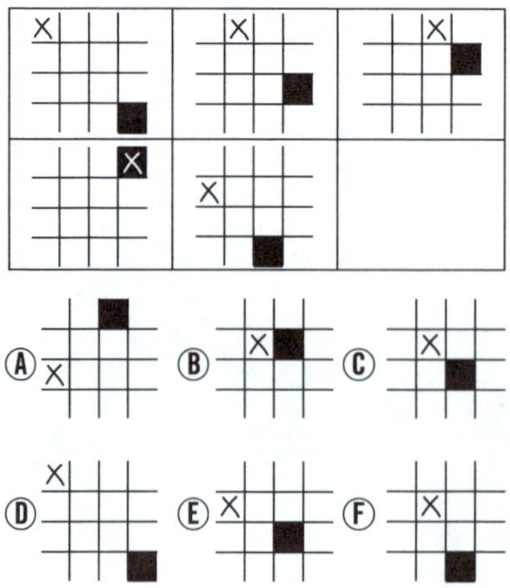

9.
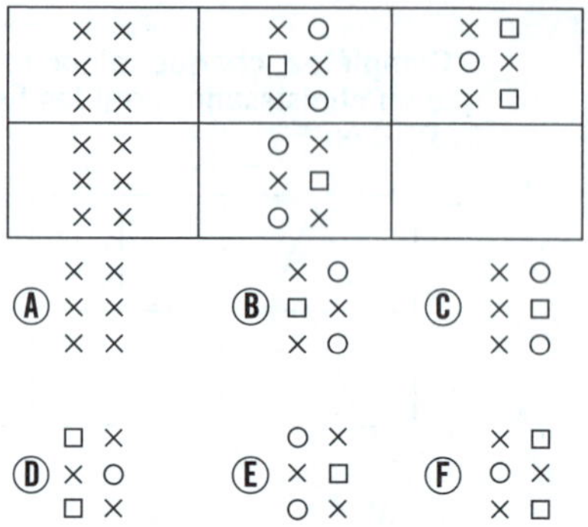

10.
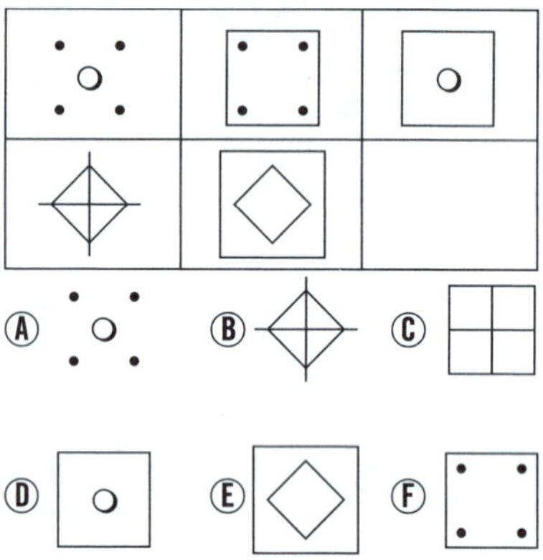

CORRIGÉS

6. Ⓕ Moins un pétale de haut en bas.

7. Ⓒ Par ligne horizontale : nombre de boucles extérieures moins nombre de boucles intérieures = nombre de boucles extérieures.

8. Ⓒ La croix avance d'une case horizontalement, la case noircie remonte d'une case.

9. Ⓓ Inversion des éléments comme dans chaque ligne horizontale.

10. Ⓒ Chaque élément apparaît deux fois par ligne horizontale.

15 LES TESTS DES SUITES LOGIQUES

Ces tests font appel à vos compétences en logique numérique et alphabétique : ils sont destinés à mesurer votre aptitude à raisonner avec des lettres et/ou des chiffres. Ces tests de logique apprécient également votre organisation logique.

1. Les suites de lettres et de chiffres

Ces suites logiques utilisent soit un ordre existant, croissant ou décroissant, comme l'alphabet ou les nombres, soit une logique différente imposée par un modèle. Les exercices peuvent être des suites de chiffres, de lettres ou de lettres combinées à des chiffres que le candidat doit compléter en se référant à cette logique.

Exemple Quel nombre complète la suite logique ?

3 – 7 – 16 – 35 – ?

La progression de cette suite est ×2+1 ; ×2+2 ; ×2+3 ; ×2+4 donc 35 × 2 = 70 et 70 + 4 = 74. La réponse est donc 74.

Exemple Trouvez la lettre qui manque.

D K G N ? Q M T

La progression est de +3 toutes les deux lettres donc G + 3 lettres donne J. La réponse est J. Vous pouvez ensuite vérifier que J + 3 lettres donne M.

Exemple Trouvez la lettre et le chiffre qui complètent la suite.

A – 1 / C – 3 / F – 6 / J – 10 / ? – ?

Commencez par travailler sur les lettres. De A à C, vous ajoutez deux lettres (B, C) ; de C à F, vous ajoutez trois lettres (D, E, F) ; de F à J, quatre lettres (G, H, I, J) sont ajoutées. Il faut donc ajouter cinq lettres (K, L, M, N, O) à J pour trouver la dernière lettre : vous parvenez directement à la lettre O.

Vous suivez obligatoirement la même progression pour les chiffres car le nombre affecté à la lettre correspond à la place de la lettre dans l'alphabet. Ainsi A est la première lettre de l'alphabet, et elle est affectée du chiffre 1 et ainsi de suite. Vous avez obtenu O qui est la 15e lettre de l'alphabet.

La solution est donc O – 15.

2. Les suites de mots

Exemple Trouvez le mot qui peut remplacer le point d'interrogation.

MARS – AVRIL – JUIN – SEPTEMBRE – ?

Cette suite est composée de différents mois de l'année ? Vous passez de l'un à l'autre en ajoutant : 1 mois de MARS à AVRIL ; 2 mois d'AVRIL à JUIN ; 3 mois de JUIN à SEPTEMBRE et 4 mois de SEPTEMBRE au mois à découvrir. Il s'agit du mois de JANVIER.

3. Les conseils

→ Révisez votre alphabet dans l'ordre puis dans le sens inverse afin de gagner du temps. Sur votre brouillon, inscrivez toujours l'alphabet, sous lequel vous pourrez éventuellement écrire le nombre symbolisant la place de la lettre : cette étape est indispensable et évitera de fréquentes erreurs lors des conversions.

→ Ayez toujours le réflexe d'arriver à la solution car une autre méthode (comme partir de la solution) peut vous induire en erreur.

→ Préférez « ajouter trois lettres » que « séparer de deux lettres » car, dans le second cas, il faut que vous ajoutiez une lettre pour obtenir la lettre désirée. Selon cette méthode, il y a une étape de plus qui risque d'être oubliée dans la précipitation ; ce qui peut être source d'erreur. En revanche, si vous adoptez la première méthode, vous obtenez directement la lettre à placer.

EXERCICES

Exercice 1.

> Pour chaque ligne, trouvez le groupe de lettres complétant la série. Chaque point représente une lettre.

1. ACB DFE GIH JLK • • •

2. ABZ BCY CDX DEW • • •

3. ABC EFG IJK OPQ • • •

4. ZYX VUT RQP NML • • •

5. AEC BFD CGE DHF • • •

6. ABC F DEF O GHI •

Exercice 2.

> Quelle(s) lettre(s) complète(nt) chaque série ? Chaque point représente une lettre.

1. ABC / EFG / JKL / PQR / • • •

2. ACB / DFE / GIH / • • •

3. AZ / BY / CX / DW / • •

4. A D I P •

5. A / EF / J / NO / S / • •

6. ACBD / EGFH / IKJL / • • • •

7. MN / PO / QR / TS / • •

8. RSTU / STUR / TURS / • • • •

CORRIGÉS

Exercice 1.

1. MON
En descendant l'alphabet, la 3e lettre prend la 2e position dans le groupe.

2. EFV
Alphabet descendu dans l'ordre. La 3e lettre de chaque groupe est obtenue en remontant l'alphabet.

3. UVW
Chaque groupe commence par une voyelle suivie des consonnes en descendant l'alphabet.

4. JIH
On remonte l'alphabet avec un saut de 1 lettre entre chaque groupe.

5. EIG
Pour chaque lettre d'un groupe (1re, 2e, 3e), suite alphabétique.

6. X
La lettre isolée correspond à la somme des places dans l'alphabet du groupe de lettres précédent.

Exercice 2.

1. WXY
(+ 1 ; + 2 ; + 3...) entre chaque groupe de lettres.

2. JLK
Dans l'ordre de l'alphabet, pour chaque groupe, la 3e lettre prend la 2e place (exemple : ACB).

3. EV
Pour la 1re lettre, on descend l'alphabet ; pour la 2e lettre, on remonte l'alphabet.

4. Y
$1^2 \rightarrow$ A ; $2^2 \rightarrow$ D ; $3^2 \rightarrow$ I...

5. WX
Saut de + 3 avec alternance de 1 lettre et de 2 lettres.

6. MONP
Lecture croisée en descendant l'alphabet (exemple : ACBD).

7. UV
En descendant l'alphabet, alternance d'un groupe dans l'ordre normal et d'un groupe dans l'ordre inversé (exemple : MN - OP).

8. URST
Le groupe 1 commence par la 1re lettre, le groupe 2 par la 2e lettre.

Exercice 3.

> Quel(s) chiffre(s) complète(nt) chaque série ? Chaque point représente un chiffre.

1. 1 2 6 24 •••
2. 1 4 9 16 25 ••
3. 1 2 9 4 25 6 ••
4. 3 5 4 6 5 •
5. 0 1 2 4 6 7 8 ••
6. 25 28 26 27 27 26 ••
7. 3 12 6 24 12 ••
8. 8 8 9 7 10 6 ••
9. 2 6 18 54 •••
10. 120 60 110 70 100 ••
11. 240 48 12 4 •
12. 27 25 20 20 25 ••

Exercice 4.

> Complétez chaque série de nombres. Un point correspond à un chiffre.

1. 1 30 4 27 7 24 •• ••
2. 3 4 12 3 5 15 3 6 ••
3. 8 24 40 56 ••
4. 99 18 88 16 77 ••
5. 987 876 765 654 •••
6. 135 120 130 115 125 •••
7. 1 2 4 7 11 ••
8. 1 2 6 21 88 •••
9. 123 234 345 456 •••
10. 123 6 234 9 345 12 456 ••
11. 1 2 3 5 7 ••
12. 1 4 9 16 25 ••

Exercice 5.

> Trouvez le(les) chiffre(s) ou lettre(s) manquant(s) et remplacés par des points.

1. A 2 D 3 H 4 M • S
2. 2 A 6 E 12 K •• T
3. BC 5 DE 9 FG ••
4. 2(D) 9(N) 7(S) 3(•)
5. B25 D23 F21 H••
6. FD2 OL3 WR5 ZY•
7. AB2 BC6 CD12 DE••
8. OIE 1595 CHAT •••••
9. BAGUE 328226 FABLE ••••••
10. INTRUS 458672 SURIN •••••

CORRIGÉS

Exercice 3.

1. 120 (× 2 ; × 3 ; × 4...)
2. 36 (1^2 ; 2^2 ; 3^2...)
3. 49 (1^2 ; 2 ; 3^2 ; 4 ; 5^2 ; 6...)
4. 7 (+ 2 ; – 1 ; + 2 ; – 1...)
5. 10 Groupe de 3 chiffres → + 2 → chiffre isolé → + 2 → groupe de 3 chiffres...
6. 28 Raisonnement croisé ; ex. : 25 28 26 27 (25 → 26 : +1 ; 28 → 27 : -1)
7. 48 (× 4 ; ÷ 2...)
8. 11 (0 ; + 1 ; – 2 ; + 3 ; – 4 ; + 5)
9. 162 (× 3)
10. 80 (– 60 ; + 50 ; – 40 ; + 30 ; – 20)
11. 2 (÷ 5 ; ÷ 4 ; ÷ 3...)
12. 27 Symétrie.

Exercice 4.

1. 10 21 En intercalant + 3 ; – 3... :
1 30 4 27 (1 → 4 : +3 ; 30 → 27 : -3)
2. 18 (3 × 4 → 12 ; 3 × 5 → 15 ; 3 × 6 → 18)
3. 72 (8 × 3 → 24 ; 8 × 5 → 40 ; 8 × 7 → 56 ; 8 × 9 → 72)
4. 14 (99 → 9 + 9 → 18 ; 88 → 8 + 8 → 16 ; 77 → 7 + 7 → 14)
5. 543 (– 1 pour chaque chiffre)
6. 110 (– 15 + 10 ; – 15 + 10 ; ...)
7. 16 (+ 1 ; + 2 ; + 3 ; + 4 ; + 5 ;...)
8. 445 (× 1 + 1 ; × 2 + 2 ; × 3 + 3 ; × 4 + 4 ; × 5 + 5...)
9. 567 (+ 1 pour chaque élément)
10. 15 (123 → 1 + 2 + 3 → 6 ; 234 → 2 + 3 + 4 → 9 ; ...)
11. 11 Nombres premiers
12. 36 Racines carrées de 1, 2, 3...

Exercice 5.

1. 5 Le chiffre situé entre deux lettres indique le nombre de lettres qui les séparent dans l'alphabet.
2. 21 Nombre égal au rang de la lettre qui suit plus un.
3. 13 Nombre égal à la somme des rangs des deux lettres le précédant.
4. T 1re lettre du mot désignant le nombre qui précède.
5. 19 Rang de la lettre équivalant à H en remontant l'alphabet.
6. 1 Soustraction du rang des deux lettres précédant le chiffre.
7. 20 Multiplication du rang des deux lettres précédant le nombre.
8. 38120 Chaque chiffre correspond au rang de chaque lettre du mot.
9. 723136 Chaque chiffre correspond au rang de chaque lettre du mot plus un.
10. 27645 Chiffres associés aux lettres du premier mot.

Exercice 6.

> Dans chaque série, les nombres se suivent en respectant une certaine logique. À vous de continuer les séries en inscrivant pour chacune les deux nombres suivants.

1. 8 15 22 29 36 ? ?
2. 1 4 9 16 25 ? ?
3. 1 8 9 64 25 ? ?
4. 801 702 603 504 ? ?
5. 111 3 222 6 333 ? ?
6. 7 7 14 42 168 ? ?
7. 6 24 12 48 24 ? ?
8. 901 109 802 208 703 ? ?
9. 27 30 28 29 32 30 31 ? ?
10. 528 492 456 420 ? ?
11. 75 50 30 15 ? ?
12. 987 876 765 654 ? ?

Exercice 7.

> Complétez chaque série de nombres en cochant la réponse Ⓐ, Ⓑ, Ⓒ ou Ⓓ.

1. 1 - 50 - 4 - 48 - 7 - 46 - ? - ?
Ⓐ 11 - 44 Ⓑ 10 - 44
Ⓒ 10 - 42 Ⓓ 14 - 42

2. 1 - 9 - 25 - ?
Ⓐ 36 Ⓑ 4 Ⓒ 49 Ⓓ 18

3. 3 - 5 - 15 - 6 - 4 - 24 - 2 - 4 - ?
Ⓐ 8 Ⓑ 4 Ⓒ 2 Ⓓ 6

4. 6 - 7 - 22 - 7 - 40 - 7 - 3 - ?
Ⓐ 21 Ⓑ 7 Ⓒ 42 Ⓓ 49

5. 120 - 24 - 6 - 2 - ?
Ⓐ 1 Ⓑ 5 Ⓒ 24 Ⓓ 3

6. 142 - 21 - 140 - 23 - 138 - ?
Ⓐ 136 Ⓑ 27 Ⓒ 25 Ⓓ 134

7. 9 - 21 - 6 - 3 - ?
Ⓐ 8 Ⓑ 27 Ⓒ 7 Ⓓ 16

8. 2 - 1 - 4 - 3 - 6 - ?
Ⓐ 5 Ⓑ 10 Ⓒ 9 Ⓓ 8

9. 90 - 60 - 105 - 30 - 15 - ?
Ⓐ 135 Ⓑ 100 Ⓒ 10 Ⓓ 85

10. 1 - 2 - 3 - 6 - 8 - 9 - 10 - ?
Ⓐ 11 Ⓑ 20 Ⓒ 23 Ⓓ 720

11. 54 - 72 - 18 - ?
Ⓐ 22 Ⓑ 36 Ⓒ 16 Ⓓ 3

12. 77 - 509 - 653 - 86 - ?
Ⓐ 78 Ⓑ 56 Ⓒ 334 Ⓓ 491

CORRIGÉS

Exercice 6.

1. 43 50 — Saut de + 7.
2. 36 49 — $1^2\ 2^2\ 3^2$…
3. 216 49 — $1^2\ 2^3\ 3^2\ 4^3$…
4. 405 306 — À partir du nombre précédent : 1er chiffre – 1 ; 0 inchangé ; 3e chiffre + 1.
5. 9 444 — Somme des chiffres du nombre précédent 111 222 333 444.
6. 840 5040 — On multiplie chaque nombre par les entiers successifs.
7. 96 48 — On multiplie par 4 puis on divise par 2.
8. 307 604 — 703 à l'envers 901 802 703 604.
9. 34 32 — + 3, puis – 2 par groupe de 3.
10. 384 348 — – 36.
11. 50 — – 25 ; – 20 ; – 15 ; – 10….
12. 543 432 — Pour chaque chiffre du nombre saut de – 1.

Exercice 7.

1. Ⓑ +3 −2 +3 −2 …
2. Ⓒ Suite nombres impairs au carré.
3. Ⓐ $3 \times 5 = 15$ $6 \times 4 = 24$ $2 \times 4 = 8$.
4. Ⓑ Intercaler le chiffre « 7 » tous les 2 nombres.
5. Ⓐ $\div 5 ; \div 4 ; \div 3 ; \div 2 \rightarrow 1$.
6. Ⓒ −2 +2 −2 +2 …
7. Ⓑ Tous les nombres sont des multiples de 3 → seul 27 convient.
8. Ⓐ Progression alternée des nombres pairs et impairs.
9. Ⓐ Tous les nombres sont des multiples de 15 → seul 135 convient.
10. Ⓓ $1 \times 2 \times 3 = 6$ $8 \times 9 \times 10 = 720$.
11. Ⓑ Dans 54 → $5 + 4 = 9$ dans 72 → $7 + 2 = 9$… dans 36 → $3 + 6 = 9$. C'est aussi le seul multiple de 6.
12. Ⓓ Dans 77 → $7 + 7 = 14$ dans 509 → $5 + 0 + 9 = 14$… dans 491 → $4 + 9 + 1 = 14$.

Exercice 8.

> Trouvez la suite de chaque série.

1. A B C M D E F N ? ? ? ?
2. F G P Q H I R S J K ? ? ? ?
3. B Y C X D W E V ? ? ? ?
4. R D E F Q E F G P ? ? ? ?
5. L I K S K H J R J G I Q I F ? ? ? ?
6. N M M Q L K N B J I O S ? ? ? ?
7. Q S T P T T O U T ? ? ? ?
8. R D P E N F L G ? ? ? ?
9. G J I H K M L N ? ? ? ?
10. V U W F T S U E R Q S D ? ? ? ?
11. L R I V M R I U N R I T ? ? ? ?

CORRIGÉS

Exercice 8.

Méthode - *Il s'agit dans cet exercice d'observer un déplacement à l'intérieur de l'alphabet. Votre premier travail doit être d'écrire dans son intégralité l'alphabet sur votre brouillon, cela vous permettra de repérer les déplacements (on avance ou on recule) et le nombre de lettres qui sont sautées. Vous devez ensuite repérer pour chaque question les différents groupements qui s'enchaînent sans lien entre eux. Pour cela, servez-vous de la suite de l'alphabet. Si, par exemple, la série est constituée de deux lettres du début de l'alphabet qui se suivent puis d'une autre lettre située vers la fin de l'alphabet, alors vous avez identifié deux groupements dans cette série. Ces groupements suivent en général des règles de déplacement différentes.*

1. G H I O
A B C : trois lettres qui se suivent à relier avec D E F ; il faut poursuivre avec G H I.
M puis N : on avance d'une lettre donc O.

2. T U L M
F G est à relier avec H I puis J K, il faut poursuivre avec L M.
P Q est à relier avec R S, il faut poursuivre avec TU.

3. F U G T
B est à relier avec C puis D puis E, il faut poursuivre avec F et G.
Y est à relier avec X puis W puis V, il faut poursuivre avec U et T.

4. F G H O
R est à relier avec Q puis P, il faut poursuivre avec O.
D E F est à relier avec E F G, on repart de la lettre centrale et on poursuit avec F G H.

5. H P H E
On repère la lettre K qui revient deux fois puis la lettre J et enfin la lettre I, il faut poursuivre avec H.
S est à relier avec R puis Q, il faut poursuivre avec P.
I est à relier avec H puis G puis F, il faut poursuivre avec E.

6. H G P T
N M est à relier avec L K puis J I, il faut poursuivre avec H G.
M est à relier avec N puis O, il faut poursuivre avec P.
Q est à relier avec R puis S, il faut poursuivre avec T.

7. N V T M
Q est à relier avec P puis O, il faut poursuivre avec N et M.
S est à relier avec T puis U, il faut poursuivre avec V.
T revient toutes les trois lettres.

8. J H H I
R est à relier avec P puis N puis L (on saute une lettre), il faut poursuivre avec J et H.
D est à relier avec E puis F puis G, il faut poursuivre avec H et I.

9. O R Q P
On retrouve les lettres G H I J placées dans l'ordre 1 4 3 2, de même pour K L M N, il faut poursuivre avec O P Q R placées dans l'ordre O R Q P.

10. P O Q C
On retrouve les lettres W V U placées dans l'ordre 2 3 1, on repart de U avec la suite U T S puis S R Q, il faut poursuivre avec Q P O que l'on place dans l'ordre P O Q.
F est à relier avec E puis D, il faut poursuivre avec C.

11. O R I S
L est à relier avec M puis N, il faut poursuivre avec O.
R et I reviennent toutes les quatre lettres.
V est à relier avec U puis T, il faut poursuivre avec S.

12. X U Y V S P T Q N K O L ? ? ? ?

13. Z W T Q Y V S P ? ? ? ?

14. E V F U G T H S ? ? ? ?

15. W B J Q V C J P U D J O ? ? ? ?

Exercice. 9.

> Trouvez la suite de chaque série.

1. 3 9 27 81 ? ?

2. 22 24 48 50 100 ? ?

3. 1 4 9 16 ? ?

4. 12 20 30 42 ? ?

5. 7 14 42 168 ? ?

6. 12 16 24 40 ? ?

CORRIGÉS

12. I F J G

On retrouve le groupe Y X W V U et on prend les lettres 2, 5, 1 et 4 de ce groupe, puis les lettres 2, 5, 1 et 4 du groupe T S R Q P, puis avec le groupe O N M L K, il faut poursuivre avec le groupe J I H G F et prendre les lettres I F J et G.

13. X U R O

À partir de la dernière lettre de l'alphabet, on recule dans l'alphabet en sautant deux lettres à chaque fois sur les quatre premières lettres, on repart de l'avant-dernière lettre de l'alphabet et on recule de nouveau en sautant deux lettres sur quatre lettres, il faut poursuivre en partant de X et en reculant en sautant deux lettres à chaque fois.

14. I R J Q

E est à relier avec F puis G puis H, il faut poursuivre avec I et J.

V est à relier avec U puis T puis S, il faut poursuivre avec R et Q.

15. T E J N

W est à relier avec V puis U, il faut poursuivre avec T.

B est à relier avec C puis D, il faut poursuivre avec E.

J revient toutes les quatre lettres.

Q est à relier avec P puis O, il faut poursuivre avec N.

Exercice 9.

Méthode - *Il s'agit dans cet exercice de retrouver des relations entre les nombres. Ces relations peuvent être des additions, des soustractions, des multiplications ou des divisions. La première caractéristique à repérer concerne la nature des écarts. Sont-ils constants, augmentent-ils régulièrement etc. Si vous ne trouvez pas de logique dans les écarts, travaillez en combinant les nombres donnés ; le troisième nombre peut, par exemple, correspondre à la somme des deux premiers.*

1. 243 et 729

On multiplie 3 par 3 pour obtenir 9, 9 multiplié par 3 donne 27 et ainsi de suite. Pour poursuivre la série, il faut donc multiplier 81 par 3, ce qui donne 243 puis multiplier 243 par 3, ce qui donne 729.

2. 102 et 204

On ajoute 2 à 22 pour obtenir 24 et on multiplie 24 par 2 pour obtenir 48. Ici on alterne deux opérations : $+2$ et $\times 2$. Pour poursuivre la série, il faut ajouter 2 à 100, ce qui donne 102 et multiplier 102 par 2, ce qui donne 204.

3. 25 et 36

Les nombres de cette série correspondent aux carrés des premiers nombres de la suite numérique : $1^2 = 1$; $2^2 = 4$; $3^2 = 9$; $4^2 = 16$. Pour poursuivre la série, il faut écrire $5^2 = 25$ et $6^2 = 36$.

4. 56 et 72

On ajoute 8 à 12 pour obtenir 20, on ajoute 10 à 20 pour obtenir 30 puis 12 à 30 pour obtenir 42. L'écart augmente de deux. Pour poursuivre la série, il faut ajouter 14 à 42, ce qui donne 56 puis ajouter 16 à 56, ce qui donne 72.

5. 840 et 5 040

On multiplie 7 par 2 pour obtenir 14 ; on multiplie 14 par 3 pour obtenir 42 ; on multiplie 42 par 4 pour obtenir 168. Pour poursuivre la série, il faut multiplier 168 par 5, ce qui donne 840 puis multiplier 840 par 6, ce qui donne 5 040.

6. 72 et 136

L'écart entre 12 et 16 est de 4 ; entre 16 et 24, il est de 8 et il est de 16 entre 24 et 40. L'écart est doublé à chaque fois. Pour poursuivre la série, il faut ajouter 32 (2×16) à 40, ce qui donne 72 puis ajouter 64 (2×32) à 72, ce qui donne 136.

7. 20 35 65 125 ? ?
8. 15 22 31 ? ? 70 87
9. 9 25 77 229 ? ?
10. 2 3 5 7 ? ?
11. 50 42 52 44 52 44 50 ? ?
12. 10 3 7 11 3 8 12 3 ? ?
13. 0 1 1 2 3 5 8 ? ?
14. 2 8 16 3 7 21 4 6 24 ? ? ?
15. 1 5 13 25 41 61 ? ?

CORRIGÉS

7. 245 et 485
L'écart entre deux nombres correspond toujours à l'opération : × 2, – 5.
Ainsi (20 × 2) – 5 = 35 et (35 × 2) – 5 = 65.
Pour poursuivre la série, on calcule
(125 × 2) – 5 = 245 puis (245 × 2) – 5 = 485.

8. 42 et 55
L'écart entre 15 et 22 est de 7 ; entre 22 et 31, il est de 9 puis entre 70 et 87, il est de 17.
On observe que l'écart augment de 2 au début puisqu'il passe de 7 à 9. Si on poursuit cette progression, l'écart est de 11 pour obtenir le premier nombre puis de 13 pour obtenir le second nombre et enfin de 17 entre les deux derniers nombres, ce qui correspond à l'écart observé. 31 + 11 = 42 et 42 + 13 = 55.

9. 689 et 2 065
Pour passer de 9 à 25, on peut appliquer l'opération (× 3 – 2), de même pour passer de 77 à 229. Pour passer de 25 à 77, on peut appliquer l'opération (× 3 + 2). Il y a donc alternance de ces deux opérations. Les nombres cherchés sont : (229 × 3) + 2 = 689 et (689 × 3) – 2 = 2 065.

10. 11 et 13
Aucun écart ou opération ne peut expliquer cette série. Il faut alors rechercher une particularité à ces nombres. On remarque que tous ces nombres sont des nombres premiers. Les suivants dans la liste sont 11 et 13.
Notion clé - *Un nombre premier est un nombre divisible par 1 et lui-même uniquement, il n'admet donc que deux diviseurs distincts. Le plus petit nombre premier est 2 car 1 n'admet qu'un seul diviseur.*

11. 42 et 46
On enlève 8 à 50 pour obtenir 42 ; on ajoute 10 à 42 pour obtenir 52, on enlève 8 à 52 pour obtenir 44, on ajoute 8 à 44 pour obtenir 52, on enlève 8 à 52 pour obtenir 44, on ajoute 6 à 44 pour obtenir 50. Pour continuer la série, il faut donc enlever 8 à 50, on obtient 42 puis il faut ajouter 4 à 42 (la valeur à ajouter diminue de deux à chaque opération) ; on obtient 46.

12. 3 et 9
Aucun écart type ne peut être repéré ici. On remarque que le premier nombre correspond à la somme des deux suivants : 10 = 3 + 7. De la même manière 11 = 3 + 8 ; 3 étant toujours le premier des deux nombres à additionner. Les nombres à trouver sont 3 et 9 car 12 = 3 + 9.

13. 13 et 21
Le troisième nombre correspond à la somme des deux précédents : 0 + 1 = 1 puis 1 + 1 = 2 et ainsi de suite. Pour poursuivre la série, on doit donc additionner 5 et 8, ce qui donne 13 puis 8 et 13, ce qui donne 21.

14. 5, 5 et 25
Le troisième nombre correspond au produit des deux nombres le précédent : 2 × 8 = 16 puis 3 × 7 = 21 puis 4 × 6 = 24. Pour poursuivre la série, il faut remarquer que le premier nombre du produit augmente d'une unité à chaque opération et que le second nombre diminue d'une unité. Il faut donc écrire le produit suivant : 5 × 5 = 25.

15. 85 et 113
L'écart entre deux nombres est de 4 puis 8 puis 12. L'écart augmente de 4. Pour poursuivre la série, on doit ajouter 24 à 61, ce qui donne 85 puis ajouter 28 à 85, ce qui donne 113.

Exercice. 10.

> Soit la série des mois de l'année : janvier, février, mars, avril, mai, juin, juillet, août, septembre, octobre, novembre, décembre. Pour chaque question, trouvez les deux mois qui finissent la suite.

1. mars/mai/juillet/?/?

2. janvier/février/mai/juin/septembre/?/?

3. février/avril/juillet/?/?

4. novembre/août/mai/?/?

5. septembre/août/juin/mars/?/?

6. janvier/avril/septembre/décembre /?/?

7. mai/septembre/juillet/novembre /?/?

8. janvier/décembre/février/novembre/ mars/?/?

9. septembre/août/septembre/novembre/ avril/mars/?/?

10. janvier/octobre/mars/août/mai/juin/ ?/?

CORRIGÉS

Exercice 10.

Méthode - *Écrivez lisiblement la suite des mois sur votre feuille de brouillon et, en dessous, le numéro du mois de l'année. Cela pourra vous aider à trouver les différentes séries. N'oubliez pas que lorsqu'on avance, après le mois de décembre, on revient au mois de janvier.*

1. septembre, novembre

On saute un mois entre chaque mois écrit. Il faut donc sauter le mois d'août et écrire septembre puis sauter le mois octobre et écrire novembre.

2. octobre, janvier

On écrit deux mois consécutifs puis on saute deux mois avant d'écrire le troisième. Mai et juin se suivent puis on saute deux mois pour écrire septembre. Il faut donc écrire le mois qui suit septembre : octobre puis sauter deux mois (novembre et décembre) et écrire janvier.

3. novembre, avril

Entre février et avril, on saute un mois ; entre avril et juillet, on saute deux mois. Il faut donc sauter trois mois à partir de juillet (août, septembre octobre), ce qui donne novembre puis sauter quatre mois (décembre, janvier, février, mars) et écrire avril.

4. février, novembre

On recule dans la série des mois et on saute deux mois. À partir de mai, on saute deux mois en reculant, il faut donc écrire février puis on saute de nouveau deux mois et on obtient novembre.

5. novembre, juin

On recule dans la série des mois. Septembre et août se suivent puis on saute un mois entre août et juin puis on saute deux mois entre juin et mars. Il faut sauter trois mois à partir de mars donc on obtient novembre puis on saute quatre mois à partir de ce dernier pour obtenir juin.

6. mai, août

Entre janvier et avril, il y a deux mois ; entre avril et septembre, il y a quatre mois et entre septembre et décembre, il y a de nouveau deux mois. Pour poursuivre la série, il faut sauter quatre mois à partir de décembre, ce qui donne mai puis sauter deux mois à partir de mai, ce qui donne août.

7. septembre, janvier

Entre mai et septembre, on saute trois mois en avançant et entre septembre et juillet, on recule en sautant un mois. On poursuit cette alternance : on avance entre juillet et novembre, il faut donc reculer en sautant un mois à partir de novembre, ce qui donne septembre comme première réponse puis avancer en sautant trois mois, ce qui donne janvier comme seconde réponse.

8. octobre, avril

Janvier est le premier mois de l'année et décembre le dernier. On passe ensuite à février qui est le second mois de l'année et novembre qui est l'avant-dernier mois. Après mars, il faut inscrire octobre qui précède novembre puis avril qui suit mars.

9. avril, juin

Septembre est le mois qui suit août et qui précède novembre de deux mois. On recommence ensuite une série à partir du mois d'avril : mars est juste avant avril et pour continuer, il faut inscrire avril de nouveau puis juin.

10. juillet, avril

On alterne deux séries : la première relie janvier à mars puis mai. Il faut poursuivre la série avec juillet. La seconde série commence avec octobre ; on recule de deux mois pour obtenir août puis juin. Avril vient compléter cette seconde série.

CORRIGÉS

Exercice 11.

> Choisissez la solution correspondant aux suites de lettres et/ou de chiffres suivantes

1. A - D - G - J - M - ?
- Ⓐ O
- Ⓑ P
- Ⓒ Q
- Ⓓ R

Ⓑ Comptez le nombre de lettres qui séparent chaque couple de lettres. Pour passer de A à D, vous ajoutez trois lettres (B, C, D). Pour passer de D à G, idem, pour tous les autres couples. Donc, à partir de M, vous ajoutez trois lettres (N, O, P) et vous obtenez la lettre P.

2. A - 1/C - 3/F - 6/J - 10/? - ?
- Ⓐ O - 13
- Ⓑ P - 15
- Ⓒ O - 15
- Ⓓ R - 18

Ⓒ Travaillez sur les lettres. De A à C, vous ajoutez deux lettres (B, C) ; de C à F, trois (D, E, F) ; de F à J, quatre (G, H, I, J). Il faut ajouter cinq lettres à J pour trouver la dernière lettre : K, L, M, N, O, donc O. Suivez la même progression pour les chiffres, car le nombre affecté à la lettre correspond à la place de la lettre dans l'alphabet. Ainsi A = 1re lettre de l'alphabet (chiffre 1) et ainsi de suite. O = 15^e^ lettre de l'alphabet.

3. 3 - 7 - 16 - 35 - ?
- Ⓐ 40
- Ⓑ 55
- Ⓒ 71
- Ⓓ 74

Ⓓ La progression de cette suite est $\times 2+1$; $\times 2+2$; $\times 2+3$; $\times 2+4$ donc $35 \times 2 = 70$ et $70 + 4 = 74$.

4. 5 - C/10 - D/16 - S/22 - ?
- Ⓐ O
- Ⓑ T
- Ⓒ V
- Ⓓ X

Ⓒ La lettre correspond à la 1re lettre du chiffre manuscrit, écrite en majuscule. Par exemple, 5 (Cinq) donc 22 (Vingt-deux) donne V.

5. 37 - 222 - 111 - 444 - 222 - 444 - ?
- Ⓐ 0
- Ⓑ 37
- Ⓒ 111
- Ⓓ 222

Ⓓ La progression est $\times 6$; $\div 2$; $\times 4$; $\div 2$; $\times 2$ et $\div 2$ donc $444 \div 2 = 222$.

6. A - D - E/A - E - F/D - C - G/ C - S - V/? - R – V
- Ⓐ D
- Ⓑ F
- Ⓒ N
- Ⓓ R

Ⓐ La 3e lettre de chaque groupe est obtenue par l'addition de la position alphabétique de la 1re lettre et de la 2e lettre. Vous trouvez ainsi la place de cette 3e lettre : à convertir en la lettre souhaitée. Par exemple, A (1re lettre) + D (4e lettre) = E (5e lettre) donc D (4e lettre) + R (18e lettre) = V (22e lettre).

Exercice 12.

> Choisissez les lettres ou les nombres manquants

1. A (3) - D (6) - G (?) - (?) 12 - M (15)
Ⓐ 0 - J
Ⓑ 9 - J
Ⓒ 10 - F
Ⓓ 18 - L

Ⓑ Deux séries de lettres et de chiffres s'intercalent. Pour les nombres, la progression est + 3 donc 6 + 3 = 9. Idem pour les lettres : pour obtenir la lettre demandée, il faut ajouter 3 lettres à la lettre qui la précède. Ainsi, G + 3 lettres donne J.

2. 4 - 9 - 17 - 35 - ? - 139
Ⓐ 59 Ⓑ 69
Ⓒ 71 Ⓓ 87

Ⓑ La progression est × 2+1 ; × 2–1 ; × 2+1 ; × 2–1 ; × 2 + 1 donc 35 × 2 = 70 et 70 – 1 = 69.

3. D - K - G - N - ? - Q - M - T
Ⓐ A Ⓑ I
Ⓒ J Ⓓ P

Ⓒ La progression est de +3 toutes les deux lettres donc G + 3 lettres donne J.

4. 5 - 10 - 13 - 26 - ?
Ⓐ 27 Ⓑ 29
Ⓒ 37 Ⓓ 48

Ⓑ La progression est × 2 suivi de + 3.

5. ABD - EFH - IJL - ? ? ?
Ⓐ MNO
Ⓑ MPN
Ⓒ JKL
Ⓓ MNP

Ⓓ À l'intérieur d'un groupe de trois lettres, la progression est + 1 puis + 2. Pour passer d'un ensemble de trois lettres à un autre, + une lettre.

6. 1392 - 285 - 3624 - 456 - 5172 - ?
Ⓐ 671 Ⓑ 2541
Ⓒ 6312 Ⓓ 348

Ⓓ La somme des chiffres de chaque nombre est égale à 15. Donc 348 donne 3 + 4 + 8 soit 15.

7. CAB - CBB - CCB - ? ? ?
Ⓐ ABC Ⓑ ACB
Ⓒ CBD Ⓓ CDB

Ⓓ C et B restent à la même place (1re et 3e positions). Au milieu de ces deux lettres, vous avez A, B, C et D.

8. 113 - 15 - 98 - 21 - 77 - 9 - ?
Ⓐ 8 Ⓑ 91
Ⓒ 68 Ⓓ 112
Ⓔ 86

Ⓒ La différence entre les deux premiers nombres donne le 3e nombre :
113 – 15 = 98, 98 – 21 = 77 et 77 – 9 = 68.

Exercice 13.

> Cochez la bonne réponse

1. Trouvez la dernière lettre de la série.
ID = M, GO = V, BD = F, RG = Y et WC = ?
Ⓐ K
Ⓑ U
Ⓒ X
Ⓓ Q
Ⓔ Z

Ⓔ À chaque lettre correspond une place dans l'alphabet. Pour obtenir la lettre finale à découvrir, il faut additionner la position alphabétique des deux premières lettres.
Par exemple, I (9e lettre) + D (4e lettre) donne la 13e lettre (9 + 4) de l'alphabet = M. De même, W (23e lettre) + C (3e lettre) donne la 26e lettre (23 + 3) = Z.

2. Quel mot complète la série ?
Lys, Rose, Lilas, Dahlia, ?
Ⓐ Jacinthe Ⓑ Muguet
Ⓒ Iris Ⓓ Hortensia
Ⓔ Camélia

Ⓔ Les mots de la série sont successivement composés de 3, 4, 5 et 6 lettres. Le mot à découvrir doit alors comporter 7 lettres. Seul Camélia possède 7 lettres.

3. Si XIVQ, XIID, IIIT, XVIS, alors XI ?
Ⓐ T Ⓑ V
Ⓒ P Ⓓ A
Ⓔ O

Ⓔ Vous remarquez que XIV est associé à Q pour Quatorze, XII est associé à D pour Douze, etc. La lettre majuscule correspond à la première lettre du chiffre, donc XI est associé à O pour Onze.

4. Quel mot complète la série ?
JOB, FIN, BON, MAS, LIN, ?
Ⓐ DIX Ⓑ KIR
Ⓒ RAM Ⓓ BUS
Ⓔ DOS

Ⓒ Dans chaque mot, la seconde lettre est l'une des trois voyelles : O, I ou A. Deux de ces voyelles (O et I) sont présentes deux fois : le mot à découvrir doit posséder la lettre A en seconde position → RAM.

5. Complétez la série de lettres en tenant compte de l'ordre alphabétique.
MNO, STU, YZA, ???
Ⓐ AZY Ⓑ LMN
Ⓒ EFG Ⓓ QPO

Ⓒ À l'intérieur de chaque groupe de trois lettres, celles-ci se suivent dans l'ordre alphabétique ; entre la dernière lettre d'un ensemble et la première lettre du groupe suivant, il faut ajouter 4 lettres.

6. Quel nombre n'a pas sa place dans cette série ?
81 - 145 - 225 - 49 - 169
Ⓐ 81 Ⓑ 145
Ⓒ 225 Ⓓ 49
Ⓔ 169

Ⓑ Tous les nombres sont des carrés parfaits sauf 145.

Exercice 14.

1. Quelle est la suite logique ?
53 – 50 – 45 – 42 – ?

2. Retrouvez les lettres qui manquent ?

A	D	G	?
E	I	N	?

3. Quel mot complète la suite :
Job, Fin, Bon, Mas, Lin ?

Ⓐ Dix Ⓑ Kir
Ⓒ Ram Ⓓ Bus
Ⓔ Dos

4. Complétez la suite suivante :
E-4 / I-8 / M-12 / R-17 / T-?

5. Trouvez le nombre manquant.
36 – 30 – 24 – 18 – ?

6. Trouvez le chiffre qui complète la suite.
Sept (4) – Quinze (6) – Soixante (8) – Vingt (?)

7. Quelle est la lettre manquante ?
A-D-E / A-E-F / D-C-G / C-S-V / ?-R-V

CORRIGÉS

Exercice 14.

1. 37
La progression de la suite est : – 3 ; – 5 ; – 3 ; – 5 donc 42 – 5 = 37.

2. J – T
Pour la partie supérieure, la progression alphabétique est + 3 à chaque fois. Donc si vous ajoutez trois lettres à la lettre G, vous obtenez J. Pour la partie inférieure, la progression est + 4 ; + 5 ; + 6. Donc N plus six lettres donne T.

3. Ⓒ Dans chaque mot, la deuxième lettre est l'une des trois voyelles : O, I ou A. Deux de ces voyelles (O et I) sont présentes deux fois. Par conséquent, le mot à découvrir doit posséder la lettre A en seconde position et il s'agit de RAM.

4. 19
E est la 5e lettre de l'alphabet – 1 = 4, I est la 9e lettre de l'alphabet – 1 = 8, etc., T = 20^{e} lettre – 1 = 19.

5. 12
La progression est – 6 à chaque fois donc 18 – 6 = 12.

6. 5
Le nombre entre parenthèses correspond au nombre de lettres du mot le précédent. VINGT compte cinq lettres.

7. D
A (1re lettre) + D (4e lettre) = E (5e lettre) donc D (4e lettre) + R (18e lettre) = V (22e lettre).

EXERCICES

Exercice 15.

> Trouvez la suite des séries suivantes.

1. B S B C D R D E F Q F G ? ? ? ? –1 – 2 +1 +2 donne ? ? ? ?

2. F F L K J E E H I J D D H G F ? ? ? ? ? +1 –1 +2 –1 –2 donne ? ? ? ? ?

3. C C S N A D D R M A E E Q L A ? ? ? ? ? –2 +1 –1 +2 +1 donne ? ? ? ? ?

4. W B J Q V C J P U D J O ? ? ? ? –1 –2 +1 +2 donne ? ? ? ?

5. L I K S K H J R J G I Q I F H P ? ? ? ? +1 –2 +2 –1 donne ? ? ? ?

6. L O M U K O M T J O M S I O M ? ? ? ? ? –1 –1 +2 +1 +1 donne ? ? ? ? ?

7. C S C T D U D V E W E X ? ? ? ? +1 –2 +2 –1 donne ? ? ? ?

CORRIGÉS

Exercice 15.

Dans cet exercice, vous commencez par trouver la fin de la suite puis vous additionnez ou soustrayez comme demandé afin de découvrir la solution.

1. B S B C D R D E F Q F G H P H I

À partir de la suite, vous obtenez les lettres H P H I puis vous soustrayez 1 lettre à H, 2 lettres à P, vous additionnez 1 lettre à H, 2 lettres à I pour donner **G N I K**.

2. F F L K J E E H I J D D H G F C C D E F

La fin de la suite est C C D E F puis C + 1 lettre = D ; C – 1 lettre = B ; D + 2 lettres = F ; E – 1 lettre = D et F – 2 lettres = D ; ce qui donne finalement **D B F D D**.

3.

C C S N A D D R M A E E Q L A F F P K A

La fin de la suite est F F P K A puis F – 2 lettres = D ; F + 1 lettre = G ; P – 1 lettre = O ; K + 2 lettres = M et A + 1 lettre = B ; ce qui donne finalement **D G O M B**.

4. W B J Q V C J P U D J O T E J N

La fin de la suite est T E J N puis T – 1 lettre = S ; E – 2 lettres = C ; J + 1 lettre = K et N + 2 lettres = P ; ce qui donne finalement **S C K P**.

5.

L I K S K H J R J G I Q I F H P H E G O

La fin de la suite est H E G O puis H + 1 lettre = I ; E – 2 lettres = C ; G + 2 lettres = I et O – 1 lettre = N ; ce qui donne finalement **I C I N**.

6.

L O M U K O M T J O M S I O M R H O M Q

La fin de la suite est R H O M Q puis R – 1 lettre = Q ; H – 1 lettre = G ; O + 2 lettres = Q ; M + 1 lettre = N et Q + 1 lettre = R ; ce qui donne finalement **Q G Q N R**.

7. C S C T D U D V E W E X F Y F Z

La fin de la suite est F Y F Z puis F + 1 lettre = G ; Y – 2 lettres = W ; F + 2 lettres = H et Z –1 lettre = Y ; ce qui donne finalement **G W H Y**.

16 Les tests des séries logiques

Le raisonnement appliqué à ces tests est très semblable à celui des dominos ou des cartes.

1. Objectifs des séries logiques

Ces tests avouent comme objectifs l'évaluation de l'intelligence logique, c'est-à-dire la capacité à structurer des ensembles rationnels indépendamment de leur contenu, et celle des facultés d'abstraction logique.

2. Lire les consignes

Une suite de sept éléments constitue la progression logique de base.
Pour chaque question, vous devez découvrir le cheminement logique et rechercher les éléments manquants, indiqués par des points d'interrogation.

Les éléments sont disposés selon des arrangements variés : ligne, rectangle, croix, spirale, etc., mais toujours selon un ordre logique à découvrir. Les lois qui régissent ces combinaisons sont, en général, des lois de succession, progression, exclusion, proportion ou symétrie.

Exemple La suite 0, 1, 2, 3, 4, 5, 6 constitue la progression logique de base.

3	4	5	6	0	?	2
1	0	6	5	4	?	2

Quels sont les chiffres manquants sur l'exemple ci-dessous ?

Ⓐ 2 ; 3 Ⓑ 1 ; 3 Ⓒ 1 ; 4 Ⓓ 5 ; 6

Pour les parties supérieures, la suite croît d'une unité à partir de 3, donc après 0 vient le 1 qui sera suivi de 2. Au niveau des parties inférieures, la suite est décroissante d'une unité à partir de 1, donc le 3 précède le 4.

La solution est 1 ; 3 soit Ⓑ.

+1 +1 +1 +1 +1 +1

3	4	5	6	0	1	2
1	0	6	5	4	3	2

−1 −1 −1 −1 −1 −1

Retenez que les sept valeurs se succèdent aussi bien dans l'ordre croissant que dans l'ordre décroissant. Par conséquent, après le 6 vient le 0 lorsque la suite est croissante et ne faites pas l'erreur de mettre 7 après 6. Il en est de même lorsque la suite est décroissante : après le 0 vient le 6 et ainsi de suite.

Exemple Voici la suite ✷, ▲, ■, ✚, ●, ✖, ◆ qui constitue la progression logique de base.

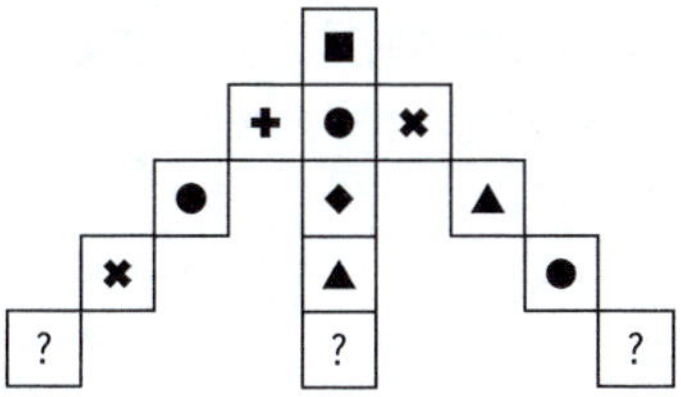

Quel sont les éléments manquants ?

Ⓐ ◆, ■, ✷ Ⓑ ◆, ✚, ■ Ⓒ ▲, ✚, ◆ Ⓓ ◆, ✚, ✷ Ⓔ ■, ✚, ▲

Commencez par affecter chaque élément de la suite d'un chiffre de 1 à 7 car une suite de chiffres est beaucoup plus facile à retenir et à visualiser qu'une suite de symboles.
La suite ✷, ▲, ■, ✚, ●, ✖, ◆ devient 1, 2, 3, 4, 5, 6 et 7 donc :

- ✷ correspond à 1 ;
- ▲ correspond à 2 ;
- ■ correspond à 3 ;
- ✚ correspond à 4 ;
- ● correspond à 5 ;
- ✖ correspond à 6 ;
- ◆ correspond à 7.

Vous obtenez alors :

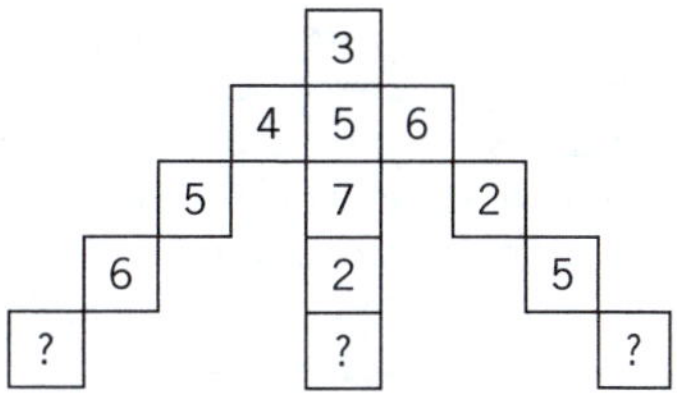

Il est maintenant beaucoup plus facile de découvrir les chiffres manquants.

À partir du haut de la pyramide, c'est-à-dire du chiffre 3 ou de l'élément ■, vous avez :

- une suite croissant d'une unité sur la première diagonale donc 6 + 1 donne 7 qui correspond à l'élément ◆ ;
- une suite croissant de deux unités sur la verticale, donc 2 + 2 donne 4 soit l'élément ✚ ;
- une suite croissant de trois unités sur la deuxième diagonale, donc 5 + 3 donne 8 qui n'existe pas dans cette série de 7, et qui correspond donc à 1, c'est-à-dire l'élément ✷.

La solution est ◆, ✚, ✷ qui correspond à la réponse Ⓓ.

3. Conseils

➜ Visualisez facilement la suite afin de mieux la retenir. Pour cela, pensez toujours à transformer la suite d'éléments en une suite de chiffres beaucoup plus représentative à vos yeux. Et retenez une seule règle : que ce soit dans l'ordre croissant ou décroissant, les sept valeurs se succèdent et forment un cycle.

➜ Écrivez la suite sur chaque page ou sur un brouillon à vos côtés. Il faut avoir en permanence la suite sous les yeux.

➜ Ne vous attardez pas lorsqu'une figure présente une difficulté : la solution des questions suivantes peut révéler le moyen de la résoudre.

➜ Arrivez toujours à la solution ; ne partez pas de celle-ci car vous risquez d'être induit en erreur.

EXERCICES

Exercice 1.

> Trouvez les lettres qui manquent.

1. C D E
D
C ? ?

2. B D F ?
A C E ?

3. E B E D E F ?
A E C E E E ?

4. C D E F G ?
C B A G F ?

5. G E
C F D D
B E ? ?
A B

6. G D
F C
E D
D E
C ?
D ?

7. A C E C E G E G B ? ? ?

8. A B C E F G C D E ? ? ?

CORRIGÉS

Exercice 1.

Dans cet exercice réside une difficulté supplémentaire : la suite est à découvrir et si elle est erronée, une grande partie de l'exercice peut être faussée. Ici, vous remarquez qu'aucune des questions n'est composée de lettres supérieures à la lettre G. La suite logique est donc A, B, C, D, E, F, G et, dans ce cas, inutile de perdre du temps à retranscrire en chiffres, vous connaissez l'ordre de l'alphabet.

1. Les mêmes lettres sont présentes sur la même colonne.

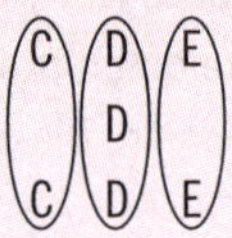

La solution est : D – E

2. La suite est croissante, en « zigzag », d'une unité en partant de A.

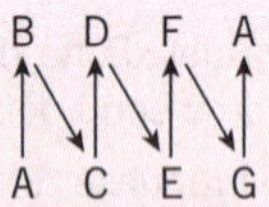

Remarquez bien qu'après le G vient le A car vous êtes en présence d'un cycle.

La solution est : A – G

3. En « zigzag », une lettre sur deux, vous trouvez E en partant de E.

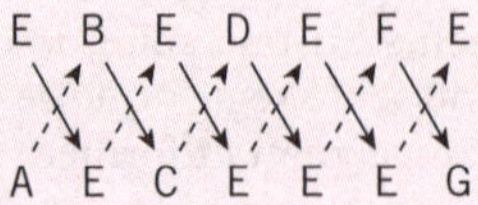

À partir de A, toujours en « zigzag », la suite croît d'une unité.

La solution est : E – G

4. Sur la 1re ligne, la suite est croissante d'une unité. Sur la 2e ligne, la suite décroît toujours d'une unité.

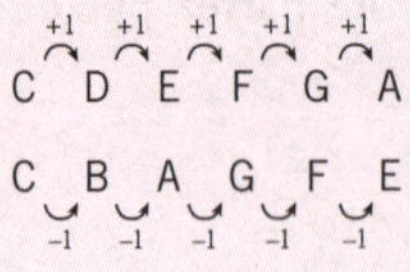

La solution est : A – E

5. Sur chaque colonne, vous avez une suite décroissante d'une unité.

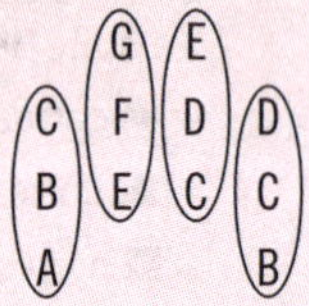

La solution est : C – C

6. Il s'agit de simples symétries inversées.

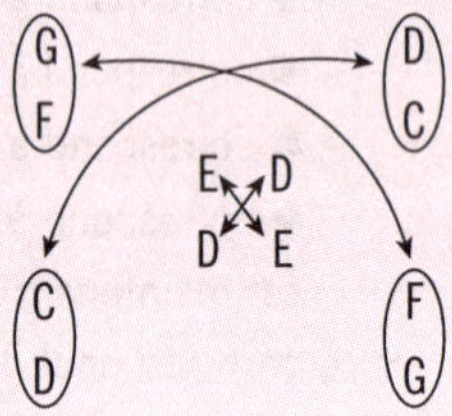

La solution est : F – G

7. Au sein d'un groupe de trois lettres, la progression est + 2 et pour passer d'un groupe de lettres à l'autre, il suffit de reprendre les deux dernières lettres du groupe précédent.

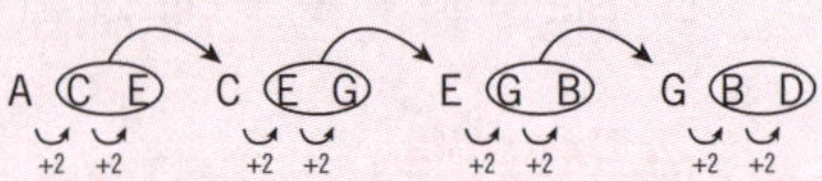

La solution est : G – B – D

8. Au sein d'un groupe de trois lettres, la progression est + 1 et pour passer d'un groupe de lettres à l'autre, la progression est de + 2 ; + 3 et + 4.

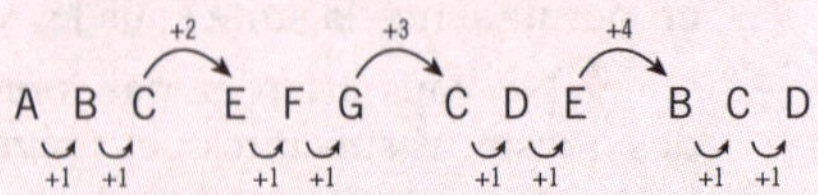

La solution est : B – C – D

EXERCICES

9. A F G
B ? A
C D ?

10. A C E G B
A D G C ?
A E B F ?

11. B C D

G ?

12. F A C
G C ?
A E ?

13. D F C A
G B F
B ? G D
C ? E

Exercice 2.

Vous avez ci-dessous une suite de sept éléments qui constituent une suite logique de base.

Un ou plusieurs éléments sont remplacés par des points d'interrogation.

> Trouvez quels sont les éléments qui manquent.

1. 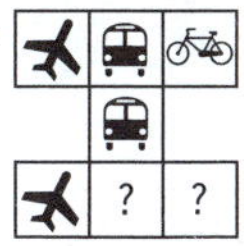

2. 

CORRIGÉS

9. La progression est de + 1 ; – 1 et + 1.

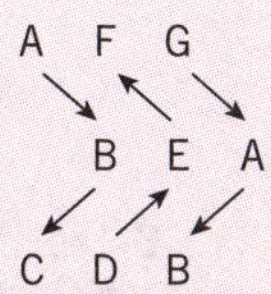

La solution est : E – B

10. Sur la 1re ligne, la progression est de + 2. Sur la 2e ligne, la progression est de + 3. Sur la 3e ligne, la progression est de + 4.

A +2 C +2 E +2 G +2 B
A +3 D +3 G +3 C +3 F
A +3 E +3 B +3 F +3 C

La solution est : F – C

11. Horizontalement, la progression est + 1 alors que verticalement, la progression est + 2.

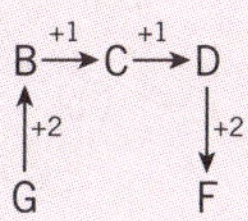

La solution est : F.

12. Vous travaillez en diagonale : sur la première, la progression est + 1 ; sur la 2e, la progression est de + 2 et sur la 3e, la progression est + 3.

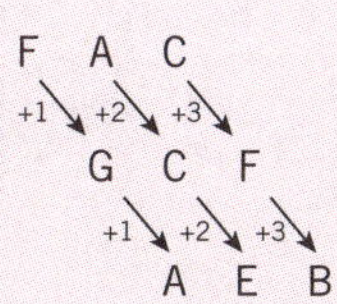

La solution est : F – B.

13. Vous remarquez que chaque lettre est présente en double exemplaire.
Seules les lettres A et E ne sont pas doublées.

La solution est : A – E.

Peu importe la place des lettres car rien ne peut vous indiquer la place de l'une ou de l'autre.

Exercice 2.

La première étape consiste à affecter chaque dessin d'un chiffre lui correspondant et créant une suite logique telle la suite des dominos.

Cette suite de dessins :

va maintenant correspondre à la suite de chiffres : 1, 2, 3, 4, 5, 6 et 7 ; par conséquent :

–  correspond à 1 ; –  correspond à 5 ;
–  correspond à 2 ; –  correspond à 6 ;
–  correspond à 3 ; –  correspond à 7.
–  correspond à 4 ;

Puis vous reportez ces chiffres sur la figure proposée et la logique à découvrir vous apparaîtra plus simplement.

1. Les deux lignes horizontales sont identiques et diminuent de un.

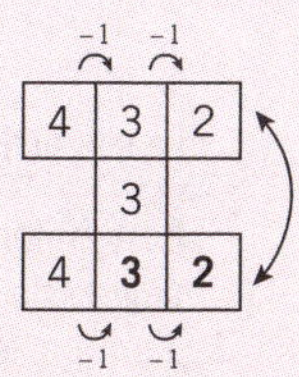

La solution est :  – .

2. Les trois lignes augmentent d'une unité à chaque fois.

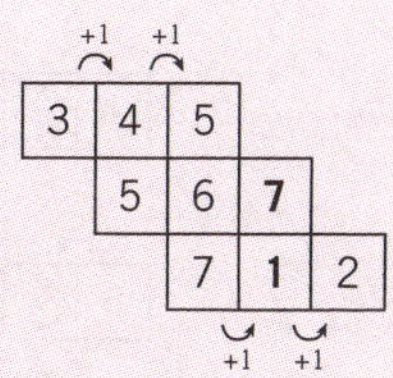

La solution est :  – .

EXERCICES

3.

4.
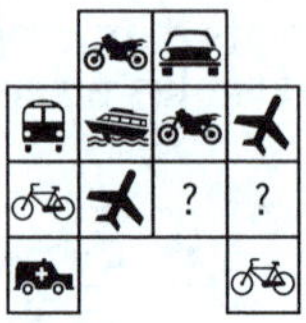

5.
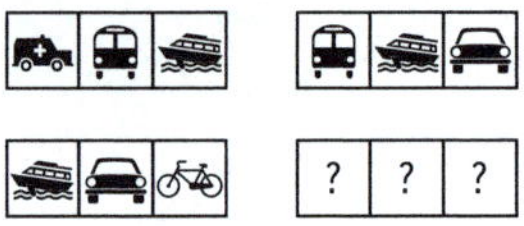

6.

7.
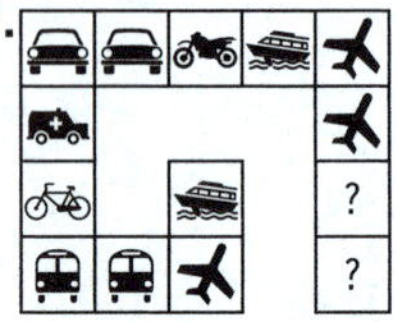

8.
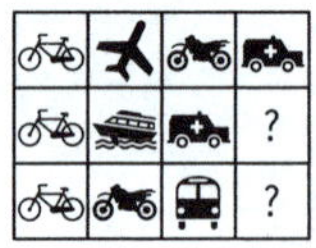

CORRIGÉS

3. Les quatre lignes augmentent également d'une unité.

La solution est : 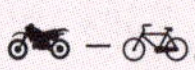.

4. Les quatre colonnes décroissent d'une unité.

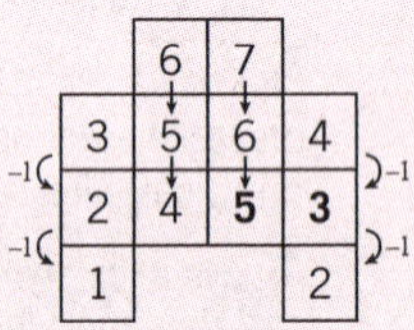

La solution est : .

5. À l'intérieur d'un groupe de trois lettres, la progression est de + 2 alors que pour passer d'un groupe de lettres à l'autre, les deux dernières lettres du groupe précédent sont reprises pour commencer le groupe suivant.

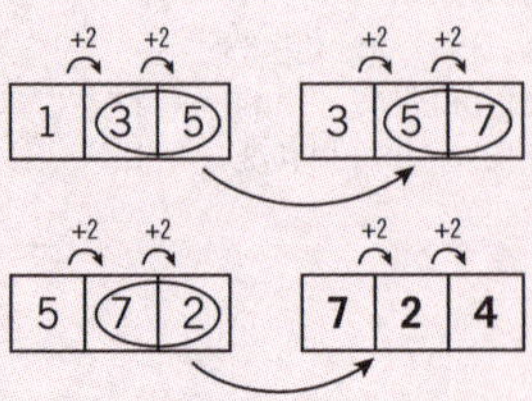

La solution est : .

6. Les 1re et 2e colonnes subissent une progression de + 2. De plus, les 2e et 3e colonnes sont identiques.

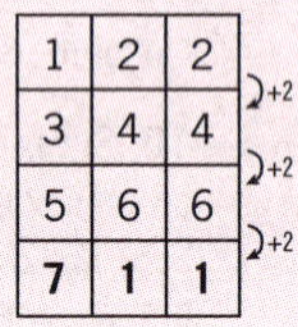

La solution est : 

7. En spirale, la progression est respectivement : – 1 ; – 1 ; figures identiques ; – 1 ; – 1 ; – 1 ; identiques ; – 1 ; – 1 ; – 1 ; identiques ; – 1 et – 1.

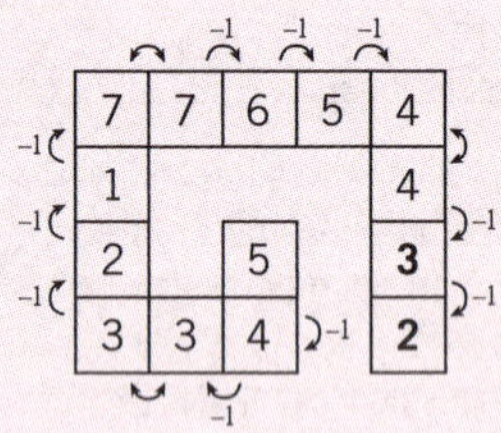

La solution est : 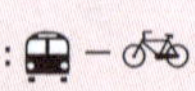.

8. La progression sur la 1re ligne est + 2.
La progression sur la 2e ligne est + 3.
La progression sur la 3e ligne est + 4.

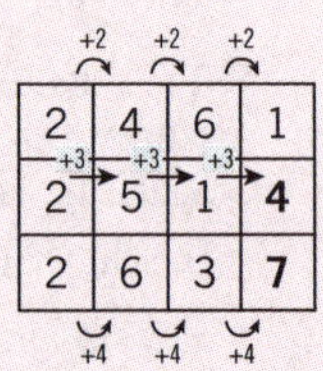

La solution est : .

EXERCICES

9.

10.

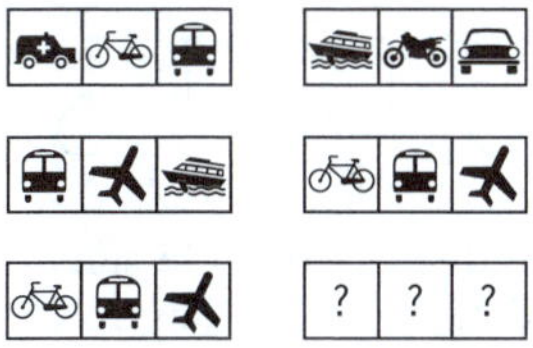

11.

12.

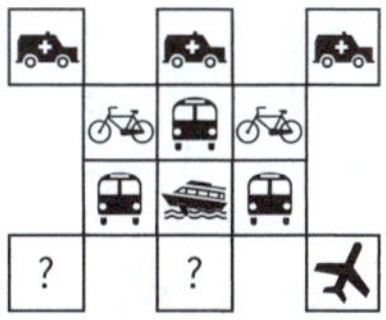

13.

CORRIGÉS

9. En spirale, la progression de la 1re figure est de + 1 alors que la progression de la 2e figure est + 2.

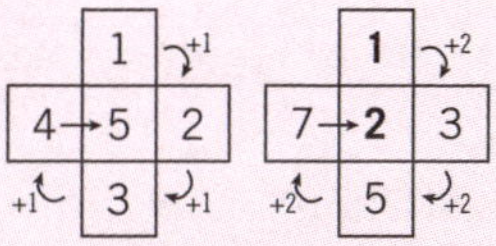

La solution est : 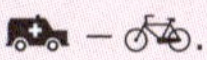.

10. À l'intérieur d'un groupe de trois lettres, la progression est de + 1 et pour passer d'un groupe de lettres à l'autre, la progression est de + 2, + 3, + 4, + 5 et + 6.

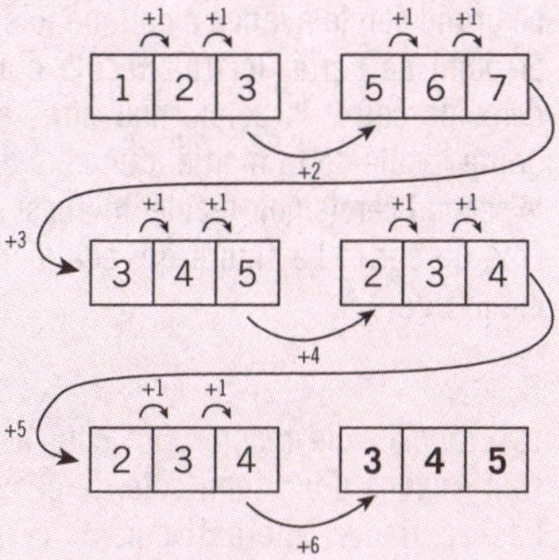

La solution est : .

11. Sur la 1re ligne, la progression est + 2. Sur la 2e ligne, la progression est + 3. Sur la 3e ligne, la progression est de + 4.

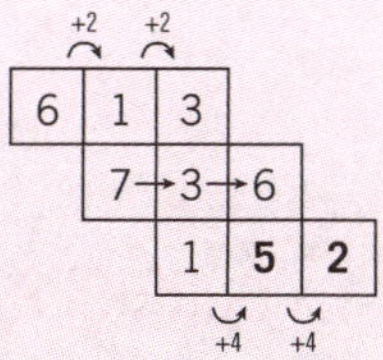

La solution est : 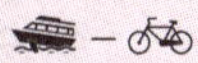.

12. Vous avez une progression de + 1 sur les colonnes 1 et 3. Sur la verticale ou 2e colonne, la progression est + 2.

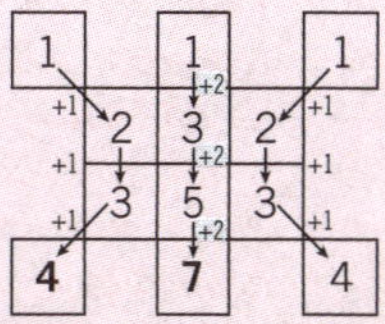

La solution est : .

13. Sur les 1re et 2e lignes, la progression est + 2 et + 3 alors que sur la verticale, la progression est + 1.

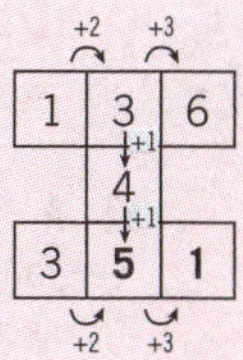

La solution est : 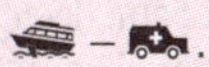.

Exercice 3.

Complétez logiquement les séries de dessins. Si aucune des réponses A, B ou C ne convient, alors choisissez la réponse D.

Exemple

Dans cet exemple, on peut voir que le cercle se déplace dans le sens des aiguilles d'une montre, en occupant successivement un côté, puis un coin du carré. Le trait se déplace dans le sens inverse des aiguilles d'une montre en occupant chaque fois un coin du carré; la réponse attendue est donc la lettre A.

1.

2.

3.

CORRIGÉS

Exercice. 3.

Pour cet exercice, on vous demande de retrouver le déplacement autour d'un carré de différents dessins. Les explications montrent que les dessins peuvent se déplacer dans deux sens et soit d'un côté de carré, soit d'un demi-côté. Il faut retrouver ces déplacements pour chacun des dessins à partir des trois premières figures et dessiner au brouillon la quatrième figure de la série. Comparez enfin la figure obtenue avec les propositions pour choisir votre réponse.

1. A

Le grand cercle avance à chaque fois de la moitié du côté du carré, le trait recule à chaque fois d'un côté de carré, le cercle noir situé en bas à gauche avance d'un côté de carré et celui de droite avance de la moitié d'un côté de carré. Lorsque l'on continue le déplacement des différents dessins, on reconstitue la figure A.

2. A

Le grand cercle avance à chaque fois d'un côté et demi de carré, le trait recule d'un côté et demi de carré, le cercle noir situé en haut à droite recule de la moitié d'un côté de carré et le second cercle noir recule lui aussi mais d'un côté de carré. La figure qui complète la série est la figure A.

3. C

Le grand cercle recule d'un côté de carré, le trait avance d'un demi-côté, le cercle noir en bas se trouve alternativement au milieu du côté en bas puis en haut et le cercle noir situé en haut avance d'un côté de carré.

4.
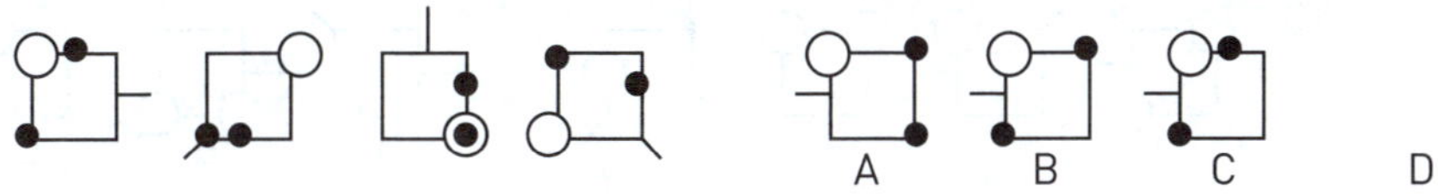

5.
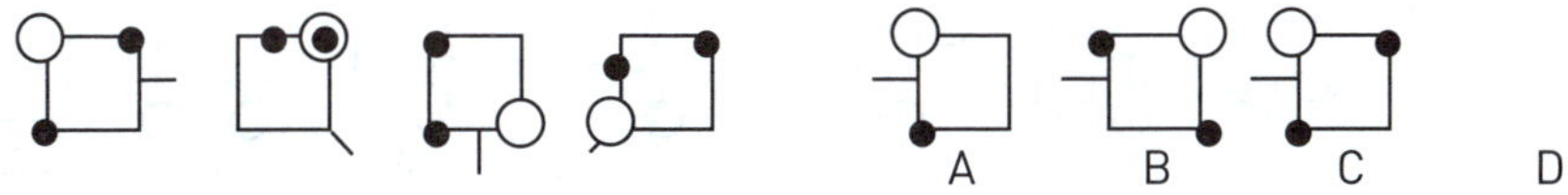

6.
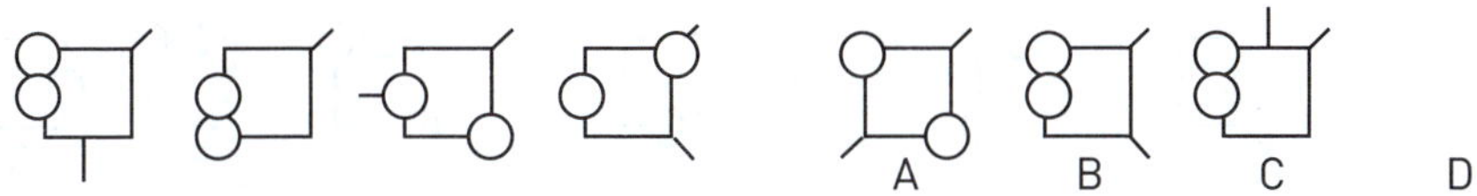

7.
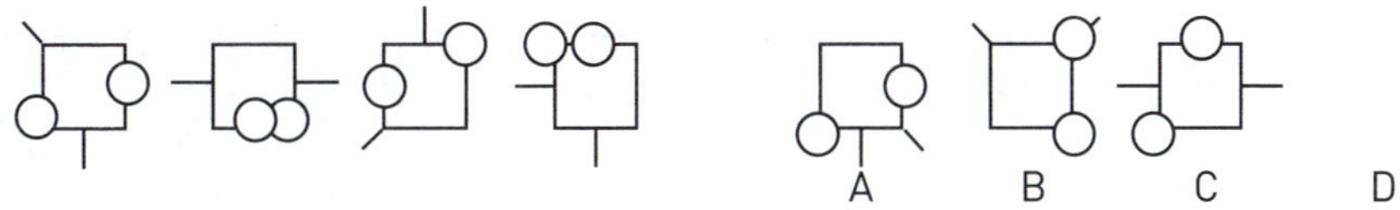

8.
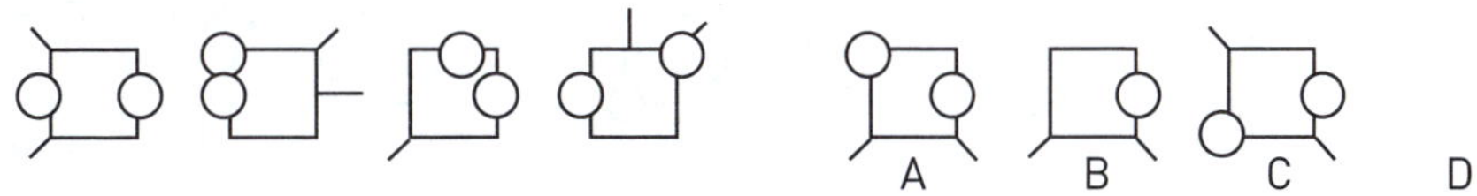

9.
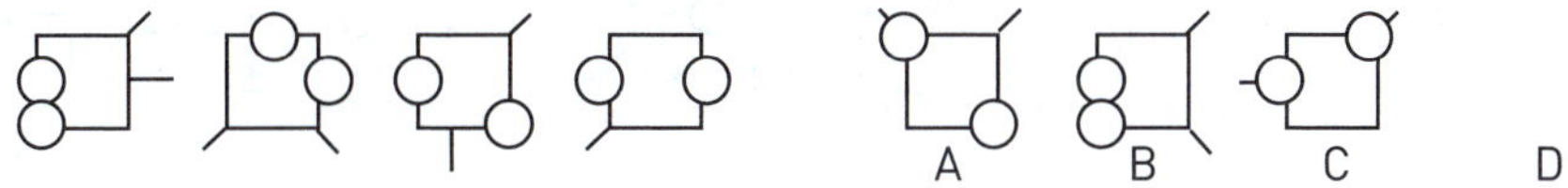

CORRIGÉS

4. D
Le grand cercle avance d'un côté de carré, le trait d'un côté et demi, le cercle noir du haut recule lui d'un côté et demi et celui en bas à gauche recule d'un demi-côté de carré. Aucune figure parmi les trois proposées ne correspond à la figure reconstituée. Il faut alors cocher la lettre D.

5. A
Le grand cercle avance d'un côté de carré, le trait d'un demi-côté, le cercle noir du haut recule d'un demi-côté de carré et celui du bas se déplace en diagonale.

6. C
Le trait du haut ne change pas de place et celui du bas recule d'un côté et demi de carré. Le cercle du haut recule d'un côté de carré et le second ne change pas de place.

7. A
Le trait du haut recule d'un demi-côté de carré et celui du bas d'un côté. Le cercle de droite avance d'un côté de carré et celui de gauche recule d'un côté.

8. B
Le trait du haut avance d'un côté et demi de carré et le second se déplace en diagonale. Le cercle de gauche avance de la moitié d'un côté et celui de droite se place alternativement à droite puis à gauche au milieu du côté.

9. C
Le trait du haut se déplace suivant la diagonale et le second avance d'un demi-côté de carré. Le cercle du bas avance d'un côté et demi de carré et le second se trouve alternativement à gauche puis à droite au milieu du côté.

10. 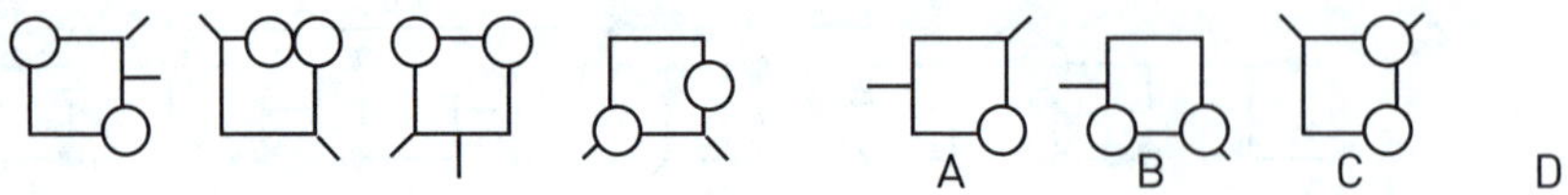

11. 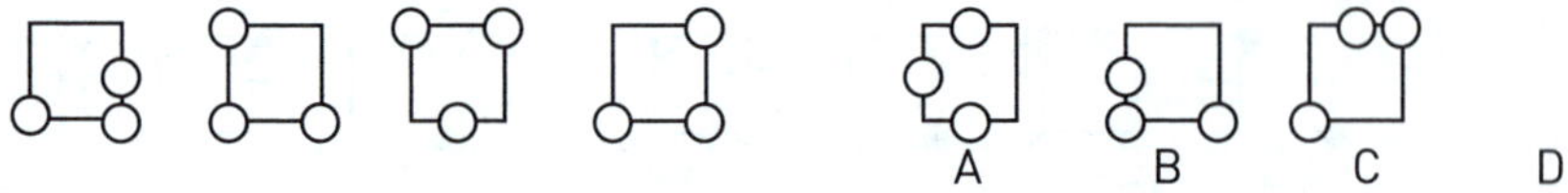

12. 

13. 

14. 

15. 

CORRIGÉS

10. A
Le trait en haut recule d'un côté de carré et le second avance d'un demi-côté. Le cercle du haut avance d'un demi-côté et celui du bas recule d'un côté de carré.

À partir de la question, on vous propose de retrouver le déplacement de trois cercles tous identiques. Commencez par analyser globalement les déplacements, c'est-à-dire par repérer si les milieux des côtés sont occupés sur chaque figure ou bien sur une figure sur deux.

11. B
Seules les figures 1 et 3 ont un cercle situé sur le milieu d'un côté. En regardant plus précisément, on peut l'expliquer par le fait que le cercle situé sur le milieu du côté droit avance à chaque fois de la moitié du côté du carré. Repérez sa position sur chaque figure afin de mieux visualiser le déplacement des cercles restants. Les deux autres cercles avancent chacun d'un côté de carré. La figure qui complète la série est donc la figure B.

12. C
Les cercles de gauche et du haut avancent d'un côté de carré et celui de droite d'un demi-côté.

13. B
Le cercle en haut à gauche recule d'un demi-côté de carré, celui de droite avance d'un côté et le second cercle de gauche occupe alternativement le milieu du côté gauche et du côté droit.

14. C
Le cercle en bas à gauche avance d'un côté de carré et celui au-dessus avance d'un côté et demi. Le cercle de droite avance d'un demi-côté de carré.

15. A
Le cercle du haut et celui du bas à droite reculent d'un côté de carré tandis que le troisième avance d'un demi-côté de carré.

16.
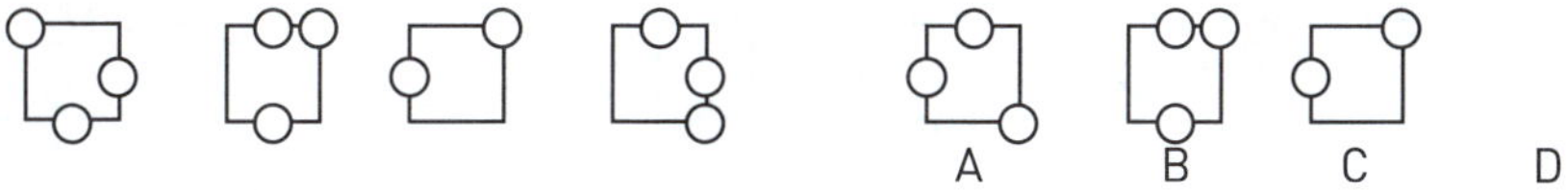

17.
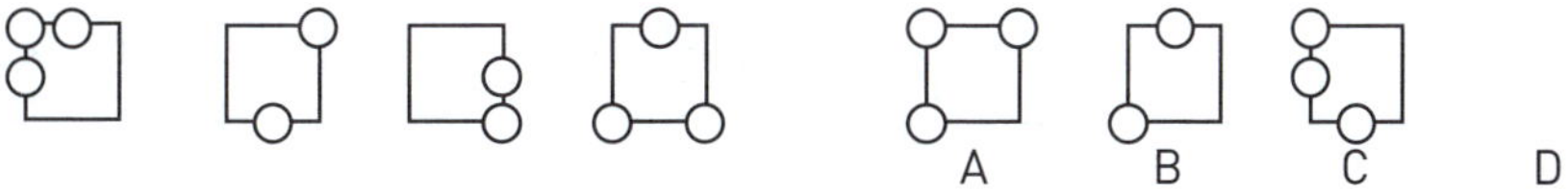

18.

19.
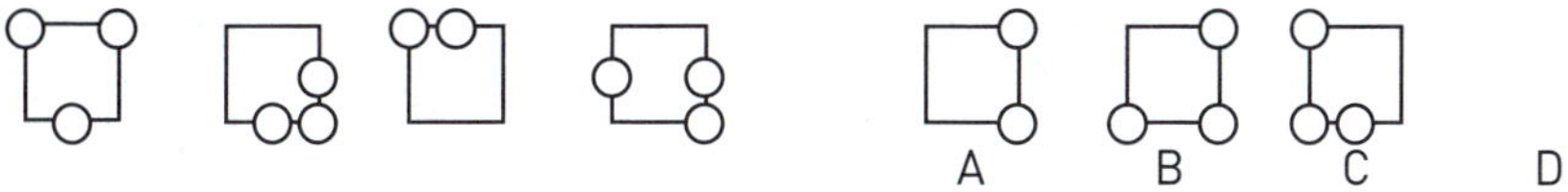

20.

21.
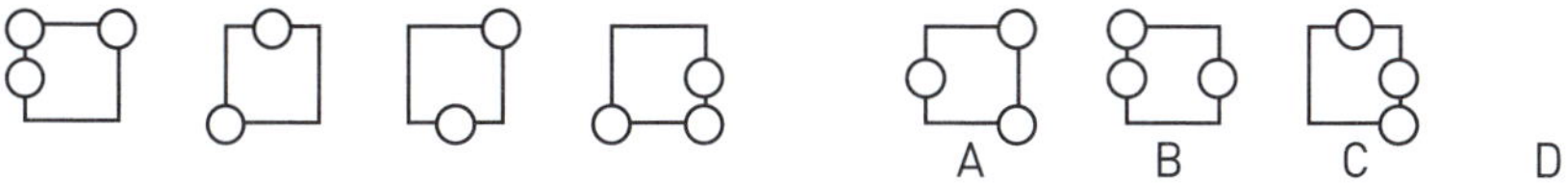

CORRIGÉS

16. D
Le cercle du haut avance d'un demi-côté de carré, celui de droite d'un côté et le cercle du bas recule d'un côté et demi de carré. Parmi les propositions, aucune figure ne correspond.

17. C
Le cercle en haut à gauche avance d'un côté de carré et celui au milieu du côté d'un demi-côté. Le cercle au milieu du côté à gauche recule d'un côté de carré.

18. B
Le cercle de gauche recule d'un côté de carré, celui du centre avance d'un côté et le cercle de droite recule d'un demi-côté.

19. C
Le cercle en haut à gauche se déplace suivant la diagonale du carré, celui de droite avance d'un côté et demi de carré et le cercle du bas recule d'un côté de carré.

20. A
Le cercle en haut à gauche recule d'un côté et demi de carré et celui en haut au centre avance d'un côté de carré. Le cercle en bas recule d'un demi-côté.

21. D
Le cercle en haut à gauche avance d'un demi-côté et celui de droite se déplace suivant la diagonale du carré; le troisième cercle recule d'un demi-côté. Aucune figure ne correspond parmi les propositions.

22. 

A B C D

23. 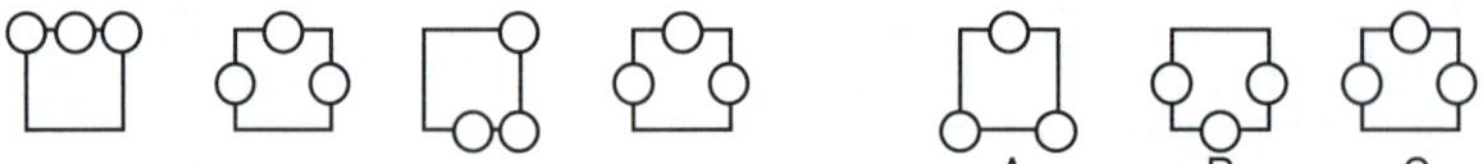

A B C D

24. 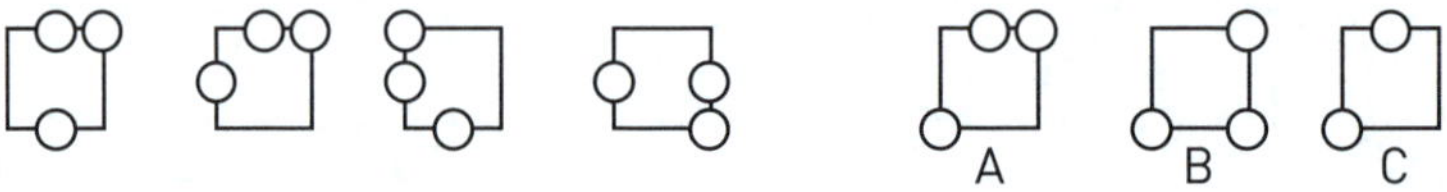

A B C D

25. 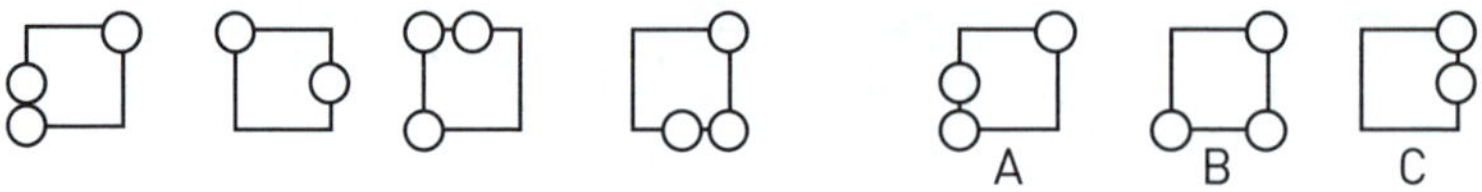

A B C D

CORRIGÉS

22. B
Le cercle en haut au centre recule d'un demi-côté de carré, celui en haut à droite avance d'un côté et celui en bas recule d'un côté et demi de carré.

23. A
Le cercle de gauche avance d'un demi-côté de carré, celui du centre avance d'un côté et celui de droite recule d'un côté et demi de carré.

24. C
Le cercle en haut au milieu recule d'un côté de carré, celui de droite recule d'un demi-côté tandis que le cercle du bas recule d'un côté et demi de carré.

25. C
Le cercle du haut recule d'un côté de carré, celui du bas d'un côté et demi et le troisième cercle avance d'un demi-côté de carré.

17 LES TESTS DE LOGIQUE NUMÉRIQUE

La majorité des tests de logique numérique suivent les mêmes règles que les suites logiques. Les progressions obéissent à des lois d'addition, de soustraction, de multiplication ou de division. Ces exercices font appel à votre esprit ludique et apprécient l'organisation logique.

1. Les tests numériques

Bien que les tests numériques soient les tests qu'appréhendent le plus les candidats, tous les exercices sont à votre portée : il suffit d'un peu de réflexion et souvent d'un peu de bon sens.

Exemple Trouvez le nombre manquant.

7	16	9
5	21	16
9	?	4

Dans la plupart des exercices de ce type, vous devez travailler en ligne ou en colonne. Ici, vous travaillez en ligne et vous additionnez le premier et le troisième chiffre afin d'obtenir le deuxième : 7 + 9 = 16 pour la première ligne ; 5 + 16 = 21 pour la deuxième ligne. Enfin, pour la troisième ligne, il ne vous reste plus qu'à additionner 9 + 4 = 13 qui correspond au nombre recherché. La solution est donc 13.

Exemple Quel nombre peut remplacer le point d'interrogation ?

16	28	41	58
37	49	62	?

Pour passer de la partie supérieure du « domino » à la partie inférieure, vous ajoutez 2 aux dizaines et 1 aux unités. Par exemple, pour le premier domino, la dizaine de la partie supérieure est 1 à laquelle vous ajoutez 2, vous trouvez 3 et pour les unités, 6 + 1 = 7. Le nombre de la partie inférieure est donc 37. Pour le dernier « domino », 5 + 2 = 7 pour les dizaines et 8 + 1 = 9 pour les unités. La solution est donc 79.

Exemple Complétez le carré vide avec le nombre qui convient.

84		81		88	
14	12	18	9	?	11

Pensez que pour trouver le nombre recherché, vous devez utiliser toutes les données c'est-à-dire les deux autres nombres de cet exemple. Dans le cas présent, le chiffre du haut est divisé par le chiffre de droite puis le chiffre trouvé est multiplié par 2 afin de donner le nombre à découvrir. Ainsi pour la première figure, vous avez : 84 ÷ 12 = 7 et 7 × 2 = 14 et pour la deuxième figure, vous faites : 81 ÷ 9 = 9 et 9 × 2 = 18. Vous appliquez la même loi pour la troisième figure soit : 88 ÷ 11 = 8 et 8 × 2 = 16. La solution est 16.

2. Les conseils

→ Maîtrisez parfaitement la pratique des quatre opérations numériques.
→ Entraînez-vous au calcul mental (la calculatrice est interdite).
→ Revoyez les tables de multiplication.

Exercice 1.

1. Complétez le carré vide avec le nombre qui convient

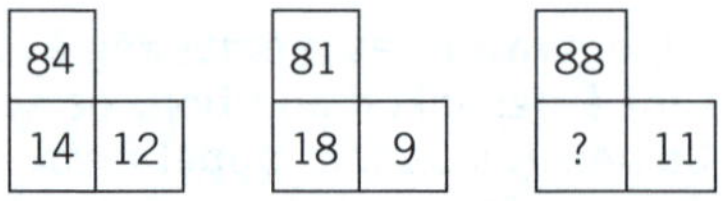

Ⓐ 16 Ⓑ 18 Ⓒ 22 Ⓓ 25

2. Quelle est la suite logique ?
3 - 7 - 16 - 35 - ?
Ⓐ 40 Ⓑ 55 Ⓒ 71 Ⓓ 74

3. Quelle est la suite logique ?
5 - C / 10 - D / 16 - S / 22 - ?
Ⓐ O Ⓑ T Ⓒ V Ⓓ X

4. Quel nombre devez-vous inscrire à la place du point d'interrogation ?

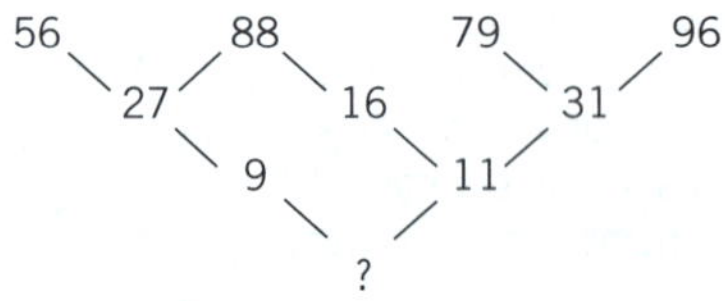

Ⓐ 18 Ⓑ 11 Ⓒ 2 Ⓓ 99 Ⓔ 9

5. Quelle est la suite logique ?
37 - 222 - 111 - 444 - 222 - 444 - ?
Ⓐ 0 Ⓑ 37 Ⓒ 111 Ⓓ 222

6. Quel nombre est un intrus ?

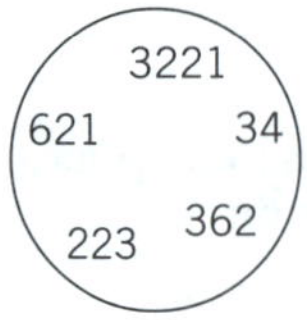

Ⓐ 34 Ⓑ 3221 Ⓒ 362 Ⓓ 621 Ⓔ 223

CORRIGÉS

→ Ⓐ Utilisez toujours l'ensemble des données c'est-à-dire les deux autres nombres de cet exemple. Le chiffre du haut est divisé par le chiffre de droite puis le chiffre trouvé est multiplié par 2 afin de donner le nombre à découvrir.
Pour la première figure, vous avez : $84 \div 12 = 7$ et $7 \times 2 = 14$; pour la deuxième figure : $81 \div 9 = 9$ et $9 \times 2 = 18$. Appliquez la même loi pour la troisième figure : $88 \div 11 = 8$ et $8 \times 2 = 16$.

→ Ⓓ La progression de cette suite est $\times 2 + 1$; $\times 2 + 2$; $\times 2 + 3$; $\times 2 + 4$ donc $35 \times 2 = 70$ et $70 + 4 = 74$.

→ Ⓒ La lettre correspond à la 1re lettre du chiffre manuscrit, écrite en majuscule. Par exemple, 5 (Cinq) donc 22 (Vingt-deux) donne V.

→ Ⓑ À chaque nombre vers lequel convergent les « flèches » correspond la somme des chiffres des nombres supérieurs auxquels il est lié. Par exemple, sur la 1re ligne 56 et 88 donnent 27 $(5 + 6 + 8 + 8)$ donc 9 et 11 donnent 11 $(9 + 1 + 1)$.

→ Ⓓ La progression est $\times 6$; $\div 2$; $\times 4$; $\div 2$; $\times 2$ et $\div 2$ donc $444 \div 2 = 222$.

→ Ⓑ La somme de tous les chiffres qui composent chaque nombre est impaire sauf 3221 qui donne 8 $(3 + 2 + 2 + 1)$.

Exercice 2.

1. Complétez la série :

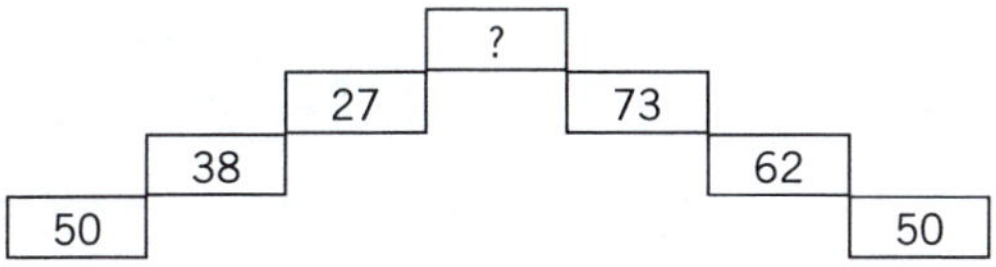

Ⓐ 100 Ⓑ 13 Ⓒ 26 Ⓓ 98 Ⓔ 84

2. Trouvez le chiffre et la lettre qui complètent la série.
A (3) - D (6) - G (?) - (?) 12 - M (15)
Ⓐ 0 - J
Ⓑ 9 - J
Ⓒ 10 - F
Ⓓ 18 - L

3. Trouvez le chiffre manquant :

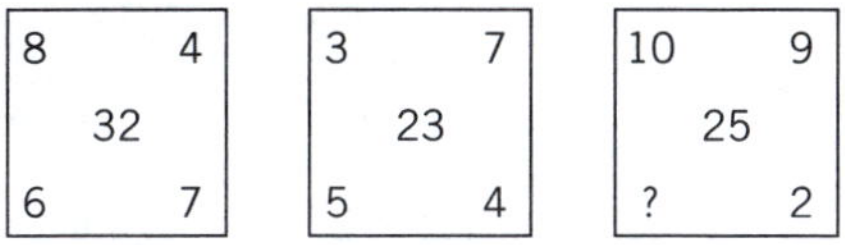

Ⓐ 4 Ⓑ 10 Ⓒ 6 Ⓓ 20 Ⓔ 5

4. Trouvez le nombre manquant.
4 - 9 - 17 - 35 - ? - 139
Ⓐ 59 Ⓑ 69 Ⓒ 71 Ⓓ 87

5. Trouvez la lettre qui manque.
D K G N ? Q M T
Ⓐ A Ⓑ I Ⓒ J Ⓓ P

6. Quel nombre manque ?

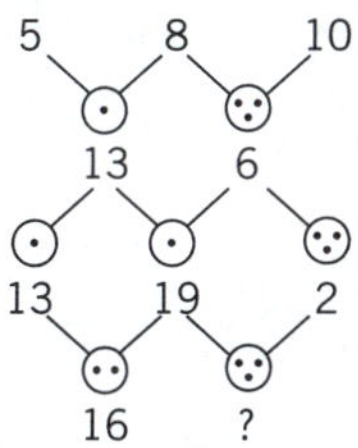

Ⓐ 9 Ⓑ8 Ⓒ 6 Ⓓ 7 Ⓔ 5

CORRIGÉS

→ Ⓐ La somme de chaque ligne est égale à 100 (50 + 50 ; 38 + 62 ; 27 + 73 ; 100).

→ Ⓑ Deux séries de lettres et de chiffres s'intercalent.
En ce qui concerne les nombres, la progression est de + 3 donc 6 + 3 donne 9. La progression est identique pour les lettres : pour obtenir la lettre demandée, il faut ajouter 3 lettres à la lettre qui la précède. Ainsi, G + 3 lettres donne J.

→ Ⓔ Pour obtenir le nombre central, soustrayez le produit des diagonales. Pour le 1er carré, $8 \times 7 = 56$ et $6 \times 4 = 24$ puis $56 - 24 = 32$. Pour le 3e carré, la différence est de 25. Le 1er produit est $2 \times 10 = 20$ donc le second produit sera de 25 + 20 soit 45 c'est-à-dire 5 fois 9 → le chiffre manquant est 5.

→ Ⓑ La progression est $\times 2 + 1$; $\times 2 - 1$; $\times 2 + 1$; $\times 2 - 1$; $\times 2 + 1$ donc $35 \times 2 = 70$ et $70 - 1 = 69$. Vérifiez avec la suite : $69 \times 2 = 138$; $138 + 1 = 139$.

→ Ⓒ La progression est de + 3 toutes les deux lettres donc G + 3 lettres donne J.

→ Ⓓ Pour découvrir le nombre sous le cercle, additionnez les deux nombres liés au cercle puis divisez par le nombre de points dans le cercle.
Par exemple, sur la 1re ligne $5 + 8 = 13$ puis $13 \div 1$ point donne 13. Donc $19 + 2 = 21$ et $21 \div 3$ points donne 7.

EXERCICES

Exercice 3.

1. Complétez la série suivante :

52	68	60	76	?
73	81	77	85	?

Ⓐ	Ⓑ	Ⓒ	Ⓓ
66	64	68	62
83	72	81	83

2. Trouvez le nombre manquant.

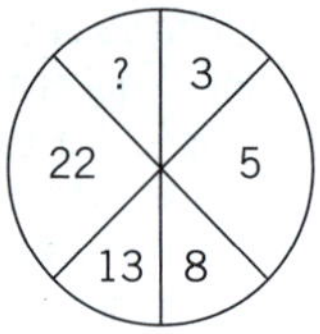

Ⓐ 1 Ⓑ 29 Ⓒ 39 Ⓓ 45

3. Quel nombre peut-on inscrire à la place du point d'interrogation ?

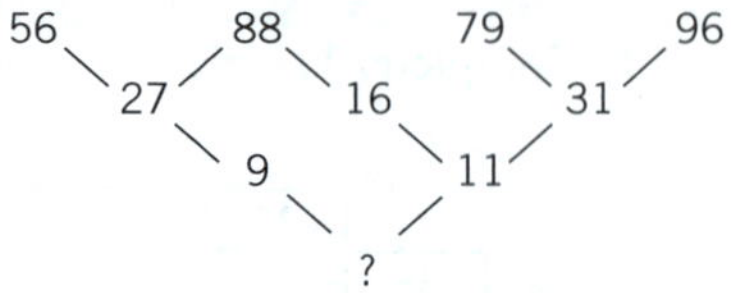

Ⓐ 18 Ⓑ 11 Ⓒ 2 Ⓓ 99 Ⓔ 9

4. Quel est le chiffre manquant ?

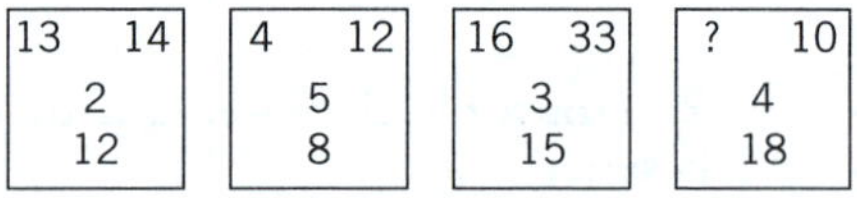

Ⓐ 6 Ⓑ 7 Ⓒ 8 Ⓓ 9 Ⓔ 10

5. Trouvez le nombre entre parenthèses.
129 (271) 413
326 (- - -) 550

CORRIGÉS

Exercice 3.

1. Ⓒ Pour la première ligne, on passe d'un chiffre à l'autre en ajoutant + 16, puis en retranchant du nombre obtenu – 8. Et ainsi de suite… 52 + 16 ; – 8 ; + 16 ; – 8 → 68
Pour la deuxième ligne, on passe d'un chiffre à l'autre en ajoutant + 8, puis en retranchant du nombre obtenu – 4. Et ainsi de suite…
73 + 8 ; – 4 ; + 8 ; – 4 → 81.

2. Ⓒ Dans cet exercice, vous pouvez considérer que vous êtes en présence d'une suite linéaire commençant à partir de 3. Ce qui vous donne : 3 – 5 – 8 – 13 – 22 – ?
Pour passer de 3 à 5, vous ajoutez 2 et pour passer de 5 à 8, vous ajoutez 3. La progression de cette suite semble être + 2, + 3, + 4, etc. Mais de 8 à 13, il faut ajouter 5 et non 4. La logique découverte ne se vérifie pas pour tous les couples de chiffres ; il vous faut donc rechercher une nouvelle loi pouvant s'appliquer à chaque couple de nombres.
De 3 à 5, vous pouvez faire × 2 – 1 c'est-à-dire 3 × 2 = 6 et 6 – 1 = 5 ; de 5 à 8, vous appliquez × 2 – 2 c'est-à-dire 5 × 2 = 10 et 10 – 2 = 8 ; de 8 à 13, vous appliquez × 2 – 3 c'est-à-dire 8 × 2 = 16 et 16 – 3 = 13 ; de 13 à 22, vous appliquez × 2 – 4 c'est-à-dire 13 × 2 = 26 et 26 – 4 = 22.
Maintenant, vous trouvez aisément la progression pour passer de 22 au nombre recherché. Il s'agit d'appliquer × 2 – 5 c'est-à-dire 22 × 2 = 44 et 44 – 5 = 39.

3. Ⓑ À chaque nombre vers lequel convergent les « flèches » correspond la somme des chiffres des nombres supérieurs auxquels il est lié. Par exemple, sur la 1re ligne, 56 et 88 donnent 27 (5 + 6 + 8 + 8) et ainsi de suite. Donc 9 et 11 donnent 11 (9 + 1 + 1).

4. Ⓑ Le nombre en haut à droite auquel on ajoute le nombre du bas que l'on divise par le nombre du centre donne le nombre en haut à gauche. Par exemple, 14 + 12 = 26 puis 26 ÷ 2 = 13. Par conséquent, vous appliquez la même méthode pour le dernier carré : 10 + 18 = 28 puis 28 ÷ 4 donne 7.

5. 438
Vous commencez par additionner les nombres hors de la parenthèse : 129 + 413 = 542. Puis vous divisez par 2 pour trouver le nombre entre parenthèses : 542 ÷ 2 = 271. Par conséquent, pour la 2e ligne : 326 + 550 = 876 et 876 ÷ 2 = 438.

Exercice 4.

1. Quelle valeur peut remplacer le point d'interrogation ?

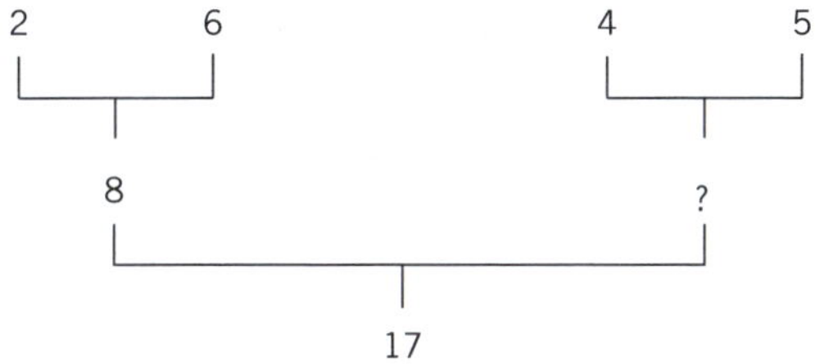

2. Retrouvez la valeur du point d'interrogation dans le dernier triangle.

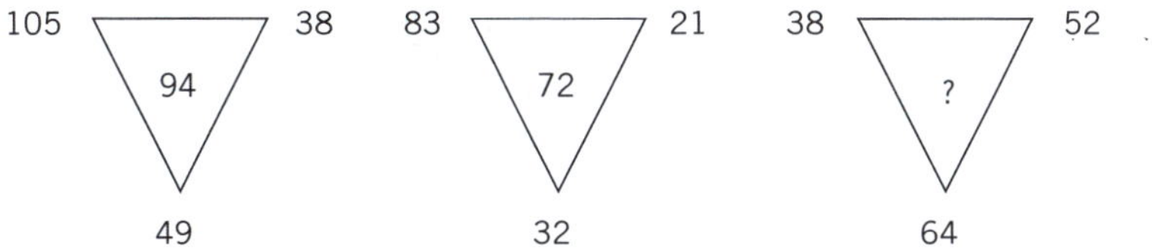

3. Quel nombre remplace le point d'interrogation ?

65 (34) 48
38 (?) 21

CORRIGÉS

Exercice 4.

1. La valeur située en dessous des deux premiers nombres correspond à la somme de ces deux nombres : 8 = 2 + 6.
Si on applique cette logique aux nombres situés à droite, la valeur qui remplace le point d'interrogation est alors 4 + 5 = 9. Il faut vérifier que cette valeur permet bien d'obtenir la valeur située en bas du dessin : 8 + 9 = 17. On retrouve la même valeur, donc cette logique est la bonne et la valeur à identifier est **9**.

2. Comme la valeur manquante est au centre du triangle, celle-ci est obtenue par combinaison des trois autres.
Sur le premier triangle, il faut former la valeur 94 à partir des nombres 105, 38 et 49. Une simple addition des nombres donne une valeur trop grande. Il faut donc faire apparaître une soustraction dans la ligne de calcul. 94 est un nombre assez grand qui ne peut pas être obtenu en soustrayant 38 et 49 au nombre le plus grand. On peut essayer d'ajouter les deux nombres du haut et de retrancher le nombre du bas ce qui donne : 105 + 38 – 49 = 94. On vérifie que cette valeur est bien au centre du triangle.
Pour le deuxième triangle, la même logique s'applique (83 + 21 – 32 = 72).
On peut travailler avec cette logique sur le dernier triangle : 38 + 52 – 64 = **26**.

3. Avec cette configuration, le nombre entre parenthèses sur la première ligne est obtenu en combinant les deux nombres de part et d'autre. Il faut retrouver l'enchaînement des opérations. Une addition des deux nombres puis une division ne donnent pas la réponse attendue. Mais si on effectue la différence des deux nombres et que l'on multiplie le résultat par deux, on obtient la bonne valeur : 65 – 48 = 17 et 17 × 2 = 34.
Il faut appliquer ces opérations à la seconde ligne : 38 – 21 = 17 et 17 × 2 = 34, ce qui donne par simple coïncidence la même valeur qu'au-dessus.

4. Retrouvez la valeur du point d'interrogation.

7	11
4	8

2	4
12	5

9	15
?	1 3

5. Quelle est la valeur du point d'interrogation dans la roue suivante ?

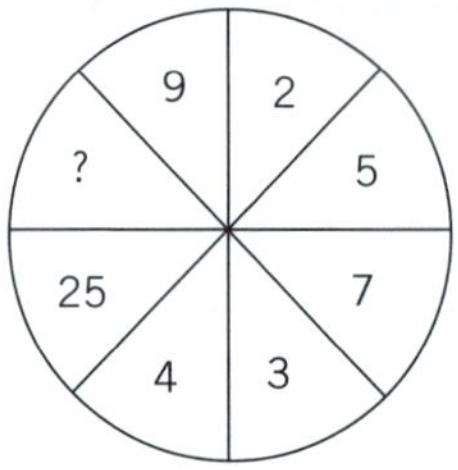

6. Retrouvez la valeur du point d'interrogation.

14	13	12
7	8	9
8	?	14

CORRIGÉS

4. Cette disposition en croix de quatre nombres peut permettre d'obtenir la valeur d'un des nombres en combinant les trois autres. Il faut dans ce cas trouver une même combinaison pour les trois croix. Cela ne semble pas être le cas ici.
La seconde possibilité est de retrouver les valeurs de la dernière croix en combinant les valeurs des deux premières. Pour la case en haut à gauche, on trouve : $7 + 2 = 9$. En additionnant les valeurs des deux premières croix, on obtient celle de la dernière. Vérifions que cette logique reste vraie pour les autres cases. Pour la case supérieure droite : $11 + 4 = 15$ et pour la case inférieure droite : $8 + 5 = 13$. La logique peut être appliquée à la dernière case : $4 + 12 =$ **16**.

5. Les nombres de cette roue ne se suivent pas et aucune progression ne peut être dégagée. Cette disposition permet également de travailler avec les deux nombres situés l'un en face de l'autre.
En partant de la valeur 2, on trouve en face 4, qui est le double de la première valeur.
Après 2, on a 5 qui a en face de lui 25. Cette dernière valeur n'est pas le double de 5 mais son carré ($5 \times 5 = 25$), comme 4 est le carré de 2 ($2 \times 2 = 4$).
En face de 3, on trouve 9 qui est bien le carré de ce nombre ($3 \times 3 = 9$). La valeur à trouver doit correspondre au carré du nombre situé en face de lui dans la roue : $7 \times 7 =$ **49**.

6. Aucune logique ne peut être trouvée en additionnant les nombres de chaque ligne ou de chaque colonne. On remarque cependant que sur les deux premières lignes, les trois valeurs se suivent dans un ordre croissant ou décroissant. Dans les deux cas, la valeur centrale est obtenue en faisant la moyenne des deux autres valeurs : $14 + 12 = 26$ et $26 \div 2 = 13$ pour la première ligne et $7 + 9 = 16$ et $16 \div 2 = 8$ pour la deuxième ligne. La moyenne de 8 et 14 pour la dernière ligne s'obtient de la manière suivante : $8 + 14 = 22$ et $22 \div 2 =$ **11**.

7. Retrouvez la valeur manquante dans l'ovale ci-dessous.

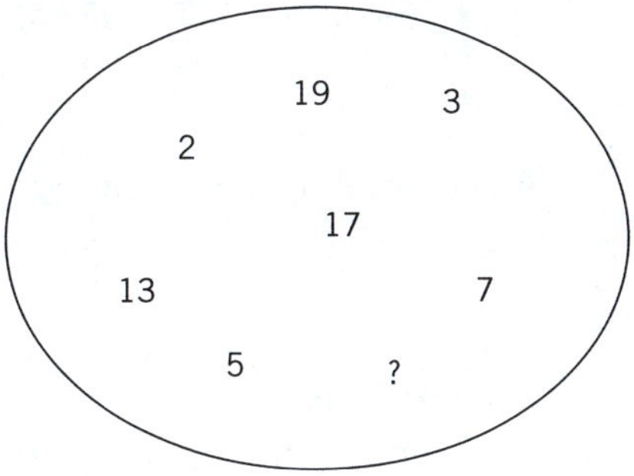

8. Retrouvez la valeur manquante dans le quadrillage.

7	35	5
21	?	15
3	9	3

9. Quel nombre remplace le point d'interrogation ?

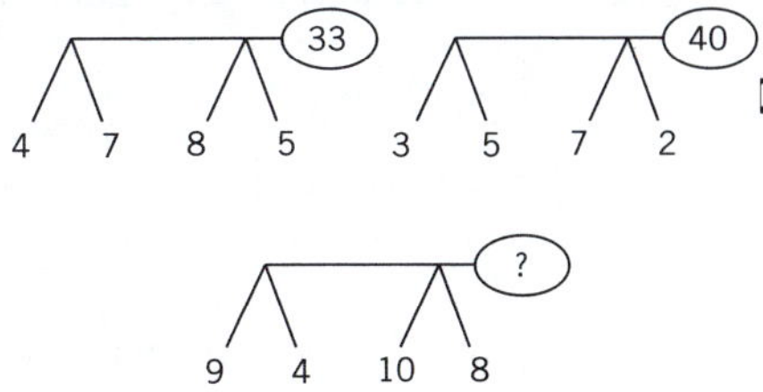

CORRIGÉS

7. Commencez par observer ces nombres. Un seul est pair, tous les autres sont impairs mais tous les nombres impairs inférieurs à 20 ne sont pas présents. Il faut penser à la liste des nombres premiers, c'est-à-dire des nombres qui ne sont divisibles que par 1 et eux-mêmes, ces deux nombres étant différents l'un de l'autre. Cette règle exclut 1 de la liste car les deux diviseurs de 1 sont identiques et tous les nombres pairs supérieurs à 2 car ils sont tous multiples de 2. Établissons la liste des nombres premiers inférieurs à 20 et comparons cette liste avec les nombres inscrits dans l'ovale : 2, 3, 5, 7, 11, 13, 17, 19. On remarque que le nombre **11**, présent dans la liste, ne figure pas dans le dessin ; c'est donc ce nombre qui manque dans l'ovale.

8. Sur la première ligne, une bonne connaissance des tables de multiplication permet de reconnaître 35 comme étant le produit de 7 et de 5. De la même manière, $9 = 3 \times 3$ et verticalement $21 = 7 \times 3$ et $15 = 3 \times 5$.
La valeur qui remplace le point d'interrogation doit être à la fois le produit de 35 par 9 et celui de 21 par 15 : $35 \times 9 = 315 = 21 \times 15$.

9. La valeur de la tête doit être obtenue en combinant les nombres des pattes de l'animal. L'addition des quatre valeurs ne suffit pas à obtenir la valeur de la tête et si on multiplie tous les nombres, on obtient une valeur beaucoup trop grande. On peut travailler avec les deux pattes de derrière et additionner les deux valeurs ; on obtient : $4 + 7 = 11$. En procédant de la même manière pour les pattes de devant, on obtient $8 + 5 = 13$. Si on multiplie 11 par 13, le nombre obtenu est trop grand. Il faut penser à soustraire les valeurs de deux pattes. On peut faire par exemple : $8 - 5 = 3$ pour les pattes de devant. Si on multiplie cette valeur par celle obtenue en additionnant les pattes de derrière, on a : $11 \times 3 = 33$; cette valeur correspond à celle inscrite sur la tête de l'animal. On vérifie que la logique s'applique au deuxième dessin : $3 + 5 = 8$ et $7 - 2 = 5$ donc $8 \times 5 = 40$. On peut maintenant trouver la valeur du point d'interrogation : $9 + 4 = 13$ et $10 - 8 = 2$ donc $13 \times 2 =$ **26**.

Exercice 5.

1. Retrouvez le chiffre qui manque.

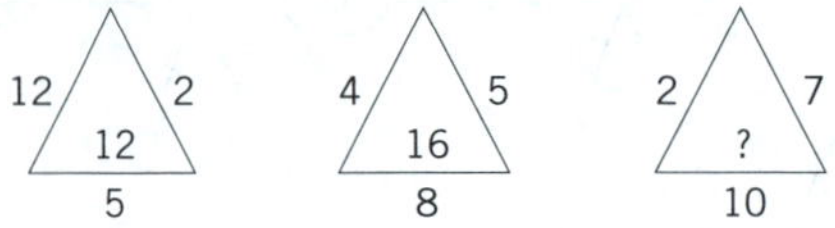

2. Trouvez la bonne réponse.

3	12	24	33
36	42	?	?
15	45	6	27
21	9	48	39

Ⓐ	0	51
Ⓑ	18	30
Ⓒ	39	45
Ⓓ	18	10

3. Quel couple complète cette série ?
(8, 12) – (16, 24) – (28, 42) – (?, ?)

Ⓐ (46,40) Ⓑ (45,65)
Ⓒ (48,62) Ⓓ (46,69)
Ⓔ (46,70)

4. Trouvez le nombre entre parenthèses.

326 (20) 432
427 (?) 113

5. Quel nombre remplace le point d'interrogation ?

14	24	26
16	28	20
34	12	?

Ⓐ 26 Ⓑ 24
Ⓒ 20 Ⓓ 18
Ⓔ 16

CORRIGÉS

Exercice 5.

1. 14. Vous multipliez tous les chiffres à l'extérieur du triangle puis vous divisez par 10 pour trouver le nombre de l'intérieur : $12 \times 2 \times 5 = 120$ et $120 \div 10 = 12$; $4 \times 5 \times 8 = 160$ et $160 \div 10 = 16$; donc $2 \times 7 \times 10 = 140$ et $140 \div 10 = 14$.

2. Ⓑ Dans ce quadrillage, tous les nombres sont des multiples de 3 en commençant par 3 jusqu'à 48 : il manque seulement 18 et 30.

3. Ⓒ Dans chaque couple, le second terme est le produit du premier par 1,5. Le premier terme du couple suivant est la somme du nombre précédent et de 4. Le second terme du premier couple est : $8 \times 1{,}5 = 12$. Le premier terme du second couple est $12 + 4 = 16$ et le second terme de ce même couple est $16 \times 1{,}5 = 24$. Le premier terme du troisième couple est $24 + 4 = 28$ et le second terme de ce même couple est $28 \times 1{,}5 = 42$. Le dernier couple est donc : 46 (42 + 4) et 69 ($46 \times 1{,}5$).

4. 18. Pour trouver le nombre entre parenthèses, vous devez additionner tous les chiffres composant les deux nombres hors parenthèses : $3 + 2 + 6 + 4 + 3 + 2 = 20$. Pour la 2e ligne : $4 + 2 + 7 + 1 + 1 + 3 = 18$.

5. Ⓓ La somme de chaque ligne est égale à 64. Donc $64 - 34 - 12 = 18$.

18 LES TESTS DE LOGIQUE SPATIALE

Ces tests permettent de mesurer votre aptitude à vous représenter une figure dans le plan (en deux dimensions) ou dans l'espace (en trois dimensions) et à imaginer ses déplacements. Pour répondre aux questions posées, vous devez « visualiser » mentalement les mouvements de la figure.

1. Les superpositions

Exemple Découvrez la figure à éliminer.

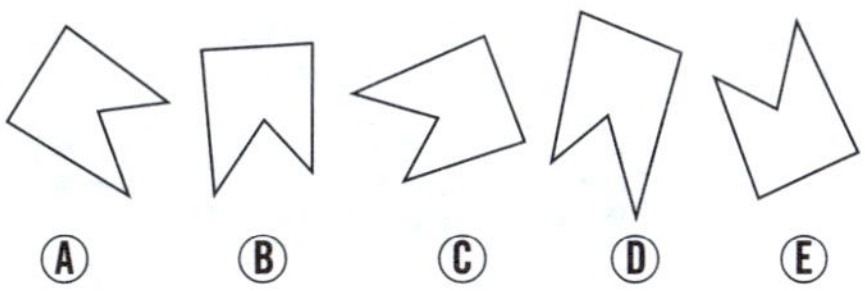

Méthode : Faites « pivoter » mentalement toutes les figures sauf une qui sera prise comme référence.

Dans cet exemple, choisissez la figure A comme référence et faites tourner la figure B dans le sens inverse des aiguilles d'une montre. Vous « voyez » que la figure B se superpose exactement sur la figure A : elle n'est donc pas à éliminer. Si la figure C pivote dans le sens des aiguilles d'une montre, elle se superpose aussi intégralement sur la figure A. Il en est de même pour la figure E qui pivote dans le sens des aiguilles d'une montre pour se superposer sur la figure A. En revanche, la figure D, ayant été tournée dans le sens inverse des aiguilles d'une montre, est la symétrie dans un miroir de la figure A, et cette figure est à éliminer car elle n'est pas superposable aux quatre autres figures. La solution est la figure D.

→ Pour des figures plus complexes, essayez de trouver une forme spécifique et bien identifiable sur la figure afin de repérer plus facilement si la figure étudiée se superpose ou non à la figure de référence.

2. Les symétries

Exemple La figure ci-dessous a été retournée recto verso puis elle a pivoté. Quelle figure en est le résultat ?

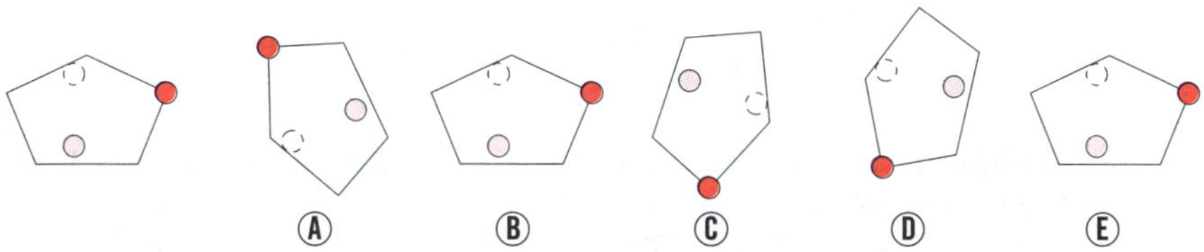

Le recto-verso d'une figure correspond à sa symétrie dans un miroir (faites l'expérience en regardant cette figure par transparence au travers d'une feuille de papier) : la première étape sera de construire cette symétrie.

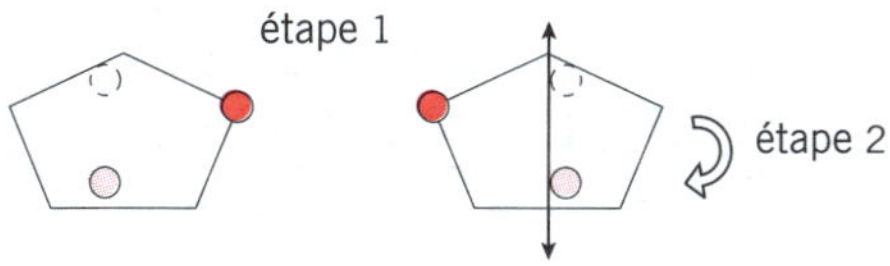

Puis, dans une deuxième étape, en faisant pivoter la figure obtenue après symétrie d'un quart de tour dans le sens des aiguilles d'une montre, vous obtenez la figure D.

3. Les pliages

Pour ce type de tests, il est formellement interdit de faire des découpages suivis de pliages : tout doit être fait mentalement.

Exemple Quelle figure dépliée, après avoir été pliée comme ci-dessous et qu'un trou y a été percé, correspond à la figure de départ ?

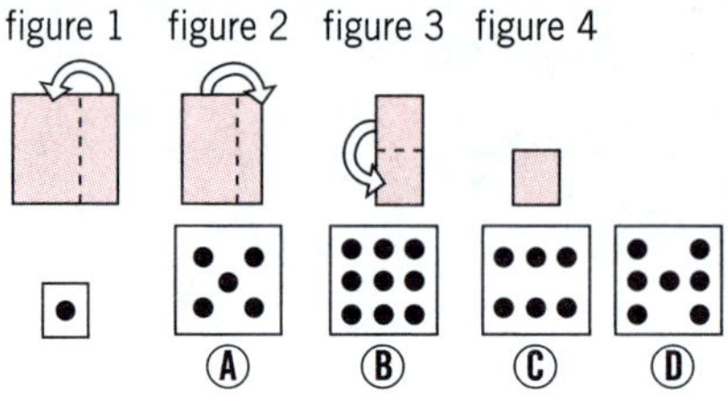

Imaginez qu'une feuille carrée a été pliée selon le schéma ci-dessus. Une fois la feuille pliée, vous devez supposer qu'un trou a été percé.

Méthode : Pour résoudre cet exercice, prenez la figure de départ et dépliez-la en suivant les étapes inverses du pliage.

Commencez par faire le schéma du dépliage afin d'avoir une figure carrée comme les réponses proposées.

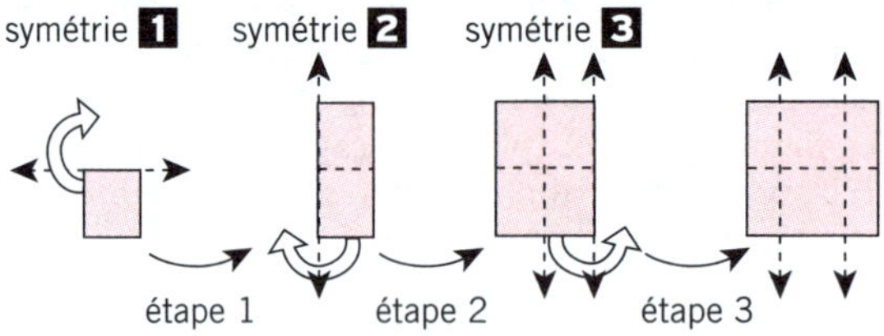

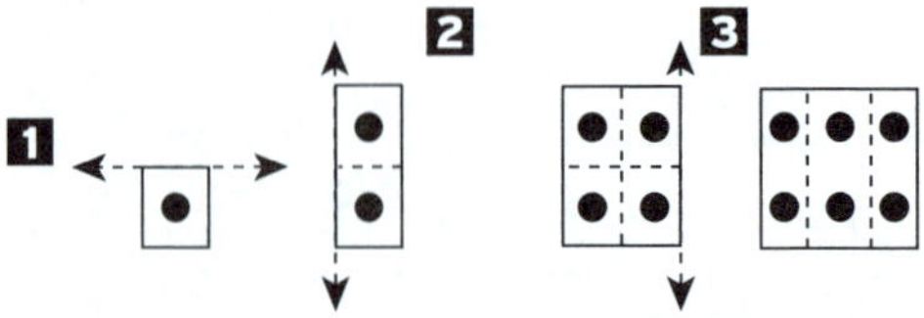

L'étape 1 correspond à l'axe de symétrie n° 1 et l'étape 2 correspond à l'axe de symétrie n° 2. La solution est donc la figure Ⓒ.

Exemple Lequel des cubes correspond à la composition volumétrique dépliée ?

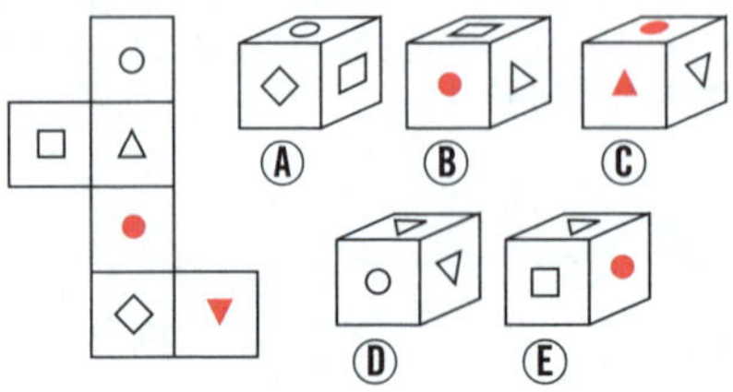

La solution est le cube Ⓐ.

EXERCICES

Exercice 1.

1. Trouvez la figure à éliminer.

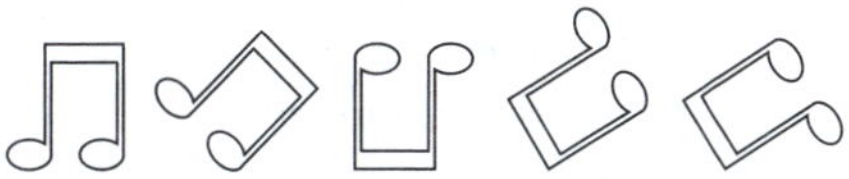

Ⓐ Ⓑ Ⓒ Ⓓ Ⓔ

2. Trouvez la figure à éliminer de la série suivante.

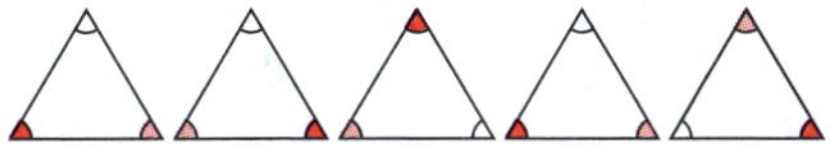

Ⓐ Ⓑ Ⓒ Ⓓ Ⓔ

3. Trouvez la figure à éliminer :

Ⓐ Ⓑ Ⓒ Ⓓ Ⓔ

4. Laquelle des six figures numérotées est un intrus ?

Ⓐ Ⓑ Ⓒ Ⓓ Ⓔ

5. Imaginez qu'une feuille carrée a été pliée selon le schéma ci-dessous. Une fois la feuille pliée, vous devez supposer qu'un trou a été percé. Quelle figure ressemble à la feuille dépliée ?

figure 1 figure 2 figure 3

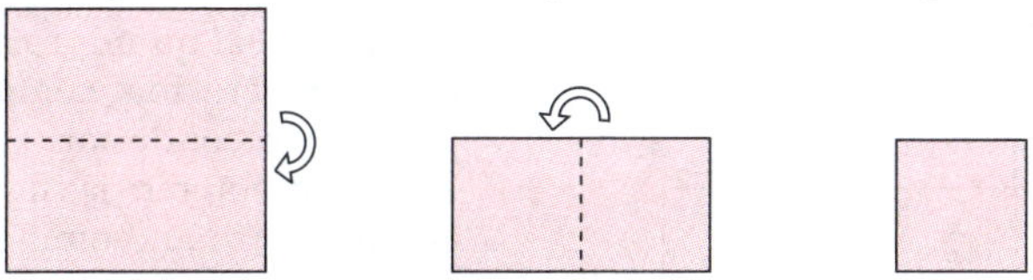

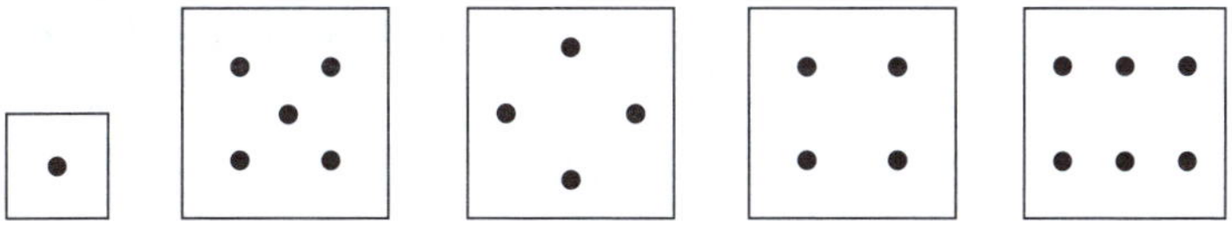

Ⓐ Ⓑ Ⓒ Ⓓ

CORRIGÉS

Exercice 1.

1. Ⓓ

2. Ⓑ Les figures Ⓐ, Ⓒ, Ⓓ et Ⓔ sont identiques : elles ont seulement pivoté. Seule la figure Ⓑ est différente.

3. Ⓔ Toutes les figures se superposent sauf la figure Ⓔ qui est l'inverse (symétrique dans un miroir).

4. Ⓑ Les figures Ⓐ et Ⓒ sont symétriques, de même pour Ⓓ et Ⓔ. En revanche, la figure Ⓑ est identique à la Ⓓ.

5. Ⓒ Méthode : Prenez la figure de départ et dépliez-la en suivant les étapes inverses du pliage. Schéma du dépliage :

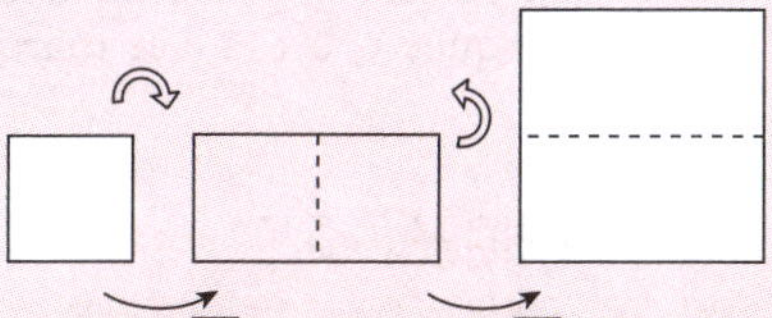

étape **1** étape **2**

Application à la figure :

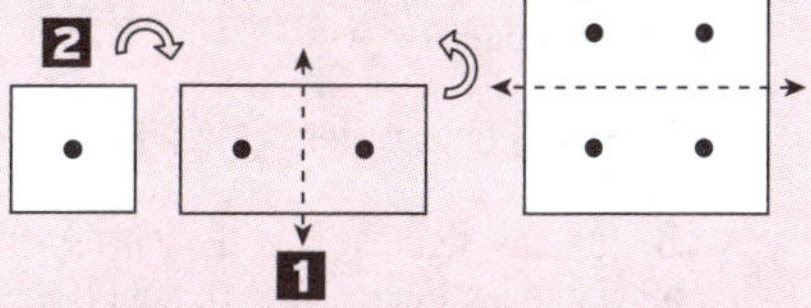

L'étape **1** correspond à l'axe de symétrie n° **1** et l'étape **2** correspond à l'axe de symétrie n° **2** ; ce qui vous donne la figure Ⓒ.

Remarque : cet exercice paraît complexe mais, en fait, il est assez simple car il suffit seulement de reporter les points par symétrie à chaque étape.

Exercice 2.

1. Deux de ces dessins ne forment pas une paire. Lesquels ?

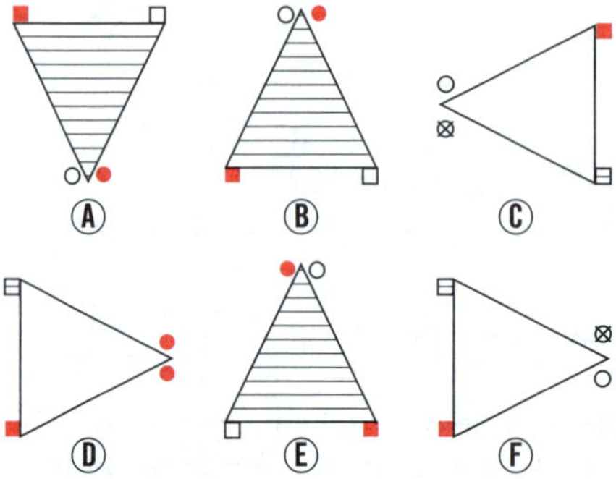

2. À l'aide du patron ci-dessous, on reconstitue le cube.

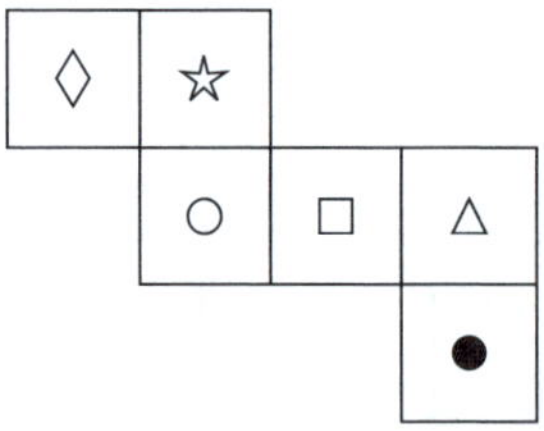

Quelle est (quelles sont) la (ou les) proposition(s) vraie(s) ?

Ⓐ La face opposée de la face marquée ◊ est la face marquée ○
Ⓑ La face opposée de la face marquée ☆ est la face marquée ●
Ⓒ La face opposée de la face marquée △ est la face marquée ☆
Ⓓ La face opposée de la face marquée ● est la face marquée ○
Ⓔ La face opposée de la face marquée □ est la face marquée ◊

3. Retrouvez l'intrus.

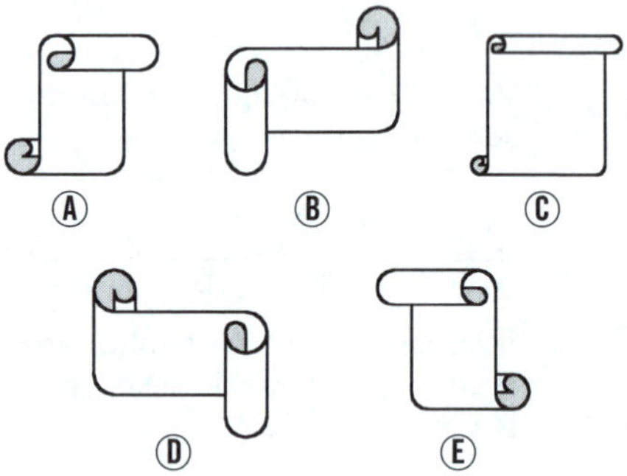

4. Supposez qu'un carré ait été plié une première fois comme la figure 1, puis une seconde fois comme la figure 2 afin d'obtenir la figure 3. Puis il aurait été troué, comme vous le voyez sur les dessins de gauche. À quel carré déplié correspond le triangle ?

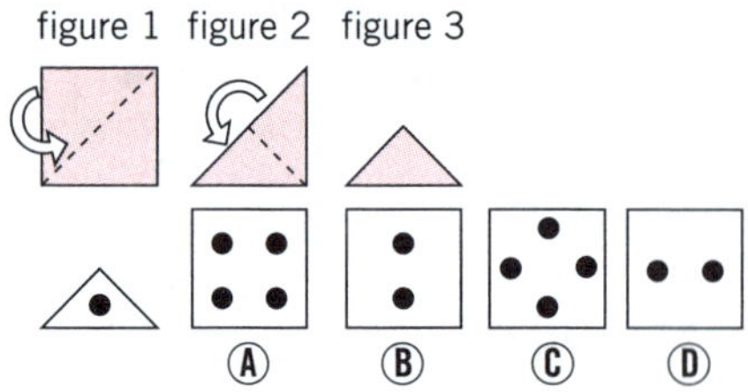

CORRIGÉS

Exercice 2.

1. Ⓑ et Ⓓ
Les figures Ⓐ et Ⓔ sont identiques ; Ⓒ et Ⓕ sont identiques.

2. Propositions vraies : Ⓑ et Ⓔ.

3. Ⓒ Les figures A et E sont symétriques ainsi que les figures B et D. Seul C reste sans symétrique.

4. Ⓒ Pour ce genre de test, il est formellement interdit de faire des découpages suivis de pliages : tout doit être fait mentalement.

Schéma du dépliage :

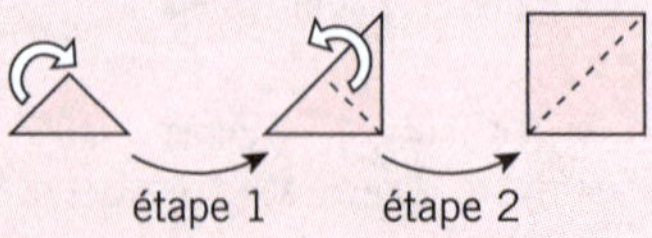

Application à la figure :

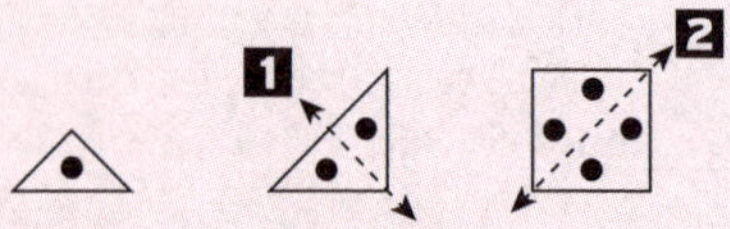

La première étape se fait selon la symétrie **1** et la deuxième étape selon la symétrie **2**. Vous trouverez la figure Ⓒ.

Exercice 3.

Supposez qu'un carré de papier ait été plié une première fois comme sur la figure 1, puis encore une fois comme sur la figure 2. Puis il aurait été troué, comme vous le voyez sur les dessins de gauche.

À quel carré déplié correspond chaque triangle troué ?

fig. 1 fig. 2

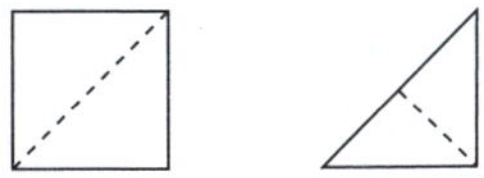

1.

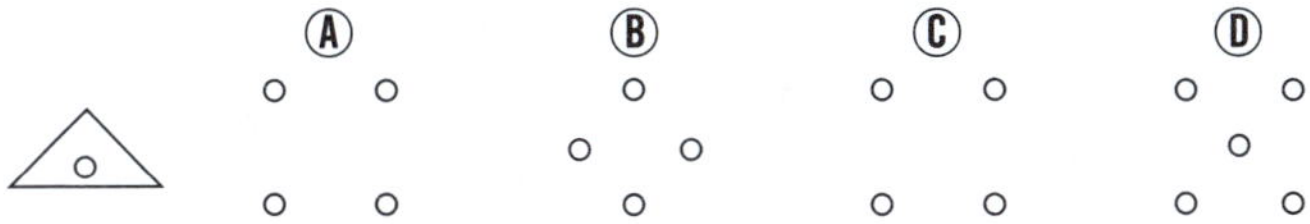

2.

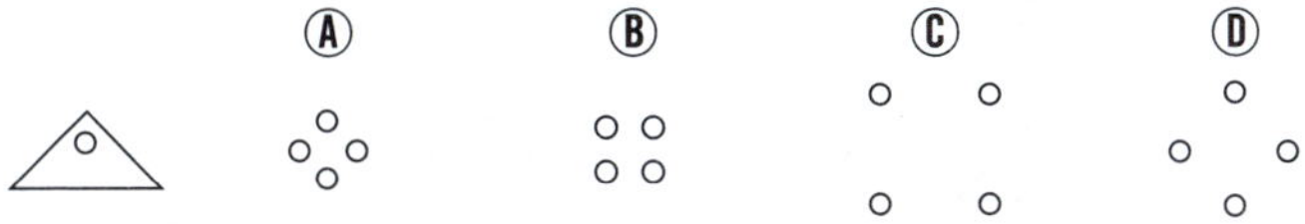

CORRIGÉS

Exercice 3.

La méthode la plus simple pour résoudre les questions de cette partie est de prendre le triangle de départ et de le déplier en suivant les étapes inverses du pliage.

Schéma du premier dépliage :

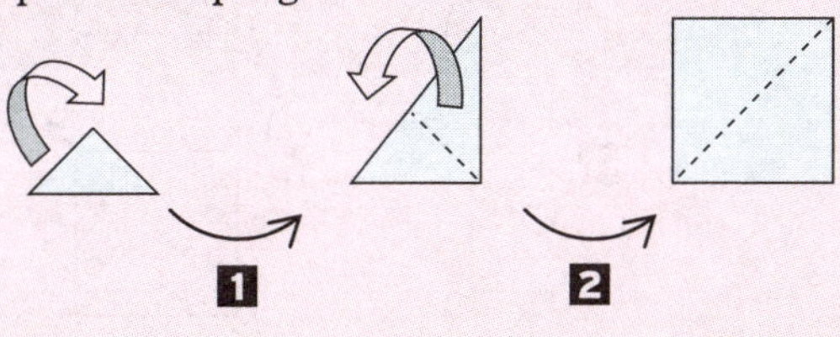

1. Ⓑ

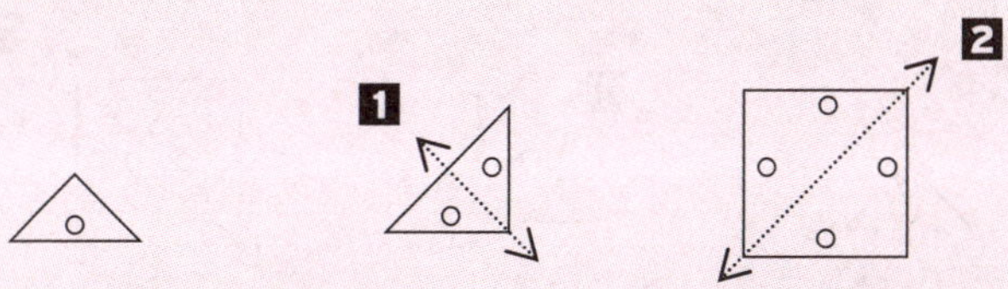

2. Ⓐ

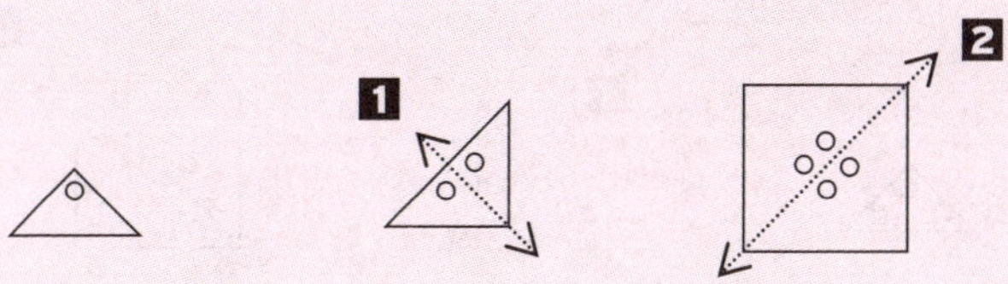

3.

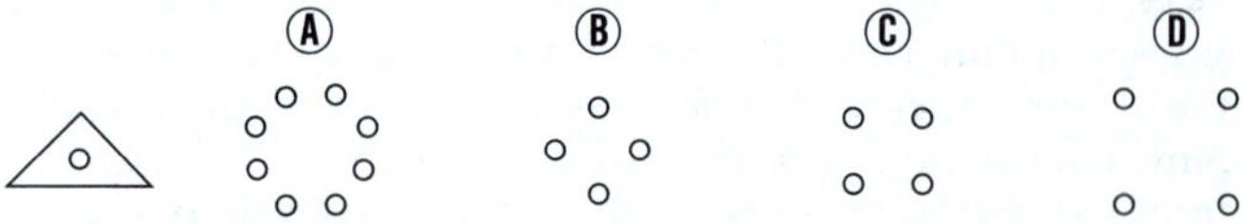

4.

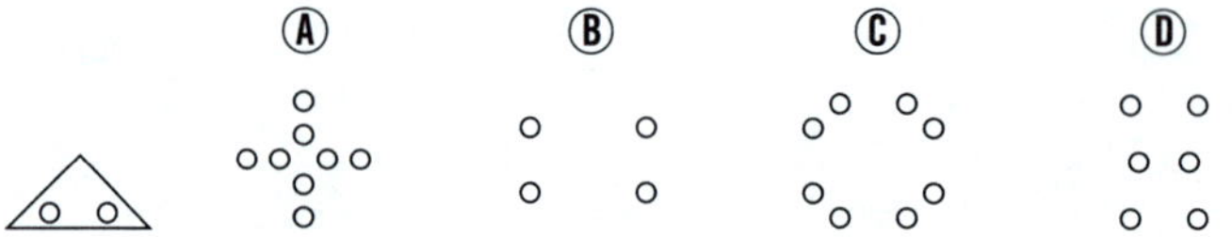

5.

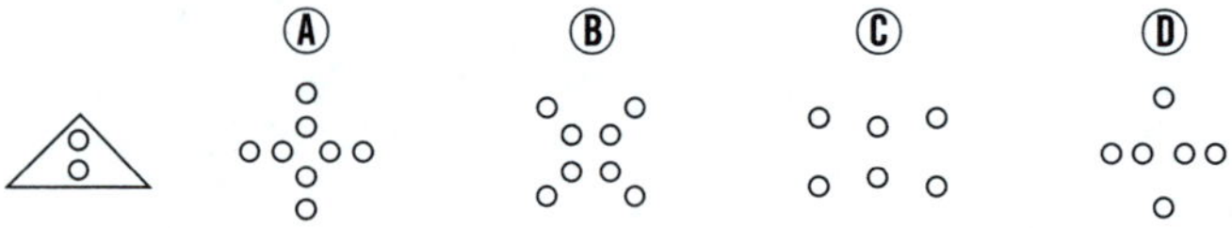

6.

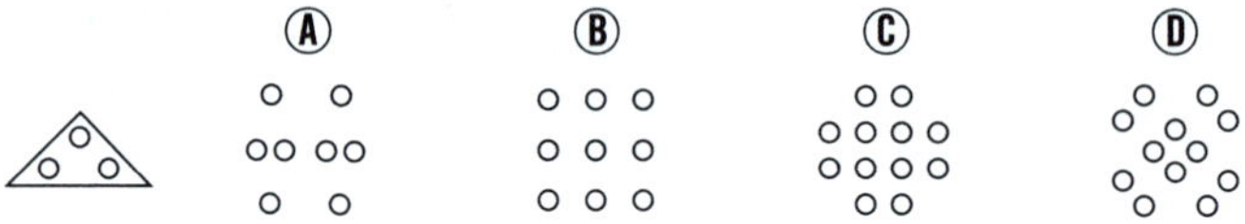

CORRIGÉS

3. Ⓑ

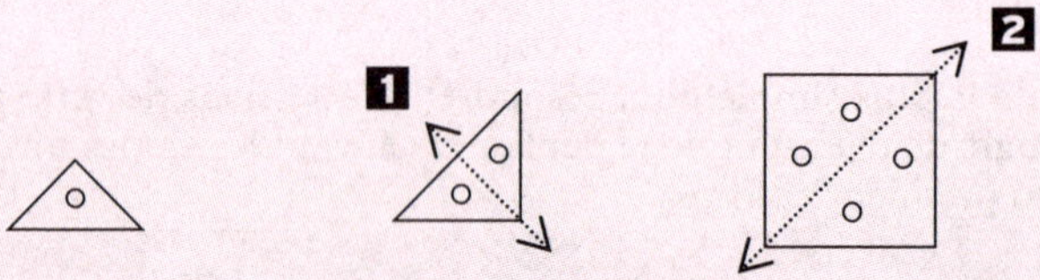

4. Ⓒ

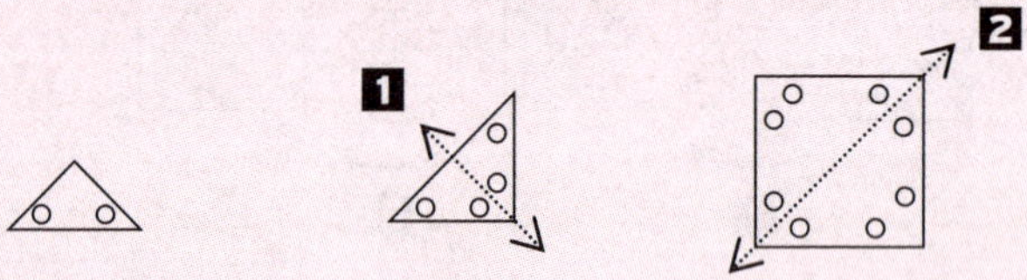

5. Ⓐ

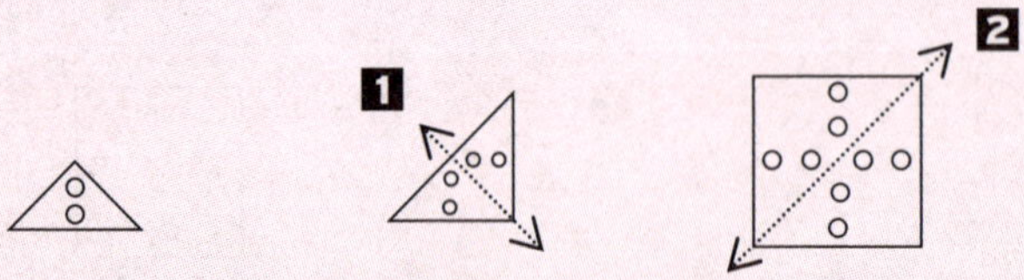

6. Ⓓ

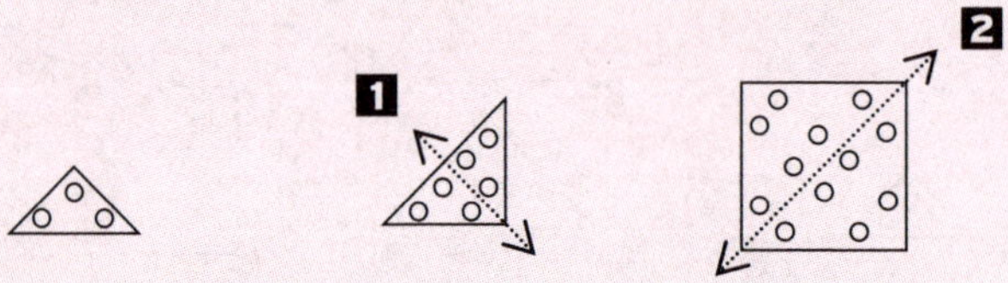

7.

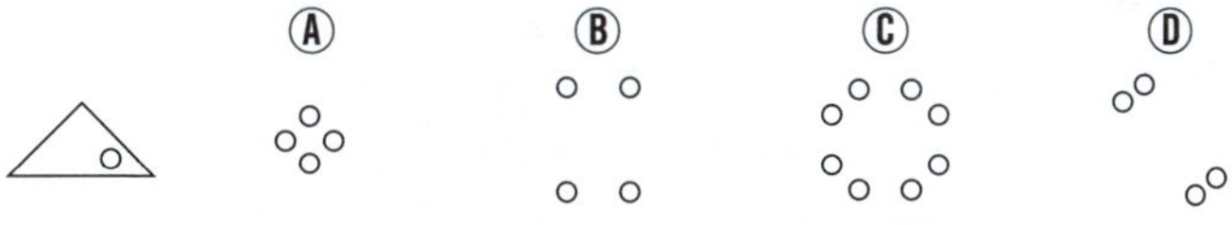

8.

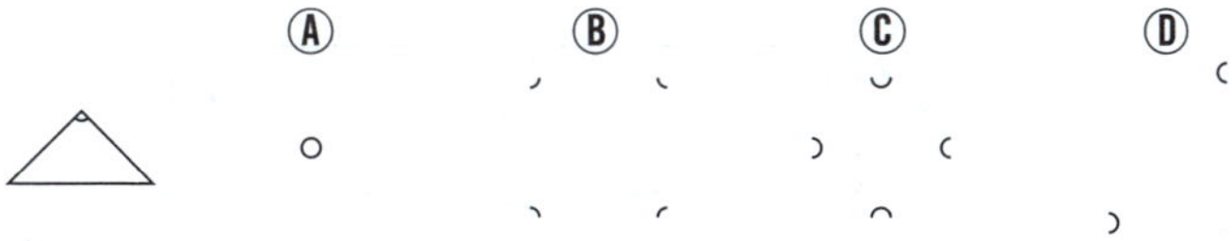

9.

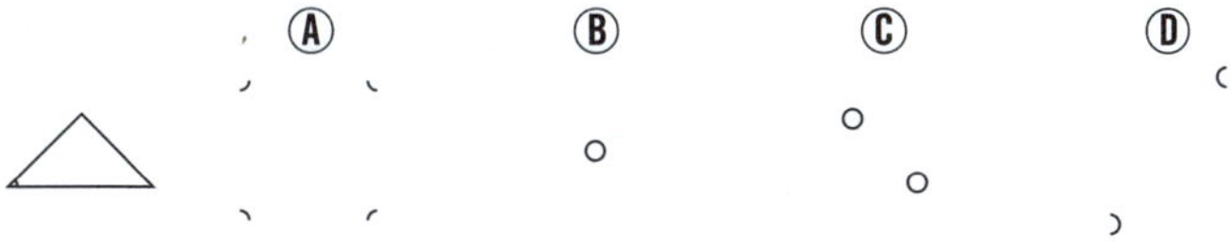

CORRIGÉS

7. Ⓓ

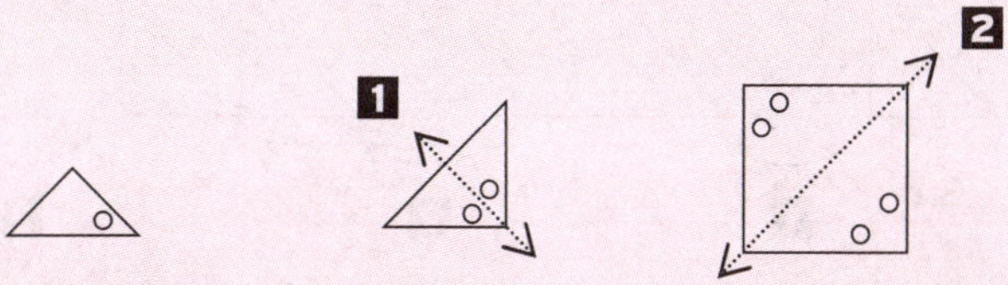

8. Ⓒ

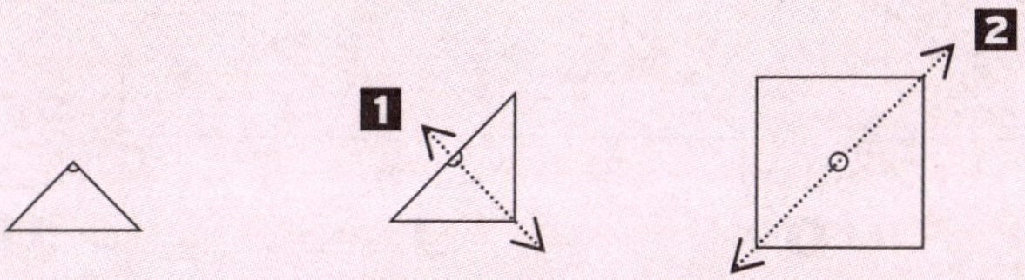

9. Ⓓ

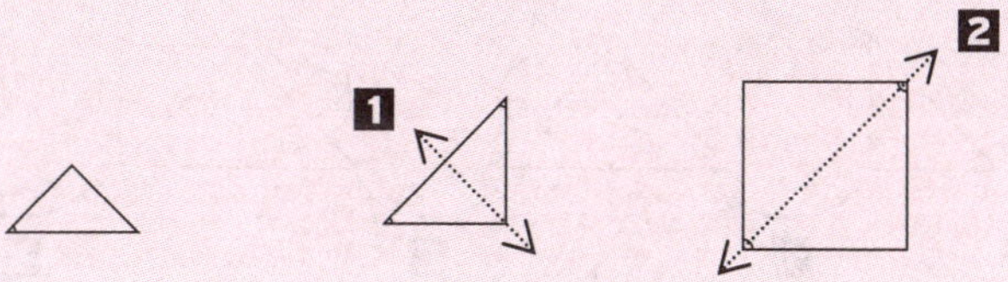

fig. 1 fig. 2

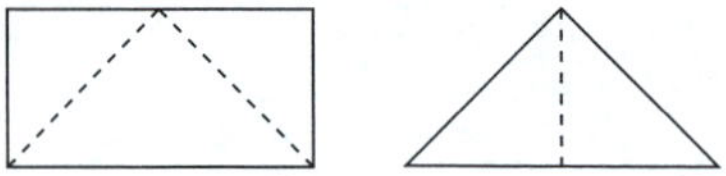

10.

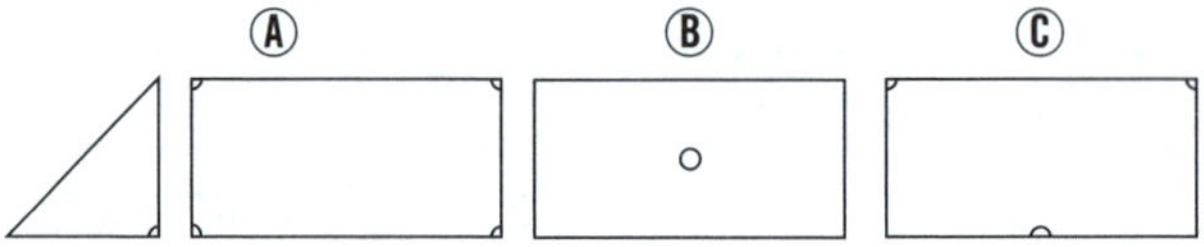

11.

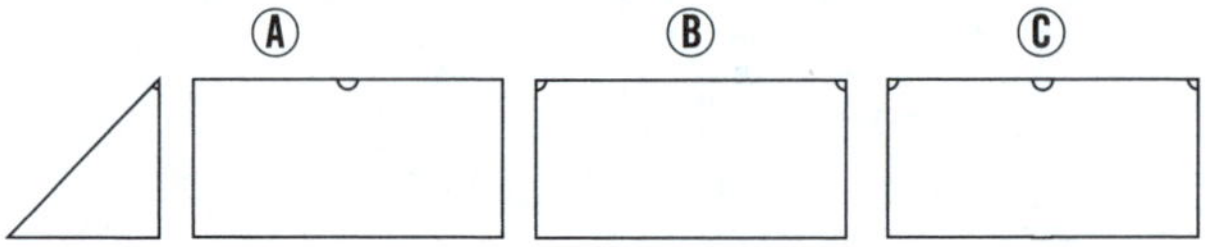

12.

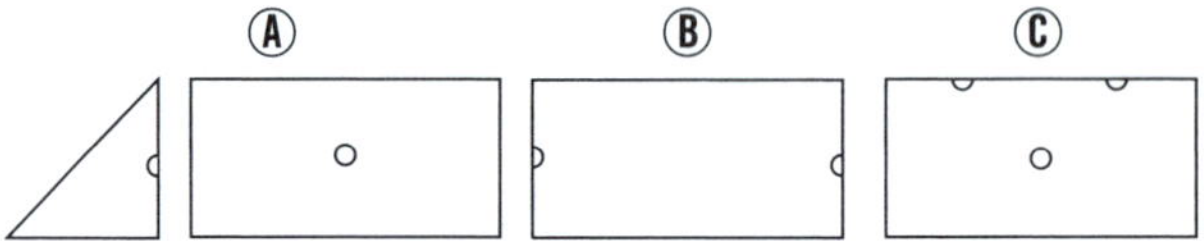

CORRIGÉS

Schéma du second dépliage :

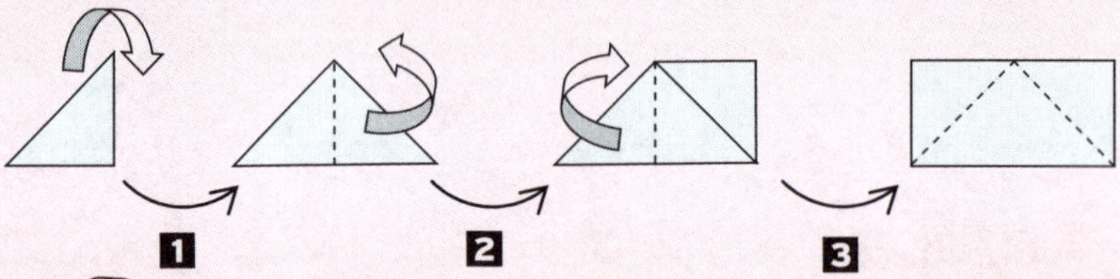

10. Ⓒ

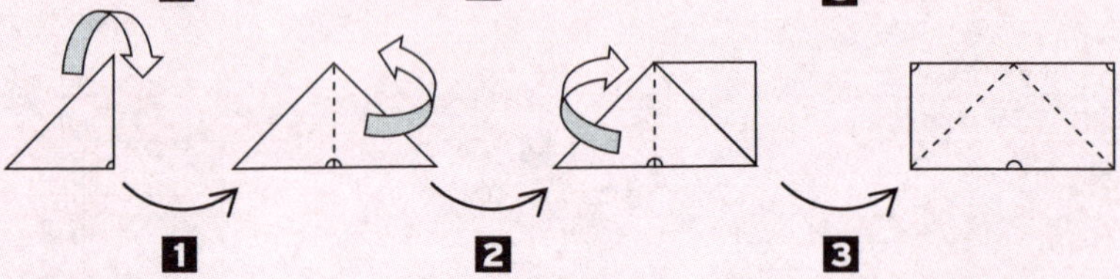

11. Ⓐ

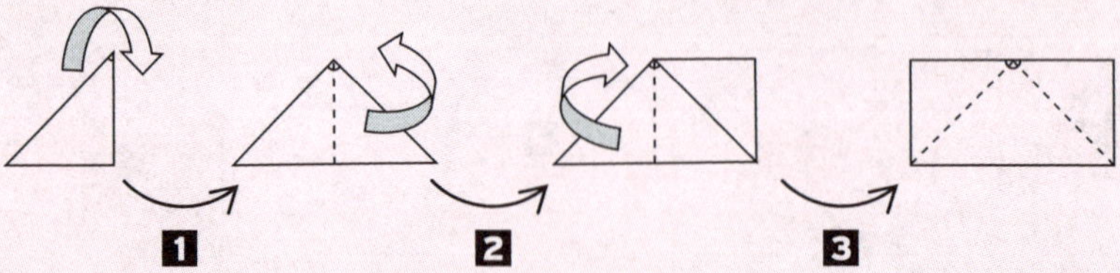

12. Ⓒ

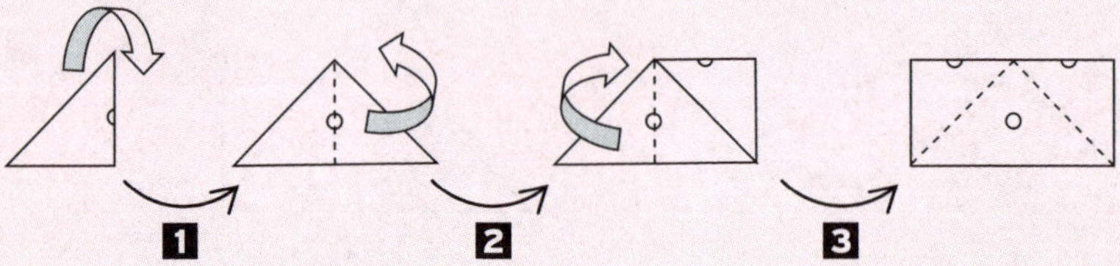

Exercice 4.

> Pour chacun des exercices, la figure modèle représente le développement d'un dé avec une face cachée. Quelle figure Ⓐ, Ⓑ ou Ⓒ représente le même dé ?

1.

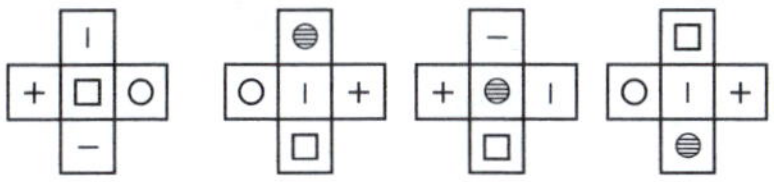

Modèle Ⓐ Ⓑ Ⓒ

2.

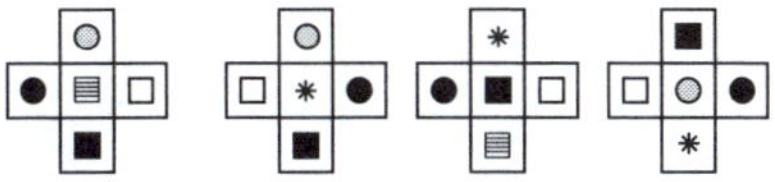

Modèle Ⓐ Ⓑ Ⓒ

3.

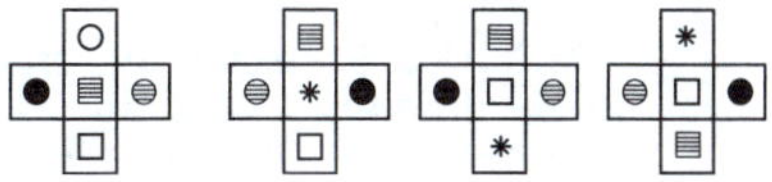

Modèle Ⓐ Ⓑ Ⓒ

4.

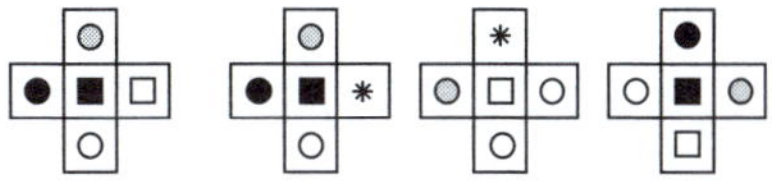

Modèle Ⓐ Ⓑ Ⓒ

5.

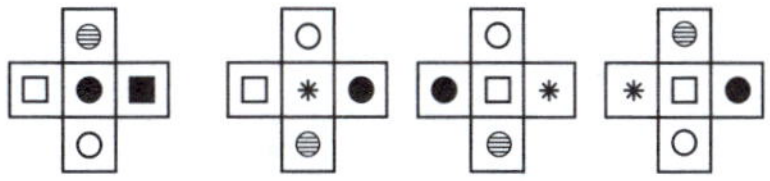

Modèle Ⓐ Ⓑ Ⓒ

CORRIGÉS

Exercice 4.

1. Ⓒ **2.** Ⓐ **3.** Ⓑ **4.** Ⓒ **5.** Ⓑ.

Il existe plusieurs façons de déplier chaque dé. Repliez mentalement les dés dépliés en choisissant toujours une face de référence.

Pour la question **1.** par exemple, choisissez la face avec le carré blanc en référence.
Le trait vertical ou le trait horizontal sont forcément au-dessus ou en dessous du carré blanc, vous pouvez éliminer Ⓑ.

Lorsque le trait vertical est au-dessus du carré blanc, le rond blanc est à droite et le carré à gauche. Vous pouvez donc éliminer Ⓐ.
Reste alors la figure Ⓒ.

Pour la question **2.** si vous prenez le carré rayé en référence, le rond grisé ou le carré noir sont au-dessus ou en dessous. Le rond grisé ne peut se trouver à côté du carré noir, vous pouvez éliminer Ⓒ.

Lorsque le carré noir est au-dessus du carré rayé, le rond doit être à gauche et le carré blanc à droite, vous pouvez éliminer Ⓑ.
Reste la figure Ⓐ, le dé est complètement retourné, la face cachée prenant la position du carré rayé.

Exercice 5.

> Parmi les 5 dessins de chaque série, un se différencie des autres. Quel est l'intrus : Ⓐ, Ⓑ, Ⓒ, Ⓓ ou Ⓔ ?

1.
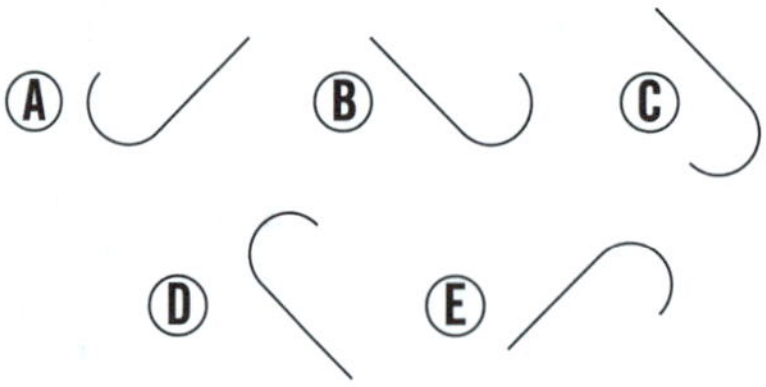

2.
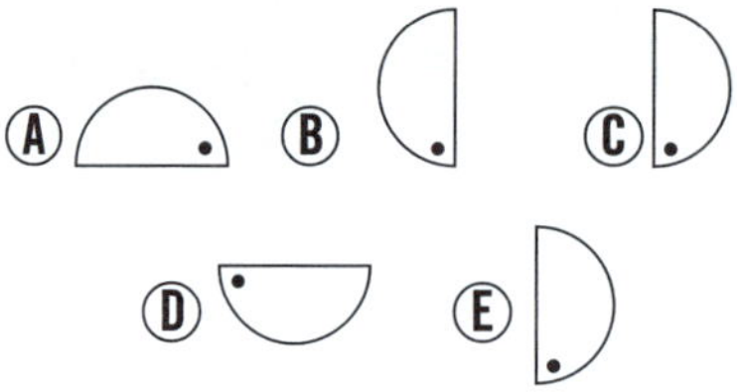

3.
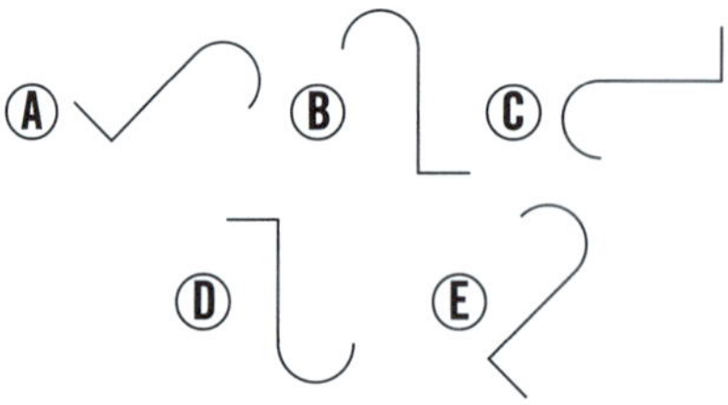

4.
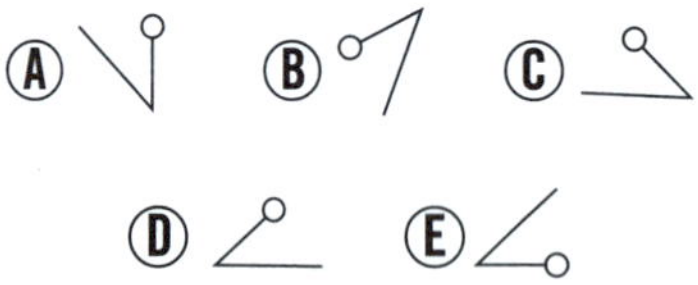

5.
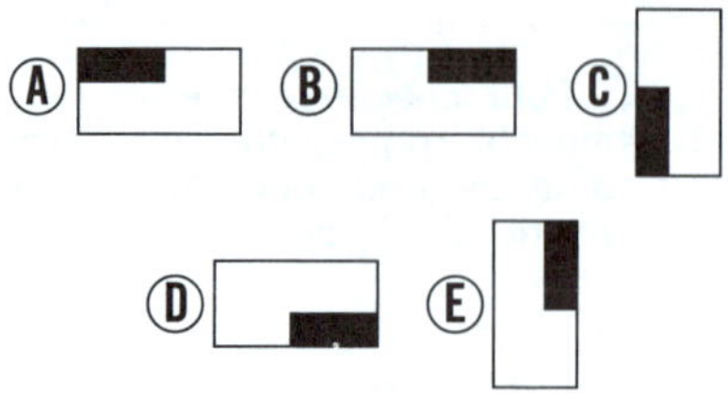

6.
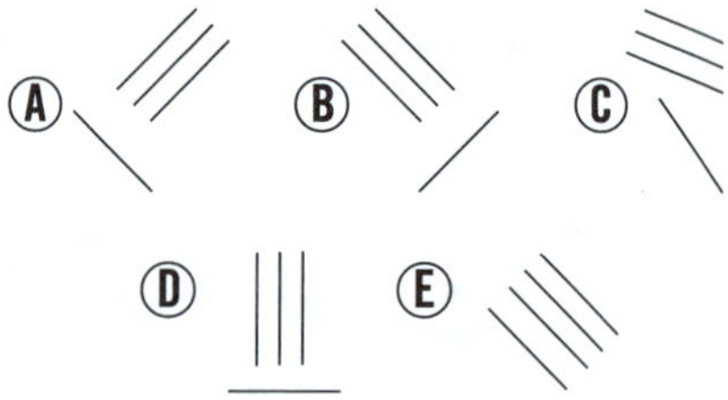

7.
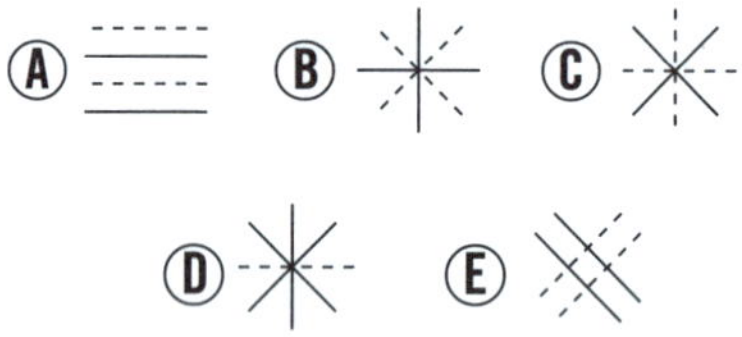

8.
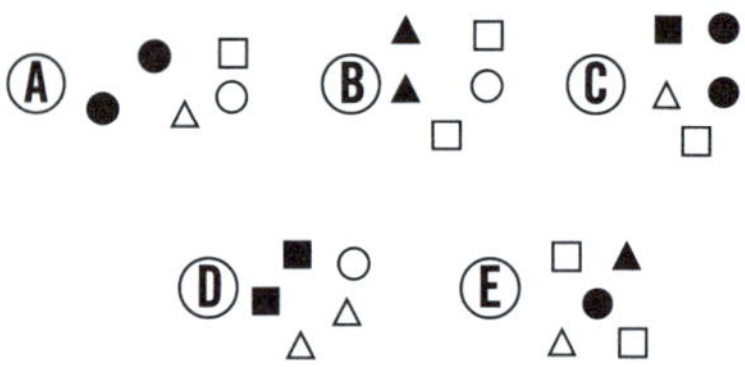

CORRIGÉS

Exercice 5.

1. Ⓑ  retourné.

2. Ⓑ

3. Ⓐ

4. Ⓓ

5. Ⓑ

6. Ⓔ Quatre barres dans le même sens.

7. Ⓓ Une seule barre en pointillé.

8. Ⓒ Trois figures noires.

Les tests de logique verbale 19

La pratique de la logique à partir de mots de la langue française est très fréquente dans les tests de type QI. Ces épreuves sont différentes des tests d'acquisition verbale, qui apprécient vos connaissances en vocabulaire, orthographe ou grammaire : elles font plus appel à votre logique qu'à vos connaissances linguistiques.

Exemple Inscrivez le mot qui manque dans la parenthèse.

SOMMET (dent) INCISIVE

BRUIT (...) SIEN

Il s'agit de trouver un mot qui est à la fois synonyme de « bruit » et de « sien » comme « dent » est synonyme de « sommet » d'une montagne et a le même sens que « incisive ». Le mot à découvrir comporte trois lettres puisque trois points, correspondant au nombre de lettres, sont placés dans la parenthèse. Ce mot est « son ».

Faites attention à l'écriture en minuscules car le synonyme de la première ligne n'était pas écrit en majuscules. Il faut respecter cette demande car le correcteur peut effectivement ne pas vous octroyer le point si ce mot manquant est juste mais écrit en capitales.

Exemple Trouvez le mot qui termine le premier et commence le second.

AC (....) US

Le mot à trouver comporte quatre lettres et doit être écrit en majuscules.

Ici, comme dans la majorité des exercices, il faut trouver un mot, c'est-à-dire une ou plusieurs syllabes qui possèdent un sens. Si vous découvrez un groupe de lettres pouvant correspondre mais sans signification, vous ne détenez pas la réponse exacte.

Dans cet exemple, le mot à trouver est CROC (écrit en capitales) car vous pouvez former ACCROC (déchirure) et CROCUS (petite fleur d'hiver).

Exemple Quel est l'intrus ?

Jupiter – Mars – Mercure – Neptune – Apollon

L'intrus est Apollon car c'est le seul dieu qui n'ait pas donné son nom à une planète.

Exemple Soulignez celle de ces villes qui ne se trouve pas en Europe.

ESHANTE – FELNORCE – NOLBISNE – AGONSSELLE – CARENOBLE

Ce test comporte deux exercices en un. Dans un premier temps, vous identifiez les cinq villes puis, dans un second temps, vous trouvez celle qui n'est pas en Europe.

Vous découvrez respectivement les villes d'ATHÈNES, FLORENCE, LISBONNE, LOS ANGELES et BARCELONE.

L'intrus est donc LOS ANGELES, en 4e position : c'est une ville d'Amérique (plus particulièrement des États-Unis) et non une ville d'Europe comme les quatre autres.

Écrivez le mot correct et non les lettres dans le désordre car sinon la réponse sera comptée fausse.

Exemple Trouvez le mot entre parenthèses qui peut commencer par n'importe quelle lettre ou groupe de lettres inscrits à gauche.

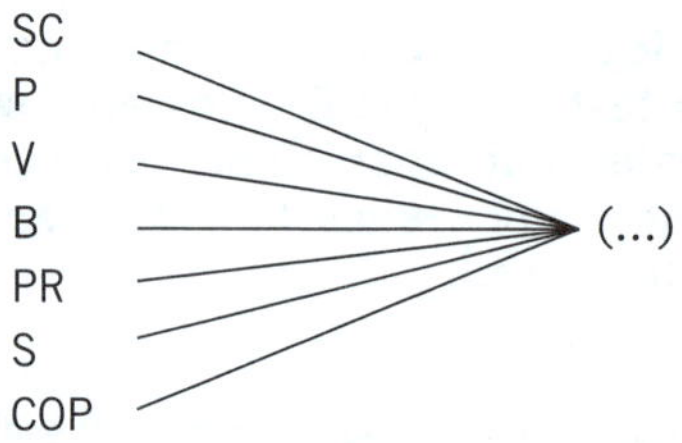

Le mot qui convient est EAU (trois lettres majuscules) car vous pouvez former : SCEAU (cachet dont l'empreinte est marquée sur de la cire), PEAU, VEAU, BEAU (adjectif), PRÉAU (partie couverte d'une cour), SEAU (récipient cylindrique) et COPEAU (éclat de bois ou de métal).
Avec des lettres majuscules, on ne tient pas compte des accents.

Exemple Trouvez le mot qui complète la phrase.

Le palimpseste est au palindrome ce que gommer est à ....

Ⓐ Répéter
Ⓑ Inverser
Ⓒ Retirer
Ⓓ Réduire
Ⓔ Rendre

Il s'agit d'une analogie comme vous en trouverez beaucoup lors des tests d'aptitude verbale. Vous devez trouver la loi sémantique qui unit les couples de mots.

La réponse est « inverser », soit Ⓑ, car un palimpseste est un écrit gommé et un palindrome est un mot ou une phrase pouvant être lu de droite à gauche ou de gauche à droite en conservant le même sens (comme « rotor »). Le palindrome se lit donc dans un sens mais aussi dans le sens inverse.

EXERCICES

Exercice 1.

> Quel mot complète chaque série ?
Chaque point représente une lettre.

1. ressac – casser / ambre – brame / palme – . . . . .
2. sot – intelligent / beau – laid / avare – . . . .
3. rocher – pierre – gravier / océan – lac – . . . .
4. neveu – nièce / oncle – tante / gendre – . . .
5. un – deux – trois – cinq – . . . .
6. ai – gai – geai – . . . . .
7. proue – roue / poison – . . . . .
8. elle – selle / erre – . . . . .
9. janvier – février – juillet – . . . .
10. rectangle – quatre / triangle – . . . . .

Exercice 2.

> Deux couples de mots sont associés, retrouvez le mot du deuxième couple.

1. toujours – jamais / plus – ?
2. pyromanie – feu / mythomanie – ?
3. cuniculiculture – lapins / apiculture – ?
4. chênaie – chênes / boulaie – ?
5. prunier – prunes / cognassier – ?
6. paricide – père / régicide – ?
7. lait – tasse / vin – ?
8. accoumètre – son / anémomètre – ?
9. belliciste – pacifiste / altruisme – ?
10. quérir – chercher / aube – ?

Exercice 3.

> Chassez l'intrus de chaque ligne.

1. ami – voisin – colocataire – neveu – conscrit – citoyen
2. songer – réfléchir – admettre – imaginer – penser – rêver
3. orange – kaki – rouge – citron – prune – pêche
4. vieux – rustique – ancien – antique – désuet – caduc
5. canard – oie – cygne – pintade – grèbe – foulque
6. tissu – ventru – bourru – bossu – touffu – fessu
7. méchant – amer – féroce – cruel – malveillant – sadique
8. manioc – mil – orge – avoine – blé – maïs
9. prudent – réfléchi – spontané – sensé – préparé – calculé
10. espadon – requin – baleine – congre – thon – saumon

CORRIGÉS

Exercice 1.

1. ample ou lampe (chaque mot est suivi de son anagramme).
2. prodigue (chaque mot est suivi de son contraire).
3. mare (du plus grand au plus petit).
4. bru (chaque mot est suivi de son féminin).
5. sept (nombres premiers en ordre croissant).
6. aigle (ou agile – une lettre de plus).
7. oison (mot perd 1re lettre).
8. serre ((s) ajouté dans le deuxième mot).
9. octobre (mois formés de 7 lettres).
10. trois (nombre de côtés).

Exercice 2.

1. moins
2. mensonge
3. abeilles (élevage).
4. bouleaux
5. coings
6. roi (personne tuée).
7. verre (contenant).
8. vent (l'accoumètre mesure la vitesse du son ; l'anémomètre mesure la vitesse du vent).
9. égoïsme (antonyme).
10. aurore (synonyme).

Exercice 3.

1. neveu (seul mot marquant un lien de parenté).
2. admettre (les autres mots n'évoquent pas l'idée d'accord).
3. rouge (seule couleur ne correspondant pas à un fruit).
4. rustique (ne contient pas l'idée d'ancienneté)
5. pintade (seul oiseau non aquatique).
6. ventru (seul mot n'ayant pas une double consonne).
7. amer (ne contient pas l'idée de méchanceté).
8. manioc (arbrisseau et non céréale).
9. spontané (ne contient par l'idée de réflexion).
10. baleine (seul mammifère).

Exercice 4.

> Les phrases ci-dessous (expressions courantes, proverbes, citations) sont dans le désordre, à vous de les recomposer.

1. ce nous nul sait l'avenir que réserve ne
2. à est connu dix ronde il la lieues à
3. qui l' la confirme exception règle
4. routes les à toutes mènent Rome
5. dire toute est à bonne n' vérité pas
6. pas il a n' fumée feu y sans de
7. si avec Paris des mettrait on bouteille en
8. n' pas sourd pire veut ne entendre pas est il que qui celui
9. d' pas argent mortelle n'est plaie
10. chasseur bon savoir son sans chien un doit chasser
11. bon contre fortune faire cœur mauvaise
12. lorgnette bout regarder le par petit la de

Exercice 5.

> Quel mot complète chaque série ? Cochez la lettre Ⓐ, Ⓑ ou Ⓒ.

1. année, mois, semaine, jour, …
Ⓐ minute Ⓑ heure Ⓒ seconde
2. riche, pauvre, bête, intelligent, beau, …
Ⓐ gentil Ⓑ aimable Ⓒ laid
3. pigeon, vol, chien, marche, brochet, …
Ⓐ poisson Ⓑ nage Ⓒ carnassier
4. kilomètre, hectogramme, décamètre, gramme, …
Ⓐ décimètre Ⓑ mètre Ⓒ centigramme
5. étable, tableau, notable, taloche, …
Ⓐ serviable Ⓑ aimable Ⓒ cartable
6. porte, pour, cour, fort, …
Ⓐ tort Ⓑ mou Ⓒ part
7. maison, huttes, cabane, écurie, …
Ⓐ logis Ⓑ mesure Ⓒ abri
8. pi, pie, piaf, piano, …
Ⓐ piastre Ⓑ piars Ⓒ piaule
9. ressasser, elle, rotor, tôt, …
Ⓐ serres Ⓑ casser Ⓒ rester
10. treize, onze, sept, cinq, …
Ⓐ un Ⓑ trois Ⓒ deux
11. ample, palme, casser, ressac, ambre, …
Ⓐ arbre Ⓑ marbre Ⓒ brame

CORRIGÉS

Exercice 4.

1. Nul ne sait ce que l'avenir nous réserve.
2. Il est connu à dix lieues à la ronde.
3. L'exception qui confirme la règle.
4. Toutes les routes mènent à Rome.
5. Toute vérité n'est pas bonne à dire.
6. Il n'y a pas de fumée sans feu.
7. Avec des si, on mettrait Paris en bouteille.
8. Il n'est pas pire sourd que celui qui ne veut pas entendre.
9. Plaie d'argent n'est pas mortelle.
10. Un bon chasseur doit savoir chasser sans son chien.
11. Faire contre mauvaise fortune bon cœur.
12. Regarder par le petit bout de la lorgnette.

Exercice 5.

1. Ⓑ
2. Ⓒ Chaque mot est suivi de son contraire.
3. Ⓑ Chaque animal est suivi de son moyen de locomotion.
4. Ⓐ En diminuant, alternance unité de longueur et unité de masse.
5. Ⓒ Tous les mots contiennent la syllabe « ta ».
6. Ⓐ Tous les mots contiennent les lettres « o » et « r ».
7. Ⓑ Mot de six lettres.
8. Ⓒ À partir de la base « pi », on ajoute une lettre, deux lettres, trois lettres, quatre lettres.
9. Ⓐ Mots que l'on peut lire dans les deux sens.
10. Ⓑ Nombres premiers en ordre décroissant.
11. Ⓒ Chaque mot est suivi d'un de ses anagrammes.

Exercice 6.

> Dans chaque série de mots, donnez la position par ordre alphabétique du mot souligné (de 1 à 5).

1. culot culbute culture cultiver culte
2. émotif émoi émoulu émotion émouvant
3. faute faune faucon fautif fausse
4. rouge roussir roupie roulé rousse
5. cognée coin coiffe coincer coing
6. frileux frivole frein frère froid
7. diastase diaprer diantre dialyse dialecte
8. gourou gourde goulet goutte gourmet
9. rempli rempart remuer remous remords
10. section secours secte seize séisme
11. instant insolent institut instable instruit
12. mastoc massue mat mastic massif

Exercice 7.

> Deux couples de mots sont associés. À vous de trouver le mot du 2e couple.

1. astrologue – astronome	alchimiste – …
2. vrai – vérité	faux – …
3. laie – marcassin	oie – …
4. vache – meugler	cigogne – …
5. bouteille – bouchon	boîte – …
6. noir – gris	rouge – …
7. toujours – jamais	tout – …
8. mer – côte	rivière – …
9. pouls – pou	cou – …
10. loup – sauvage	chien – …
11. pommes – cidre	raisin – …
12. gibier – trappeur	oiseau – …
13. précaire – stable	glabre – …
14. repas – saper	ressac – …
15. temps – durée	espace – …

Exercice 8.

> Dans chaque série, soulignez le mot qui n'a pas de rapport avec les autres.

1.	carpe	tanche	ablette	bar	brochet
2.	Italie	France	Espagne	Allemagne	Suisse
3.	rose	violet	jaune	brun	gris
4.	Aveyron	Cantal	Loire	Ardèche	Eure
5.	poule	canard	cigogne	oie	pigeon
6.	nièce	oncle	ami	cousin	gendre
7.	orgueilleux	vaniteux	menteur	malheureux	brutal
8.	267	63	54	126	861
9.	distrait	rêveur	négligent	étourdi	écervelé
10.	arrogant	fier	hautain	énergique	altier
11.	canard	hasard	bavard	balai	car

CORRIGÉS

Exercice 6.
1. 3 ; **2.** 2 ; **3.** 4 ; **4.** 5 ; **5.** 4 ; **6.** 1 ; **7.** 3 ; **8.** 4 ; **9.** 1 ; **10.** 4 ; **11.** 4 ; **12.** 3

Exercice 7.
1. chimiste ; **2.** mensonge ; **3.** oison ; **4.** craqueter ; **5.** couvercle ; **6.** rose ; **7.** rien ; **8.** berge ; **9.** coup ou coût (homonyme) ; **10.** domestique ; **11.** vin ; **12.** chasseur ; **13.** poilu ; **14.** casser (mot lu à l'envers) ; **15.** longueur (ou surface, ou volume).

Exercice 8.
1. bar : poisson de mer.
2. Suisse : ne fait pas partie de l'Union européenne.
3. jaune : seule couleur primaire.
4. Cantal : département qui n'est pas une rivière.
5. cigogne : n'est pas un oiseau domestique.
6. ami : ne marque pas un rapport de famille.
7. malheureux : n'est pas un défaut.
8. 54 : seul nombre ne contenant pas le chiffre 6.
9. négligent : ne contient pas l'idée de distraction.
10. énergique : ne contient pas l'idée de fierté.
11. balai : le seul mot comportant une autre voyelle que le « a ».

Exercice 9.

> Indiquez l'intrus parmi les cinq propositions

1.
Ⓐ Chien Ⓑ Cheval
Ⓒ Chat Ⓓ Poisson
Ⓔ Hamster

Ⓓ Poisson parmi des mammifères.

2.
Ⓐ Anémone Ⓑ Tulipe
Ⓒ Rose Ⓓ Dalhia
Ⓔ Ficus

Ⓔ Plante parmi des fleurs.

3.
Ⓐ Carotte Ⓑ Pomme
Ⓒ Haricot Ⓓ Courgette
Ⓔ Maïs

Ⓑ Fruit parmi des légumes.

4.
Ⓐ Chaise Ⓑ Armoire
Ⓒ Table Ⓓ Buffet
Ⓔ Ordinateur

Ⓔ Machine parmi des meubles.

5.
Ⓐ Peugeot Ⓑ Citroën
Ⓒ Cabriolet Ⓓ Renault
Ⓔ Mercedes

Ⓒ Type d'automobile parmi des marques.

6.
Ⓐ Rond Ⓑ Triangle
Ⓒ Carré Ⓓ Surface
Ⓔ Rectangle

Ⓓ Étendue parmi des formes.

7.
Ⓐ Paris Ⓑ Rome
Ⓒ Bonn Ⓓ Londres
Ⓔ Madrid

Ⓒ Ville parmi des capitales.

8.
Ⓐ Bretagne Ⓑ Bourgogne
Ⓒ Ain Ⓓ Nord
Ⓔ Corse

Ⓒ Département parmi des régions.

9.
Ⓐ Mouche Ⓑ Fourmi
Ⓒ Abeille Ⓓ Serpent
Ⓔ Papillon

Ⓓ Reptile parmi des insectes.

10.
Ⓐ Audition Ⓑ Olfaction
Ⓒ Sensation Ⓓ Vision
Ⓔ Gustation

Ⓒ Impression parmi des sens.

11.
Ⓐ 81 Ⓑ 36
Ⓒ 111 Ⓓ 64
Ⓔ 256

Ⓒ Simple nombre parmi des carrés parfaits.

20 Les tests d'analogies

Une analogie est une ressemblance, établie par l'imagination, entre deux ou plusieurs objets de pensée essentiellement différente.

1. Les objectifs

Les tests d'analogies ont pour objectif de tester vos capacités de logique verbale ou spatiale.

2. Lire la consigne

D'une manière générale, vous êtes en présence de phrases incomplètes : le dernier mot est remplacé par des pointillés. Dans chaque phrase, vous devez comprendre la logique qui unit les couples de mots et choisir le dernier mot parmi quatre propositions.

Pour cela, il faut s'intéresser au premier mot du premier couple, comprendre la relation sémantique qui existe avec le deuxième mot du premier couple afin d'identifier, par analogie, le mot manquant (nom, adjectif, verbe, etc.).

Exemple Vache est à herbivore ce que loup est à ....

Ⓐ viande Ⓑ chien Ⓒ mammifère Ⓓ carnivore

La réponse est « carnivore », c'est-à-dire Ⓓ, car le rapport sémantique entre « vache » et « herbivore » est identique au rapport entre « loup » et « carnivore ». Le lien qui unit ces couples est l'animal et son mode alimentaire.

C'est en lisant le mot « herbivore » que vous pouvez vous orienter sur la piste du mode alimentaire. De plus, vous recherchez également un adjectif et « carnivore » est le seul adjectif parmi les propositions.

Les analogies peuvent aussi se faire sur des figures ; ce sont alors des analogies spatiales et non verbales.

Exemple

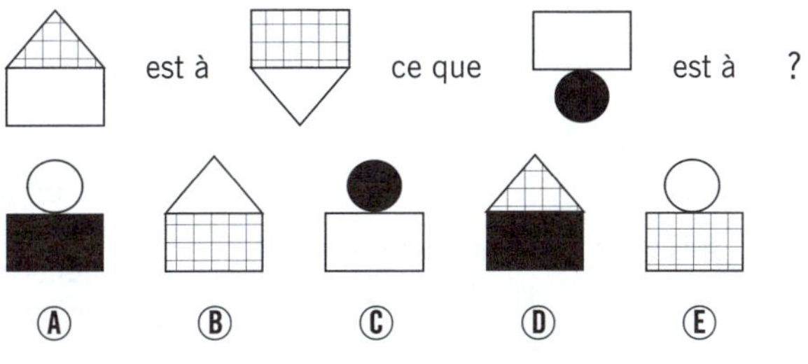

La solution est la réponse Ⓐ. Pour passer de la figure 1 à la figure 2, le triangle passe de la partie supérieure à la partie inférieure et le rectangle passe de la partie inférieure à la partie supérieure. De plus, les deux figures (rectangle et triangle) changent de couleur.

Dans la solution, pour passer de la figure 3 à la figure 4, il faut que le cercle soit en partie supérieure et le rectangle en partie inférieure. Ces deux figures doivent aussi changer de couleur : le cercle devient blanc et le rectangle devient noir.

3. Conseils

La logique est donnée par le sens de la phrase mais aussi par la position des mots. L'ordre et l'identité des mots sont primordiaux : ce sont eux qui vont déterminer la relation. Encore une fois, vous pouvez procéder par éliminations successives.

EXERCICES

Exercice 1.

> Parmi les solutions proposées, trouvez l'analogie qui vous semble le mieux convenir.

1. Vase est à tour ce que auto est à ....

Ⓐ route
Ⓑ chaîne de montage
Ⓒ atelier de réparation
Ⓓ distributeur d'essence

2. Blanc est à cygne ce que noir est à ....

Ⓐ deuil Ⓑ chocolat
Ⓒ malheur Ⓓ corbeau

3. Généreux est à prodigue ce que téméraire est à ....

Ⓐ stupide Ⓑ lâche
Ⓒ courageux Ⓓ débonnaire

4. Jardin est à horticulteur ce que ruche est à ....

Ⓐ miel Ⓑ abeille
Ⓒ pollen Ⓓ apiculteur

5. Boisson est à s'hydrater ce que nourriture est à ....

Ⓐ se nourrir Ⓑ grandir
Ⓒ boire Ⓓ se restaurer

6. Chien est à animal ce que poil est à ....

Ⓐ protection Ⓑ phanère
Ⓒ noir Ⓓ peau

7. Obéir est à commander ce que élève est à ....

Ⓐ maître Ⓑ cancre
Ⓒ livre Ⓓ solution

8. Peigne est à cheveux ce que brosse est à ....

Ⓐ vêtement Ⓑ pelage
Ⓒ peigne Ⓓ tapis

9. Chevalet est à .... ce que .... est à musicien.

Ⓐ peintre/pupitre
Ⓑ peinture/instrument
Ⓒ tableau/notes
Ⓓ peinture/trompette

10. Oiseau est à .... ce que .... est à terrier.

Ⓐ hirondelle/lapin Ⓑ nid/lapin
Ⓒ merle/nid Ⓓ nid/ours

CORRIGÉS

Exercice 1.

1. Ⓑ Le vase se fabrique sur un tour comme l'auto se fabrique sur une chaîne de montage.

2. Ⓓ Le cygne est blanc comme le corbeau est noir.

3. Ⓒ Généreux est synonyme de prodigue comme téméraire est synonyme de courageux.

4. Ⓓ L'horticulteur s'occupe du jardin comme l'apiculteur s'occupe de la ruche.

5. Ⓐ La boisson sert à s'hydrater comme la nourriture sert à se nourrir.

6. Ⓑ Le chien est un animal comme le poil est un phanère.
Les phanères sont des productions épidermiques apparentes comme les poils, les plumes, les ongles, etc.

7. Ⓐ L'élève obéit comme le maître commande.

8. Ⓑ On peigne les cheveux comme on brosse un pelage.

9. Ⓐ Le peintre utilise un chevalet pour poser son tableau comme le musicien utilise un pupitre pour poser sa partition.

10. Ⓑ L'oiseau est dans un nid comme le lapin est dans un terrier.

Exercice 2.

> Parmi les solutions proposées, trouvez l'analogie qui vous semble le mieux convenir.

1. Carré est à surface ce que cube est à ....

Ⓐ poids
Ⓑ volume
Ⓒ profondeur
Ⓓ racine

2. Fond est à forme ce que esprit est à ....

Ⓐ chair
Ⓑ idée
Ⓒ lettre
Ⓓ imagination

3. Enseigner est à connaissance ce que soigner est à ....

Ⓐ vie
Ⓑ maladie
Ⓒ santé
Ⓓ mort

4. Fréquence est à Hertz ce que pression est à ....

Ⓐ force
Ⓑ millibar
Ⓒ litre
Ⓓ tension

5. Chien est à mammifère ce que saurien est à ....

Ⓐ aquatique
Ⓑ reptile
Ⓒ vertébré
Ⓓ carnivore

6. Fleur est à jardin ce que feuille est à ....

Ⓐ potager
Ⓑ légumes
Ⓒ parc
Ⓓ arbre

7. Ciel est à nuage ce que terre est à ....

Ⓐ homme
Ⓑ mer
Ⓒ bois
Ⓓ animal

8. Oeil est à tableau ce que oreille est à ....

Ⓐ musique
Ⓑ art
Ⓒ chanson
Ⓓ ouïe

9. Lacet est à chaussure ce que bretelle est à ....

Ⓐ élastique
Ⓑ chemise
Ⓒ pantalon
Ⓓ homme

CORRIGÉS

Exercice 2.

1. Ⓑ Le carré est l'unité de mesure de la surface comme le cube est l'unité de mesure du volume.

2. Ⓐ Le fond s'oppose à la forme comme l'esprit s'oppose à la chair.

3. Ⓒ Enseigner « apporte » la connaissance comme soigner « apporte » la santé.

4. Ⓑ L'hertz est une unité de fréquence comme le millibar est une unité de pression.

5. Ⓑ Le chien est un mammifère comme le saurien est un reptile.

6. Ⓓ Les fleurs sont dans le jardin comme les feuilles sont sur l'arbre.

7. Ⓑ Dans le ciel, l'eau est sous forme de nuage, comme sur la terre, l'eau est sous forme de mer.

8. Ⓒ L'œil regarde le tableau comme l'oreille écoute la chanson.

9. Ⓒ Le lacet tient la chaussure comme la bretelle tient le pantalon.

Exercice 3.

> Parmi les solutions proposées, trouvez l'analogie qui vous semble le mieux convenir.

1. Parfum est à fleur ce que bouquet est à ……… .

Ⓐ roses
Ⓑ vase
Ⓒ senteur
Ⓓ vin

2. Doigt est à clavecin ce que bouche est à ……… .

Ⓐ trompette
Ⓑ flûte
Ⓒ piano
Ⓓ tambour

3. Verser est à dessus ce que ……… est à dedans.

Ⓐ évider
Ⓑ passage
Ⓒ infiltrer
Ⓓ venir

4. Table est à meuble ce que pull est à ……… .

Ⓐ laine
Ⓑ chandail
Ⓒ tricot
Ⓓ vêtement

5. Chacun est à tous ce que jamais est à ……… .

Ⓐ tout
Ⓑ invariable
Ⓒ toujours
Ⓓ pluriel

6. Ouvrir est à tiroir ce que manger est à ……… .

Ⓐ assiette
Ⓑ cuire
Ⓒ bouche
Ⓓ nourriture

7. Persienne est à volet ce que secrétaire est à ……… .

Ⓐ fenêtre
Ⓑ patron
Ⓒ bureau
Ⓓ store

CORRIGÉS

Exercice 3.

1. Ⓓ L'arôme de la fleur est son parfum comme l'arôme du vin est son bouquet.

2. Ⓐ Le mot « doigt » (5 lettres) correspond au mot « bouche » (6 lettres) comme le mot « clavecin » (8 lettres) correspond au mot « trompette » (9 lettres) car vous ajoutez une lettre entre l'instrument et la partie du corps avec laquelle vous jouez de cet instrument.

3. Ⓒ Verser sur quelque chose comme infiltrer dans quelque chose.

4. Ⓓ La table est un meuble comme le pull est un vêtement.

5. Ⓒ Chacun est le contraire de tous comme jamais est le contraire de toujours.

6. Ⓓ On ouvre un tiroir comme on mange de la nourriture.

7. Ⓒ Une persienne est un volet comme le secrétaire est un bureau.

EXERCICES

Exercice 4.

> Parmi les solutions proposées, trouvez l'analogie qui vous semble le mieux convenir.

1. Impair est à ……… ce que ……… est à positif.

Ⓐ pair/oisif
Ⓑ nombre/caractère
Ⓒ nombre/chiffre
Ⓓ pair/négatif

2. Bourrée est à ……… ce que ……… est à Brésil.

Ⓐ Puy-de-Dôme/salsa
Ⓑ Auvergne/samba
Ⓒ France/rock
Ⓓ valse/France

3. Eau est à ……… ce que ……… est à éruption volcanique.

Ⓐ mer/lave
Ⓑ lac/montagne
Ⓒ geyser/lave
Ⓓ lac/fumée

4. Coton est à ……… ce que ……… est à fromage.

Ⓐ vêtement/lait
Ⓑ chanvre/lait
Ⓒ tissu/ferment
Ⓓ textile/camembert

5. Aquarium est à ……… ce que ……… est à oiseau.

Ⓐ eau/air
Ⓑ poisson/cage
Ⓒ poisson/nid
Ⓓ poisson rouge/nid

6. Voler est à ……… ce que ……… est à couler.

Ⓐ dérober/nager Ⓑ air/eau
Ⓒ tomber/nager Ⓓ avion/bateau

7. Arbre est à ……… ce que ……… est à livre.

Ⓐ tronc/reliure Ⓑ feuille/ligne
Ⓒ forêt/page Ⓓ prairie/volume

8. Peindre est à ……… ce que ……… est à crayon.

Ⓐ pinceau/écrire
Ⓑ peinture/dessiner
Ⓒ tableau/dessiner
Ⓓ peinture/feutre

9. Silence est à or ce que parole est à ……… .

Ⓐ plomb Ⓑ argent
Ⓒ platine Ⓓ acier

10. Microscope est à infiniment petit ce que télescope est à infiniment ……… .

Ⓐ grand Ⓑ loin
Ⓒ haut Ⓓ près

CORRIGÉS

Exercice 4.

1. Ⓓ Impair est le contraire de pair comme négatif est le contraire de positif.

2. Ⓑ La bourrée est une danse auvergnate comme la samba est une danse brésilienne.

3. Ⓒ L'eau qui jaillit s'appelle un geyser comme la lave qui jaillit d'un volcan s'appelle une éruption volcanique.

4. Ⓐ Le coton compose un vêtement comme le lait compose un fromage.

5. Ⓑ Le poisson est dans l'aquarium comme l'oiseau est en cage.

6. Ⓒ Lorsqu'on ne vole plus, on tombe, comme lorsqu'on ne nage plus, on coule.

7. Ⓒ L'arbre est dans la forêt comme la page est dans le livre.

8. Ⓐ On peint avec un pinceau comme on écrit avec un crayon.

9. Ⓑ « Le silence est d'or et la parole est d'argent », proverbe signifiant qu'il vaut mieux se taire que parler.

10. Ⓑ Le microscope sert à observer l'infiniment petit comme le télescope sert à observer l'infiniment loin.

EXERCICES

Exercice 5.

> Parmi les solutions proposées, trouvez l'analogie qui vous semble le mieux convenir.

1.

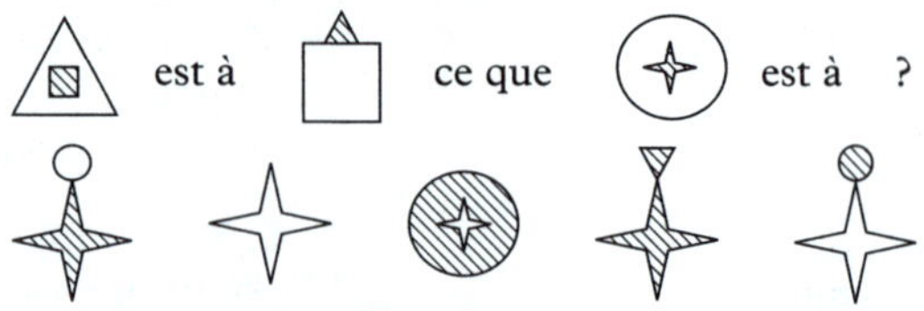

2.

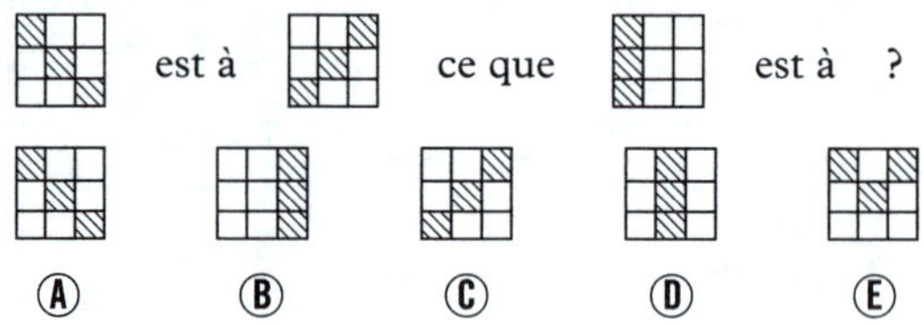

3.

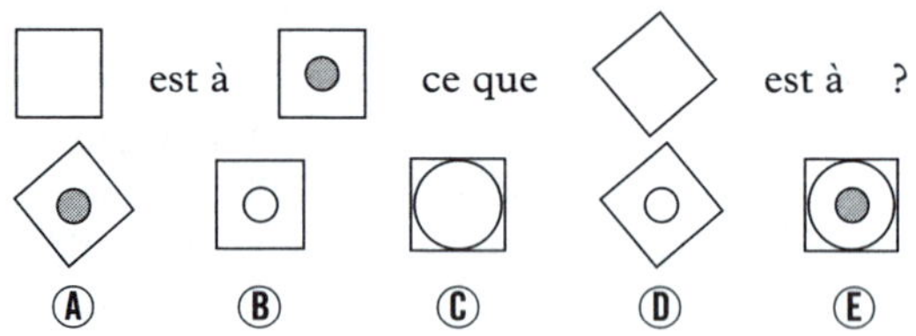

4.

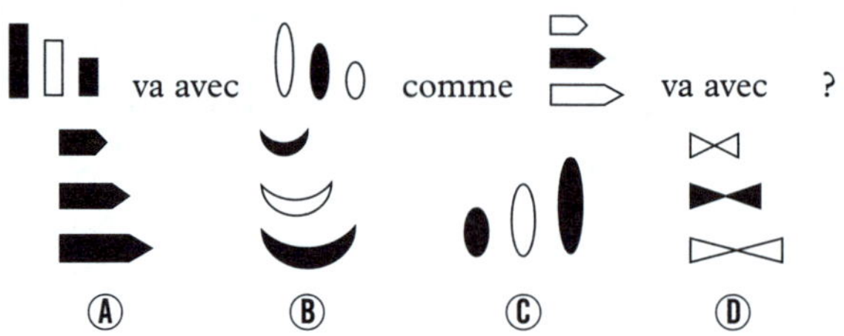

CORRIGÉS

Exercice 5.

1. Ⓔ

Pour passer de la figure 1 à la figure 2, le grand triangle blanc devient un petit triangle hachuré et le petit carré hachuré devient un grand carré blanc.

Dans la solution, pour passer de la figure 3 à la figure 4, il faut que le grand cercle devienne un petit cercle hachuré et que la petite étoile hachurée devienne une grande étoile blanche, le petit cercle étant placé en haut de l'étoile.

2. Ⓑ

Il s'agit d'une simple symétrie dans un miroir.

3. Ⓐ

Pour passer de la figure 1 à la figure 2, on ajoute un cercle gris dans le carré. Donc dans la solution, pour passer de la figure 3 à la figure 4, on ajoute un cercle gris dans le losange.

4. Ⓑ

Les figures manquantes doivent être horizontales puisque l'on a un groupe vertical et un groupe horizontal. La solution C est donc éliminée.

On peut ensuite éliminer la solution A car toutes les figures la composant sont de la même couleur. Enfin, l'enchaînement des couleurs est alterné et doit être : noir – blanc – noir pour la solution.

5.

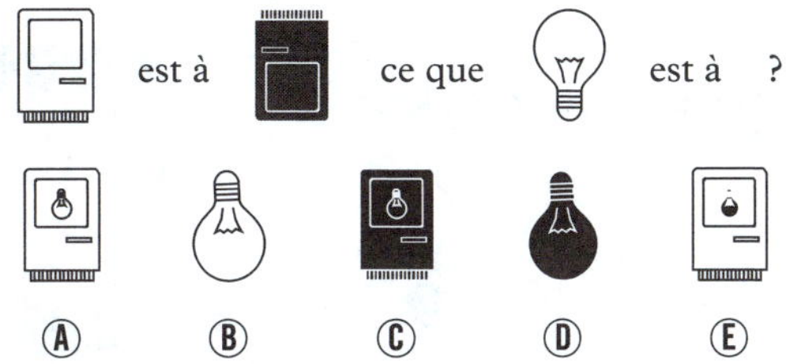

6.

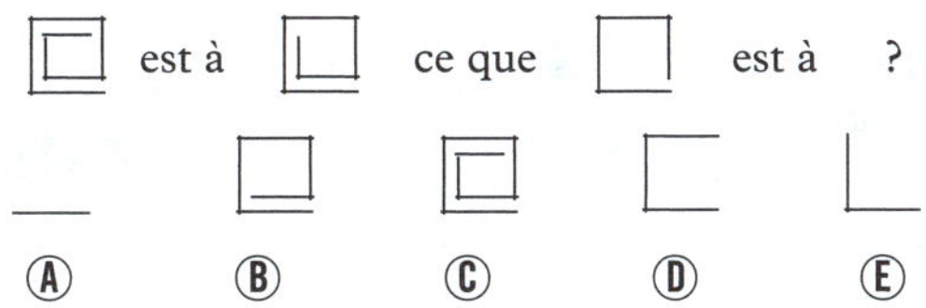

7.

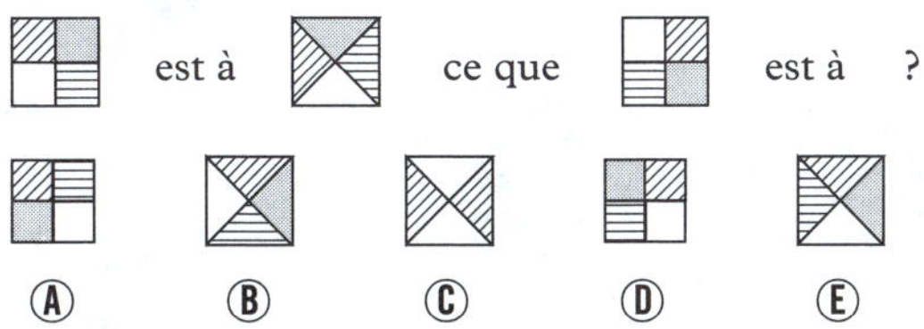

8.

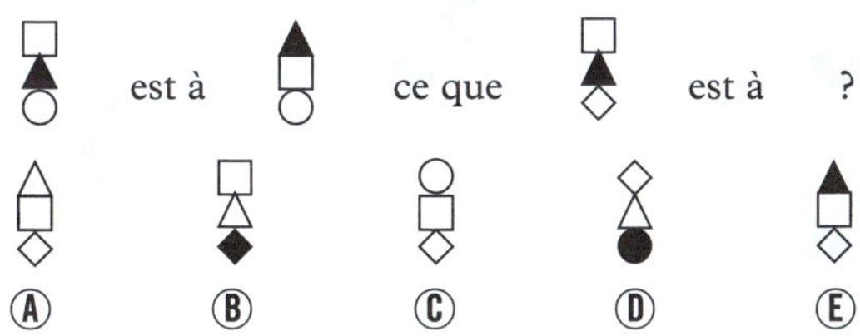

CORRIGÉS

5. Ⓓ

De la figure 1 à la figure 2, l'ordinateur est retourné et a changé de couleur. Il en est de même pour l'ampoule qui est retournée et de couleur noire.

6. Ⓓ

Pour passer d'une figure à l'autre, on enlève une barre (formant la figure). De la figure 1 à la figure 2, on passe de 7 barres à 6 barres et de la figure 3 à la figure 4, on passe de 4 barres à 3 barres.

7. Ⓑ

La solution est un losange puisque d'un côté de l'analogie on a deux carrés. Pour passer de la figure 2 à la figure 4 (comme de la figure 1 à la figure 3), les couleurs « avancent d'une case » dans le sens des aiguilles d'une montre. Dans l'ordre, on retrouve toujours : gris, hachures horizontales, blanc et hachures obliques.

8. Ⓔ

De la figure 1 à la figure 2, les places du carré et du triangle sont inversées. Il en sera de même pour passer de la figure 3 à la figure 4. Donc le triangle va se retrouver en haut, au-dessus du carré et le triangle reste toujours noir.

Exercice 6.

> Dans chaque exercice, complétez la dernière figure.

1.

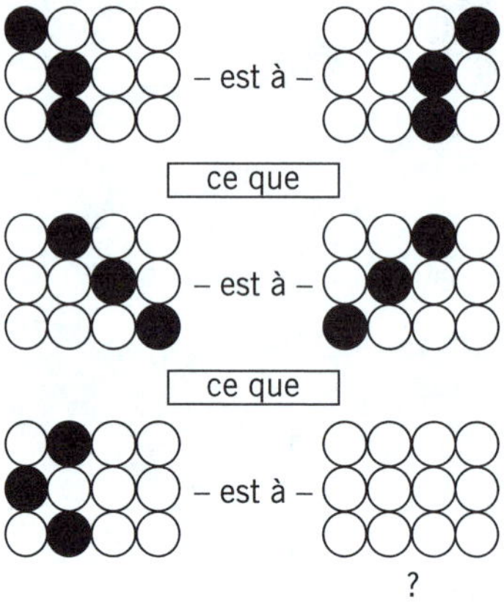

2.

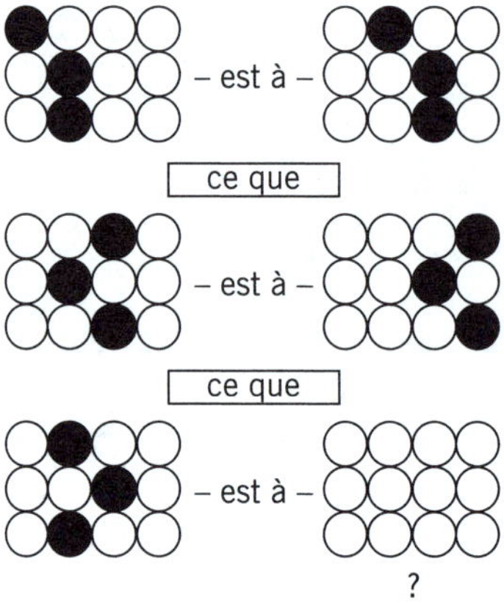

3.

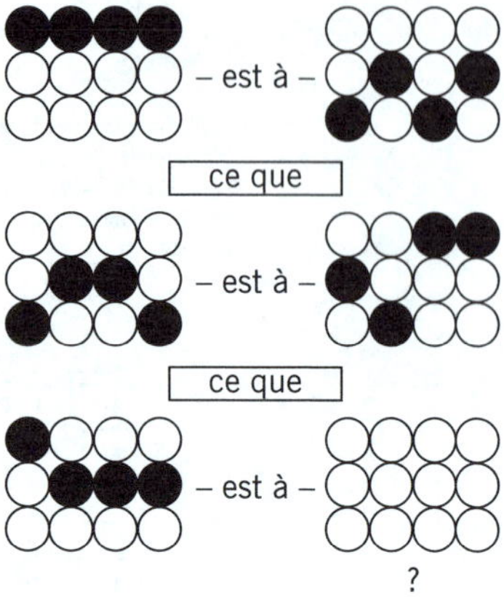

4.

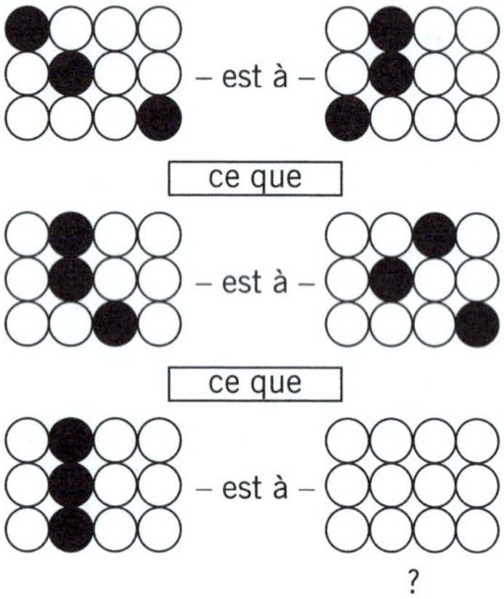

CORRIGÉS

Exercice 6.

1. 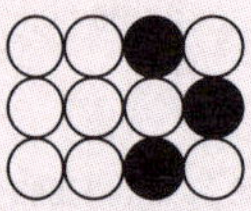 Symétrie.

2. 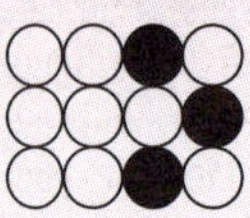 Le rond noir avance d'un place dans chaque ligne horizontale.

3. 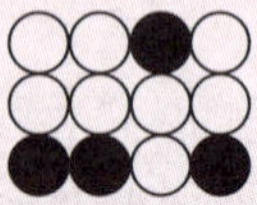 Le rond noir descend de 2 places pour les 1re et 3e verticales ; le rond noir descend d'une place pour les 2e et 4e verticales.

4. 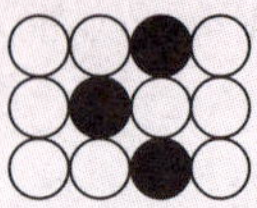 Le rond noir avance d'une place sur les 1re et 3e horizontales, ne bouge pas sur la 2e.

5.

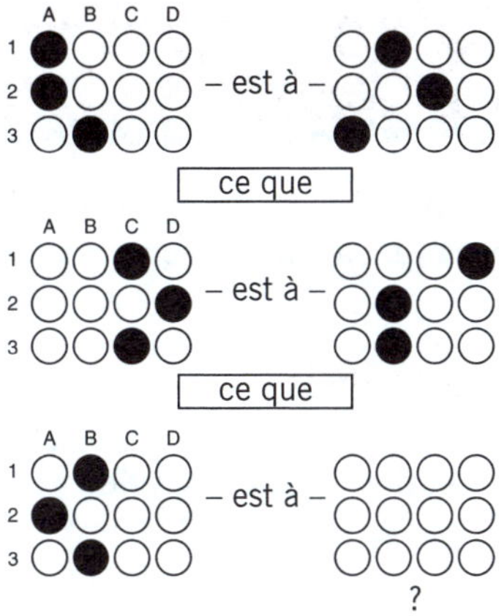

6.

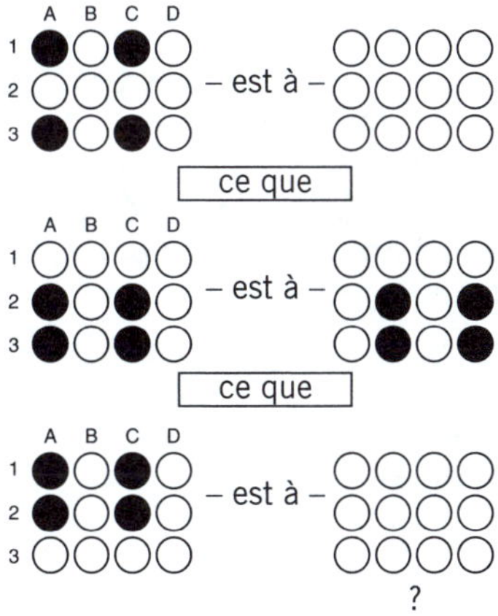

7.

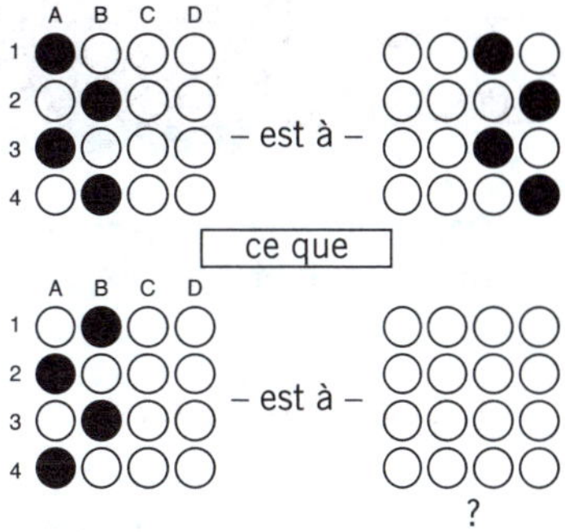

8.

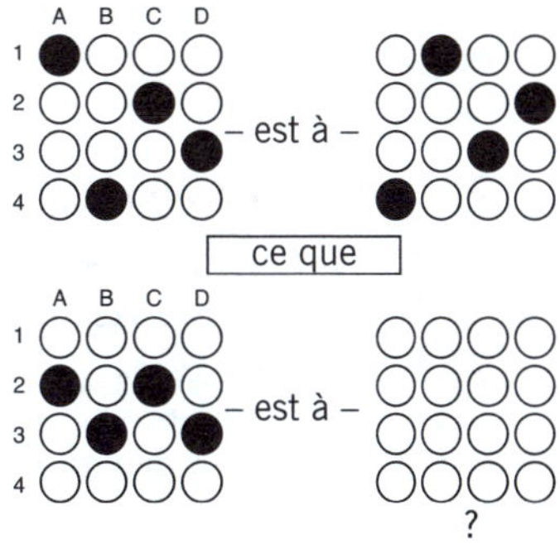

9.

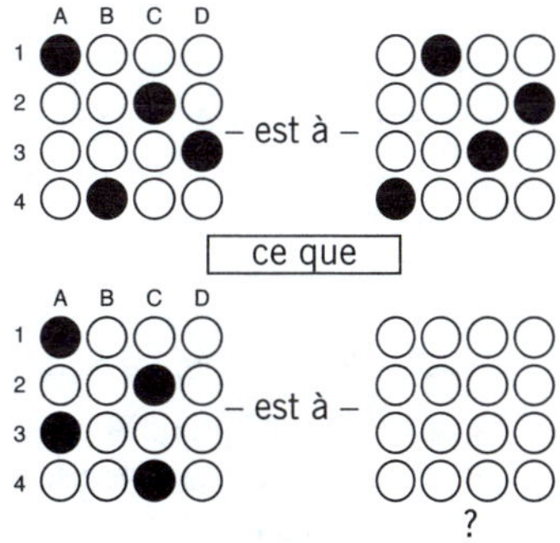

CORRIGÉS

5.

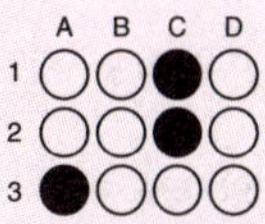

Le rond noir avance d'une place (1re ligne), de 2 places (2e ligne) puis de 3 places.

6.

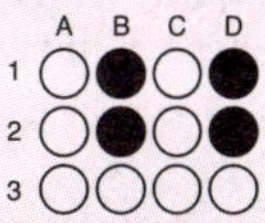

Symétrie.

7.

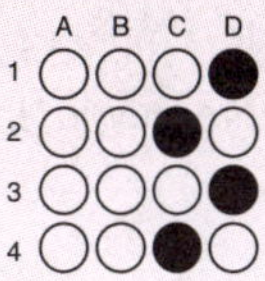

Chaque pion avance de 2 cases.

8.

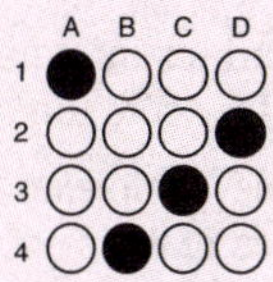

A2 descend de 3 cases.
B3 remonte de 3 cases.
C2 descend de 1 case.
D3 remonte de 1 case.

9.

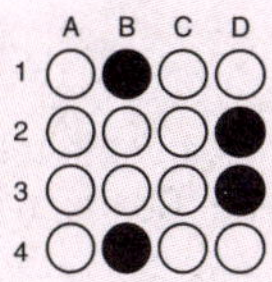

A1 avance de 1 case.
C2 avance de 1 case.
A3 recule de 1 case.
C4 recule de 1 case.

21 Les tests de logique de déduction

Ces problèmes se retrouvent aussi bien dans les tests d'aptitude logique que numérique et sont de plus en plus courants car très déroutants.

1. Objectifs des tests de logique de déduction

Ces tests de déduction font appel à votre bon sens et à vos capacités de déduction. Ils évaluent plusieurs capacités : l'attention, la concentration et la déduction. Ils se présentent le plus souvent sous la forme d'énoncés se prêtant à une démarche déductible.

2. Lire les consignes

Ces épreuves de logique proposent régulièrement des exercices où il faut trouver l'ordre, le nom, etc. de divers objets grâce à une série d'affirmations.

D'autres exercices ressemblent plus à des problèmes de mathématiques mais ne vous y méprenez pas, il suffira seulement d'un peu d'intuition et de réflexion et non d'application de connaissances mathématiques.

Exemple Donnez à chaque livre sa matière :

– Le livre d'histoire est à gauche de celui de maths.

– Le livre de français ne côtoie pas le livre d'histoire.

1 2 3

À partir de la 1re proposition, vous pouvez déduire : histoire – maths.

À partir de la 2e proposition, vous pouvez déduire que le livre de français est à côté du livre de maths : maths – français.

Par conséquent, vous trouvez l'ordre : 1 = histoire ; 2 = maths et 3 = français.

Faites bien la distinction entre « à gauche de » et « à sa gauche ».

Ne confondez pas : « plus vers la droite » et « juste à droite de » ; dans le dernier cas, ils sont côte à côte mais pas nécessairement dans le premier cas.

Cherchez tout d'abord les informations qui permettent de placer au moins un élément ou la position relative (côte à côte) de deux ou trois éléments.

Avec les propositions complexes, une façon de faciliter le raisonnement est de noter les initiales de toutes les options sous chaque objet, puis de les barrer au fur et à mesure des impossibilités. Par élimination, vous parvenez ainsi à trouver les seules combinaisons compatibles.

Exemple Un nénuphar, dont la taille double chaque jour, met 30 jours pour recouvrir la surface d'une pièce d'eau. Combien de jours lui faut-il pour en recouvrir la moitié ?

La veille du 30e jour, le nénuphar aura la moitié de sa taille donc il recouvrira la moitié de l'eau. La réponse est 29 jours.

3. Conseils

➜ Lisez les énoncés en vous questionnant mentalement et en analysant immédiatement ce que vous lisez ; chaque mot a un sens précis dans l'énoncé.

➜ Soyez très attentif à toutes les données de l'énoncé car chaque mot compte et peut revêtir une importance fondamentale.

➜ Laissez-vous « aller » à tester toutes les combinaisons envisageables : soyez libre d'essayer toutes les possibilités et si vous ne trouvez pas la solution, passez rapidement à l'exercice suivant afin de ne pas créer de résistance.

➜ Servez-vous d'un support brouillon pour écrire toutes les combinaisons.

➜ Utilisez le dessin pour vous représenter concrètement la situation.

➜ Ces problèmes sont très souvent des pièges. Par conséquent, faites attention de ne pas tirer de conclusions trop hâtives.

EXERCICES

Exercice 1.

Dans *Alice au pays des merveilles*, un chat et demi mange une souris et demie en une minute trente seconde.

> Combien faudra-t-il de chats pour manger soixante souris en trente minutes ?

Exercice 2.

Dans un tiroir sont rangées des chaussettes noires et des chaussettes blanches.

> Si vous choisissez les chaussettes au hasard, quel est le nombre minimum de tirage pour être sûr d'avoir deux chaussettes de la même couleur ?

Exercice 3.

> Donnez à chaque personnage ci-contre son nom, sachant que :

– Paul a Jacques à sa gauche ;
– Pierre est à côté de Paul.

Exercice 4.

> Sachant que chaque pile de livres de couleurs différentes coûte 10 euros, trouvez la valeur de chaque livre.

Pile 1	**Pile 2**	**Pile 3**
1 rouge 1 jaune 1 bleu 1 vert	1 vert 3 jaunes	1 bleu 2 jaunes
Pile 4	**Pile 5**	**Pile 6**
1 bleu 1 rouge 1 bleu	1 bleu 1 vert 1 bleu 1 vert	5 rouges

CORRIGÉS

Exercice 1. Si un chat et demi mange une souris et demie en 1 minute et demie, un chat mange une souris en une minute.

Il y a besoin d'un seul chat pour manger 30 fois plus de souris en 30 fois plus de temps.

Mais pour manger 60 souris c'est-à-dire deux fois plus dans le même temps (30 minutes), il faudra donc deux fois plus de chats soit deux chats.

Exercice 2. En prenant deux chaussettes, vous pouvez en obtenir 2 blanches, 2 noires mais aussi 1 blanche et 1 noire. Si vous n'avez pas de chance, dans le pire des cas, vous avez 2 chaussettes de couleurs différentes ; donc en prenant 2 chaussettes, vous n'êtes pas certain d'avoir 2 chaussettes de la même couleur. En revanche, si vous prenez 3 chaussettes, vous êtes sûr d'obtenir au moins 2 chaussettes de la même couleur, car les seules possibilités sont : 3 blanches ; 3 noires ; 2 blanches et 1 noire ; 2 noires et 1 blanche.

En prenant 3 chaussettes, vous obtenez alors au moins 2 chaussettes de couleur identique.

Exercice 3. Première proposition : « Paul a Jacques à sa gauche » signifie que Jacques est à droite, sur votre feuille.

⇒ Paul – Jacques

Seconde proposition : « Pierre est à côté de Paul » signifie qu'il n'est pas à côté de Jacques, il est donc encore plus à gauche de Paul (ce qui ne signifie pas à la gauche de Paul, auquel cas il serait à droite sur le dessin).

La place de chaque personne est donc :
A = Pierre, B = Paul et C = Jacques.

Exercice 4. Commencez par la pile 6 car si 5 rouges valent 10 euros, vous avez 5 rouges = 10 euros donc 1 rouge = 2 euros.

Dans la pile 4, vous avez 2 bleus + 1 rouge = 10 donc 2 bleus + 2 = 10 ⇒ 2 bleus = 8 donc 1 bleu = 4 euros.

Dans la pile 3, 1 bleu + 2 jaunes = 10 euros donc 4 + 2 jaunes = 10 ⇒ 2 jaunes = 6 donc 1 jaune = 3 euros.

Dans la pile 2, 1 vert + 3 jaunes = 10 donc 1 vert + 9 = 10 ⇒ 1 vert = 1 euro.

Vous vérifiez maintenant les valeurs de chaque livre, sur la pile 1 car
1 rouge + 1 jaune + 1 bleu + 1 vert doit être égal à 10 euros :
2 + 3 + 4 + 1 = 10 euros.

En résumé, le livre rouge vaut 2 euros ; le jaune, 3 euros ; le bleu, 4 euros et le vert vaut 1 euro.

EXERCICES

Exercice 5.

Dans une forêt, vous observez 12 arbres ; un tiers sont des bouleaux et il y a autant de chênes que de charmes.

> Combien d'arbres devez-vous observer pour voir 24 chênes ?

Exercice 6.

> Trouvez les couleurs de chaque crayon sachant que :

– le crayon vert est plus vers le haut que le bleu ;

– le crayon bleu est juste sous le rouge ;

– le rouge et le noir sont dans le même sens.

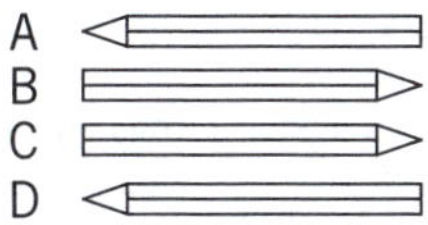

Exercice 7.

Deux ouvriers mettent trois jours pour creuser une piscine.

> Combien d'ouvriers faut-il employer pour creuser une piscine deux fois plus grande en six jours ?

Exercice 8.

Pour scier une bûche en trois parties, vous mettez 6 minutes.

> Combien de temps, vous faudra-t-il pour scier une autre bûche en quatre morceaux ?

Exercice 9.

Un gastéropode gravit 5 mètres et en redescend 4 chaque jour. Il doit atteindre un sommet à 18 mètres de hauteur.

> Combien de jours lui faudra-t-il ?

CORRIGÉS

Exercice 5. Sur 12 arbres, un tiers sont des bouleaux soit $\frac{12}{3} = 4$ bouleaux.

Il reste alors $12 - 4 = 8$ arbres, composés d'autant de chênes que de charmes soit 4 chênes et 4 charmes. En résumé, si vous regardez 12 arbres, vous voyez 4 chênes :

4 chênes vus pour 12 arbres regardés, donc pour voir 24 chênes, soit 6 fois plus, il faut regarder 6 fois plus d'arbres soit $6 \times 12 = 72$ arbres.

Exercice 6. Première proposition : « vert est plus haut que bleu » donne : vert
bleu

Deuxième proposition : « bleu juste au dessous de rouge » signifie qu'il touche le rouge donc le crayon rouge s'intercale entre vert et bleu.

À cette étape, vous avez : vert
rouge
bleu

Troisième proposition : « rouge et noir sont dans le même sens » donc le crayon noir ne peut être que B.

La solution est A = vert, B = noir, C = rouge et D = bleu.

Exercice 7. En 3 jours, 2 ouvriers creusent une piscine.

En 6 jours c'est-à-dire deux fois plus de temps, les 2 ouvriers peuvent creuser deux piscines ou une piscine deux fois plus grande. Donc 2 ouvriers suffiront à creuser cette piscine.

Exercice 8. Pour scier une bûche en 3 parties, vous faites 2 coupes alors que pour la scier en 4 parties, il faut faire 3 coupes.

2 coupes $\Rightarrow$ 6 minutes correspondent à 1 coupe en 3 minutes donc 3 coupes $\Rightarrow 3 \times 3 = 9$ minutes.

Exercice 9. L'escargot monte 5 mètres et en redescend 4 chaque jour. Il gravit donc 1 mètre par jour.

Le 1er jour, il monte d'un mètre ; le deuxième jour, il gravit 2 mètres, etc. Le 13e jour, il arrive à 13 mètres.

Le 14e jour, il monte 5 mètres et il est donc parvenu au sommet puisque $13 + 5 = 18$ mètres. Peu importe s'il redescend car il a atteint ce sommet, comme le demande la question.

EXERCICES

Exercice 10.

> Si un objet pèse 1 kg plus un demi objet, combien pèse cet objet ?

Exercice 11.

Un sac contient 20 boules blanches et 40 boules bleues.

> Quel est le nombre de boules à tirer pour être sûr d'avoir 10 boules bleues ?

Exercice 12.

> À qui appartiennent ces voitures garées ?

– Sophie n'est pas garée dans le même sens que Valentine.

– Benoît n'est pas garé à côté de Francis.

– Valentine n'est pas à côté de Benoît

– Sophie est garée plus vers la droite que Benoît.

Exercice 13.

Lors d'une soirée, 16 personnes sont présentes. Chacune sert la main de toutes les autres.

> Combien de poignées de mains seront échangées en tout ?

CORRIGÉS

Exercice 10. Vous devez poser une équation donc l'inconnue x représente le poids de l'objet : $x = 1 + \frac{1}{2}x$.

Ne commettez pas l'erreur de poser que l'objet pèse 1 + 0,5 kg car si vous écrivez que la moitié de l'objet pèse 0,5 kg, vous avez supposé que l'objet pèse 1 kg ; ce qui est faux comme vous pouvez le constater en résolvant l'équation.

$2x = 2 + x$

$2x - x = 2 \Rightarrow x = 2$ kg

L'objet pèse donc 2 kg.

Exercice 11. Au pire des cas, si vous n'avez vraiment pas de chance, vous pouvez tirer toutes les boules blanches sans aucune bleue. Une fois que toutes les blanches sont épuisées, il ne vous reste plus qu'à tirer 10 boules bleues pour être certain d'être en possession de 10 bleues.

Vous devez donc tirer 20 + 10 soit 30 boules pour être sûr d'avoir 10 boules bleues.

Exercice 12. Quatrième proposition : « Sophie est plus vers la droite que Benoît » donne les places suivantes :

Benoît – Sophie

Troisième proposition : « Valentine n'est pas à côté de Benoît » signifie qu'elle est à côté de Sophie ou de Francis si celui-ci est à gauche de Benoît, solution écartée par la 2e proposition.

Deuxième proposition : « Benoît n'est pas garé à côté de Francis » vous indique que Francis se situe entre Sophie et Valentine ou à droite de Valentine.

À ce moment, vous avez deux solutions possibles :

Benoît – Sophie – Valentine

↑ Francis (entre Sophie et Valentine) ↑ Francis (à droite de Valentine)

Première proposition : « Sophie n'est pas garée dans le même sens que Valentine » signifie que les deux voitures sont en sens inverse. Par conséquent, Francis n'est pas entre Sophie et Valentine mais à droite de Valentine.

En conclusion l'ordre est le suivant : A = Benoît, B = Sophie, C = Valentine et D = Francis.

Exercice 13. Prenez un exemple simple afin de « visualiser » l'exercice. Par exemple, si trois personnes sont présentes et se serrent la main, la première personne sert deux autres mains, la deuxième ne serre qu'une autre main et la troisième a déjà été saluée par les deux premières personnes.

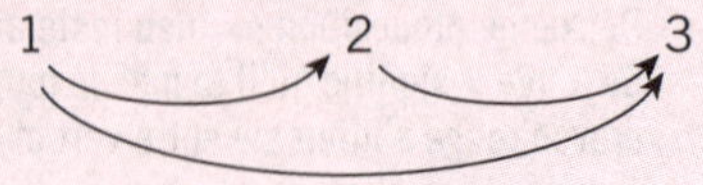

Au total, 2 + 1 soit 3 poignées de mains sont échangées lorsque 3 personnes sont présentes. Il ne reste qu'à appliquer le même raisonnement aux 16 personnes. Et si 16 personnes sont présentes, il y aura : 15 + 14 + 13 + 12 + 11 + 10 + 9 + 8 + 7 + 6 + 5 + 4 + 3 + 2 + 1 soit 120 poignées de mains échangées.

EXERCICES

Exercice 14.

Vous possédez autant d'argent que votre ami.

> Combien devrez-vous lui donner pour qu'il ait exactement 10 euros de plus que vous ?

Exercice 15.

Un libraire achète un livre 7 euros, le vend 8 euros, le rachète 9 euros et le revend 10 euros.

> Quel est le bénéfice de ce libraire ?

Exercice 16.

> En quelle langue s'exprime Maxime ?

Maxime est assis à une table où chaque convive parle sa propre langue et comprend celle(s) parlée(s) par son voisin de gauche.

– Cécile parle l'italien et comprend le portugais ;

– Gabriel parle l'anglais et l'allemand et comprend l'espagnol ;

– Bernard parle le portugais et comprend l'allemand et le grec ;

– Jeanne parle l'anglais et comprend l'italien.

Exercice 17.

> Si Paul a 21 ans, Julie 12 ans et Edgar 14 ans, quel âge a Lionel ?

CORRIGÉS

Exercice 14. 5 euros suffiront car si vous donnez 5 euros à votre ami, vous aurez 5 euros de moins et lui aura 5 euros de plus, c'est-à-dire une différence de 10 euros. Votre ami sera bien en possession de 10 euros de plus que vous.

Exercice 15. Faites une différence entre les dépenses et les recettes.

	Dépenses	Recettes
	7 euros	8 euros
	9 euros	10 euros
Total	16 euros	18 euros

Le bilan est de 18 euros reçus contre 16 euros dépensés soit un bénéfice de 2 euros.

Exercice 16. Première affirmation : Cécile parle italien et comprend le portugais donc son voisin de gauche parle le portugais.

Deuxième affirmation : Si Gabriel parle anglais et allemand, il correspond au voisin de gauche de Bernard.

Troisième affirmation : Si Bernard parle le portugais, il est le voisin de gauche de Cécile. D'autre part, Bernard comprend l'allemand et le grec, donc son voisin de gauche parle allemand car personne ne parle le grec.

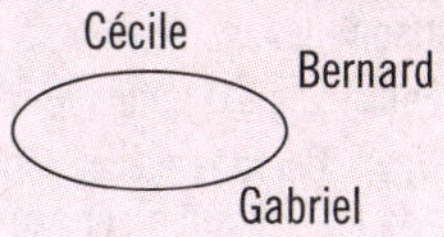

De plus, Gabriel comprend l'espagnol donc son voisin parle l'espagnol.

Quatrième affirmation : Jeanne parle l'anglais et comprend l'italien ; c'est donc la voisine de Cécile.

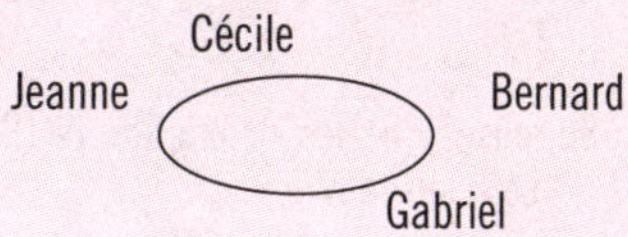

Il ne vous reste plus qu'une personne voisine de gauche de Gabriel qui parle l'espagnol et le voisin de droite de Jeanne qui comprend l'anglais : il s'agit donc de Maxime.

La synthèse de l'exercice est la suivante :

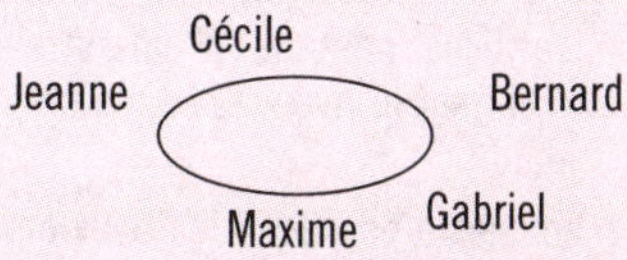

En conclusion, Maxime parle espagnol et comprend l'anglais et/ou l'allemand.

Attention : dans l'énoncé « son voisin de gauche » est bien situé à droite sur le papier !

Exercice 17. Des calculs complexes ne sont absolument pas nécessaires pour résoudre cet exercice. En effet, c'est une simple déduction logique car les âges sont respectivement 21 et 12 ans donc symétrie des chiffres. Lionel a donc 41 ans puisque ce chiffre est le symétrique de 14.

EXERCICES

Exercice 18.

Deux enfants et un adulte doivent traverser une rivière. Sachant que la barque ne peut faire passer que deux enfants ou un adulte à la fois.

> Combien de fois la barque doit-elle faire de voyage ?

Exercice 19.

Toute la famille Martin est réunie pour fêter l'anniversaire de Jacques. Dans cette famille, Georges est le grand-père de Marie ; Pierre est l'oncle de Jacques ; Paul est le frère jumeau de Pierre ; Georges a deux fils ; Luc est le neveu de Jean et le petit-fils de Paul ; Jacques, qui va fêter ses 38 ans, est le cousin germain de Marie.

> Parmi les propositions suivantes, laquelle est exacte ? Les liens cités ne sont pas des liens par alliance, mais des liens « de sang ».

Ⓐ Jean est le neveu de Marie.

Ⓑ Jacques est plus âgé que Paul.

Ⓒ Luc est le neveu de Jacques.

Ⓓ Georges est le grand-père de Jean.

CORRIGÉS

Exercice 18. Commencez par schématiser la rivière.

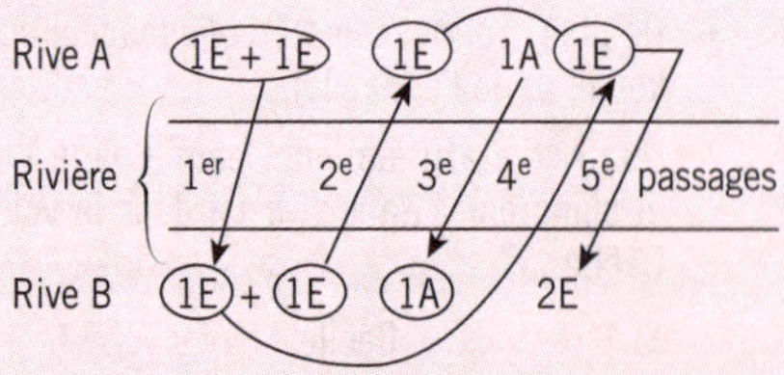

Supposez que les deux enfants (E) et l'adulte (A) sont sur la rive A.

Premier passage : 2 enfants traversent la rivière donc passent de la rive A à la rive B.

Deuxième passage : 1 enfant revient et se retrouve de nouveau sur la rive A.

Troisième passage : l'adulte traverse et se trouve sur la rive B.

Quatrième passage : l'enfant sur la rive B revient sur la rive A et se retrouve avec l'autre enfant.

Cinquième passage : les deux enfants traversent de nouveau la rivière et se retrouvent sur la rive B où l'adulte est déjà présent.

Après 5 passages, toutes les personnes (2 enfants et 1 adulte) ont traversé la rivière sans faire chavirer la barque.

Exercice 19. Faites un schéma.

Première affirmation :
Georges est le grand-père de Marie → ❶

Quatrième affirmation :
Georges a deux fils → ❷

Septième affirmation :
Jacques est le cousin de Marie → ❸

Deuxième affirmation :
Pierre est l'oncle de Jacques → ❹

Troisième affirmation :
Paul est le frère jumeau de Pierre → ❺

Sixième affirmation :
Luc est le petit fils de Paul → ❻

Cinquième affirmation :
Luc est le neveu de Jean → ❼

Construisez pas à pas l'arbre généalogique de cette famille.

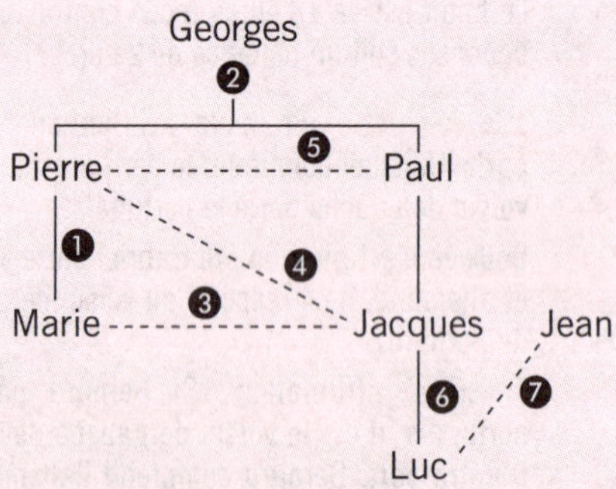

Ⓐ Faux : Jean est le cousin de Marie.

Ⓑ Faux : Jacques est plus jeune que Paul car il est son fils.

Ⓒ Faux : Luc est le fils de Jacques.

Ⓓ Vrai : Georges est effectivement le grand-père de Jean. (Paul a donc un deuxième fils.)

EXERCICES

Exercice 20.

Cochez la bonne réponse :
Ⓐ équivaut à + (plus), Ⓑ à = (aussi) ; Ⓒ à – (moins).

1. Paul est aussi rapide que Pierre, Pierre est Ⓐ Ⓑ Ⓒ lent que Rémi, donc Paul est moins rapide que Rémi.

2. Pierre est aussi riche que Marius, Marius est aussi riche que Luc, donc Luc est Ⓐ Ⓑ Ⓒ riche que Pierre.

3. Sophie est plus jeune que Anne, Anne est plus jeune que Marie, donc Sophie est Ⓐ Ⓑ Ⓒ jeune que Marie.

4. Robert est plus maigre que René, René est aussi gros que Marc, donc Robert est Ⓐ Ⓑ Ⓒ gros que Marc.

5. Élodie est plus petite que Viviane, Viviane est plus petite que Christine, donc Élodie est Ⓐ Ⓑ Ⓒ grande que Christine.

6. Médor est plus clair que Tobi, Tobi est moins sombre que Black, donc Médor est Ⓐ Ⓑ Ⓒ clair que Black.

7. André est Ⓐ Ⓑ Ⓒ fort que Claude, Claude est aussi fort que David, donc André est moins fort que David.

8. Camille est aussi âgée que Sylvie, Sylvie est Ⓐ Ⓑ Ⓒ âgée que Clara, donc Camille est aussi âgée que Clara.

9. Martine est plus adroite que Chantal, Chantal est aussi adroite que Monique, donc Martine est Ⓐ Ⓑ Ⓒ adroite que Monique.

10. Virginie est moins jolie que Nathalie, Nathalie est aussi jolie que Paule donc Paule est Ⓐ Ⓑ Ⓒ jolie que Virginie.

Pour chaque question, choisissez la réponse correcte Ⓐ Ⓑ ou Ⓒ.

11. André est à gauche de Paul et à droite de Luc. Qui est au milieu ?

Ⓐ André Ⓑ Paul Ⓒ Luc

12. Nathalie court moins vite qu'Annie, Maud court plus vite qu'Annie. Qui gagnera la course ?

Ⓐ Nathalie
Ⓑ Annie
Ⓒ Maud

13. La boîte rouge rentre dans la boîte jaune, la boîte jaune ne rentre pas dans la boîte noire. Quelle est la plus grande ?

Ⓐ la rouge Ⓑ la jaune Ⓒ la noire

CORRIGÉS

Exercice 20.

1. Ⓐ

2. Ⓑ

3. Ⓐ

4. Ⓒ

5. Ⓒ

6. Ⓐ

7. Ⓒ

8. Ⓑ

9. Ⓐ

10. Ⓐ

11. Ⓐ

12. Ⓒ

13. Ⓑ

EXERCICES

14. Voici trois chiffres : 5, 6, 7.
Quelle est la différence entre le plus petit des deux plus grands et le plus grand des deux plus petits.

Ⓐ 0 Ⓑ 1 Ⓒ 2

15. Si la fille de Louise est la mère de ma fille, quel est mon lien de parenté avec Louise ?

Ⓐ mère Ⓑ petite-fille Ⓒ fille

16. Quel nombre correspond à 1 de moins que la moitié de la différence entre 1 et 7 ?

Ⓐ 5 Ⓑ 2 Ⓒ 3

17. (…) est à vérité ce qu'orgueilleux est à modestie.

Ⓐ menteur Ⓑ mensonge Ⓒ franchise

18. Kilomètre est à terre ce que nœud est à (…).

Ⓐ bois Ⓑ ruban Ⓒ mer

Exercice 21.

Vous devez découvrir un mot de cinq lettres, en vous servant des six mots suivants, qui ont une ou deux lettres placées au même endroit que les lettres du mot à trouver.

AVRIL	2 lettres bien placées
AVOIR	2 lettres bien placées
BÂTON	2 lettres bien placées
ÉLIRE	1 lettre bien placée
ÉPIER	1 lettre bien placée
MELON	2 lettres bien placées

CORRIGÉS

14. Ⓐ

15. Ⓒ

16. Ⓑ

17. Ⓐ

18. Ⓒ

Exercice 21.

AVION

EXERCICES

Exercice 22.

Le master mot est un mot de 5 lettres que vous devez découvrir. Pour cela, aidez-vous de tous les mots de la grille en sachant que le chiffre à côté de chacun de ces mots indique le nombre de lettres qui occupent la **même place** dans le master mot.

Toutes les lettres du mot à déterminer sont contenues dans les mots de la grille.

1.

M	U	R	E	T	1
S	A	L	I	N	1
G	E	A	N	T	1
P	E	T	O	N	1
S	U	B	I	R	1
G	I	B	U	S	1
R	E	C	R	U	0
S	A	L	I	R	2
M	I	T	R	E	1
R	O	D	E	O	1

2.

S	E	T	O	N	1
G	O	R	E	T	1
P	A	T	O	N	1
C	O	L	I	S	1
P	U	R	E	E	1
M	E	R	L	E	1
P	E	T	O	N	1
S	A	M	I	T	1
S	A	L	L	E	1
C	U	M	I	N	1

CORRIGÉS

Exercice 22.

1. GATER

Toutes les lettres de RECRU sont à éliminer. SALIR (2) et SALIN (1) nous donnent R cinquième, que l'on retrouve dans SUBIR; les autres lettres sont à écarter. Dans MITRE et MURET, si M est première, on a O quatrième dans PETON, mais il ne reste plus aucune lettre dans GIBUS. M n'est pas première. Dans MITRE, si I est deuxième, on a P au premier rang dans PETON, L troisième dans SALIN et SALIR, E quatrième dans MURET et RODEO, mais il ne reste plus aucune lettre dans GEANT. I n'est pas deuxième. Il reste T troisième, que l'on retrouve dans PETON; les autres lettres sont à éliminer. Il reste enfin A deuxième dans SALIN et SALIR, E quatrième dans MURET et RODEO, G première dans GEANT et GIBUS. La solution unique est **GATER**.

2. MULOT

PATON et PETON éliminent A et E deuxièmes. PETON et SETON éliminent P et S premières. Dans COLIS, si O est deuxième, on a M première dans MERLE, mais il ne reste plus aucune lettre dans PUREE et SALLE. O n'est pas deuxième. Il reste U au deuxième rang dans PUREE et CUMIN; les autres lettres sont à éliminer. Il reste T cinquième dans SAMIT, compatible avec GORET; ce qui élimine G première. Il reste M au premier rang dans MERLE; ce qui élimine L quatrième. Il reste enfin L troisième dans COLIS et SALLE, O quatrième dans SETON, PATON et PETON. La solution unique est **MULOT**.

EXERCICES

3.

F	I	L	I	N	1
A	R	M	E	T	1
P	I	G	E	S	0
C	R	E	U	X	1
F	O	R	G	E	1
M	E	L	O	N	1
M	U	R	I	R	1
A	R	M	E	R	2
D	A	G	U	E	1
C	E	R	A	T	1

4.

C	A	S	E	R	1
T	E	N	O	R	1
B	E	N	I	R	1
S	A	L	E	R	1
B	O	N	U	S	1
S	I	T	U	E	1
C	A	L	E	R	1
V	E	T	I	R	1
S	O	L	I	N	1
D	E	L	O	T	1

5.

S	A	B	L	E	2
R	O	T	I	R	1
S	I	T	E	S	0
M	I	N	O	U	1
S	A	U	L	E	1
D	E	L	I	T	1
M	U	R	E	T	1
A	U	B	I	N	1
R	E	P	U	S	1
C	O	L	O	N	1

6.

T	A	R	I	E	1
S	I	E	U	R	1
T	A	R	S	E	1
S	A	N	T	E	1
M	I	R	E	S	1
R	O	U	I	R	1
T	O	R	S	E	1
B	O	N	U	S	1
S	U	R	I	N	1
M	U	E	T	S	1

CORRIGÉS

3. FEMUR

Toutes les lettres de PIGES sont à éliminer. ARMER (2) et ARMET (1) nous donnent R cinquième, que l'on retrouve dans MURIR; les autres lettres sont à écarter. Dans CERAT, si C est première, on a A deuxième dans DAGUE, L troisième dans FILIN et MELON, mais il ne reste plus aucune lettre dans ARMET et ARMER. C n'est pas première. Si A est quatrième, on a L troisième dans MELON et FILIN, R deuxième dans CREUX, ARMET et ARMER, mais il ne reste plus aucune lettre dans FORGE. A n'est pas quatrième. Il reste E deuxième, que l'on retrouve dans MELON; les autres lettres sont à écarter. Il reste F première dans FILIN, compatible avec FORGE; ce qui élimine G quatrième. Il reste enfin M troisième dans ARMET et ARMER, U quatrième dans CREUX et DAGUE. La solution unique est **FEMUR.**

4. BATON

CASER ET CALER éliminent S et L troisièmes. CALER ET SALER éliminent C et S premières. Dans TENOR, si N est troisième, il reste E au quatrième rang dans CASER, SALER et CALER, V première dans VETIR, T cinquième dans DELOT, mais il ne reste plus aucune lettre dans SOLIN. N n'est pas troisième. Il reste T au troisième rang dans SITUE et VETIR; les autres lettres sont à éliminer. Il reste B première dans BENIR, compatible avec BONUS; les autres lettres sont à écarter. Il reste O quatrième dans TENOR et DELOT, A au deuxième rang dans CASER, SALER et CALER, N cinquième dans SOLIN. La solution unique est **BATON.**

5. RABOT

Toutes les lettres de SITES sont à éliminer. SABLE (2) et SAULE (1) nous donnent B troisième, que l'on retrouve dans AUBIN; les autres lettres sont à écarter. Dans MURET et MINOU, si M est première, on a E deuxième dans DELIT et REPUS, mais il ne reste plus aucune lettre dans COLON. M n'est pas première. Il reste T cinquième, compatible avec DELIT; les autres lettres sont à éliminer. Il reste O quatrième dans MINOU, que l'on retrouve dans COLON; les autres lettres sont à écarter. Il reste enfin A deuxième dans SABLE et SAULE, R première dans ROTIR et REPUS. La solution unique est **RABOT.**

6. TUNER

TORSE et TARSE éliminent O et A deuxièmes. TARSE et TARIE éliminent S et I quatrièmes. Dans SIEUR, si I est deuxième, on a N cinquième dans SURIN, T quatrième dans MUETS et SANTE, T première dans TARIE, TARSE et TORSE, U troisième dans ROUIR, mais il ne reste plus aucune lettre dans BONUS I n'est pas deuxième. Il reste U au deuxième rang dans SURIN et MUETS; les autres lettres sont à éliminer. Il reste E quatrième dans MIRES, R cinquième dans SIEUR, compatible avec ROUIR; ce qui élimine R première et U troisième. Il reste enfin T première dans TARIE, TARSE et TORSE, N troisième dans SANTE et BONUS. La solution unique est **TUNER.**

Les tests des logigrammes 22

Relativement récents, ces tests font appel à votre logique, votre rationalité, votre savoir-faire et votre rapidité face à une activité donnée.

1. Présentation

Les exercices sont composés de diverses informations qu'il s'agit d'organiser à l'aide de classements, de tableaux de données.

2. Conseils

Dans un premier temps, lisez avec attention les consignes de l'énoncé et soyez très attentif à toutes les données.

Choisissez ensuite une méthode vous permettant de mettre en évidence les différents éléments.

Progressez de manière rigoureuse en mettant en place des automatismes et en vérifiant votre travail à chaque étape.

Restez concentré et gérez votre temps.

Exemple Noé, Alex, Aline et Pamela ont chacune loué un logement dans un lieu de vacances.
Les villes sont : Narbonne, Cassis, Bordeaux, Biarritz.
Les dates d'arrivée sont : 10, 13, 15 et 17 août.
Les logements sont : chambre d'hôte, camping, hôtel, appartement.
Grâce à ces indices, trouvez qui a loué quoi et où et la date d'arrivée de chacune :
Indice 1 : Noé a loué un appartement à Bordeaux.
Indice 2 : Alex, qui n'a loué ni à Narbonne, ni à Biarritz arrive à son hôtel le 15/08.
Indice 3 : Pamela, qui n'aime pas Narbonne, arrive à sa chambre d'hôte 2 jours avant Alex, donc 3 jours après l'arrivée d'Aline à son lieu de vacances.

Corrigé

Il s'agit d'entrer les données au fur et à mesure dans un tableau à double entrée et de procéder par élimination.

	Ville	Logement	Date
Alex	Cassis	Hôtel	15/08
Pamela	Biarritz	Chambre d'hôte	13/08
Aline	Narbonne	Camping	10/08
Noé	Bordeaux	Appartement	17/08

EXERCICES

Exercice 1.

Dans le service d'un hôpital, cinq personnes doivent partir en vacances du 1er mai au 30 septembre.

Le chef de service souhaite que chaque personne prenne quatre semaines consécutives et qu'un seul salarié soit absent chaque mois.

Indice 1 : Michelle est en congé un mois avant l'agent de service hospitalier ;

Indice 2 : L'infirmier est en congé un mois avant Julie ;

Indice 3 : Violette prend ses vacances après Bernard qui est précédé de la personne qui prend ses vacances après le pédiatre ;

Indice 4 : Pierre est en congé en mai ;

Indice 5 : Le médecin urgentiste prend ses vacances en juillet.

> Comment se prénomme l'aide soignant(e) ?

CORRIGÉS

Exercice 1.

Il s'agit d'un exemple de planning à déduction logique progressive. Cet exercice est proche des tests de logique de déduction.

Dans ce type d'exercice, la technique consiste à construire un tableau de déductions successives à partir des affirmations de l'énoncé. Ce tableau vous servira à répertorier les indices de l'énoncé mais aussi à placer des éléments découverts à partir de vos déductions logiques et de vos conclusions. Par tâtonnement, au fur et à mesure du remplissage du tableau, la solution vous apparaîtra plus facilement.

Construction du tableau :

	A	B	C
	Mois de congé	**Prénom**	**Profession**
1	Mai	Pierre	Infirmier
2	Juin	Julie	Pédiatre
3	Juillet	Michelle	Médecin
4	Août	Bernard	Agent de service
5	Septembre	Violette	Aide soignante

Analyse des indices :

– L'indice 1 nous dit que « Michelle est en congé un mois avant l'agent de service » donc Michelle ne peut pas être l'agent de service hospitalier.

– L'indice 4 affirme que « Pierre est en congé en mai » : Pierre est donc le premier dans l'ordre des congés ⇒ Pierre en B1.

– D'après l'indice 5, « le médecin prend ses vacances en juillet » : vous pouvez alors placer le médecin dans votre tableau en C3.

– En interprétant l'indice 3, deux solutions sont possibles pour les congés du pédiatre : en mai ou en juin.

1re hypothèse : Si le pédiatre prend ses vacances en mai, Julie doit être en vacances en septembre ; ce qui induit que Michelle est en vacances en juin. Cette situation est fausse car elle ne concorde pas avec la première affirmation.

2e hypothèse : Le pédiatre prend donc ses congés en juin ⇒ pédiatre en C2.

D'après l'indice 3, « Bernard est précédé de la personne qui prend ses vacances après le pédiatre » signifie qu'entre le mois de juin et le mois de vacances de Bernard, s'intercale une autre personne ⇒ Bernard en B4.

Toujours d'après l'indice 3, « Violette prend ses vacances après Bernard » donc Violette est en B5.

Michelle étant en congé un mois avant l'agent de service indique qu'elle ne peut être en vacance qu'en juillet ⇒ Michelle en B3. Et l'agent de service est alors Bernard ⇒ Agent de service en C4.

Il ne reste plus que Julie qui est en vacances en juin ⇒ Julie en B2.

D'après l'indice 2, « l'infirmier est en congé un mois avant Julie » ; ce qui signifie qu'il prend ses vacances en mai ⇒ Infirmier en C1 et il s'agit de Pierre.

Après cet ensemble de déductions, il ne reste plus que Violette qui n'est pas affectée d'une profession : Violette est donc l'aide soignante.

EXERCICES

Exercice 2.

> Découvrez l'âge de trois étudiants, ainsi que les études choisies par chacun sachant que :

– Arnaud est plus jeune que l'étudiant en chimie ;

– Marc n'étudie pas la biologie ;

– le troisième étudiant se prénomme Jacques ;

– l'étudiant en médecine est plus âgé que Marc ;

– leurs âges s'étalent de 19 à 21 ans.

CORRIGÉS

Exercice 2. Il s'agit d'une enquête simple à résoudre sous la forme d'une première grille à remplir à partir d'indices. Il vous suffit de noter dans les cases de la grille, les informations fournies par les indices ainsi que les déductions que vous en tirez. Vous pouvez alors compléter un second tableau en toute logique.

Commencez par concevoir un tableau afin d'y placer les éléments dont vous disposez.

Vous connaissez les prénoms des trois étudiants (Arnaud, Jacques et Marc) ; les différentes études possibles (chimie, biologie et médecine) ainsi que leurs âges (19, 20 et 21 ans). Les indications placées dans ce tableau vous permettront de déduire plus facilement les informations à découvrir.

Tableau 1 : traduction des informations

			Études			**Âge**		
			Chimie	Biologie	Médecine	19 ans	20 ans	21 ans
			A	*B*	*C*	*D*	*E*	*F*
Prénom	Arnaud	1	N	O	N	O	N	N
	Jacques	2	N		O	N	N	O
	Marc	3	O	N	N	N	O	N
Âge	19 ans	4	N	O	N			
	20 ans	5	O					
	21 ans	6	N					

D'après l'indice 1 :

– Arnaud n'a pas 21 ans ⇒ non (N) en F1.

– L'étudiant en chimie n'a pas 19 ans et n'est pas Arnaud ⇒ non en A1, A4.

D'après l'indice 2 :

– Marc n'étudie pas la biologie ⇒ non en B3.

D'après l'indice 3 :

– L'étudiant en médecine n'est pas Marc ⇒ non en C3. Marc étudie donc la chimie. Portez cette information dans le tableau 2.

Or, on sait que :

- (indice 1) Arnaud est plus jeune que l'étudiant en médecine (qui a 20 ans, Marc) ; donc Arnaud a 19 ans ;

- (indice 3) l'étudiant en médecine est plus âgé que Marc, c'est donc Jacques.

– Et il n'a pas 19 ans ⇒ non en C4.

Tableau 2 : récapitulatif des déductions

Prénom	**Études**	**Âge**
Arnaud	Biologie	19
Jacques	Médecine	21
Marc	Chimie	20

Exercice 3.

Vous devez remplir le tableau 1 (partie blanche) en fonction des contraintes ci-dessous.

Contraintes

• Les quatre personnes parties en séjour au Maroc :
– ont comme prénoms Didier, Anne, Jean et Isabelle ;
– sont âgées de 28 à 31 ans et ont un an de différence ;
– peuvent séjourner à Tanger, Rabat, Agadir ou Casablanca ;
– partent un mois entier entre juin et septembre.

• Sur la ligne supérieure formée de 3 cases, vous placerez les mots Âge, Ville et Mois dans l'ordre alphabétique inverse alors que, dans la colonne de gauche constituée de 3 cases, vous placerez Prénom, Âge et Mois dans cet ordre.

• Dans le rectangle des âges (lignes 5 à 8), vous écrirez les âges de chacun du plus jeune au plus âgé.

• Dans le rectangle des mois (lignes de 9 à 12), vous placerez les mois de juin à septembre.

Enfin, dans le rectangle des prénoms (lignes 1 à 4), vous indiquerez les prénoms par ordre alphabétique.

• Dans la colonne des villes (numérotée de A à D), vous placerez les quatre villes marocaines par ordre alphabétique.

• Dans la colonne des âges (numérotée de I à L), vous écrirez les âges par ordre croissant.

• Et enfin, dans la colonne des mois (numérotée de E à H), vous placerez les mois de juin à septembre.

Travail à faire

• Remplissez le tableau 1 (partie grise) avec les informations fournies par les indices ci-dessous et les déductions que vous en tirez.
– Pour cela, écrivez dans les cases **O** pour **O**ui lorsque l'information est positive,
– et écrivez **N** pour **N**on lorsque l'information est négative.

• Enfin, complétez en toute logique le tableau 2 (partie grise) afin de répondre aux questions qui vous sont posées en introduction.

Indices

1. La personne partie à Agadir ne s'appelle pas Jean et n'est pas partie en août.
2. Isabelle ne s'est pas rendue à Agadir et n'a pas 29 ans.
3. Didier est parti en juillet mais ni pour Agadir, ni pour Rabat. Il n'a ni 30 ans ni 31 ans.
4. La touriste vue à Tanger en juin a deux ans de moins que la personne allée à Agadir.
5. La personne partie en août a 31 ans.

EXERCICES

Tableau 1

			A	B	C	D	E	F	G	H	I	J	K	L
		1												
		2												
		3												
		4												
		5												
		6												
		7												
		8												
		9												
		10												
		11												
		12												

Tableau 2

Prénom	Ville	Mois	Age
Anne			
Didier			
Isabelle			
Jean			

CORRIGÉS

Exercice 3.

Tableau 1 : Mise en place des légendes.

			Ville				Mois				Âge			
			Agadir	Casablanca	Rabat	Tanger	Juin	Juillet	Août	Septembre	28 ans	29 ans	30 ans	31 ans
			A	B	C	D	E	F	G	H	I	J	K	L
Prénom	Anne	1	O	N	N	N	N	N	N	O	N	N	O	N
	Didier	2	N		N	N	N	O	N	N	O	N	N	N
	Isabelle	3	N	N	N	O	O	N	N	N	N	O	N	N
	Jean	4	N		O	N	N	N	O	N	N	N	N	O
Âge	28 ans	5	N		N				N	N				
	29 ans	6	N		N				N	N				
	30 ans	7	O	N	N	N	N	N	N	O				
	31 ans	8	N	N	O	N	N	N	O	N				
Mois	Juin	9	N	N	N	O								
	Juillet	10	N	O	N	N								
	Août	11	N	N	O	N								
	Septembre	12	O	N	N	N								

CORRIGÉS

Tableau 1 : Mise en place des informations

• Indice 1 :

– La personne partie à Agadir n'y est pas allée en août ⇒ N en A11

– La personne partie à Agadir ne s'appelle pas Jean ⇒ N en A4

• Indice 2 :

– Isabelle n'est pas allée à Agadir ⇒ N en A3

– Isabelle n'a pas 29 ans ⇒ N en J3

• Indice 3 :

– Didier est parti en juillet ⇒ O en F2

– Didier n'est pas allé à Agadir ⇒ N en A2

– Didier n'est pas allé à Rabat ⇒ N en C2

En croisant les informations, on sait que Agadir et Rabat ne vont pas avec juillet donc N en A10 et C10.

– On peut lire dans le tableau que c'est Anne qui est partie à Agadir : O en A1 donc elle n'est pas partie en août donc N en G1.

– Didier n'a pas 30 ans ni 31 ans ⇒ N en K2 et L2

– Puisque c'est Didier qui est parti en juillet, et qu'il n'a ni 30, ni 31 ans, la personne partie en juillet n'a ni 30 ans, ni 31 ans ⇒ N en F7 et F8

Indice 4 :

– Il est question d'une touriste partie à Tanger donc ce n'est pas Jean ni Didier ⇒ N en D2 et D4

– Il ne reste donc qu'Isabelle donc O en D3.

– Par déduction, Didier est parti à Casablanca : O en B2 et Jean est parti à Rabat : O en C4.

– En reprenant l'indice 4 : la touriste est partie à Tanger en juin ⇒ O en D9 et comme il s'agit d'Isabelle : O en E3.

– Il en résulte que seul Jean a pu partir en août donc O en G4 et Anne est partie en septembre : O en H1

– En croisant les informations : Anne est partie à Agadir en septembre donc O en A12

– Didier est parti à Casablanca en juillet donc O en B10

– Isabelle est partie en juin à Tanger donc O en D9

– Jean est parti à Rabat en août donc O en C11.

– L'indice 5 précise que la personne partie en août a 31 ans : O en G8 donc Jean a 31 ans : O en C8 ; Rabat = 31 ans : O en L4

– L'indice 4 précise qu'Isabelle doit avoir deux ans de moins qu'Anne. Comme Anne ne peut pas avoir 30 ans, la seule possibilité est de prendre Anne = 30 ans et Isabelle = 28 ans donc O en K1 et O en I3. Il en découle que Didier a 29 ans : O en J2.

– Il ne reste plus qu'à croiser les informations pour finir de remplir le tableau.

Prénom	Ville	Mois	Âge
Anne	Agadir	Septembre	30 ans
Didier	Casablanca	Juillet	29 ans
Isabelle	Tanger	Juin	28 ans
Jean	Rabat	Août	31 ans

Exercice 4.

À la gare de Nice, cinq voyageurs sont arrivés en retard et ont raté leur train. Les voyageurs se prénomment Florian, John, Lucas, Maxime et Pierre.

Ces voyageurs se rendaient à Dijon, Lyon, Marseille, Niort ou Poitiers et ont eu un retard de 5, 10, 15, 20 et 25 minutes. Ces retards font suite à divers incidents. Un des voyageurs a perdu son billet de train. Un autre s'est trompé de gare tandis qu'un troisième se trompait de quai. Enfin, une panne de voiture et une panne de réveil sont responsables des retards des deux derniers voyageurs.

Pour ce test d'organisation, on vous demande de remplir le tableau de l'annexe 1 en fonction des indices qui vous sont donnés. Pour faciliter votre tâche, le tableau de l'annexe 2 vous permet de noter les informations positives (+ par exemple) ou négatives (– par exemple) que vous avez déduites des indices.

Pour vous aider, on vous donne quelques indices :

1 – Maxime a eu 15 minutes de retard, mais pas à cause d'une erreur et il n'allait pas à Lyon.

2 – Le voyageur qui s'est trompé de gare a eu 15 minutes de retard de plus que celui qui est tombé en panne de voiture.

3 – Le voyageur qui, à cause d'une erreur, a raté le train de Dijon n'est pas Florian.

4 – Le voyageur qui a raté de 20 minutes son train pour Marseille, mais pas à cause d'une panne, n'est ni Pierre ni Florian.

5 – John a eu plus de 5 minutes de retard à cause d'une erreur et a manqué son train pour Poitiers.

Annexe 1

Prénom	Destination	Motif du retard	Durée du retard
Florian			
John			
Lucas			
Maxime			
Pierre			

Annexe 2

	Dijon	Lyon	Marseille	Niort	Poitiers	Billet perdu	Erreur de gare	Erreur de quai	Panne réveil	Panne voiture	5 Min	10 Min	15 Min	20 Min	25 Min
Florian															
John															
Lucas															
Maxime															
Pierre															
5 Min															
10 Min															
15 Min															
20 Min															
25 Min															
Billet perdu															
Erreur de gare															
Erreur de quai															
Panne réveil															
Panne voiture															

Exercice 4.

Pour réaliser correctement ce test, vous devez faire plusieurs déductions à partir des indices qui vous sont donnés. Notez ces déductions au fur et à mesure dans le tableau à double entrée de l'annexe 2 et ne portez dans le tableau de l'annexe 1 que les informations dont vous êtes certain.

Les indices ne doivent pas être forcement utilisés dans l'ordre donné et n'hésitez pas à les reprendre dès que vous avez ajouté une information dans le tableau.

Vous trouverez ci-dessous un raisonnement détaillé qui permet de résoudre cet exercice. Ce raisonnement peut varier en fonction de l'ordre dans lequel vous utilisez les indices puis les recoupements d'informations. Cependant, quel que soit l'ordre de remplissage des tableaux, une seule solution est obtenue.

• L'indice 1 vous permet de dire que Maxime a eu 15 minutes de retard donc pas 5, 10, 20 ou 25.

De plus, vous pouvez en déduire que les autres voyageurs n'ont pas eu 15 minutes de retard. Vous pouvez, immédiatement, porter cette information dans le tableau de l'annexe 1 et noter sur le tableau de l'annexe 2 le reste des déductions en marquant d'un trait les cases qui ne sont pas possibles :

– Maxime n'a pas commis d'erreur et ne va pas à Lyon, donc notez ces informations sur le tableau de l'annexe 2 ;

– de plus, « 15 minutes de retard » ne peut pas être associé à Lyon et à une erreur.

• L'indice 2 permet de dire que l'erreur de gare ne peut pas être associée à 5, 10 ou 15 minutes de retard et que la panne de voiture ne peut pas être associée à 15, 20 ou 25 minutes car, dans ces cas-là, on dépasse les 25 minutes de retard.

• L'indice 3 permet de dire qu'une des personnes qui a commis une erreur allait à Dijon donc Dijon ne peut pas être associée au billet perdu ou aux pannes. Cette personne n'est pas Florian donc Florian ne va pas à Dijon.

L'indice 4 permet d'associer « retard de 20 minutes » à Marseille et non aux autres villes. De plus, Marseille et « retard de 20 minutes » ne vont pas avec les pannes ni avec Pierre ni Florian.

• L'indice 5 permet d'associer John à Poitiers et donc pas aux autres villes. Il a eu plus de 5 minutes de retard et pas à cause d'une panne ou d'un billet perdu. De même, Poitiers ne peut pas être associée « à retard de 5 minutes » et « panne » ou « billet perdu ».

À partir de ce moment, il faut reprendre les informations que vous avez portées dans le tableau de l'annexe 2 en les croisant pour compléter vos données.

– John va à Poitiers. Or, Poitiers ne peut pas être associée à « 5 ou 20 minutes de retard » donc John non plus. Transposez ces informations dans la ligne correspondant à John. John ne peut pas avoir 15 minutes de retard donc Poitiers ne peut pas être associée à « 15 minutes de retard ».

– Maxime a 15 minutes de retard. Or le voyageur qui a eu 15 minutes de retard n'a pas eu de panne de voiture et ne va pas à Marseille. Portez ces informations dans la ligne de Maxime.

– En portant cette dernière information, vous constatez que seul Lucas peut aller à Marseille ; il ne va donc pas dans les autres villes. Reprenez tout ce que vous savez sur Marseille et associez ces informations à Lucas et inversement. Lucas a donc eu 20 minutes de retard.

– Maxime a raté son train sans commettre d'erreur. Or, le voyageur qui allait à Dijon a commis une erreur donc Maxime ne va pas à Dijon. À partir de ces informations, on sait que Maxime va à Niort, que Pierre va à Dijon et que Florian va à Lyon. Vous avez donc attribué chaque ville à chaque voyageur.

– Avec les informations que vous venez de découvrir, vous pouvez affirmer que Pierre n'a pas perdu son billet et n'a pas été victime d'une panne car ces données son incompatibles avec la ville de Dijon. C'est donc Florian qui a eu une panne de voiture et donc qui allait à Lyon.

– Maxime a donc eu une panne de réveil et Lucas a perdu son billet. Croisez l'ensemble des informations que vous venez de découvrir et vous allez pouvoir associer « retard de 25 minutes » à « erreur de gare ». Or, Florian qui a eu une panne de voiture et qui se rendait à Lyon n'a donc pas eu 25 minutes de retard.

– Il faut reprendre l'indice 2 : on sait que la personne qui s'est trompée de gare a eu un retard de 25 minutes et celui qui est tombé en panne de voiture 15 minutes de moins donc 25 – 15 = 10 minutes que l'on peut porter dans le tableau. C'est donc Florian qui a eu un retard de 10 minutes. John a eu un retard de 25 minutes et Pierre de 5 minutes.

Vous avez maintenant toutes les données pour remplir le tableau de l'annexe 1.

Annexe 1

Prénom	Destination	Motif du retard	Durée du retard
Florian	Lyon	Panne de voiture	10 minutes
John	Poitiers	Erreur de gare	25minutes
Lucas	Marseille	Billet perdu	20 minutes
Maxime	Niort	Panne de réveil	15 minutes
Pierre	Dijon	Erreur de quai	5 minutes

Annexe 2

	Dijon	Lyon	Marseille	Niort	Poitiers	Billet perdu	Erreur de gare	Erreur de quai	Panne réveil	Panne voiture	5 Min	10 Min	15 Min	20 Min	25 Min
Florian	-	+	-	-	-	-	-	-	-	+	-	+	-	-	-
John	-	-	-	-	+	-			-	-	-	-	-	-	+
Lucas	-	-	+	-	-	+	-	-	-	-	-	-	-	+	-
Maxime	-	-	-	+	-	-	-	-	+	-	-	-	+	-	-
Pierre	+	-	-	-	-	-			-	-	+	-	-	-	-
5 Min			-	-	-	-	-		-	-					
10 Min			-	-		-	-	-	-	+					
15 Min	-	-	-	+	-	-	-	-	+	-					
20 Min	-	-	+	-	-	+	-	-	-	-					
25 Min			-	-		-	+	-	-	-					
Billet perdu	-	-	+	-	-										
Erreur de gare		-	-	-											
Erreur de quai		-	-	-	-										
Panne réveil	-	-	-	+	-										
Panne voiture	-	+	-	-	-										

EXERCICES

Exercice 5.

Indices

Antonio propose à ses clients cinq spécialités de pizzas : Capriccio, Fantasia, Farandole, Royale et Supra. Elles ont chacune un ordre de préférence (1re à 5e place) et un prix différent (6 €, 7 €, 7,50 €, 8 €, 9 €).

En vous aidant des propositions ci-dessous, retrouvez le nom, la particularité, le prix et l'ordre de préférence de chaque pizza.

Indices :

1. La pizza au gorgonzola occupe la 4e place dans le classement.

2. La Capriccio coûte 7,50 € ; elle est moins appréciée que la Royale.

3. La Royale est à la coppa ; elle coûte plus cher que celle qui est classée 5e, qui ne contient ni œuf, ni saumon.

4. La 3e coûte 8 €, elle ne contient pas de coppa.

5. La supra, qui ne contient pas de saumon, est la plus réclamée ; elle coûte 1 € de plus que la pizza au gorgonzola qui n'est pas la Fantasia.

Nom	Particularité	Prix	Classement
Capriccio			
Fantasio			
Farandole			
Royale			
Supra			

Exercice 6.

Indices

Julien, âgé de 45 ans, rend visite à ses frères et sœurs installés dans différentes villes de France. À l'aide des propositions ci-dessous, retrouvez le prénom et l'âge de chacun, la ville et l'ordre de passage de Julien.

Indices :

1. La 4e étape de Julien n'était ni Guéret ni Tarbes.

2. Celui ou celle qui habite à Dole est âgé(e) de 37 ans.

3. Julien est passé en 1er à Nantes et a terminé son périple chez Audrey, qui n'a ni 34 ni 43 ans et qui ne demeure pas à Tarbes.

4. Mireille demeure à Biarritz.

5. Julien est allé voir Sylvie après sa sœur aînée, mais avant Gérard, le plus jeune des garçons.

Prénom	Âge	Ville	Ordre
Audrey			
Gérard			
Mireille			
Romain			
Sylvie			

CORRIGÉS

Exercice 5.

Le plus simple est d'établir un tableau à double entrée dans lequel vous reportez étape par étape les informations sous forme de 1 pour une affirmation et de 0 pour une négation.

			Particularité					Prix					Classement				
			Artichaut	Coppa	Gorgonzola	Œuf	Saumon	6 €	7 €	7 € 50	8 €	9 €	1	2	3	4	5
			A	B	C	D	E	F	G	H	I	J	K	L	M	N	O
Nom	Capriccio	1															
	Fantasia	2															
	Farandole	3															
	Royale	4															
	Supra	5															
Classement	1	6															
	2	7															
	3	8															
	4	9															
	5	10															
Prix	6 €	11															
	7 €	12															
	7 € 50	13															
	8 €	14															
	9 €	15															

1re proposition

La pizza au gorgonzola occupe la 4e place dans le classement, donc 1 en C9 et 0 en C6, C7, C8, C10, A9, B9, D9, E9.

2e proposition

La Cappriccio coûte 7,50 €, donc 1 en H et 0 en H2, H3, H4, H5, F1, G1, I1, J1. Elle est moins appréciée que la Royale, donc 0 en K1, O4. Selon H1 et K1, porter 0 en H6. Continuez ainsi en procédant par élimination. À la fin, il ne doit rester qu'une seule possibilité par famille. reportez alors les conclusions dans le tableau de synthèse.

Nom	Particularité	Prix	Classement
Capriccio	Artichaut	7,50 €	5e
Fantasia	Saumon	8 €	3e
Farandole	Gorgonzola	6 €	4e
Royale	Coppa	9 €	2e
Supra	Œuf	7 €	1re

CORRIGÉS

Exercice 6.

Établissez un tableau à double entrée et reportez-y étape par étape les propositions en codant «1» pour une affirmation et «0» pour une négation.

			Âge					Ville					Ordre				
			34 ans	37 ans	39 ans	43 ans	48 ans	Biarritz	Dole	Guéret	Nantes	Tarbes	1	2	3	4	5
			A	B	C	D	E	F	G	H	I	J	K	L	M	N	O
Prénom	Audrey	1															
	Gérard	2															
	Mireille	3															
	Romain	4															
	Sylvie	5															
Ordre	1	6															
	2	7															
	3	8															
	4	9															
	5	10															
Ville	Biarritz	11															
	Dole	12															
	Guéret	13															
	Nantes	14															
	Tarbes	15															

1re proposition

La 4e étape de Julien n'était ni Guéret, ni Tours, donc 0 en H9 et J9.

2e proposition

Celui ou celle qui demeure à Dole est âgé(e) de 37ans donc 1 en B12 et 0 en B11, B13, B14, B15, A12, D12, E12.

Traitez de même toutes les autres propositions et procédez par élimination. À la fin, il ne doit rester qu'une seule possibilité par famille. Reportez alors les conclusions dans le tableau de synthèse dans lequel les solutions apparaîtront clairement.

Prénom	Âge	Ville	Ordre
Audrey	39	Guéret	5
Gérard	37	Dole	4
Mireille	48	Diarritz	2
Romain	43	Nantes	1
Sylvie	34	Tarbes	3

23 Les tests de codage

Vous n'êtes pas sans connaître l'existence de messages codés employés de tout temps par les services secrets. Ces codes de substitution, où une lettre remplace systématiquement une autre lettre, ne servent plus beaucoup car ils sont bien trop simples à décrypter. En revanche, ils sont maintenant parfois utilisés lors de certaines épreuves afin de tester les candidats.

1. Objectifs des tests codés

Les tests reposant sur le principe du codage ont été créés pour estimer votre prespicacité.

Exemple Dans le système suivant, chaque lettre du message est remplacée par un chiffre, donné par un décalage très précis. Il vous est présenté ci-dessous le code de substitution et vous devez identifier la phrase qui correspond à ce codage.

14721 171121732326 21232024171471622 147 1435 71572032367
381116 67 207121711166207 67 141711162231116721 5171622207721.

Vous pouvez découvrir le code de substitution à partir des petits mots : 14 7, 14 7 21 ou 6 7 qui ne peuvent être que des articles. Par déduction logique, 14 7 correspond à LE, 14 7 21 à LES et 6 7 peut correspondre à CE, DE ou NE.

Travaillez ensuite sur l'équivalence entre le nombre et la lettre, et découvrez qu'il vous faut soustraire deux au nombre représenté pour trouver la place de la lettre dans l'alphabet. Construisez votre tableau de correspondance :

A	B	C	D	E	F	G	H	I	J	K	L	M
1	2	3	4	5	6	7	8	9	10	11	12	13

N	O	P	Q	R	S	T	U	V	W	X	Y	Z
14	15	16	17	18	19	20	21	22	23	24	25	26

Vous savez maintenant que le chiffre ou le nombre équivaut au rang de la lettre dans l'alphabet, moins 2.

Par exemple, 7 – 2 = 5 et, dans votre tableau, la 5e lettre de l'alphabet est E.

Vous appliquez ce décalage à tous les chiffres ou nombres de cette phrase codée et vous obtenez :

14721 171121732326 21232024171471622 147 1435 71572032367
LES OISEAUX SURVOLENT LE LAC EMERAUDE
381116 67 207121711166207 67 141711162231116721 5171622207721.
AFIN DE REJOINDRE DE LOINTAINES CONTREES.

2. Conseils

➜ Faites un tableau avec l'alphabet afin de pouvoir compter le décalage des lettres, de noter le signe ou la figure équivalant à chaque lettre.

➜ Commencez par les petits mots et les apostrophes.

➜ Une lettre isolée représente toujours un bon indice ; cela peut être un « A ».

➜ Appréhendez ces exercices de manière ludique : ils vous paraîtront alors beaucoup plus faciles.

EXERCICES

Exercice 1.

Si DICTIONNAIRE correspond à 4 1 2 9 1 5 8 8 3 1 7 6 alors :

1. NATION donne _ _ _ _ _ _
2. TRAIRE donne _ _ _ _ _ _
3. CEDANT donne _ _ _ _ _ _
4. CITADINE donne _ _ _ _ _ _ _ _
5. DECADAIRE donne _ _ _ _ _ _ _ _ _
6. NEANT donne _ _ _ _ _

Exercice 2.

Dans les phrases suivantes, où les voyelles ont été remplacées par des signes sans signification (◊, ∇, ⊗, ✰, ❑, ❍), il manque un mot, représenté par un point d'interrogation.

> Trouvez, parmi les mots proposés, le mot manquant.

1. « ✰n s◊✰l ◊tr◊ v❍✰s ? ◊t t❍✰t ◊st d◊p◊✰pl◊ » *Lamartine*
2. « L◊ h⊗s⊗rd n◊ f⊗v❍r∇s◊ q✰◊ l◊s ? pr◊p⊗r◊s » *Pasteur*
3. « L'⊗m❍✰r n◊ f⊗∇t p⊗s l◊ ? » *Labiche*
4. « L◊ ? ◊st r∇d∇c✰l◊ ⊗✰t⊗nt q✰◊ d◊c◊v⊗nt » *Verlaine*
5. « R◊v◊r, c'◊st l◊ b❍nh◊✰r ; ⊗tt◊ndr◊, c'◊st l⊗ ? » *Hugo*

Les mots proposés sont : rire – bonheur – esprits – vie – manque.

Exercice 3.

Des mots français ont été traduits dans une langue étrangère fictive.

> Trouvez, parmi les mots proposés, celui qui correspond à tel ou tel mot étranger.

1. be raclo = le chien

cli raclo = un chien

cli zac = un livre

La signification de « cli » est donc :
le – chien – un – livre.

CORRIGÉS

Exercice 1.

Pour obtenir le nombre correspondant au mot proposé, il s'agit simplement d'affecter chaque lettre du chiffre que vous avez à partir du mot DICTIONNAIRE.

1. NATION donne 8 3 9 1 5 8
2. TRAIRE donne 9 7 3 1 7 6
3. CEDANT donne 2 6 4 3 8 9
4. CITADINE donne 2 1 9 3 4 1 8 6
5. DECADAIRE donne 4 6 2 3 4 3 1 7 6
6. NEANT donne 8 6 3 8 9

Exercice 2.

Commencez par « q✰◊ » qui ne peut être que « que » donc ◊ = e et ✰ = u. Puis « v❍✰s » correspond à « vous » donc ❍ = o. Ensuite, « l⊗ » est « la » puisque que le « e » est déjà attribué donc ⊗ = a. Il ne reste plus que ❑ = y. Les signes correspondent aux voyelles : ◊ = e, ∇ = i, ⊗ = a, ✰ = u , ❑ = y, ❍ = o.

Vous obtenez alors les phrases suivantes :

1. « Un seul être vous ? et tout est dépeuplé »
Dans cette première phrase le point d'interrogation ne peut remplacer qu'un verbe conjugué et le seul verbe proposé est « manque ».

2. « Le hasard ne favorise que les ? préparés »
Ici, il vous faut un nom au pluriel et le seul nom au pluriel est « esprits ».

3. « L'amour ne fait pas le ? »
Vous essayez « bonheur », car cette phrase fait penser au proverbe « L'argent ne fait pas le bonheur ».

4. « Le ? est ridicule autant que décevant »
Par déduction, vous trouvez le mot « rire ».

5. « Rêver, c'est le bonheur ; attendre, c'est la ? »
Le seul nom féminin est « vie ».

Exercice 3.

Il s'agit ici plus d'un test de déduction que de codage car il vous faut déduire par élimination le mot codé. Dans les phrases « étrangères », repérez le mot à découvrir, et recherchez dans les phrases « françaises » correspondantes le mot qui leur est commun.

1. un

EXERCICES

2. kla bou zegui = j'ai peu de temps
ria nac bou = Jean marche peu
kla singo zegui = j'ai besoin de temps
La signification de « kla » est donc : j'ai – peu – temps – Jean – marche – besoin.

3. chi vou on clio = elle est sur la plage
vaso vou fro = le sable est chaud
socci lat on chi = le soleil brille sur elle
La signification de « chi » est donc : elle – est – sur.

4. isi dias bers = les jeunes hommes
wir us dias zoun = c'est une jeune femme
ist ber wi sarn = cet homme est vieux
us sarnes firm = une vieille dame
La signification de « us » est : jeunes – hommes – femmes – cet – une – vieille.

Exercice 4.

1. Dans la phrase suivante, les mots sont placés bout à bout et une lettre a été remplacée par un astérisque.

> Retrouvez la phrase.

EN*AI*I**ANTLE**ALI**ON*, *E*A**I*TANT*LEPRIRENTPOURUN*A INT*EDUI*ANTDE*AGE**E.

2. Trois lettres intruses (toujours les mêmes) se sont glissées plusieurs fois dans une phrase.

> Barrez-les toutes, pour retrouver la phrase d'origine. Il vous faudra également rétablir les séparations entre les mots.

TOBUFTEFSOCQIETEBSECARFACTEQRISEBPARDBESECQHAFNGE SFETUBNEOFRGAQNISQATIBONPFLUFSOUBMOIQNSFCOMBPLQE XBE.

3. Des fautes de frappe rendent la phrase suivante difficilement compréhensible.

> Déchiffrez la phrase.

Des prus glands perronnages ce l'histaire debiennent mes mytres ce l'avennure hurbaine.

CORRIGÉS

2. j'ai
3. elle
4. une

Exercice 4.

1. La lettre remplacée par l'astérisque ne peut pas être une voyelle puisque celles-ci sont déjà utilisées, mais une consonne qui peut être doublée. Les consonnes doubles sont : C, F, L, M, N, P, R, S et T mais, seules les lettres F, M et S ne sont pas présentes dans la phrase. Essayez chacune de ces lettres et découvrez ainsi que la lettre correspondant à l'astérisque est S. Vous obtenez donc la phrase suivante :

EN SAISISSANT LES SALISSONS, SES ASSISTANTS LE PRIRENT POUR UN SAINT SEDUISANT DE SAGESSE.

2. Les lettres intruses insérées dans la phrase sont B, F et Q. En supprimant ces trois lettres puis en rétablissant les séparations, vous découvrez :

TOUTE SOCIETE SE CARACTERISE PAR DES ECHANGES ET UNE ORGANISATION PLUS OU MOINS COMPLEXE.

3. Après avoir rétabli les fautes de frappe, vous déchiffrez la phrase suivante :

Les plus grands personnages de l'histoire deviennent des mythes de l'aventure humaine.

EXERCICES

Exercice 5.

1. Chaque lettre de cette citation a été décalée du même nombre de places dans l'alphabet.

> Retrouvez cette citation.

H'WRAJEN WLLWNPEAJP W YAQT MQE OA HARAJP PKP.

2. Il faut remplacer chaque lettre par une lettre qui la suit de quelques places : le décalage est systématique.

> Trouvez l'écart entre les deux lettres.

QJOMZ GDQMZ ZNO V GV AJDN WDZI ZXMDO ZO JMDBDIVG HVDN DG YZHZPMZ WZVPXJPK OMJK GJIB.

3. Dans ce code de substitution, les lettres sont prises au hasard sans aucun système de repérage.

MG JIFJ JGQSL,ID LBOJ EFG AB CBDEFG DG SHGJG EF'BFW HOKTGL.

CORRIGÉS

Exercice 5.

1. Le décalage systématique est de quatre lettres. Vous obtenez alors la phrase :
L'AVENIR APPARTIENT A CEUX QUI SE LEVENT TOT.

A	B	C	D	E	F	G	H	I	J	K	L	M
1	2	3	4	5	6	7	8	9	10	11	12	13

N	O	P	Q	R	S	T	U	V	W	X	Y	Z
14	15	16	17	18	19	20	21	22	23	24	25	26

N'oubliez jamais de vous reporter au tableau de correspondance entre les lettres et leur rang dans l'alphabet ; celui-ci vous évitera bien des erreurs.

2. Le décalage est ici de plus cinq lettres.

QJOMZ GDQMZ ZNO V GV AJDN WDZI ZXMDO ZO JMDBDIVG HVDN
VOTRE LIVRE EST A LA FOIS BIEN ECRIT ET ORIGINAL MAIS

DG YZHZPMZ WZVPXJPK OMJK GJIB.
IL DEMEURE BEAUCOUP TROP LONG.

3. Commencez par les mots de deux lettres ou par le mot composé d'une apostrophe. Cet exercice est un peu plus difficile car il n'existe pas de décalage systématique à reporter sur chaque lettre.

MG JIFJ JGQSL,ID LBOJ EFG AB CBDEFG DG SHGJG EF'BFW HOKTGL.
DE TOUT TEMPS, ON SAIT QUE LA BANQUE NE PRETE QU'AUX RICHES.

À chaque fois que vous découvrez la correspondance d'une lettre, d'un chiffre ou d'un signe, n'oubliez pas de la ou le reporter sur l'intégralité du texte.

EXERCICES

4. Chaque chiffre peut remplacer à chaque fois l'une des deux ou trois lettres différentes selon la liste suivante :

1 = A-I ; 2 = O-U ; 3 = E-Y ; 4 = J-L-Z ; 5 = D-M-V ; 6 = F-N-W ; 7 = G-P-X ; 8 = H-Q-T ; 9 = B-C-R ; 0 = K-S.

4 3 0   9 2 6 0   5 1 6 0   6'1 9 8 2 1 3 9 3 6 8   5 3   5 1 4 3 2 9   8 2 3   7 1 9   4 3 2 9
6 2 5 9 9 3   5'1 6 6 3 3 0.

Exercice 6.

> Décodez ces deux mots Δω✰I✰×❑ε   ψ❍πI◊× sachant que :

Δ = 1ε + ❑ = I◊ – B = ❍π + ε = ψ

ε = Δ + 4I + π = ωω + ❑ = ✰ε + B = π

ε – Δ = ❑ω + Δ = ◊✰ + Δ = ×

CORRIGÉS

4. Commencez par le premier mot de trois lettres qui ne peut être qu'un article donc LES.

4 3 0   9 2 6 0   5 1 6 0   6'1 9 8 2 1 3 9 3 6 8   5 3   5 1 4 3 2 9   8 2 3   7 1 9   4 3 2 9
LES   BONS   VINS   N'ACQUIERENT   DE   VALEUR   QUE   PAR   LEUR
6 2 5 9 9 3   5'1 6 6 3 3 0.
NOMBRE   D'ANNEES.

Exercice 6.

Le chiffre, découvert après déduction à partir de la première ligne, indique le rang de la lettre dans l'alphabet. Utilisez ensuite le tableau de correspondance :

A	B	C	D	E	F	G	H	I	J	K	L	M
1	2	3	4	5	6	7	8	9	10	11	12	13

N	O	P	Q	R	S	T	U	V	W	X	Y	Z
14	15	16	17	18	19	20	21	22	23	24	25	26

Travaillez, là aussi, étape par étape et déduisez chaque signe.

1re étape : Δ = 1 et la 1re lettre de l'alphabet est A donc Δ = A.

2e étape : ε = Δ + 4 = 1 + 4 = 5 et la 5e lettre de l'alphabet est E donc ε = E.

3e étape : ε – Δ = ❑ ⇒ ❑ = 5 – 1 = 4 et la 4e lettre de l'alphabet est D donc ❑ = D.

4e étape : ε + ❑ = I ⇒ ε + ❑ = 5 + 4 = 9 et la 9e lettre de l'alphabet est bien I.

5e étape : ε + B = π ⇒ 5 + 2 = 7 et la 7e lettre de l'alphabet est G donc π = G.

6e étape : π + ε = ψ ⇒ 7 + 5 = 12 et la 12e lettre de l'alphabet est L donc ψ = L.

7e étape : I + π = ω ⇒ 9 + 7 = 16 et la 16e lettre de l'alphabet est P donc ω = P.

8e étape : ω + Δ = ◊⇒ 16 + 1 = 17 et la 17e lettre de l'alphabet est Q donc ◊ = Q.

9e étape : ◊ – B = ❍ ⇒ 17 – 2 = 15 et la 15e lettre de l'alphabet est O donc ❍ = O.

10e étape : ω + ❑ = ✰ ⇒ 16 + 4 = 20 et la 20e lettre de l'alphabet est T donc ✰ = T.

11e étape : ✰ + Δ = × ⇒ 20 + 1 = 21 et la 21e lettre de l'alphabet est U donc × = U.

Remplacez maintenant les symboles par les lettres qui leur correspondent et les deux mots deviennent :

Δ ω ✰ I ✰ × ❑ ε   ψ ❍ π I ◊ × ε
A P T I T U D E   L O G I Q U E

EXERCICES

Exercice 7.

Vous possédez les codes de substitution suivants :

A	B	C	D	E	F	G	H	I	J	K	L	M
▲	▼	◀	▶	△	▽	▷	◁	◇	◆	●	○	→

N	O	P	Q	R	S	T	U	V	W	X	Y	Z
↑	←	↗	↖	↙	🡒	🡑	🡐	🡕	🡑	🡒	🡕	🡐

1. Décodez alors la phrase suivante :

↗←🡐↙|△🡕◇🡑△↙|↖🡐△|○△🡒|◀←↑▽○◇🡑🡒|↗🡒🡕◀◁◇↖🡐△🡒|▲○🡑△
↙△↑🡑|🡑↙←↗|▽←↙🡑△→△↑🡑|○'◇↑▶◇🡕◇▶🡐|,◇○|△🡒◇🡒🡑△|🡐↑|◀
△↙🡑▲◇↑|↑←→▼↙△|▶△|→△◀▲↑◇🡒→△🡒|🡕◇🡒▲↑🡑|▲|↗↙←🡑
△▷△↙|🡒▲|↗△↙🡒←↑↑▲○◇🡑△.

2. Décryptez cette seconde phrase :

🡒△|○◇🡕↙△↙|▲▶△🡒|↙△◀◁△↙◀◁△🡒|🡒🡐↙|○△🡒|↙△🡕△🡒|
△🡑▲◇🡑|◀←↑🡒◇▶△↙△|◀←→→△|🡐↑△|←◀◀🡐↗▲🡑◇←↑|
🡒▲↑🡒|🡕▲○△🡐↙|↗↙▲🡑◇↖🡐△|△🡑|🡒🡐↗△↙▽○🡐
△,→▲◇🡒|🡒◇→↗○△→△↑🡑|◀←→→△|🡐↑|↗▲🡒🡒△-
🡑△→↗🡒|←↑|↑△|↗△🡐🡑|↗○🡐🡒|◁←↑🡑△🡐🡒.

CORRIGÉS

Exercice 7.

Il n'existe pas de consigne particulière à cet exercice, si ce n'est de travailler très méthodiquement et d'être concentré sur le tableau de correspondance.

1. POUR EVITER QUE LES CONFLITS PSYCHIQUES ALTERENT TROP FORTEMENT L'INDIVIDU, IL EXISTE UN CERTAIN NOMBRE DE MECANISMES VISANT A PROTEGER SA PERSONNALITE.

2. SE LIVRER A DES RECHERCHES SUR LES REVES ETAIT CONSIDERE COMME UNE OCCUPATION SANS VALEUR PRATIQUE ET SUPERFLUE, MAIS SIMPLEMENT COMME UN PASSE-TEMPS ON NE PEUT PLUS HONTEUX.

EXERCICES

Exercice 8.

À l'aide de ce clavier de téléphone numérique, vous devez taper un code afin de découvrir le nom demandé.

Par exemple : on vous demande un sport dont le code est 8 3 6 6 4 7. Ce sport est TENNIS.

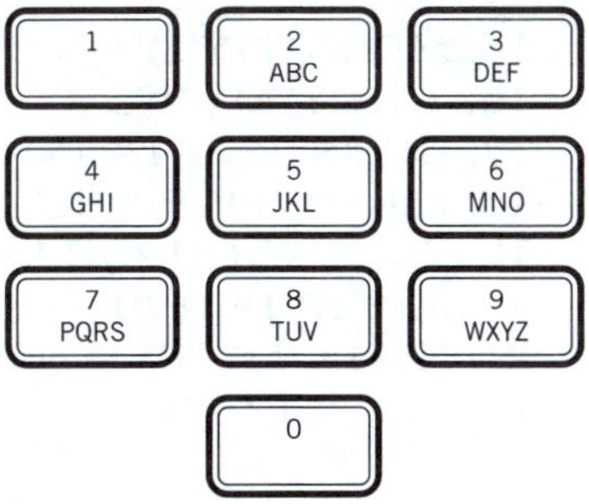

1. Quel est le pays dont le code est : 4 8 2 5 4 3 ?

2. Quel est le pays dont le code est : 2 4 4 6 3 ?

3. Quel est le pays dont le code est : 4 7 2 6 ?

4. Quel est le pays dont le code est : 6 2 7 6 2 ?

5. Quel est le sport dont le code est : 4 6 2 5 3 9 ?

6. Quel est le sport dont le code est : 2 2 6 6 3 ?

7. Quel est le sport dont le code est : 3 7 8 4 8 2 8 4 6 6 ?

8. Quel est l'oiseau dont le code est : 2 6 5 4 2 7 4 ?

9. Quel est le poisson dont le code est : 2 6 5 4 6 ?

10. Quel est l'animal dont le code est : 2 4 2 8 6 6 ?

11. Quel est l'animal dont le code est : 7 4 6 4 3 ?

12. Quel est le fleuve dont le code est : 2 5 5 4 3 7 ?

13. Quelle est la montagne dont le code est : 8 6 7 4 3 7 ?

14. Quelle est la ville dont le code est : 5 9 6 6 ?

15. Quelle est la ville dont le code est : 2 3 7 2 6 2 6 6 ?

16. Quelle est la ville dont le code est : 2 7 3 7 8 ?

17. Quelle est la fleur dont le code est : 6 8 4 8 3 8 ?

18. Quel est l'arbre dont le code est : 7 3 8 7 5 4 3 7 ?

19. Quel est l'os dont le code est : 4 8 6 3 7 8 7 ?

20. Quelle est la maladie dont le code est : 7 8 2 3 6 5 3 ?

CORRIGÉS

Exercice 8.

1. ITALIE
2. CHINE
3. IRAN
4. MAROC
5. HOCKEY
6. CANOË
7. ÉQUITATION
8. COLIBRI
9. COLIN
10. CHATON
11. SINGE
12. ALLIER
13. VOSGES
14. LYON
15. BESANÇON
16. BREST
17. MUGUET
18. PEUPLIER
19. HUMÉRUS
20. RUBÉOLE

EXERCICES

Exercice 9.

Pour cet exercice, vous devez écrire lisiblement et sans rature, les réponses aux questions en lettres majuscules. Toute faute d'orthographe comptabilisera la réponse comme fausse.

	A	B	C	D	E	F	G	H	I	J	K	L	M	N	O	P	Q	R	S	T	U	V	W	X	Y	Z
1	V	H	E	L	J	B	S	U	F	T	I	Q	A	W	R	M	N	C	Y	O	K	X	D	Z	G	P
2	I	R	N	F	V	Q	L	A	Y	Z	G	P	K	T	C	X	H	W	B	U	S	D	O	J	E	M

On vous donne l'exemple suivant: B1Q1V2S2C1B2 donne FLEURS.
À vous de décoder les mots suivants.

1. V1T2J1K2C2W1V2
2. K2S2Y1N2I2W2F1
3. S1Q1V1Y2V2K1Q1
4. E1E2N2Q1I2K2V2W1
5. C1V2W1R1T2E1K1P2V2
6. Z2V1E1Y2W1O1A2V2
7. X2J1W2E1J1-W1V2F1S1V2
8. K2V1C1L2K1J1C1Y2O1V2
9. O1S2Q1Y2X2J1
10. W1I2C1N2Y2Y1B2V2
11. E1W2R1N2K1Y1
12. F1Z1Y2V1
13. N2V1K2J1Q1Y2I2
14. C2J1Y2Q1P2J1U2
15. M1V1B2Y1Y2Q2Q1C2W2J1
16. C1C2Y1F1V2W2
17. U1Y2H1F1B2N2K1Y1
18. L2J1W2V1T2F1K1K2
19. V1K2I2W2G1P2Q1F1B2
20. P2I2X1V1W1F2J1
21. N2V1K2M1V1W1K1P2V2
22. Y1V1X2R1W1I2F1C1J1
23. B2V2C1M1C2Q1V2U2
24. J1L1V2P2O2J1Y2Y1B2
25. X2F1X1C2F1T2J1
26. S1V1Y2P2Q1I2W2L1J1
27. L1Y2L2F1O1V1Q1V2
28. K2K1S1S2J1U2
29. Q2K1N2A2Y1F1V1
30. X2C1Y2A1J1X1V2C1J1

CORRIGÉS

Exercice 9.

Vous devez vous servir de l'exemple proposé pour trouver la clé du décryptage. Dans l'exemple, B1 doit être associé à la lettre F du mot FLEURS. Si l'on cherche la lettre B dans la ligne numérotée 1 du tableau, elle se trouve placée sous la lettre F de la première ligne du tableau. De même, V2 est la lettre associée à la lettre E du mot FLEURS. Dans la ligne numérotée 2 du tableau, la lettreV est située dans la même colonne que la lettre E de la première ligne. Il suffit de procéder de la même manière pour chaque lettre.

Travaillez méthodiquement, sans précipitation et en respectant l'orthographe des mots.

Le mot FLEURS donné en exemple est écrit en majuscules d'imprimerie. Respectez cette écriture lorsque vous noterez les mots que vous avez décodés.

1. ANEMONE
2. MUSCARI
3. GLAIEUL
4. CYCLAMEN
5. RENONCULE
6. JACINTHE
7. PERCE-NEIGE
8. MARGUERITE
9. TULIPE
10. NARCISSE
11. CROCUS
12. IXIA
13. CAMELIA
14. OEILLET
15. PASSIFLORE
16. ROSIER
17. HIBISCUS
18. GERANIUM
19. AMARYLLIS
20. LAVANDE
21. CAMPANULE
22. SAPONAIRE
23. SERPOLET
24. EDELWEISS
25. PIVOINE
26. GAILLARDE
27. DIGITALE
28. MUGUET
29. FUCHSIA
30. PRIMEVERE

3

Deux types d'exercices peuvent constituer l'aptitude numérique. Les premiers testent les capacités de calcul mental alors que les seconds sollicitent les aptitudes à raisonner à partir de support numérique.
Cette épreuve est la plus redoutée des candidats car il s'agit de mathématiques.

Contrairement aux règles mathématiques, vous arrêterez vos calculs au centième (deux chiffres derrière la virgule), faute de temps.

L'APTITUDE NUMÉRIQUE

24 Les tests d'aptitude numérique

L'aptitude numérique représente l'épreuve qu'appréhendent le plus les candidats. Pourtant, il suffit de quelques révisions pour la réussir.
Dans cette fiche, vous trouverez l'essentiel des règles de calcul, des bases mathématiques et des problèmes qui peuvent être présents lors de l'épreuve numérique de tests.

1. Les objectifs des tests d'aptitude numérique

Les tests d'aptitude numérique sont utilisés pour mesurer la capacité de raisonnement. Ces épreuves s'appuient sur les connaissances de base en arithmétique, algèbre et géométrie.

2. Le programme

Lors des concours, le programme des exercices de mathématique recouvre généralement les connaissances acquises jusqu'en classe de troisième. Rares sont les problèmes faisant appel à des notions postérieures. Tous les exercices sont donc à votre portée : il suffit d'un peu de réflexion et parfois d'un peu de bon sens.

Il faudra cependant vous entraîner au calcul mental et revoir quelques notions comme :
- les tables de multiplication, qui sont à connaître par cœur ;
- les divisions, qui restent les moins ancrées dans les mémoires ;
- les calculs rapides (additions, soustractions, multiplications, divisions et approximations) ;
- les produits en croix ;
- les calculs avec des nombres fractionnaires, puissances et racines ;
- les règles de calculs ;
- la connaissance des figures géométriques : périmètre, aire et volume ;
- la mise en équation puis la résolution de problèmes ;
- etc.

Il faut savoir que tous les exercices doivent être exécutés sans calculatrice. Il est donc primordial de vous familiariser avec le calcul mental et les estimations afin d'acquérir de la rapidité dans vos calculs ; d'autant plus, qu'actuellement, bon nombre d'épreuves sont chronométrées.

3. Les conseils

Pour résoudre brillamment les tests numériques, quelques conseils simples sont à retenir.

➜ Faites des schémas représentatifs des problèmes car, souvent, un graphique permet de mieux visualiser et résumer un problème qui paraît complexe ;

➜ Faites les tableaux des unités de mesures lorsque vous avez des conversions à résoudre : ils peuvent vous éviter de fréquentes erreurs ;

➜ Faites des approximations lorsque les solutions sont proposées afin de gagner du temps ;

➜ Pour plus de sûreté, n'hésitez pas à poser tous les calculs ;

➜ Ne «bloquez» pas sur un exercice : passez rapidement au suivant car le temps est précieux ;

➜ Ne paniquez jamais car tous les exercices sont réalisables après quelques révisions.

25 LES NOMBRES ET LES COMPARAISONS DES NOMBRES

Dans cette fiche, nous supposons que les opérations élémentaires (addition, soustraction, multiplication, division) sur des nombres simples sont connues, en particulier les tables de multiplication. Nous allons rappeler le vocabulaire de base du calcul numérique.

1. Ce qu'il faut savoir

1.1. Les nombres décimaux

Les nombres s'écrivent à l'aide de dix chiffres : 0 ; 1 ; 2 ; 3 ; 4 ; 5 ; 6 ; 7 ; 8 ; 9.
La position des chiffres indique combien il y a d'unités, de dizaines, …

millions	centaines de mille	dizaines de mille	mille	centaines	dizaines	unités	dixièmes	centièmes	millièmes
			4	2	7	3,	5	8	6

Dans le nombre 4 273,586 le chiffre des unités est 3 ; celui des dizaines est 7 ; celui des dixièmes est 5.

La partie entière est constituée des chiffres à gauche de la virgule, la partie décimale des chiffres à droite de la virgule : dans le nombre 4 273,586 la partie entière est 4 273 et la partie décimale est 0,586.

1.2. Les nombres entiers. PPCM. PGCD

Un nombre entier est un nombre dont la partie décimale est nulle. Les nombres entiers sont : 0, 1, 2, 3, 4, ….

Multiple. Soit le nombre entier 24. On peut écrire : $24 = 3 \times 8$. On dit que 24 est un multiple de 3.

Un entier a est multiple d'un entier b si on peut écrire $a = b \times q$, où q est un entier (0 est multiple de tous les nombres car $0 = b \times 0$, quel que soit le nombre b).

Diviseur. Au lieu de dire que 24 est un multiple de 3, on dit également que 3 est un diviseur de 24.

Un entier b est diviseur d'un entier a si on peut écrire $a = b \times q$, où q est un entier (1 est diviseur de tous les nombres car $a = a \times 1$, quel que soit le nombre a).

Multiples communs. PPCM. Un multiple commun à deux nombres x et y est un nombre multiple à la fois de x et de y. Ainsi :

Les multiples de 2 sont : 0, 2, 4, 6, 8, 10, 12, … .
Les multiples de 3 sont : 0, 3, 6, 9, 12, …
Les multiples communs à 2 et 3 sont : 0, 6, 12, …

Le PPCM (plus petit commun multiple) de deux ou plusieurs nombres est le plus petit des multiples communs non nuls à ces nombres.

Ainsi, le PPCM de 2 et 3 est 6.

Diviseurs communs. PGCD. Un diviseur commun à deux nombres x et y est un nombre diviseur à la fois de x et de y. Ainsi :

Les diviseurs de 70 sont : 1, 2, 5, 7, 10,14, 35, 70.
Les diviseurs de 42 sont : 1, 2, 3, 6, 7, 14, 21, 42.
Les diviseurs communs à 70 et 42 sont : 1, 2, 7, 14.

Le PGCD (plus grand commun diviseur) de deux ou plusieurs nombres est le plus petit des diviseurs communs à ces nombres.

Ainsi, le PGCD de 70 et 42 est 14.

Nombre premier. Un nombre premier est un entier qui n'a que deux diviseurs : 1 et lui-même.

Ainsi, 5 est un nombre premier : 5 n'est divisible que par 1 et par 5. Mais 10 n'est pas premier.

Il est utile de connaître les nombres premiers inférieurs à 30 : 2 ; 3 ; 5 ; 7 ; 11 ; 13 ; 17 ; 19 ; 23 ; 29.

Décomposition d'un nombre en produit de facteurs premiers. Tout nombre entier peut se décomposer en un produit de nombres premiers.

Exemple $24 = 2 \times 2 \times 2 \times 3$ que l'on peut écrire : $24 = 2^3 \times 3$. Également : $150 = 2 \times 3 \times 5^2$.

1.3. Les fractions

Une fraction est le quotient de deux nombres entiers. Le numérateur est le nombre situé au dessus du trait de fraction et le dénominateur (qui ne doit pas être égal à 0) est le nombre situé au dessous du trait de fraction.

Exemple $\frac{17}{3}$ est une fraction dont le numérateur est 17 et le dénominateur 3.

Écriture décimale d'une fraction. On trouve l'écriture décimale d'une fraction en divisant le numérateur par le dénominateur.

Si la division ne se termine pas, on peut prendre une valeur décimale approchée.

Exemple $\frac{5}{4} = 1{,}25$; $\frac{2}{3} \approx 0{,}67$

Fraction d'une grandeur. Prendre la fraction $\frac{p}{q}$ d'une grandeur, c'est la partager en q parties égales et prendre p de ces parties.

Ainsi, pour prendre les $\frac{3}{5}$ de 20 €, on divise 20 € par 5, ce qui fait 4 €, et on multiplie par 3 : on obtient 12 €.

Fractions égales. Simplification. Pour obtenir une fraction égale à une fraction donnée, on multiplie ou on divise les deux termes de la fraction par le même nombre non nul.

Exemple $\frac{8}{12} = \frac{8 \div 4}{12 \div 4} = \frac{2}{3}$. La fraction $\frac{2}{3}$ est égale à $\frac{8}{12}$, mais ses termes sont inférieurs à ceux de $\frac{8}{12}$: on dit qu'on a simplifié la fraction $\frac{8}{12}$ par 4.

1.4. Les nombres relatifs

Un nombre précédé ou non d'un signe + est un nombre positif.

Exemple + 4 ; 5,2 sont des nombres positifs.

Un nombre précédé d'un signe – est un nombre négatif.

Exemple – 7 est un nombre négatif.

Le nombre zéro est considéré à la fois comme positif et négatif.

Les nombres positifs ou négatifs s'appellent des nombres relatifs. Le nombre sans le signe est appelé valeur absolue du nombre relatif.

Exemple La valeur absolue de + 4 est 4 ; celle de – 7 est 7.

Les nombres relatifs + 3 et – 3 sont dits opposés : ils ont même valeur absolue, mais sont de signe contraire.

1.5. Comparaison des nombres

Comparer deux nombres, c'est chercher lequel est le plus grand (ou le plus petit), ou dire s'ils sont égaux.

Les signes de comparaison sont : $<$ (plus petit) $=$ (égale) $>$ (plus grand).

Ranger des nombres dans l'ordre croissant, c'est les ranger du plus petit au plus grand.

Ranger des nombres dans l'ordre décroissant, c'est les ranger du plus grand au plus petit.

Pour comparer deux nombres entiers. Le plus petit est celui qui a le moins de chiffres.

S'ils ont le même nombre de chiffres, on compare chiffre à chiffre à partir de la gauche.

Pour comparer deux nombres décimaux. On commence par comparer les parties entières : le plus petit est celui qui a la plus petite partie entière ; s'ils ont la même partie entière , on compare les parties décimales chiffre à chiffre à partir des dixièmes.

Pour comparer deux fractions. Si deux fractions ont le même dénominateur, la plus petite est celle qui a le plus petit numérateur.

Si deux fractions ont le même numérateur, la plus petite est celle qui a le plus grand dénominateur.

Une fraction est inférieure à 1 si son numérateur est inférieur à son dénominateur.

On peut également comparer leurs écritures décimales.

Pour comparer deux nombres relatifs. Tout nombre négatif est inférieur ou égal à zéro. Tout nombre positif est supérieur ou égal à zéro.

Un nombre négatif est plus petit qu'un nombre positif.

Si deux nombres sont négatifs, le plus petit est celui qui a la plus grande valeur absolue.

2. Ce qu'il faut savoir faire

Outre leur utilisation dans des problèmes où interviennent des multiples et des diviseurs, les notions de PPCM et de PGCD sont utiles dans les calculs avec des fractions.

2.1. Reconnaître si un nombre est divisible par 2, 3, 5, 9 ou 10

Un nombre est divisible par 2 s'il se termine par 0, 2, 4, 6 ou 8.

Un nombre est divisible par 3 si la somme de ses chiffres est un multiple de 3.

Un nombre est divisible par 5 s'il se termine par 0 ou 5.

Un nombre est divisible par 9 si la somme de ses chiffres est un multiple de 9.

Un nombre est divisible par 10 s'il se termine par 0.

Exemple Le nombre 510 est-il divisible par 2, 3, 5, 9 ou 10 ?

510 se termine par 0 ; il est donc divisible par 2.

La somme des chiffres de 510 est : $5 + 1 + 0 = 6$ qui est un multiple de 3 ; donc 510 est divisible par 3.

510 se termine par 0 ; il est donc divisible par 5.

La somme des chiffres de 510 est 6 qui n'est pas un multiple de 9 ; donc 510 n'est pas divisible par 9.

510 se termine par 0 ; il est donc divisible par 10.

2.2. Reconnaître si un entier est un nombre premier

Pour savoir si un nombre entier est premier, on le divise par les nombres premiers successifs.

Si aucune division ne se termine, le nombre est premier.

On arrête les divisions lorsque le quotient devient supérieur au diviseur.

Exemple Montrer que 89 est un nombre premier.

En divisant 89 successivement par les nombres premiers : 2, 3, 5, 7, 11, on constate qu'aucune de ces divisions ne se termine. Il est inutile de poursuivre les divisions au-delà de 11. Le nombre 89 est donc un nombre premier.

Le nombre 119 est-il un nombre premier ?

En divisant 119 par les nombres premiers successifs, on constate que $119 \div 7 = 17$. On a donc : $119 = 7 \times 17$ et 119 n'est pas un nombre premier.

2.3. Décomposer un entier en produit de nombres premiers

On effectue les calculs sous forme d'un tableau. Dans la colonne de droite, on écrit les diviseurs premiers du nombre (le même diviseur peut figurer plusieurs fois). Dans la colonne de gauche, on écrit les quotients successifs obtenus. On arrête lorsque le quotient est égal à 1.

Exemple Décomposer 2 100 en produit de nombres premiers.

2 100	2
1 050	2
525	3
175	5
35	5
7	7
1	

On peut donc écrire : $2\,100 = 2 \times 2 \times 3 \times 5 \times 5 \times 7$;

ou plus simplement : $2\,100 = 2^2 \times 3 \times 5^2 \times 7$.

2.4. Calculer le PPCM ou le PGCD de deux nombres

On décompose chaque nombre en produit de nombres premiers.

Le PPCM est le produit de tous les diviseurs premiers, communs ou non, affectés de leur plus grand exposant.

Le PGCD est le produit de tous les diviseurs premiers communs, affectés de leur plus petit exposant.

Exemple Calculer le PPCM et le PGCD de 90 et 525.

On décompose 90 et 525 en produit de nombres premiers :

90	2	525	3
45	3	175	3
15	3	35	5
5	5	7	7
1		1	

On a donc : $90 = 2 \times 3^2 \times 5$ et $525 = 3 \times 5^2 \times 7$.

Le PPCM de 90 et 525 est : $2 \times 3^2 \times 5^2 \times 7 = 3\,150$.

Le PGCD de 90 et 525 est : $2 \times 3 \times 5 = 30$.

2.5. Simplifier une fraction

On cherche un diviseur commun aux deux termes de la fraction.

On divise le numérateur et le dénominateur par ce diviseur commun.

Exemple Simplifier la fraction $\frac{198}{252}$.

On voit que 198 et 252 sont divisibles par 2. On simplifie par 2 : $\frac{198}{252} = \frac{198 \div 2}{252 \div 2} = \frac{99}{126}$.

On voit que 99 et 126 sont divisibles par 9. On simplifie par 9 : $\frac{99}{126} = \frac{99 \div 9}{126 \div 9} = \frac{11}{14}$.

Les nombres 11 et 14 n'ayant plus de diviseur commun, on ne peut plus simplifier (on dit que la fraction est irréductible). Finalement : $\frac{198}{252} = \frac{11}{14}$.

On aurait pu aussi chercher le PGCD de 198 et 252, qui est 18, et diviser directement les deux termes de $\frac{198}{252}$ par 18.

2.6. Calculer une fraction d'une grandeur

On divise la grandeur par le dénominateur, puis on multiplie le résultat par le numérateur (cela revient à multiplier la grandeur par la fraction).

Exemple Calculer les $\frac{5}{12}$ de 96 €.

On a : $96 \div 12 = 8$ et $8 \times 5 = 40$; donc les $\frac{5}{12}$ de 96 € représentent 40 €.

2.7. Mettre des fractions au même dénominateur

On simplifie éventuellement les fractions.

On cherche le PPCM des dénominateurs.

On écrit une fraction égale à chacune des fractions données en prenant pour dénominateur le PPCM trouvé.

Exemple Réduire au même dénominateur les fractions $\frac{3}{18}$ et $\frac{15}{35}$.

On simplifie : $\frac{3}{18} = \frac{3 \div 3}{18 \div 3} = \frac{1}{6}$ et $\frac{15}{35} = \frac{15 \div 5}{35 \div 5} = \frac{3}{7}$.

Le dénominateur commun est $6 \times 7 = 42$.

On a : $\frac{1}{6} = \frac{1 \times 7}{6 \times 7} = \frac{7}{42}$ et $\frac{3}{7} = \frac{3 \times 6}{7 \times 6} = \frac{18}{42}$. Les fractions cherchées sont $\frac{7}{42}$ et $\frac{18}{42}$.

2.8. Comparer des nombres

On applique les règles de comparaison.

Exemple **Comparer les nombres 25,63 et 25 589 ; $\frac{3}{4}$ et $\frac{6}{7}$; – 5 et – 2.**

25,63 et 25 589 sont des décimaux qui ont même partie entière 25 ; mais 6, chiffre des dixièmes de 25,63, est supérieur à 5, chiffre des dixièmes de 25,589. Donc 25,63 > 25,589.

On réduit $\frac{3}{4}$ et $\frac{6}{7}$ au même dénominateur : $\frac{3}{4} = \frac{3 \times 7}{4 \times 7} = \frac{21}{28}$ et $\frac{6}{7} = \frac{6 \times 4}{7 \times 4} = \frac{24}{28}$.

Comme 21 < 24, on a $\frac{21}{28} < \frac{24}{28}$ donc $\frac{3}{4} < \frac{6}{7}$.

On aurait pu aussi calculer : $\frac{3}{4} = 0{,}75$ et $\frac{6}{7} \approx 0{,}857$ d'où $\frac{3}{4} < \frac{6}{7}$.

– 5 et – 2 sont tous deux négatifs. Celui qui a la plus grande valeur absolue est – 5 ; donc – 5 < – 2.

Graphiquement :

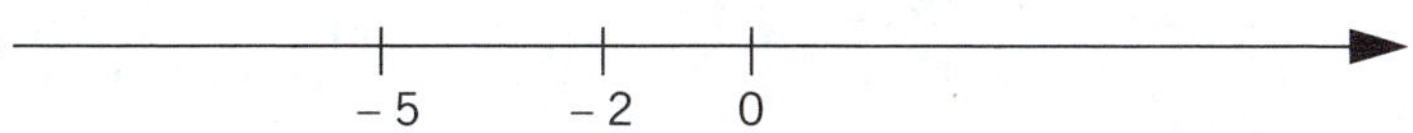

EXERCICES

Exercice 1.

> Parmi les nombres suivants quels sont ceux qui sont divisibles par 2, 3, 5, 9 ?
839, 493, 972, 2 610, 7 308.

Exercice 2.

> Décomposer en produits de facteurs premiers les nombres suivants :
45, 120, 78, 147, 337.

Exercice 3.

> Trouver les PGCD de :
80 et 120 ; 140 et 350.

Exercice 4.
Un client remet deux paquets de liasses de billets de banque comportant l'un 320 billets, l'autre 448. Il a composé ses liasses de manière que le nombre de billets contenus dans chaque liasse soit égal et le plus élevé possible.

> Calculer le nombre de billets de chaque liasse et le nombre de liasses contenues dans chaque paquet.

Exercice 5.
Un commerçant désire écouler totalement un stock de 180 paquets de biscuits, 450 tablettes de chocolat et 630 sucettes. Pour cela il confectionne des colis-réclames, tous identiques.

> Sachant qu'il fait le plus grand nombre possible de colis, on demande le nombre de colis et la composition de chacun d'eux.

Exercice 6.

> Trouver le PPCM de :
36 et 45 ; 48 et 180.

CORRIGÉS

Exercice 1.
Sont divisibles par 2 : 972 ; 2 610 ; 7 408.
Sont divisibles par 3 : 972 (car $9 + 7 + 2 = 18$) ; 2 610 (car $2 + 6 + 1 = 9$) ; 7 308 (car $7 + 3 + 8 = 18$).
Est divisible par 5 : 2 610.
Sont divisibles par 9 : 972 (car $9 + 7 + 2 = 18$) ; 7 308 (car $7 + 3 + 8 = 18$)
et 2 610 ($2 + 6 + 1 = 9$).

Exercice 2. $45 = 3 \times 3 \times 5 = 3^2 \times 5$; $120 = 2 \times 2 \times 2 \times 3 \times 5 = 2^3 \times 3 \times 5$; $78 = 2 \times 3 \times 13$; $147 = 3 \times 7^2$; 337 est un nombre premier.

Exercice 3. $80 = 2^4 \times 5$ et $120 = 2^3 \times 3 \times 5$; le PGCD est $2^3 \times 5 = 8 \times 5 = 40$;
$140 = 2^2 \times 5 \times 7$ et $350 = 2 \times 5^2 \times 7$; le PGCD est $2 \times 5 \times 7 = 70$.

Exercice 4. Le nombre de billets de chaque liasse est le plus grand diviseur commun à 320 et 448.
On a *y* $320 = 2^6 \times 5$ et $448 = 2^6 \times 7$.
Le PGCD est $2^6 = 64$.
Il y a 64 billets dans chaque liasse.
Le premier paquet comporte $320 \div 64 = 5$ liasses.
Le second paquet comporte $448 \div 64 = 7$ liasses.

Exercice 5. Le nombre de colis est un diviseur commun à 180, 450 et 620, et le plus grand possible, donc leur PGCD.
On a : $180 = 2^2 \times 3^2 \times 5$; $450 = 2 \times 3^2 \times 5^2$; $630 = 2 \times 3^2 \times 5 \times 7$.
Le PGCD est : $2 \times 3^2 \times 5 = 90$.
Il y a donc 90 colis.
Chaque colis contient : $180 \div 90 = 2$ paquets de biscuits ; $450 \div 90 = 5$ tablettes de chocolat ; $630 \div 90 = 7$ sucettes.

Exercice 6. $36 = 2^2 \times 3^2$; $45 = 3^2 \times 5$; le PPCM est $2^2 \times 3^2 \times 5 = 180$; $48 = 2^4 \times 3$; $180 = 2^2 \times 3^2 \times 5$; le PPCM est $2^4 \times 3^2 \times 5 = 720$.

Exercice 7.

Trois autocars partent de la même station pour effectuer des navettes vers des endroits différents. Il y a un départ du premier toutes les 12 minutes, du second toutes les 42 minutes, et du troisième toutes les 21 minutes. Ils sont partis ensemble à 14 heures.

> À quelle heure se retrouveront-ils ensemble à la station de départ ?

Exercice 8.

> Trouver des fractions égales à $\frac{3}{7}$ ayant pour dénominateurs 56, 77 et 168.

Exercice 9.

> Simplifier les fractions :

$\frac{105}{225}$; $\frac{108}{630}$; $\frac{98}{140}$.

Exercice 10.

> Simplifier, puis réduire au même dénominateur, les fractions :

a. $\frac{39}{180}$ et $\frac{35}{200}$.

b. $\frac{60}{280}$, $\frac{99}{315}$ et $\frac{75}{840}$.

CORRIGÉS

Exercice 7. Ils se trouveront ensemble au bout d'un temps qui est le plus petit multiple commun à 12, 42 et 21.

On a : $12 = 2^2 \times 3$; $42 = 2 \times 3 \times 7$; $21 = 3 \times 7$; le PPCM est $2^2 \times 3 \times 7 = 84$.

On a 84 min = 60 min + 24 min = 1 h 24 min.

Ils se retrouveront ensemble à 15 h 24 min.

Exercice 8. On a $56 = 7 \times 8$,

d'où $\frac{3}{7} = \frac{3 \times 8}{7 \times 8} = \frac{24}{56}$;

$77 = 7 \times 11$

d'où $\frac{3}{7} = \frac{3 \times 11}{7 \times 11} = \frac{33}{77}$;

$168 = 7 \times 24$

d'où $\frac{3}{7} = \frac{3 \times 24}{7 \times 24} = \frac{72}{168}$.

Exercice 9.

$\frac{105}{225} = \frac{5 \times 21}{5 \times 45} = \frac{21}{45} = \frac{3 \times 7}{3 \times 15} = \frac{7}{15}$

$\frac{108}{630} = \frac{2 \times 54}{2 \times 315} = \frac{54}{315} = \frac{9 \times 6}{9 \times 35} = \frac{6}{35}$

$\frac{98}{140} = \frac{2 \times 49}{2 \times 70} = \frac{49}{70} = \frac{7 \times 7}{7 \times 10} = \frac{7}{10}$.

Exercice 10. **a.** $\frac{39}{180} = \frac{3 \times 13}{3 \times 60} = \frac{13}{60}$;

$\frac{35}{200} = \frac{5 \times 7}{5 \times 40} = \frac{7}{40}$.

On a : $60 = 2^2 \times 3 \times 5$ et $40 = 2^3 \times 5$.

Le PPCM est $2^3 \times 3 \times 5 = 120$

d'où $\frac{13}{60} = \frac{13 \times 2}{60 \times 2} = \frac{26}{120}$

et $\frac{7}{40} = \frac{7 \times 3}{40 \times 3} = \frac{21}{120}$.

b. $\frac{60}{280} = \frac{6}{28} = \frac{3}{14}$; $\frac{99}{315} = \frac{9 \times 11}{9 \times 35} = \frac{11}{35}$;

$\frac{75}{840} = \frac{5 \times 15}{5 \times 168} = \frac{15}{168} = \frac{3 \times 5}{3 \times 56} = \frac{5}{56}$.

On a : $14 = 2 \times 7$; $35 = 5 \times 7$; $56 = 2^3 \times 7$; le PPCM est $2^3 \times 5 \times 7 = 280$.

D'où : $\frac{3}{14} = \frac{3 \times 20}{14 \times 20} = \frac{60}{280}$;

$\frac{11}{35} = \frac{11 \times 8}{35 \times 8} = \frac{88}{280}$;

$\frac{5}{56} = \frac{5 \times 5}{56 \times 5} = \frac{25}{280}$.

Exercice 11.

> Prendre les $\frac{3}{8}$ de 48 ; les $\frac{3}{7}$ de 154.

Exercice 12.

Trois associés ont fondé une société au capital de 676 000 €. Le premier et le deuxième associés ont fourni les $\frac{9}{13}$ du capital. Le premier a apporté 8 000 € de plus que le second.

> Calculer le montant des apports de chacun des associés.

Exercice 13.

Un commerçant a reçu une pièce de tissu de 40 m. Il en vend successivement les $\frac{2}{5}$, puis les $\frac{3}{8}$ du coupon restant.

> Quelle longueur de ce tissu lui reste-t-il ?

Exercice 14.

> Ranger dans l'ordre croissant :
5,63 ; 5,598 ; – 5,7 ; – 5,69.

Exercice 15.

> Comparer :

a. $\frac{2}{3}$ et $\frac{1}{2}$;

b. 2,3 et $\frac{13}{5}$.

CORRIGÉS

Exercice 11. 48 : 8 = 6 et 3 × 6 = 18 donc les $\frac{3}{4}$ de 48 font 18.

154 ÷ 7 = 22 et 22 × 3 = 66 donc les $\frac{3}{7}$ de 154 font 66.

Exercice 12.
Apport des deux premiers associés :
468 000 € car 676 000 ÷ 13 = 52 000
et 52 000 × 9 = 468 000.

Schématisations :

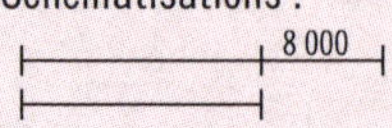

part du premier
part du second

On obtient donc la part du second en retranchant 8 000 et en divisant par 2.

On a : 468 000 – 8 000 = 460 000
et 460 000 ÷ 2 = 230 000 €.

Part du premier : 230 000 + 8 000 = 238 000 €. Part du troisième :
676 000 – 468 000 = 208 000 €.

Exercice 13. Les $\frac{2}{5}$ de 40 m font 16 m (car 40 ÷ 5 = 8 et 8 × 2 = 16).

Il reste 40 – 16 = 24 m.

Les $\frac{3}{8}$ de 24 m font 9 m (car 24 ÷ 8 = 3 et 3 × 3 = 9).

Il reste : 24 – 9 = 15 m.

Exercice 14. Comparons les deux nombres positifs : 5,598 < 5,63 car le chiffre des dixièmes de 5,598 qui est 5, est plus petit que celui de 5,63 qui est 6.

Comparons les deux nombres négatifs :
– 5,7 < – 5,69 car la valeur absolue de – 5,7 qui est 5,7 est plus grande que celle de – 5,69 qui est 5,69.

On sait que les nombres négatifs sont inférieurs aux nombres positifs.

Finalement : – 5,7 < – 5,69 < 5,598 < 5,63.

Exercice 15. **a.** On a $\frac{2}{3} \approx 0{,}66$ et $\frac{1}{2} \approx 0{,}5$ d'où $\frac{1}{2} < \frac{2}{3}$.

b. On a $\frac{13}{5} = 2{,}6$ d'où 2,3 < 2,6.

Les opérations 26

Le temps aidant, les différentes méthodes de calculs sont parfois oubliées. Si savoir effectuer une addition reste simple, les soustractions, multiplications et surtout les divisions posent plus de difficultés, d'autant plus que vous devez les effectuer de manière manuelle en un temps limité.
Vous devrez résoudre mentalement de nombreuses opérations car, en situation chronométrée, vous n'aurez pas le temps de les poser. La pratique des quatre opérations doit donc être parfaitement maîtrisée.
Il est bien sûr nécessaire de revoir ses tables de multiplication et de vous familiariser avec les approximations qui sont indispensables. D'autre part, il ne semble pas inutile de rappeler les règles qui concernent les signes, le plus souvent sources d'erreurs.

1. Les opérations

1.1. L'addition

Si les nombres relatifs sont de mêmes signes, leur somme est un nombre de même signe.

Exemple $(+54) + (+12) + (+86) = +152$

Si deux nombres relatifs sont de signes contraires, le signe de la somme sera le signe du plus grand nombre (en valeur absolue).

Exemple $(+23) + (-34) = -11$ car $34 - 23 = 11$
On obtient le résultat en faisant la soustraction des deux valeurs absolues.

1.2. La soustraction

Soustraire un nombre relatif revient à faire une addition avec l'opposé de ce nombre : la soustraction obéit aux mêmes règles que l'addition.

Exemple $(+15) - (+7) = (+15) + (-7) = +8$

1.3. La multiplication

La multiplication de deux nombres relatifs de même signe donne un nombre relatif positif.
⇒ « + multiplié par + donne + » et « – multiplié par – donne + ».

Exemple $(+3) \times (+8) = +24$

La multiplication d'un nombre relatif positif par un nombre relatif négatif donne un nombre relatif négatif ⇒ « + multiplié par – donne – ».

Exemple $(+6) \times (-17) = -102$

1.4. La division

Les règles de la division sont identiques à celles de la multiplication.

Exemple $(+18) \div (+3) = +6$

2. La priorité des opérations

Dans des suites de calculs, la rigueur suppose que l'on applique certaines règles concernant l'ordre de priorité des opérations : la multiplication et la division sont prioritaires par rapport à l'addition et à la soustraction, mais, à priorité égale, le calcul se fait de gauche à droite. Les premiers calculs à effectuer sont ceux entre parenthèses en commençant toujours par la plus intérieure.

Exemple Calculez $(-2+6\div(7-8))\times(12\div(-4))$

1re étape : $(-2+6\div(-1))\times(-3)$

2e étape : $(-2+(-6))\times(-3)$

3e étape : $-8\times(-3) = +24$

3. Conseils

→ Utilisez un brouillon pour faire de rapides approximations.

→ Maîtrisez parfaitement la pratique des quatre opérations.

→ Révisez impérativement les tables de multiplication.

→ Familiarisez-vous avec le calcul mental et les estimations afin d'acquérir de la rapidité car tous les exercices doivent être exécutés sans calculatrice.

→ Faites des approximations lorsque les solutions sont proposées.

→ Pour plus de sûreté, n'hésitez pas à poser tous les calculs.

→ Ne paniquez jamais car les exercices sont réalisables après quelques révisions et tous sont à votre portée.

Exercice 1.

> Indiquez si la solution proposée est vraie ou fausse

1. $4/5 = 12/15 = 16/20$
Ⓐ Vrai Ⓑ Faux

2. $125 - 25 = 10 + 140 - 30$
Ⓐ Vrai Ⓑ Faux

3. $122 \times 2 = 61 \times 4$
Ⓐ Vrai Ⓑ Faux

4. $157 - 17 > 147$
Ⓐ Vrai Ⓑ Faux

5. $1192 \div 2 > 1012 \div 1{,}5$
Ⓐ Vrai Ⓑ Faux

6. $451 - 126 = 65 \times 5$
Ⓐ Vrai Ⓑ Faux

7. $678 + 452 > 1230$
Ⓐ Vrai Ⓑ Faux

8. $24 \times 15 = 360 \div 3$
Ⓐ Vrai Ⓑ Faux

9. $588 + 22 + 90 = 500 + 75 + 125$
Ⓐ Vrai Ⓑ Faux

10. $235 \times 22 = 5200$
Ⓐ Vrai Ⓑ Faux

11. $528 + 56 = 600 - 16$
Ⓐ Vrai Ⓑ Faux

12. $7 + 5 = 2 \times 6$
Ⓐ Vrai Ⓑ Faux

13. $1/4 \times 1/2 = 0{,}25 \times 2$
Ⓐ Vrai Ⓑ Faux

14. $5/12 \div 4/3 = 5/16$
Ⓐ Vrai Ⓑ Faux

15. $3/1 \times 2/1 = 6/2$
Ⓐ Vrai Ⓑ Faux

16. $4/3 \times 3/4 = 1$
Ⓐ Vrai Ⓑ Faux

17. $49/27 \div 7/3 = 9/7$
Ⓐ Vrai Ⓑ Faux

CORRIGÉS

1. Ⓐ $= 0{,}8$
2. Ⓑ $100 \neq 120$
3. Ⓐ 244
4. Ⓑ $157 - 17 = 140 < 147$
5. Ⓑ $596 < 674{,}66$
6. Ⓐ 325
7. Ⓑ $1130 < 1230$
8. Ⓑ $360 \neq 120$
9. Ⓐ 700
10. Ⓑ $5170 \neq 5200$
11. Ⓐ 584
12. Ⓐ 12
13. Ⓑ $1/4 \times 1/2 = 1/8 \neq 1/2$
14. Ⓐ $5/12 \div 4/3 = 5/12 \times 3/4$ $= \dfrac{5 \times 3}{3 \times 4 \times 4} = \dfrac{5}{4 \times 4} = \dfrac{5}{16}$
15. Ⓑ $3/1 \times 2/1 = 3 \times 2 = 6$
16. Ⓐ $4/3 \times 3/4 = 12/12 = 1$
17. Ⓑ $49/27 \div 7/3 = 49/27 \times 3/7 = 7/9$

Exercice 2.

> Vérifiez le résultat des opérations suivantes

1. 13 + 17 = ?
Ⓐ 24 Ⓑ 31
Ⓒ 40 Ⓓ 30
Ⓔ 57

Ⓓ

2. 25 + 12 + 18 = ?
Ⓐ 45 Ⓑ 46
Ⓒ 55 Ⓓ 57
Ⓔ 65

Ⓒ

3. 31 – 13 = ?
Ⓐ 18 Ⓑ 22
Ⓒ 24 Ⓓ 28
Ⓔ 44

Ⓐ

4. 236 – 75 = ?
Ⓐ 61 Ⓑ 121
Ⓒ 161 Ⓓ 171
Ⓔ 201

Ⓒ

5. 487 + 371 = ?
Ⓐ 116 Ⓑ 756
Ⓒ 758 Ⓓ 858
Ⓔ 868

Ⓓ

6. 678 – 241 = ?
Ⓐ 337 Ⓑ 437
Ⓒ 439 Ⓓ 527
Ⓔ 919

Ⓑ

7. 49 + 39 = ?
Ⓐ 70 Ⓑ 78
Ⓒ 79 Ⓓ 81
Ⓔ 88

Ⓔ

8. 599 – 66 = ?
Ⓐ 433 Ⓑ 533
Ⓒ 535 Ⓓ 553
Ⓔ 555

Ⓑ

9. 398 – 152 = ?
Ⓐ 246 Ⓑ 252
Ⓒ 256 Ⓓ 320
Ⓔ 346

Ⓐ

10. 9/56 × 3/2 = ?
Ⓐ 1/4 Ⓑ 3/28
Ⓒ 9/84 Ⓓ 27/62
Ⓔ 27/112

Ⓔ Dénominateur = 56 × 2 = 112, il est inutile de calculer le numérateur car seule la réponse Ⓔ peut convenir.

EXERCICES

Exercice 3.

> Calculez les expressions suivantes :

1. $(-3)+(-79)$
2. $(+55)+(-16)$
3. $(-65)-(-18)$
4. $(-36)-(-41)$
5. $(-15)\times(-2)$
6. $(-1)\times(+56)$
7. $(-48)\div(-12)$
8. $(+72)\div(-4)$

Exercice 4.

> Calculez approximativement :

1. $2{,}06\times 0{,}75$
2. $9{,}30\times 44$
3. $0{,}018\times 0{,}017$
4. $78\div 27$
5. $677\div 33{,}33$
6. $4{,}038\div 0{,}02$
7. $\frac{4}{7}$ de 861
8. $69\times 0{,}000\,71$
9. $225\times 155\,500$
10. $0{,}062\times 0{,}29$
11. $201\times 7\,980$
12. 55 % de 13 126

CORRIGÉS

Exercice 3.

1. $(-3)+(-79) = -82$
2. $(+55)+(-16) = +39$
3. $(-65)-(-18)=(-65)+(+18)=-47$
4. $(-36)-(-41)=(-36)+(+41)=+5$
5. $(-15)\times(-2) = +30$
6. $(-1)\times(+56) = -56$
7. $(-48)\div(-12) = +4$
8. $(+72)\div(-4) = -18$

Exercice 4.

1. $2{,}06\times 0{,}75\approx 2\times\frac{3}{4} = 1{,}5$
(1,54 au 1/100e)

2. $9{,}30\times 44\approx 9\times 50\approx 450$
(exactement 409,2)

3. $0{,}018\times 0{,}017\approx 2\cdot 10^{-2}\times 2\cdot 10^{-2}$
$\approx 4\cdot 10^{-4}$
(exactement $3{,}06\cdot 10^{-4}$)

4. $78\div 27\approx 75\div 25\approx 3$ (exactement 2,88)

5. $677\div 33{,}33\approx 600\div 30\approx 20$
(20,31 au 1/100e)

6. $4{,}038\div 0{,}02\approx 4\div 2\cdot 10^{-2}\approx 2\cdot 10^{2}$
≈ 200 (exactement 201,9)

7. $\frac{4}{7}$ de $861\approx\frac{1}{2}\times 900\approx 450$
(exactement 492)

8. $69\times 0{,}000\,71\approx 70\times 70\cdot 10^{-5}$
$\approx 7\cdot 10^{1}\times 7\cdot 10^{-4}$
$\approx 49\cdot 10^{-3}\approx 4{,}9\cdot 10^{-2}$
(exactement $4{,}89\times 10^{-2}$)

9. $225\times 155\,500\approx 200\times 160\,000$
$2\times 16\cdot 10^{6}\approx 32\cdot 10^{6}\approx 3{,}2\cdot 10^{7}$
(environ $3{,}5\times 10^{7}$)

10. $0{,}062\times 0{,}29\approx 0{,}06\times 0{,}3$
$\approx 6\cdot 10^{-2}\times 3\cdot 10^{-1}$
$\approx 18\cdot 10^{-3}\approx 1{,}8\cdot 10^{-2}$
(environ $\approx 1{,}8\times 10^{-2}$)

11. $201\times 7\,980\approx 200\times 8\,000$
$\approx 2\cdot 10^{2}\times 8\cdot 10^{3}$
$\approx 16\cdot 10^{5}\approx 1{,}6\cdot 10^{6}$
(environ $1{,}6\times 10^{6}$)

12. 55 % de 13 126 ≈ 55 % de 13 000
soit 50 % de 13 000 = 6 500
+ 5 % de 13 000 = 650
⇒ 55 % de 13 000 ≈ 6 500 + 650 = 7 150
(exactement 7 219,3)

EXERCICES

Exercice 5.

> Calculez

1. 5 243 + 7 603 + 8 765 + 9 022

2. 976×93

3. $(-5) \times (+6) \times (-3)$

4. $136{,}09 \div 43{,}9$

5. $\frac{1}{4} \div \frac{1}{8}$

6. $\sqrt{\frac{4}{9} \times \frac{25}{36}}$

Exercice 6.

> Trouvez le nombre remplaçant le point d'interrogation :

$? = \frac{4}{7}$ de 252

CORRIGÉS

Exercice 5.

1. Mentalement, vous ajoutez les unités entre elles, les dizaines entres elles, etc.

Pour les unités : $3 + 3 + 5 + 2 = 13$; vous posez 3 et vous retenez 1 dans votre tête.

Pour les dizaines : $4 + 0 + 6 + 2 = 12$ auquel vous additionnez la retenue ; vous obtenez 13, vous posez 3 et vous retenez 1.

Pour les centaines : $2 + 6 + 7 + 0 = 15$ auquel vous additionnez la retenue ; vous obtenez 16, vous posez 6 et vous retenez 1.

Pour les milliers : $5 + 7 + 8 + 9 = 29$ auquel vous additionnez la retenue et vous obtenez 30.

Le résultat final est donc 30 633.

2. Posez la multiplication le plus rapidement possible car mentalement, la résolution peut comporter des risques d'erreur.

$$\begin{array}{r} 976 \\ \times\ 93 \\ \hline 29^{2}2^{1}8 \\ 87^{6}8^{5}4\ . \\ \hline 90\ 7\ 6\ 8 \end{array}$$

3. Vous commencez par faire la multiplication des chiffres sans vous préoccuper des signes :

$5 \times 6 \times 3 = 30 \times 3 = 90.$

Vous recherchez maintenant le signe de cette multiplication :
vous savez que – multiplié par + donne –.
Puis – multiplié par – donne +. ⇒ le résultat est positif.
La solution est donc + 90.

4. Le calcul exact de cette division est le suivant :

136,09 | 43,9 correspond à $13_1 6_3 09$ | 4 390

0 4 390 | 3,1

0

5. Diviser par une fraction revient à multiplier par l'inverse de cette fraction :

$$\frac{1}{4} \div \frac{1}{8} = \frac{1}{4} \times \frac{8}{1} = \frac{8}{4} = 2.$$

N'oubliez pas de mettre le résultat sous la forme irréductible.

6. Ne commencez pas par faire la multiplication car, sous cette racine, vous vous apercevez de la présence d'une multiplication de carrés parfaits.

Vous savez que la multiplication de racines est égale à la racine des multiplications alors :

$$\sqrt{\frac{4}{9} \times \frac{25}{36}} = \frac{\sqrt{4}}{\sqrt{9}} \times \frac{\sqrt{25}}{\sqrt{36}} = \frac{2}{3} \times \frac{5}{6} = \frac{10}{18}.$$

Terminez par mettre le résultat sous la forme d'une fraction irréductible :

$$\frac{10}{18} = \frac{5}{9}$$

Exercice 6.

Vous désirez prendre $4/7^{e}$ de 252 ; cela revient à multiplier par $\frac{4}{7}$:

$$\frac{4 \times 252}{7} = \frac{1\,008}{7} = 144.$$

EXERCICES

Exercice 7.

> Calculez $0{,}54 \div 1{,}8$

Exercice 8.

> Trouvez le nombre remplaçant le point d'interrogation :

$18 = 75\ \%$ de ?

Exercice 9.

> Calculez approximativement

$385 \times 0{,}004\,9$

Exercice 10.

> Quel est le résultat simplifié de l'opération suivante ?

$$\frac{9 \times 64 \times 4 \times 3}{27 \times 16 \times 8}$$

Exercice 11.

> Calculez approximativement :

$\sqrt{220} - \sqrt{120}$

Exercice 12.

> Quel chiffre remplace les points d'interrogation ?

$\sqrt[?]{(10 - ?)^?} = 7$

CORRIGÉS

Exercice 7.

Vous n'êtes pas obligé de poser la division car :

$0{,}54 \div 1{,}8 = 5{,}4 \div 18$

Vous voyez que $54 \div 18 = 3$

donc $5{,}4 \div 18 = 0{,}3$

Exercice 8.

Vous devez prendre 75 % d'un nombre inconnu :

$$18 = \frac{75}{100} \times x \Rightarrow 18 = 0{,}75 \times x$$
$$\Rightarrow x = 18 \div 0{,}75$$
$$\Rightarrow x = 24$$

Vous pouvez également trouver directement la réponse car 75 % correspond à $\frac{3}{4}$:

$18 = \frac{3}{4}$ de $x \Rightarrow x = 24$

Exercice 9.

Il vous est demandé de calculer approximativement ; il est alors inutile de faire le calcul exact mais il faut estimer le résultat.

$385 \times 0{,}004\,9 \approx 400 \times 0{,}005$

Vous avez $4 \times 5 = 20$ et il reste à multiplier 100 par 0,001, c'est-à-dire par 1/10^e

$\left(100 \times \frac{1}{1\,000}\right)$.

La réponse est donc $20 \times 0{,}1 = 2$.

Vous verrez lors de la fiche 29 que vous pouvez passer par la notation scientifique afin de faciliter des calculs plus complexes.

D'autre part, ce type d'exercices sur les approximations est presque toujours suivi des propositions de réponses. Les calculs exacts sont donc très souvent superflus car vous vous servez des réponses.

Exercice 10.

Il n'est pas utile d'effectuer les produits puis la division car plusieurs simplifications sont possibles :

$$\frac{\cancel{9} \times \cancel{16} \times \cancel{4} \times 4 \times \cancel{3}}{\cancel{9} \times \cancel{3} \times \cancel{16} \times \cancel{4} \times 2} = \frac{4}{2} = 2$$

Il est toujours important de réfléchir aux différentes possibilités de simplification avant de commencer de fastidieux calculs.

Exercice 11.

Vous ne connaissez pas la racine carré de 220 ni celle de 120.

Vous devez rechercher des carrés parfaits aux alentours de ces deux valeurs : soit 225 et 121.

L'approximation est alors la suivante :

$$\sqrt{220} - \sqrt{120} \simeq \sqrt{225} - \sqrt{121}$$
$$\simeq 15 - 11 \simeq 4$$

Exercice 12.

Vous connaissez la formule : $\sqrt[n]{x^n} = x$ et vous pouvez maintenant supprimer la racine :

$\sqrt[\cancel{x}]{(10 - x)^{\cancel{x}}} = 7 \Rightarrow 10 - x = 7$

Il ne reste plus qu'à résoudre cette simple équation :

$10 - x = 7 \Rightarrow 10 - 7 = x \Rightarrow x = 3$.

27 LES APPROXIMATIONS ET LE CALCUL MENTAL

Nous allons étudier comment effectuer rapidement des calculs et des estimations numériques.

1. Ce qu'il faut savoir

1.1. Valeur décimale approchée. Arrondi

Valeur décimale approchée. Un nombre peut être encadré par deux nombres entiers successifs : par exemple $5 < 5{,}7 < 6$. On dit que : 5 est la valeur entière approchée de 5,7 par défaut ; 6 est sa valeur entière approchée par excès.

De même : $4{,}3 < 4{,}38 < 4{,}4$.

4,3 est la valeur décimale approchée à un dixième près par défaut ; 4,4 est la valeur décimale approchée à un dixième près par excès.

On peut également encadrer par deux décimaux successifs qui ont deux chiffres après la virgule (on aura les valeurs approchées au centième), ou trois (valeurs approchées au millième).

Exemple 6,519 a pour valeur approchée au centième par excès : 6,2.

Arrondi. Arrondir un nombre à l'unité, c'est prendre le nombre entier le plus proche de ce nombre :

– si le premier chiffre après la virgule est 1, 2, 3, 4, on prend la valeur entière par défaut ;

– si le premier chiffre après la virgule est 5, 6, 7, 8, 9, on prend la valeur entière par excès.

On peut, de même, arrondir un nombre au dixième (ou à une décimale), au centième (ou à deux décimales), au millième (ou à trois décimales).

Exemple L'arrondi au dixième de 3,14 est 3,1 ; l'arrondi au centième de 3,576 est 3,58.

1.2. Calcul mental

Pour simplifier l'exécution d'un calcul, on peut changer l'écriture d'un nombre. Il est utile de savoir par cœur quelques résultats :

$\frac{1}{2} = 0{,}5$; $\frac{1}{4} = 0{,}25$; $\frac{3}{4} = 0{,}75$; $\frac{1}{5} = 0{,}20$; $\frac{1}{10} = 0{,}1$; $\frac{1}{100} = 0{,}01$; $\frac{1}{1\,000} = 0{,}001$.

Exemple Pour calculer $\frac{3}{4} + 7$, on remplace $\frac{3}{4}$ par 0,75 : $\frac{3}{4} + 7 = 0{,}75 + 7 = 7{,}75$.

Pour multiplier mentalement par un nombre, on peut :

– décomposer le nombre sous la forme d'un produit et multiplier successivement par chacun des facteurs du produit ($35 \times 6 = (35 \times 2) \times 3 = 70 \times 3 = 210$) ;

– décomposer le nombre sous la forme d'un quotient $\frac{a}{b}$, puis multiplier le nombre par a et diviser le résultat par b ($65 \times 5 = 65 \times \frac{10}{2} = 650 \div 2 = 325$) ;

– décomposer le nombre sous la forme d'une somme $a + b$ ou d'une différence $a - b$, multiplier le nombre par a et par b, puis ajouter ou retrancher les résultats ($34 \times 9 = 34 \times (10 - 1) = 340 - 34 = 306$).

Pour effectuer mentalement soit l'addition, soit la multiplication, d'une suite de nombres, on peut changer la place des nombres ($7 + 19 + 73 = (7 + 73) + 19 = 80 + 19 = 99$; $4 \times 0{,}17 \times 25 = (4 \times 25) \times 0{,}17 = 100 \times 0{,}17 = 17$).

Attention : s'il y a à la fois des additions et des multiplications, c'est la règle de priorité de la multiplication sur l'addition qui s'applique ($2 + 0{,}3 \times 5 = 2 + 1{,}5 = 3{,}5$).

2. Ce qu'il faut savoir faire

Pour être efficace en calcul mental, il faut s'entraîner et acquérir des automatismes. En plus des techniques présentées ci-dessous, vous pouvez élaborer vos propres règles personnelles.

2.1. Effectuer mentalement une multiplication ou une division par 10, 100, 1 000

Pour multiplier un nombre décimal par 10 ; 100 ; 1 000, on déplace la virgule respectivement de 1 rang, 2 rangs, 3 rangs vers la droite en ajoutant des zéros à droite si nécessaire.

Pour diviser un nombre décimal par 10 ; 100 ; 1 000, on déplace la virgule respectivement de 1 rang, 2 rangs, 3 rangs vers la gauche en ajoutant des zéros à gauche si nécessaire.

Exemple Calculer : $7{,}24 \times 1\,000$; $628 \div 100$.

7,24 peut s'écrire 7,240. En déplaçant la virgule de 3 rangs vers la droite, on obtient $7{,}24 \times 1\,000 = 7\,240$

Pour calculer $628 \div 100$ on déplace la virgule de 2 rangs vers la gauche. On obtient : $628 \div 100 = 6{,}28$

2.2. Trouver une valeur approchée d'un nombre

Dans le cas d'une fraction, on peut diviser le numérateur par le dénominateur. Dans le cas d'une racine carrée, on peut procéder par encadrement.

Dans certains cas, il faut connaître par cœur une valeur approchée, en particulier : $\pi \approx 3{,}14$; $\sqrt{2} \approx 1{,}414$; $\sqrt{3} \approx 1{,}732$; $\sqrt{5} \approx 2{,}23$; $\frac{1}{3} \approx 0{,}33$.

Exemple Donner une valeur approchée de a. $\frac{16}{3}$; b. $\sqrt{30}$; c. $\sqrt{200}$.

a. $\frac{16}{3} = 16 \div 3 = (15 + 1) \div 3 = 15 \div 3 + 1 \div 3 \approx 5 + 0{,}33$ d'où $\frac{16}{3} \approx 5{,}33$.

b. On encadre 30 par les carrés de deux entiers successifs : $25 < 30 < 36$,

d'où $5 < \sqrt{30} < 6$ et $\sqrt{30} \approx 5{,}5$.

c. $\sqrt{200} = \sqrt{100 \times 2} = \sqrt{100} \times \sqrt{2} = 10 \times \sqrt{2} \approx 10 \times 1{,}414$, d'où $\sqrt{200} \approx 14{,}14$.

2.3. Effectuer mentalement un calcul

Suivant la nature des opérations, on regarde s'il est intéressant de changer l'écriture d'un nombre, de décomposer un nombre en un produit ou un quotient, s'il est possible de changer l'ordre des nombres.

Exemple Calculer $\frac{1}{2} + 2{,}5 + 5 \times 0{,}83 \times 20$.

D'après les règles de priorité, il faut d'abord calculer le produit $5 \times 0{,}83 \times 20$.

On voit que pour cela il est intéressant de changer l'ordre des facteurs :

$5 \times 0{,}83 \times 20 = (5 \times 20) \times 0{,}83 = 100 \times 0{,}83 = 83$

Comme il est plus facile d'additionner des nombres décimaux que des fractions, on remplace $\frac{1}{2}$ par 0,5.

Finalement, on obtient : $\frac{1}{2} + 2{,}5 + 5 \times 0{,}83 \times 20 = 0{,}5 + 2{,}5 + 83 = 3 + 83 = 86$.

2.4. Estimer mentalement le résultat d'un calcul

On obtient une valeur approximative du résultat en remplaçant les nombres qui figurent dans le calcul par des nombres proches plus simples, permettant un calcul mental.

Exemple Calculer une valeur approximative de $\frac{397 \times 1{,}07}{3{,}82}$.

On remplace 397 par 400 ; 1,07 par 1 et 3,82 par 4.

On obtient : $\frac{400 \times 1}{4} = 400 \div 4 = 100$.

EXERCICES

Exercice 1.

> Effectuer mentalement :

a. $1{,}35 \times 10$; $12{,}69 \times 1\,000$; $15{,}8 \times 100$; $3{,}734 \times 100$; $14{,}9 \times 1\,000$; $0{,}305 \times 10$; $0{,}057 \times 1\,000$; $0{,}9 \times 100$; $10{,}02 \times 1\,000$.

b. $14 \times 0{,}1$; $17{,}2 \times 0{,}01$; $16{,}9 \times 0{,}001$; $0{,}15 \times 0{,}1$; $0{,}035 \times 0{,}1$; $0{,}17 \times 0{,}01$

c. $17{,}32 \div 10$; $15{,}57 \div 100$; $3{,}18 \div 1\,000$; $0{,}15 \div 100$; $32 \div 1\,000$; $0{,}04 \div 10$.

Exercice 2.

> Arrondir

a. au dixième :
0,17 ; 2,13 ; 1,08 ; 2,258 ; 0,13 ; 14,083 ; 4,11 ; 0,294 ; 1,26 ; 0,49.

b. au centième :
4,687 ; 13,266 ; 1,682 ; 40,685 ; 55,874 ; 3,222 ; 8,859 ; 56,8744.

c. au millième :
5,6147 ; 1,7868 ; 6,2352 ; 134,5474 ; 341,7613 ; 3,0244 ; 12,0048.

Exercice 3.

> Donner une valeur approchée au dixième près par défaut de :

a. $\frac{7}{3}$ **b.** $\sqrt{300}$

Exercice 4.

> Calculer mentalement :

a. $15{,}9 + 6{,}72 + 4{,}1$; $7{,}25 + 1{,}79 + 4{,}25$; $1{,}83 + 2{,}59 + 3{,}17$.

b. $3 \times 5{,}1$; $7 \times 6{,}5$; $4 \times 3{,}8$; $2{,}7 \times 9$; $3{,}2 \times 5$.

c. $\frac{3}{4} + 1$; $\frac{2}{3} + 2$; $\frac{4}{7} + 5$; $\frac{9}{7} - 1$; $\frac{19}{3} - 4$.

d. $\frac{1}{7} \times \frac{1}{3}$; $\frac{1}{4} \times \frac{2}{3}$; $\frac{4}{9} \times \frac{7}{5}$; $\frac{7}{8} \times \frac{11}{9}$.

CORRIGÉS

Exercice 1. **a.** 13,5 ; 12 690 ; 1 580 ; 373,4 ; 14 900 ; 3,05 ; 57 ; 90 ; 10 020.

b. 1,4 ; 0,172 ; 0,0169 ; 0,015 ; 0,0035 ; 0,0017.

c. 1,732 ; 0,1557 ; 0,00318 ; 0,0015 ; 0,032 ; 0,004.

Exercice 2. **a.** On regarde le 2e chiffre après la virgule et on applique la règle : 0,2 ; 2,1 ; 1,1 ; 2,3 ; 0,1 ; 14,1 ; 4,1 ; 0,3 ; 1,3 ; 0,5.

b. On regarde le 3e chiffre après la virgule et on applique la règle : 4,69 ; 13,27 ; 1,68 ; 40,69 ; 55,87 ; 3,22 ; 8,86 ; 56,87.

c. On regarde le 4e chiffre après la virgule et on applique la règle : 5,615 ; 1,787 ; 6,235 ; 134,547 ; 341,761 ; 3,024 ; 12,005.

Exercice 3.

a. $\frac{7}{3} = \frac{6+1}{3} = \frac{6}{3} + \frac{1}{3} \approx 2 + 0{,}3$ d'où $\frac{7}{3} \approx 2{,}3$.

b. $\sqrt{300} = \sqrt{3 \times 100} = \sqrt{3} \times \sqrt{100} \approx 1{,}732 \times 10$ d'où $\sqrt{300} \approx 17{,}3$.

Exercice 4. **a.** $15{,}9 + 6{,}72 + 4{,}1$
$= (15{,}9 + 4{,}1) + 6{,}72 = 20 + 6{,}72 = 26{,}72$;
$7{,}25 + 1{,}79 + 4{,}25 = (7{,}25 + 4{,}25) + 1{,}79$
$= 11{,}50 + 1{,}79 = 13{,}29$;
$1{,}83 + 2{,}59 + 3{,}17 = (1{,}83 + 3{,}17) + 2{,}59$
$= 5 + 2{,}59 = 7{,}59$.

b. $3 \times 5{,}1 = 3 \times 5 + 3 \times 0{,}1 = 15 + 0{,}3 = 15{,}3$;
$7 \times 6{,}5 = 7 \times 6 + 7 \times 0{,}5 = 42 + 3{,}5 = 45{,}5$;
$4 \times 3{,}8 = 4 \times 4 - 4 \times 0{,}2 = 16 - 0{,}8 = 15{,}2$;
$2{,}7 \times 9 = 2{,}7 \times 10 - 2{,}7 \times 1 = 27 - 2{,}7$;
$= 27 - 3 + 0{,}3 = 24{,}3$;

$3{,}2 \times 5 = 3{,}2 \times \frac{10}{2} = \frac{32}{2} = 16$.

c. $\frac{3}{4} + 1 = 0{,}75 + 1 = 1{,}75$

ou $\frac{3}{4} + 1 = \frac{3}{4} + \frac{4}{4} = \frac{7}{4}$; $\frac{2}{3} + 2 = \frac{2}{3} + \frac{6}{3} = \frac{8}{3}$; $\frac{4}{7} + 5 = \frac{4}{7} + \frac{35}{7} = \frac{39}{7}$; $\frac{9}{7} - 1 = \frac{9}{7} - \frac{7}{7} = \frac{2}{7}$; $\frac{19}{3} - 4 = \frac{19}{3} - \frac{12}{3} = \frac{7}{3}$.

d. $\frac{1}{7} \times \frac{1}{3} = \frac{1}{21}$; $\frac{1}{4} \times \frac{2}{3} = \frac{1}{2} \times \frac{1}{3} = \frac{1}{6}$;
$\frac{4}{9} \times \frac{7}{5} = \frac{28}{45}$; $\frac{7}{8} \times \frac{11}{9} = \frac{77}{72}$.

Exercice 5.

> Résoudre les problèmes suivants sans poser d'opérations.

a. 1 kg de pâtes coûte 4,60 €. Quel est le prix de 2 kg ? Quel est le prix de 10 kg ? Quel est le prix de 12 kg ?

b. Un cycliste parcourt 42,5 km en 2 heures. Combien en parcourt-il en 1 heure ? Combien en parcourt-il en 4 heures ?

c. 10 calculatrices coûtent 97,5 €. Calculer le prix d'une calculatrice. Calculer le prix de 2 calculatrices.

d. La différence de deux nombres est 100. Le plus petit est 3 915,7. Quel est le plus grand ?

e. Le produit de deux nombres est 2,5. L'un des facteurs est 0,1. Quel est l'autre facteur ?

Exercice 6.

> Calculer mentalement :

$\dfrac{6{,}3 \times 10^4}{2{,}1 \times 10^2}$; $\dfrac{4{,}5 \times 10^2}{0{,}5 \times 10^{-1}}$;

$\dfrac{4 \times 10^{-3} \times 7 \times 10^2}{28 \times 10^{-2}}$.

Exercice 7.

> Estimer mentalement le résultat des calculs suivants :

a. $37 \times 25{,}3 + 6{,}8$; $23{,}4 + 8{,}6 \times 6{,}3$.

b. $16{,}48 \times (23{,}9 + 25{,}8 - 8{,}4)$.

c. $\dfrac{264{,}48}{23{,}67}$; $\dfrac{20{,}048}{16{,}09}$; $\dfrac{3\,997{,}48}{9\,888{,}54}$.

d. $\dfrac{18{,}2 \times 3{,}4}{5{,}2 \times 6{,}1}$; $\dfrac{12 + 3{,}5 \times 4{,}1}{3 \times 2{,}6 + 5{,}4}$.

CORRIGÉS

Exercice 5. **a.** Prix de 2 kg : 9,20 € (4,60 × 2) ;
Prix de 10 kg : 46 € (4,60 × 10) ;
Prix de 12 kg : 55,20 € (46 + 9,20).

b. En 1 h : 21,25 km (la moitié de 42,5 km)
En 4 h : 85 km (le double de 42,5).

c. Prix d'une calculatrice : 9,75 € (97,5 ÷ 10)
Prix de 2 calculatrices : 19,50 € (9,75 × 2 = 9 × 2 + 0,75 × 2 = 18 + 1,50).

d. Le plus grand est 3 915,7 + 100 = 4 015,7.

e. C'est le quotient de 2,5 par 0,1 donc :

$2{,}5 \div 0{,}1 = 2{,}5 \div \dfrac{1}{10} = 2{,}5 \times 10 = 25.$

Exercice 6. $\dfrac{6{,}3 \times 10^4}{2{,}1 \times 10^2} = \dfrac{6{,}3}{2{,}1} \times \dfrac{10^4}{10^2}$

$= 3 \times 10^2 = 3 \times 100 = 300.$

$\dfrac{4{,}5 \times 10^2}{0{,}5 \times 10^{-1}} = \dfrac{4{,}5}{0{,}5} \times \dfrac{10^2}{10^{-1}}$

$= 9 \times 10^{2+1} = 9 \times 1\,000 = 9\,000.$

$\dfrac{4 \times 10^{-3} \times 7 \times 10^2}{28 \times 10^{-2}} = \dfrac{28 \times 10^{-1}}{28 \times 10^{-2}}$

$= 10^{-1+2} = 10^1 = 10.$

Exercice 7.

a. $37 \times 25{,}3 + 6{,}8 \approx 40 \times 25 + 7 \approx 1\,000$;
$23{,}4 + 8{,}6 \times 6{,}3 \approx 23 + 8 \times 6 \approx 23 + 48 \approx 70.$

b. $16{,}48 \times (23{,}9 + 25{,}8 - 8{,}4)$
$\approx 16 \times (24 + 26 - 8) \approx 16 \times 42$
$\approx 15 \times 40 \approx 600.$

c. $\dfrac{264{,}48}{23{,}67} \approx \dfrac{250}{25} \approx 10$;

$\dfrac{20{,}048}{16{,}09} \approx \dfrac{20}{16} \approx \dfrac{5}{4} \approx 1{,}25$;

$\dfrac{3\,997{,}48}{9\,888{,}54} \approx \dfrac{4\,000}{10\,000} \approx 0{,}4.$

d. $\dfrac{18 \times 3{,}4}{5{,}2 \times 6{,}1} \approx \dfrac{18 \times 3}{5 \times 6} \approx \dfrac{18}{5 \times 2} \approx \dfrac{18}{10} \approx 1{,}8$;

$\dfrac{12 + 3{,}5 \times 4{,}1}{3 \times 2{,}6 + 5{,}4} \approx \dfrac{12 + 3{,}5 \times 4}{3 \times 3 + 5} \approx \dfrac{12 + 14}{9 + 5}$

$\approx \dfrac{26}{14} \approx 2.$

28 Les racines

On appelle racine carrée d'un nombre positif x (notée $\sqrt{x}$ qui se lit « racine carrée de x »), le nombre dont le carré est x. En d'autres termes, la racine carrée du nombre positif x est le nombre positif unique a tel que $a^2 = x$. Ces racines posent généralement de grandes difficultés, d'autant plus lorsqu'il s'agit de racines $n^{\text{ièmes}}$ (le plus souvent de racines cubiques) et non de racines carrées.

1. Les racines carrées à connaître

Il est impératif de connaître la valeur de certaines racines car vous pouvez en avoir besoin dans le cadre d'approximation.

$\sqrt{2} \simeq 1{,}41$	$\sqrt{10} \simeq 3{,}16$	$\sqrt{64} = 8$	$\sqrt{169} = 13$
$\sqrt{3} \simeq 1{,}73$	$\sqrt{16} = 4$	$\sqrt{81} = 9$	$\sqrt{196} = 14$
$\sqrt{4} = 2$	$\sqrt{25} = 5$	$\sqrt{100} = 10$	$\sqrt{225} = 15$
$\sqrt{5} \simeq 2{,}23$	$\sqrt{36} = 6$	$\sqrt{121} = 11$	
$\sqrt{9} = 3$	$\sqrt{49} = 7$	$\sqrt{144} = 12$	

2. La simplification de racines

Il faut procéder comme pour les fractions, c'est-à-dire décomposer les nombres qui se trouvent sous la racine en produit de facteurs premiers.

Il faut également connaître la formule : $\sqrt{a^{2n}} = a^n$ ou $\sqrt[2]{a^n} = a^{\frac{n}{2}}$

Car lorsqu'un nombre est extrait d'une racine, il faut que son exposant soit pair pour pouvoir diviser cette puissance par deux et faire disparaître la racine.

Exemple Simplifiez $\sqrt{12}$

La décomposition en produits de facteurs premiers donne :

$12 = 2^2 \times 3 \Rightarrow \sqrt{12} = \sqrt{2^2 \times 3} = \sqrt{2^2} \times \sqrt{3}$

Vous pouvez extraire 2 puisque son exposant est pair : vous divisez cette puissance par 2 et vous obtenez $2\sqrt{3}$.

Vous ne pouvez pas extraire $\sqrt{3}$ puisque sa puissance est impaire.

Le résultat est donc $2\sqrt{3}$.

3. La multiplication de racines

Le produit de racines est égal à la racine du produit.

$\sqrt{A} \times \sqrt{B} = \sqrt{A \times B}$

Exemple Calculez $\sqrt{32} \times \sqrt{20}$

1re méthode : $32 \times 20 = 640$

$\Rightarrow \sqrt{32} \times \sqrt{20} = \sqrt{640} = \sqrt{8 \times 8 \times 10} = \sqrt{8^2} \times \sqrt{10} = 8\sqrt{10}$

2e méthode : Vous simplifiez d'abord les racines

$\sqrt{32} = \sqrt{16} \times \sqrt{2}$

$\sqrt{20} = \sqrt{4} \times \sqrt{5}$

$\Rightarrow \sqrt{32} \times \sqrt{20} = 4\sqrt{2} \times 2\sqrt{5} = 4 \times 2 \times \sqrt{2} \times \sqrt{5} = 8\sqrt{10}$

4. La division de racines

La division de racines est égale à la racine de la division.

$\sqrt{A} \div \sqrt{B} = \sqrt{A \div B}$

Exemple Calculez $\sqrt{28} \div \sqrt{7}$

$\sqrt{28} \div \sqrt{7} = \sqrt{28 \div 7} = \sqrt{\frac{(4 \times 7)}{7}} = \sqrt{4} = \sqrt{2^2} = 2$

5. L'addition de racines

L'addition de racine ne peut se faire qu'approximativement.

Exemple Additionnez $\sqrt{33} + \sqrt{48} + \sqrt{67}$

Il faut donc donner une approximation du résultat.

$\sqrt{33} \approx \sqrt{36} \rightarrow 6^-$ (un peu moins de 6)

$\sqrt{48} \approx \sqrt{49} \rightarrow 7^-$ (un peu moins de 7)

$\sqrt{67} \approx \sqrt{64} \rightarrow 8^+$ (un peu plus de 8)

Le résultat est approximativement : 6 + 7 + 8 soit 21.

Il s'agit plus exactement de $6^- + 7^- + 8^+$ soit 21^- (vous avez deux signes « moins » et un signe « plus » donc il reste un signe « moins » (le signe « moins » l'emporte et c'est pour cette raison que vous trouvez un peu moins de 21 comme solution). (En utilisant la calculatrice, le résultat est exactement 20,85.)

6. La recherche de racines

Pour trouver une racine lorsqu'il s'agit d'une racine parfaite, il faut simplement décomposer cette racine en produits de facteurs premiers.

Exemple Trouvez la racine de 441

Vous commencez par décomposer 441 ; en additionnant les chiffres qui composent le nombre, vous savez qu'il est divisible par 3 car $4 + 4 + 1 = 9$ (multiple de 3).

441	3
147	3
49	7
7	7
1	

La décomposition de 441 donne : $3^2 \times 7^2$

Donc $\sqrt{441} = \sqrt{3^2 \times 7^2} = \sqrt{3^2} \times \sqrt{7^2} = 3 \times 7 = 21$

Vous pouvez également estimer des racines ; il suffit de connaître les carrés parfaits. Il faut encadrer la racine et faire preuve d'un peu de bon sens.

Exemple Trouvez la racine de 625

Cette racine doit obligatoirement se terminer par 5 car quelle que soit la dizaine, l'unité 5 élevée au carré se terminera toujours par 5.

Vous savez que $20^2 = 400$ et $30^2 = 900$ donc la racine de 625 se situe entre 20 et 30.

Par conséquent, vous essayez 25 qui est effectivement la réponse. Dans cet exercice, vous trouvez la réponse exacte car il s'agit d'un carré parfait alors que parfois, vous ne pourrez qu'estimer approximativement la racine demandée.

7. Les racines cubiques ou plus

Vous savez maintenant que la racine carrée d'un nombre est égale au nombre élevé à la puissance $\frac{1}{2}$. De la même manière, la racine cubique d'un nombre est égale à ce nombre élevé à la puissance $\frac{1}{3}$.

Vous pouvez généraliser : $\sqrt[n]{x} = x^{\frac{1}{n}}$ *(formule vue paragraphe 2)*.

Exemple Calculez $64^{\frac{1}{3}}$

Il faut trouver un chiffre qui, élevé au cube, donnera 64 afin de faire disparaître la racine cubique.

Par conséquent : $64^{\frac{1}{3}} = \sqrt[3]{64} = \sqrt[3]{4 \times 4 \times 4} = \sqrt[3]{4^3} = 4$.

EXERCICES

Exercice 1.

> Simplifiez :

1. $\sqrt{300}$
2. $\sqrt{32}$

Exercice 2.

> Calculez les expressions suivantes :

1. $\sqrt{12} \times \sqrt{6}$
2. $\sqrt{223} \times \sqrt{50}$
3. $\sqrt{90} \times \sqrt{71}$
4. $\sqrt{7{,}2} \times \sqrt{1\,250} \times \sqrt{6{,}4}$

Exercice 3.

> Calculez approximativement :

1. $\sqrt{406} + \sqrt{79}$

CORRIGÉS

Exercice 1.

1. Première méthode : décomposition de 300 en produit de facteurs premiers.

$300 = 2^2 \times 3 \times 5^2$

$\Rightarrow \sqrt{300} = \sqrt{2^2 \times 3 \times 5^2} = 2 \times 5 \times \sqrt{3}$

$= 10\sqrt{3}$

Deuxième méthode : plus appropriée à cet exemple.

$\sqrt{300} = \sqrt{3 \times 100} = \sqrt{3} \times \sqrt{100} = 10\sqrt{3}$

2. Première méthode : décomposition en produit de facteurs premiers.

$32 = 2^5 \Rightarrow \sqrt{32} = \sqrt{2^5}$

La puissance est impaire : il faut donc ruser pour la rendre paire.

$2^5 = 2^4 \times 2 \Rightarrow \sqrt{32} = \sqrt{2^4 \times 2} = 2^2\sqrt{2}$

$= 4\sqrt{2}$

Deuxième méthode : beaucoup plus rapide.

$\sqrt{32} = \sqrt{2 \times 16} = \sqrt{2} \times \sqrt{16} = 4\sqrt{2}$

Exercice 2.

1. Première méthode :

$\sqrt{12} = \sqrt{2 \times 2 \times 3} = 2\sqrt{3}$

$\sqrt{6} = \sqrt{2 \times 3}$

$\Rightarrow \sqrt{12} \times \sqrt{6} = 2\sqrt{3} \times \sqrt{2 \times 3}$

$= 2 \times \sqrt{3} \times \sqrt{2} \times \sqrt{3} = 2 \times 3 \times \sqrt{2}$

$= 6\sqrt{2}$

Deuxième méthode :

$\sqrt{12} \times \sqrt{6} = \sqrt{12 \times 6} = \sqrt{72}$

$\sqrt{72} = \sqrt{2 \times 36} = \sqrt{2 \times 6^2} = 6\sqrt{2}$

Lorsque vous avez le choix entre plusieurs méthodes de résolution, choisissez toujours la plus appropriée à l'exercice, c'est-à-dire la plus rapide.

2.
$\sqrt{223} \times \sqrt{50} \approx \sqrt{225} \times \sqrt{49} \approx 15 \times 7 \approx 105$
(exactement 105,59)

3. $\sqrt{90} \times \sqrt{71} \approx \sqrt{90 \times 70} \approx \sqrt{6\,300}$

$\approx \sqrt{6\,400} \approx \sqrt{64} \times \sqrt{100} \approx 8 \times 10 \approx 80$
(exactement 79,93)

4.
$\sqrt{7{,}2} \times \sqrt{1\,250} \times \sqrt{6{,}4} \approx \sqrt{9} \times \sqrt{121} \times \sqrt{64}$

$\approx 3 \times 11 \times 8 \approx 3 \times 10 \times 8 \approx 240$
(exactement 240)

Exercice 3.

1. Comme vous ne connaissez pas ces racines, commencez par faire une approximation en trouvant un carré parfait qui se rapproche de la racine à trouver :

$\sqrt{406} \approx \sqrt{400} \approx 20^+$

$\sqrt{79} \approx \sqrt{81} \approx 9^-$

Par conséquent :

$\sqrt{406} + \sqrt{79} \approx 20^+ + 9^- \approx 29$

Les deux signes d'approximation se neutralisent, vous trouvez donc un résultat aux alentours de 29 (exactement 29,03).

EXERCICES

2. $\sqrt{42}+\sqrt{15}+\sqrt{90}$

Exercice 4.

> Calculez les racines suivantes :

1. $\sqrt{1\,296}$

2. $\sqrt[3]{0{,}064\,1}$

3. $\sqrt{\sqrt{\sqrt{255}}}$

Exercice 5.

> Calculez :

$$\sqrt{\frac{4}{9}\times\frac{25}{36}}$$

Exercice 6.

> Classez par ordre croissant :

$5,\ 2\sqrt{5},\ 3\sqrt{3}$

CORRIGÉS

2. $\sqrt{42}+\sqrt{15}+\sqrt{90}\approx\sqrt{49}+\sqrt{16}+\sqrt{81}$
$\approx 7+4+9\approx 20$

Vous avez pris $\sqrt{49}$ au lieu de $\sqrt{42}$ donc $\sqrt{42}$ est inférieure à 7.

Vous avez pris $\sqrt{16}$ au lieu de $\sqrt{15}$ donc $\sqrt{15}$ est légèrement inférieure à 4.

Vous avez pris $\sqrt{81}$ au lieu de $\sqrt{90}$ donc $\sqrt{90}$ est supérieure à 9.

Par conséquent :

$$\sqrt{42}+\sqrt{15}+\sqrt{90} = 7^- + 4^- + 9^+ = 20^-$$

Par l'estimation, vous trouvez un peu moins de 20 (exactement 19,84 avec la calculatrice).

Exercice 4.

1. Vous commencez par la décomposition de 1 296 :

1 296	3
432	3
144	3
48	3
16	4
4	4
1	

Cette décomposition de 1 296 donne : $3^4\times 4^2$

Donc :

$$\sqrt{1\,296} = \sqrt{3^4}\times\sqrt{4^2} = 3^2\times 4 = 36.$$

2. Vous devez faire apparaître une racine cubique connue :

$$\sqrt[3]{0{,}064\,1}\approx\sqrt[3]{0{,}064}\approx\sqrt[3]{64}\times\sqrt[3]{10^{-3}}$$
$$\approx 4\cdot 10^{-1}$$

3. Il faut prendre 3 fois la racine de 255 et non la racine cubique de 255.

Comme vous ne connaissez pas $\sqrt{255}$, vous faites un calcul approché à partir de $\sqrt{256}$:

$\sqrt{255}\approx\sqrt{256} = 16$

puis $\sqrt{16} = 4$

et $\sqrt{4} = 2$

Exercice 5.

$$\sqrt{\frac{4}{9}\times\frac{25}{36}} = \frac{\sqrt{4}\times\sqrt{25}}{\sqrt{9}\times\sqrt{36}} = \frac{2\times 5}{3\times 6}$$
$$= \frac{10}{18} = \frac{5}{9}$$

Le résultat doit toujours se trouver sous la forme d'une fraction irréductible.

Exercice 6.

Première méthode : vous faites une approximation en connaissant les valeurs des racines.

$2\sqrt{5}\simeq 2\times 2{,}23\simeq 4{,}46$

$3\sqrt{3}\simeq 3\times 1{,}73\simeq 5{,}19$

$\Rightarrow$ Ordre : $2\sqrt{5}<5<3\sqrt{3}$

Deuxième méthode : vous élevez au carré chaque valeur car l'ordre des carrés sera le même que celui des racines. Cette méthode est beaucoup plus rigoureuse et s'applique quelles que soient les racines.

5 élevé au carré donne 25

$2\sqrt{5}$ élevé au carré donne :

$$2^2\times\sqrt{5}^2 = 4\times 5 = 20$$

$3\sqrt{3}$ élevé au carré donne :

$$3^2\times\sqrt{3}^2 = 9\times 3 = 27$$

Vous pouvez maintenant facilement classer les carrés des racines : $20<25<27$.

Par conséquent, l'ordre des racines de ces carrés est le suivant : $2\sqrt{5}<5<3\sqrt{3}$.

Les puissances 29

Dans un produit, lorsqu'un facteur x se répète n fois, vous pouvez simplifier l'écriture de ce produit en écrivant x^n qui se dit « x puissance n ». Au même titre que les racines, les exercices sur les puissances se retrouvent dans la première partie de l'aptitude numérique, mais vous pouvez aussi les utiliser pour simplifier les calculs lors de problèmes mathématiques.

1. Les carrés parfaits à connaître

Il est impératif de connaître la valeur de certains carrés parfaits afin d'être plus rapide lors des calculs.

$2^2 = 4$	$6^2 = 36$	$10^2 = 100$	$14^2 = 196$
$3^2 = 9$	$7^2 = 49$	$11^2 = 121$	$15^2 = 225$
$4^2 = 16$	$8^2 = 64$	$12^2 = 144$	
$5^2 = 25$	$9^2 = 81$	$13^2 = 169$	

2. Les règles

Une puissance paire est toujours positive alors qu'une puissance impaire conserve le signe de départ.

Quelques formules sont à retenir :

$x^0 = 1 \qquad x^1 = x \qquad x^2 = x \times x$

$x^n = x \times x \times x \times x \times \ldots \times x$ (avec x exprimé n fois)

$$x^{-1} = \frac{1}{x} \qquad x^{-n} = \frac{1}{x^n}$$

$$x^m \times x^n = x^{m+n} \qquad \frac{x^n}{y^n} = \left(\frac{x}{y}\right)^n$$

$$x^n \times x^{-n} = x^{n-n} = x^0 = 1 \qquad x^{\frac{1}{2}} = \sqrt{x}$$

$$(x^n)^m = x^{n \times m} \qquad x^{\frac{1}{n}} = \sqrt[n]{x}$$

$$\frac{x^n}{x^m} = x^n \times \frac{1}{x^m} = x^n \times x^{-m} = x^{n-m} \qquad \sqrt[n]{x^n} = x$$

$$x^n \times y^n = (xy)^n$$

3. Les puissances de 10

Il faut savoir que :

$$10^n = 1\underbrace{0\ldots\ldots0}_{n \text{ zéros}} \qquad 10^{-n} = 0{,}\underbrace{0\ldots\ldots01}_{n \text{ chiffres après la virgule}}$$

Par conséquent :

$10^{-1} = 0{,}1$ $10^{2} = 100$ $10^{4} = 10\,000$ $10^{6} = 1\,000\,000$

$10^{-2} = 0{,}01$ $10^{3} = 1\,000$ $10^{5} = 100\,000$

D'autre part, il faut retenir les formules suivantes :

$$10^{m} \times 10^{n} = 10^{m+n}$$

$$\frac{1}{10^{n}} = 10^{-n}$$

$$(10^{m})^{n} = 10^{m \times n}$$

$$\frac{10^{m}}{10^{n}} = 10^{m-n}$$

4. La multiplication par une puissance de 10

Pour multiplier un nombre par 10^{n}, vous déplacez la virgule de n rang vers la droite en rajoutant des zéros si nécessaire. Alors que pour multiplier un nombre par 10^{-n}, vous déplacez la virgule de n rang vers la gauche en rajoutant des zéros si nécessaire.

5. La notation scientifique

La notation scientifique est une forme d'écriture où une quantité est représentée par un chiffre compris entre 1 et 9, multiplié par une puissance de 10.

Exemple $300 = 3 \times 100 = 3 \cdot 10^{2}$

Remarquez que l'exposant indique le nombre de déplacements que subit la virgule d'un cran vers la gauche ou vers la droite.

Exemple $0{,}004 = 4 \times 0{,}001 = 4 \cdot 10^{-3}$

Deux formules sont à connaître :

$$x \cdot 10^{n} + y \cdot 10^{n} = (x + y) \cdot 10^{n}$$

$$(x \cdot 10^{n}) \times (y \cdot 10^{m}) = xy \cdot 10^{n+m}$$

EXERCICES

Exercice 1.

> Calculez les expressions suivantes :

1. 2^3

2. 3^4

3. $2^3 \times 2^4$

4. $(2^3)^3$

5. 10^{-2}

6. $(10^2)^3$

7. $(10^2)^{-4}$

8. $4^2 \times 2^3$

9. $2^{\frac{1}{2}} \times 2^{\frac{1}{2}}$

10. $64^{\frac{1}{3}}$

11. $\sqrt{9} + \sqrt{16}$

12. $\sqrt{9+16}$

Exercice 2.

> Écrivez les expressions suivantes en notation scientifique correcte :

1. 0,75

2. 0,002 75

3. $42 \cdot 10^{-6}$

4. 0,000 5

5. $0{,}010\,5 \cdot 10^4$

6. $180 \cdot 10^{-5}$

7. 503

8. 8 000 000 000

9. $10\,700 \cdot 10^{-4}$

10. 400 000

11. $0{,}005\,7 \cdot 10^4$

CORRIGÉS

Exercice 1.

1. $2^3 = 2 \times 2 \times 2 = 8$

2. $3^4 = 3 \times 3 \times 3 \times 3 = 81$

3. $2^3 \times 2^4 = 2^{3+4} = 2^7 = 128$

4. $(2^3)^3 = 2^{3\times3} = 2^9 = 512$

5. $10^{-2} = \frac{1}{10^2} = \frac{1}{100} = 0{,}01$

6. $(10^2)^3 = 10^{2\times3} = 10^6 = 1\,000\,000$

7. $(10^2)^{-4} = 10^{2\times(-4)} = 10^{-8}$

8. $4^2 \times 2^3 = (2^2)^2 \times 2^3 = 2^4 \times 2^3$
$= 2^{4+3} = 2^7 = 128$

9. $2^{\frac{1}{2}} \times 2^{\frac{1}{2}} = 2^{\frac{1}{2}+\frac{1}{2}} = 2^1 = 2$

10. $64^{\frac{1}{3}} = \sqrt[3]{64} = \sqrt[3]{4^3} = 4$

11. $\sqrt{9} + \sqrt{16} = 3 + 4 = 7$

12. $\sqrt{9+16} = \sqrt{25} = 5$

Attention : $\sqrt{9} + \sqrt{16} \neq \sqrt{9+16}$

La racine d'une addition n'est pas égale à l'addition des racines.

Exercice 2.

1. $0{,}75 = 7{,}5 \cdot 10^{-1}$

2. $0{,}002\,75 = 2{,}75 \cdot 10^{-3}$

3. $42 \cdot 10^{-6} = 4{,}2 \cdot 10^1 \times 10^{-6}$
$= 4{,}2 \cdot 10^{-5}$

4. $0{,}000\,5 = 5 \cdot 10^{-4}$

5. $0{,}010\,5 \cdot 10^4 = 1{,}05 \cdot 10^{-2} \times 10^4$
$= 1{,}05 \cdot 10^{4-2} = 1{,}05 \cdot 10^2$

6. $180 \cdot 10^{-5} = 1{,}8 \cdot 10^2 \times 10^{-5}$
$= 1{,}8 \cdot 10^{2-5} = 1{,}8 \cdot 10^{-3}$

7. $503 = 5{,}03 \cdot 10^2$

8. $8\,000\,000\,000 = 8 \cdot 10^9$

9. $10\,700 \cdot 10^{-4} = 1{,}07 \cdot 10^4 \times 10^{-4}$
$= 1{,}07$

10. $400\,000 = 4 \cdot 10^5$

11. $0{,}005\,7 \cdot 10^4 = 5{,}7 \cdot 10^{-3} \times 10^4$
$= 5{,}7 \cdot 10^{-3+4}$
$= 5{,}7 \cdot 10^1$

EXERCICES

Exercice 3.

> Calculez les expressions suivantes :

1. $0{,}002\,5 \times 0{,}000\,04$

2. $(2{,}7 \cdot 10^7)^{\frac{1}{3}}$

3. $\dfrac{2^3 \times 3^4}{2^2 \times 3^2}$

4. $\dfrac{0{,}09 \cdot 10^3}{0{,}3 \cdot 10^1}$

5. $\dfrac{5^3 \times 2^{13}}{2^9 \times 5^4}$

Exercice 4.

> Calculer approximativement :

1. $0{,}64 \times 0{,}03 \times 0{,}22 \times 0{,}003\,1$

2. $0{,}059 \times 0{,}082$

CORRIGÉS

Exercice 3.

1.

$$0{,}002\,5 \times 0{,}000\,04 = 2{,}5 \cdot 10^{-3} \times 4 \cdot 10^{-5}$$
$$= 2{,}5 \times 4 \times 10^{-3} \times 10^{-5}$$
$$= 10 \cdot 10^{-8} = 10^{-7}$$

2. Vous savez que :

$$(2{,}7 \cdot 10^7)^{\frac{1}{3}} = \sqrt[3]{2{,}7 \cdot 10^7}$$

Vous ne connaissez pas la racine cubique de 2,7 mais celle de 27 est connue.

Vous transformez $2{,}7 \cdot 10^7$ en $27 \cdot 10^n$:

$$2{,}7 \cdot 10^7 = 27 \cdot 10^{-1} \times 10^7 = 27 \cdot 10^6$$

La puissance de 10 est alors un multiple de 3 : vous pouvez maintenant extraire la racine cubique.

$$\sqrt[3]{2{,}7 \cdot 10^7} = \sqrt[3]{27 \times 10^6}$$
$$= \sqrt[3]{27} \times \sqrt{10^6} = \sqrt[3]{3^3} \times \sqrt{10^6}$$
$$= 3 \cdot 10^{\frac{6}{3}} = 3 \cdot 10^2 = 300$$

3.

$$\frac{2^3 \times 3^4}{2^2 \times 3^2} = 2^3 \times 2^{-2} \times 3^4 \times 3^{-2}$$
$$= 2^{3-2} \times 3^{4-2} = 2^1 \times 3^2$$
$$= 2 \times 9 = 18$$

4.

$$\frac{0{,}09 \cdot 10^3}{0{,}3 \cdot 10^1} = \frac{9 \cdot 10^{-2} \times 10^3}{3 \cdot 10^{-1} \times 10^1}$$
$$= \frac{9}{3} \cdot 10^{-2} \times 10^3$$
$$= \frac{9}{3} \cdot 10^{-2+3}$$
$$= 3 \cdot 10^1 = 30$$

5. Ne partez pas dans de longs calculs car il suffit simplement de simplifier les puissances :

$$\frac{5^3 \times 2^{13}}{2^9 \times 5^4} = \frac{5^3 \times 2^{13}}{5^4 \times 2^9}$$
$$= 5^3 \times 5^{-4} \times 2^{13} \times 2^{-9} = 5^{3-4} \times 2^{13-9}$$
$$= 5^{-1} \times 2^4 = \frac{2^4}{5} = \frac{16}{5}$$

Exercice 4.

1. Une approximation vous est demandée et non un calcul exact :

$$0{,}64 \times 0{,}03 \times 0{,}22 \times 0{,}003\,1$$
$$\simeq 0{,}6 \times 0{,}03 \times 0{,}2 \times 0{,}003$$

Vous passez ensuite en notation scientifique :

$$0{,}6 \times 0{,}03 \times 0{,}2 \times 0{,}003$$
$$\simeq 6 \cdot 10^{-1} \times 3 \cdot 10^{-2} \times 2 \cdot 10^{-1} \times 3 \cdot 10^{-3}$$

Enfin vous ordonnez les chiffres et les puissances :

$$6 \cdot 10^{-1} \times 3 \cdot 10^{-2} \times 2 \cdot 10^{-1} \times 3 \cdot 10^{-3}$$
$$= 6 \times 3 \times 2 \times 3 \times 10^{-1} \times 10^{-2} \times 10^{-1} \times 10^{-3}$$
$$= 108 \times 10^{-1-2-1-3} = 108 \cdot 10^{-7}$$
$$= 1{,}08 \cdot 10^2 \times 10^{-7} = 1{,}08 \cdot 10^{-5}$$

2. Vous commencez par l'approximation :

$$0{,}059 \times 0{,}082 \simeq 0{,}06 \times 0{,}08$$

Vous transformez ensuite en puissances :

$$0{,}06 \times 0{,}08 = 6 \cdot 10^{-2} \times 8 \cdot 10^{-2}$$
$$= 6 \times 8 \times 10^{-2} \times 10^{-2}$$
$$= 48 \times 10^{-2-2}$$
$$= 48 \times 10^{-4} = 4{,}8 \cdot 10^{-3}$$

30 Les unités de mesure

Dans les exercices où interviennent des grandeurs physiques, les unités de mesure sont primordiales mais elles sont souvent source d'erreurs. Les différentes grandeurs physiques possèdent des unités spécifiques et il vous sera parfois demandé de les convertir.

1. Unités de longueur

L'unité de longueur est le mètre (m).

Ses multiples sont : le décamètre (dam), l'hectomètre (hm) et le kilomètre (km) et ses sous-multiples sont : le décimètre (dm), le centimètre (cm) et le millimètre (mm).

km	hm	dam	m	dm	cm	mm

Il faut aussi savoir :

– 1 km = 10^3 m ⇒ 1 m = 10^{-3} km

– 1 mm = 10^{-3} m ⇒ 1 m = 10^3 mm

– 1 µm = 10^{-6} m ⇒ 1 m = 10^6 µm

2. Unités de surface

L'unité de surface est le mètre carré (m^2).

Ses multiples sont : dam^2, hm^2, km^2 et ses sous-multiples sont : dm^2, cm^2, mm^2.

km^2		hm^2		dam^2		m^2		dm^2		cm^2		mm^2	

La surface est une grandeur à deux dimensions, il ne faut donc pas oublier de diviser chaque colonne en deux.

Quelques unités agraires sont parfois utilisées :

– 1 are = 10 m × 10 m = 100 m^2 = 1 dam^2

– 1 hectare = 100 m × 100 m = 10 000 m^2 = 1 hm^2

3. Unités de volume

L'unité de volume est le mètre cube (m^3).

Ses multiples sont : dam^3, hm^3, km^3 et ses sous-multiples sont : dm^3, cm^3, mm^3.

dam^3			m^3			dm^3			cm^3			mm^3		
					kL	hL	daL	L	dL	cL	mL			

Vous pouvez également utiliser des unités de capacité comme le litre et ses multiples.

– 1 kL = 1 m^3

– 1 L = 1 dm^3

– 1 mL = 1 cm^3

Un volume comporte trois dimensions, il ne faut donc pas omettre de diviser toutes les colonnes en trois.

Lorsque l'exercice demandé concerne les conversions, les plus répandues sont les unités de volume.

4. Unités de masse

L'unité de masse est le gramme (g).

Ses multiples sont : dag, hg, kg, quintal, tonne et ses sous-multiples sont : dg, cg, mg.

t	q	.	kg	hg	dag	g	dg	cg	mg

Il faut également savoir :

– une tonne (t) = 1 000 kg

– un quintal (q) = 100 kg

– une livre = $\frac{1}{2}$ kg

Il est important de remarquer qu'il n'existe pas d'unité correspondant à 10 kg : il faut donc laisser une colonne entre le quintal et le kilogramme.

Pour convertir les unités de masse, vous procédez exactement comme pour les unités de longueur.

EXERCICES

Exercice 1.

> Convertissez

1. 350 mm en mètre.

2. 5,86 km en mètres.

Exercice 2.

> Convertissez

1. 940 cm^2 en dm^2.

2. 0,008 hm^2 en m^2.

Exercice 3.

> Convertissez

1. 4 100 cm^3 en litres.

2. 0,219 litre en cm^3.

3. 400 mL en dal.

4. 0,607 hL en dm^3.

CORRIGÉS

Exercice 1.

Pour convertir des expressions, n'hésitez pas à utiliser un tableau de conversion car il limite les risques d'erreurs.

1.

km	hm	dam	m	dm	cm	mm
			0,	3	5	0

↑ On veut convertir en mètres (colonne m) ↑ Le chiffre des unités est 0 (colonne mm)

À partir du tableau de conversion,
350 mm = 0,35 m .

2.

km	hm	dam	m	dm	cm	mm
5	8	6	0,	0	0	0

↑ L'unité est le km (colonne km) ↑ On veut convertir en mètre (colonne m)
⇒ il faut ajouter un 0

À partir du tableau de conversion,
5,86 km = 5 860 m .

Exercice 2.

1.

km^2		hm^2		dam^2		m^2		dm^2		cm^2		mm^2	
									9,	4	0		

D'après le tableau de conversion,
940 cm^2 = 9,4 dm^2.

2.

km^2		hm^2		dam^2		m^2		dm^2		cm^2		mm^2	
			0	0	0	8	0						

D'après le tableau de conversion,
0,008 hm^2 = 80 m^2.

Exercice 3.

1.

m^3			dm^3			cm^3		
		kL	hL	daL	L	dL	cL	mL
					4,	1	0	0

À partir du tableau de conversion,
4 100 cm^3 = 4,1 dm^3 ou 4,1 litres.

2.

m^3			dm^3			cm^3		
		kL	hL	daL	L	dL	cL	mL
					0	2	1	9

À partir du tableau de conversion,
0,219 litre = 219 cm^3.

3.

m^3			dm^3			cm^3		
		kL	hL	daL	L	dL	cL	mL
				0,	0	4	0	0

À partir du tableau de conversion,
40 mL = 0,04 daL .

4.

m^3			dm^3			cm^3		
		kL	hL	daL	L	dL	cL	mL
			0	6	0,	7		

À partir du tableau de conversion,
0,607 hL = 60,7 dm^3.

EXERCICES

Exercice 4.

> Convertissez

1. 630 g en kg.
2. 55 hg en g.
3. 951 dg en dag.
4. 4 321 hg en tonne.
5. 3 200 kg en tonnes.
6. 1,7 hg en g.

CORRIGÉS

Exercice 4.

1.

kg	hg	dag	g	dg	cg	mg
0,	6	3	0			

D'après le tableau de conversion,
630 g = 0,63 kg.

2.

kg	hg	dag	g	dg	cg	mg
5	5	0	0			

D'après le tableau de conversion,
55 hg = 5 500 g.

3.

kg	hg	dag	g	dg	cg	mg
		9,	5	1		

D'après le tableau de conversion,
951 dg = 9,51 dag.

4.

t	q	.	kg	hg	dag	g	dg	cg	mg
0,	4	3	2	1					

D'après le tableau de conversion,
4 321 hg = 0,4321 t.

5.

t	q	.	kg	hg	dag	g	dg	cg	mg
3,	2	0	0						

D'après le tableau de conversion,
3 200 kg = 3,2 t.

6.

kg	hg	dag	g	dg	cg	mg
	1	7	0			

D'après le tableau de conversion,
1,7 hg = 170 g.

Les périmètres et surfaces 31

Le calcul de périmètres ou de surfaces vous sera parfois demandé afin de vérifier si les connaissances de base sont acquises. Il n'existe pas de grandes difficultés lors de ces exercices, encore faut-il se souvenir des formules. Le rappel des principales formules de périmètres et de surfaces n'est donc jamais inutile.

1. Le périmètre

Carré : périmètre $= 4 \times c$

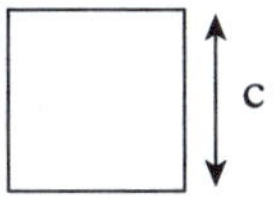

c = côté

Rectangle : périmètre $= 2 \times (L + l)$

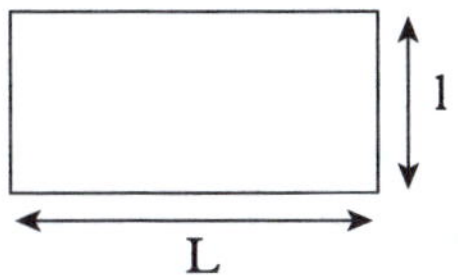

L = longueur

l = largeur

Cercle : circonférence $= 2 \times \pi \times r = \pi \times d$

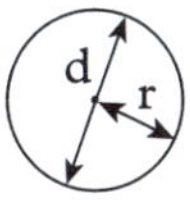

r = rayon

d = diamètre

Par convention, la valeur de π sera toujours égale à 3,14.

2. La surface

Carré : aire $= c^2$

Losange : aire $= \dfrac{d \times D}{2}$

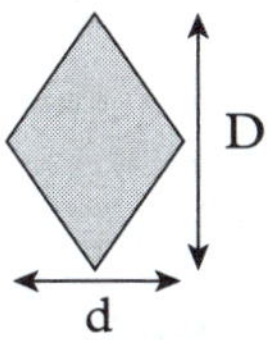

Rectangle : aire $= L \times l$

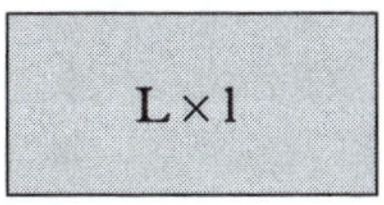

Parallélogramme : aire $= c \times h$

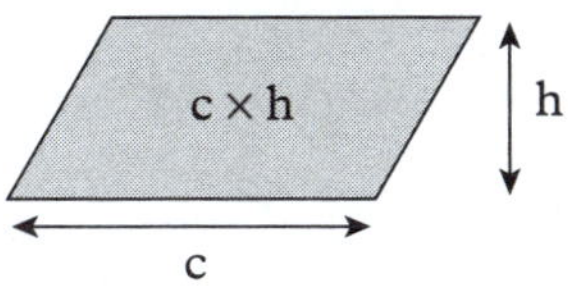

c = côté

h = hauteur

Triangle : aire = $\dfrac{b \times h}{2}$

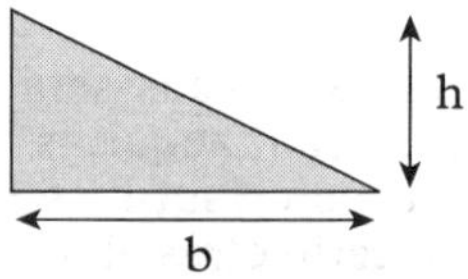

b = base
h = hauteur

Trapèze : aire = $\dfrac{(B + b)}{2} \times h$

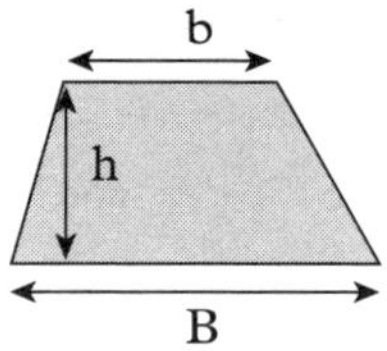

b = petite base
B = grande base
h = hauteur

Disque : aire = πr^2

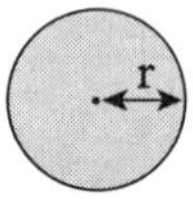

Sphère : aire = $4\pi r^2$

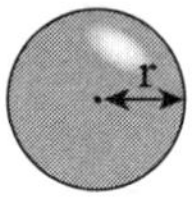

Cylindre : aire latérale = $2\pi r \times h$

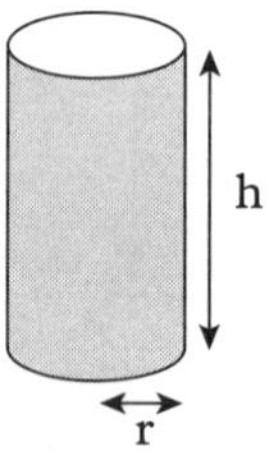

EXERCICES

Exercice 1.

> Calculez le périmètre d'une pièce carrée de 4 mètres de côté.

Exercice 2.

> Calculez le périmètre d'un champ rectangulaire de 95 mètres de long et 47 mètres de large.

Exercice 3.

> Calculez la circonférence d'une piscine en forme de cercle, dont le diamètre mesure 14 mètres.

Exercice 4.

> Calculez la surface d'un morceau de carton carré de 22 cm de côté.

Exercice 5.

> Calculez la surface d'une carte postale en forme de losange dont les dimensions s'inscrivent dans un rectangle de 13 cm sur 10 cm.

Exercice 6.

> Calculez la surface d'une allée de 29 mètres de long et 2,45 mètres de large.

Exercice 7.

> Calculez la surface d'un parallélogramme de 7 dm sur 55 cm.

CORRIGÉS

Exercice 1.

Formule du périmètre d'un carré : $p = 4 \times c$

Application numérique :

$p = 4 \times 4 = 16$ mètres

Exercice 2.

Formule du périmètre d'un rectangle :

$p = 2 \times (L + l)$

Application numérique :

$p = 2 \times (95 + 47) = 284$ mètres

Exercice 3.

Formule de la circonférence : $c = \pi \times d$

Application numérique :

$c = 3{,}14 \times 14 = 43{,}96$ mètres

Exercice 4.

Formule de l'aire d'un carré : $a = c^2$

Application numérique :

$a = 22 \times 22 = 484\ cm^2$

Exercice 5.

Commencez par construire un schéma :

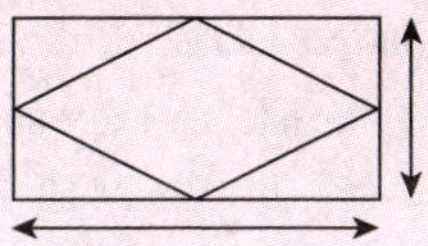

Formule de l'aire du losange : $a = \dfrac{D \times d}{2}$

Si vous ne vous souvenez pas de cette formule, pensez qu'un losange correspond à un demi-rectangle, ou à un demi-carré si les deux diagonales sont identiques.

Application numérique :

$$a = \frac{13 \times 10}{2} = 65\ cm^2$$

Exercice 6.

Formule de l'aire d'un rectangle : $a = L \times l$

Application numérique :

$a = 29 \times 2{,}45 = 71{,}05\ m^2$

Exercice 7.

Transformation en même unité : 7 dm = 70 cm ou 55 cm = 5,5 dm

Formule de l'aire d'un parallélogramme :

$a = c \times h$

Si vous ne vous souvenez pas de cette formule, pensez que le rectangle est un parallélogramme particulier (à angle droit) ⇒ même formule pour les deux.

Application numérique :

$a = 7 \times 5{,}5 = 38{,}5\ dm^2$

ou $a = 70 \times 55 = 3\,850\ cm^2$

EXERCICES

Exercice 8.

> Calculez l'aire d'une planche triangulaire de 62 cm de côté et 48 cm de hauteur.

Exercice 9.

> Calculez la surface d'un champ en forme de trapèze dont les deux côtés parallèles mesurent 133 mètres et 106 mètres et dont la largeur est de 89 mètres.

Exercice 10.

> Calculez la surface d'un disque dont le rayon mesure 6 cm.

Exercice 11.

> Calculez la surface de cuir servant à recouvrir un ballon de football de 11 cm de rayon.

Exercice 12.

> Calculez la surface totale de papier permettant de recouvrir la totalité d'une boîte cylindrique de 2,1 dm de hauteur et 5 cm de rayon.

CORRIGÉS

Exercice 8.

Formule de l'aire d'un triangle : $a = \frac{b \times h}{2}$

Si vous ne vous souvenez pas de cette formule, pensez que le triangle peut correspondre à un demi-rectangle.

Application numérique :

$$a = \frac{62 \times 48}{2} = 1\,488 \text{ cm}^2$$

Exercice 9.

Formule de l'aire d'un trapèze :

$$a = \frac{(B + b)}{2} \times h$$

Application numérique :

$$a = \frac{(133 + 106)}{2} \times 89 = 10\,635{,}5 \text{ m}^2$$

Transformation en unité agraire :

Vous savez que $10\,000 \text{ m}^2 = 1$ hectare donc $10\,635{,}5 \text{ m}^2 \simeq 1{,}6$ hectare

Exercice 10.

Formule de l'aire d'un cercle : $a = \pi r^2$

Application numérique :

$$a = 3{,}14 \times 6^2 = 3{,}14 \times 36 = 113{,}04 \text{ cm}^2$$

Exercice 11.

Formule de l'aire d'une sphère : $a = 4\pi r^2$

Application numérique :

$$a = 4 \times 3{,}14 \times 11^2 = 1\,519{,}76 \text{ cm}^2$$
$$= 0{,}15 \text{ m}^2$$

Exercice 12.

Vous devez calculer la surface latérale + la surface des deux bases du cylindre.

Calcul de la surface latérale : dépliée, elle correspond à un rectangle dont la longueur est la circonférence du cercle et la largeur est la hauteur du cylindre.

$$\text{Aire latérale} = 2\pi r \times h$$
$$= 2 \times 3{,}14 \times 5 \times 21$$
$$= 659{,}40 \text{ cm}^2$$

Calcul de la surface de base : elle correspond à l'aire du cercle.

$$\text{Aire de base} = \pi r^2$$
$$= 3{,}14 \times 5^2$$
$$= 78{,}50 \text{ cm}^2$$

Calcul de la surface totale :

$$\text{Aire totale} = \text{aire latérale} + 2 \times \text{aire de base}$$
$$= 659{,}40 + 2 \times 78{,}50$$
$$= 816{,}40 \text{ cm}^2$$

32 Les volumes

Le calcul des volumes peut présenter une certaine complexité : il est difficile de se représenter un objet en trois dimensions. Le rappel des formules des volumes des principales figures géométriques n'est donc pas superflu. Lors des tests d'aptitude numérique, il ne vous sera pas directement demandé de trouver le volume d'un contenant mais il constituera une étape préalable au calcul d'une autre donnée.

Cube : volume = c^3

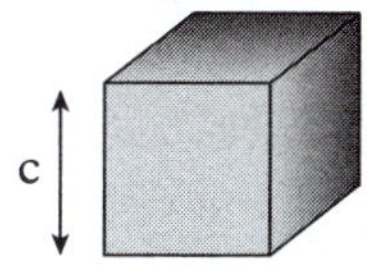

Pavé : volume = $L \times l \times h$

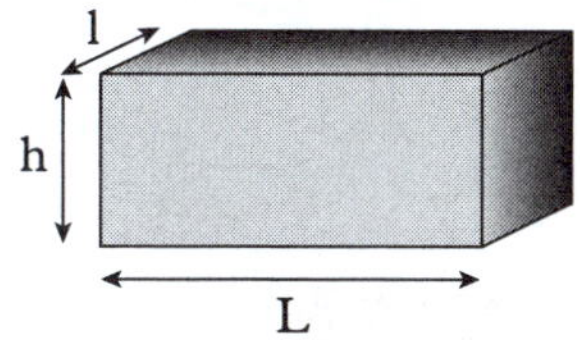

Cylindre : volume = $B \times h = \pi r^2 \times h$

- B = aire de la base = πr^2
- h = hauteur

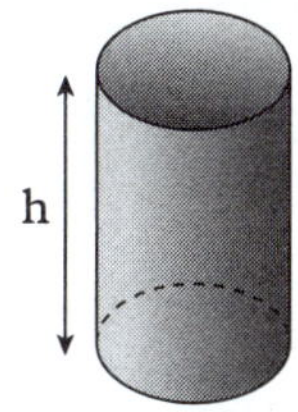

Cône : volume = $\frac{1}{3} \times B \times h = \frac{1}{3} \times \pi r^2 \times h$

- B = aire de la base = πr^2
- h = hauteur

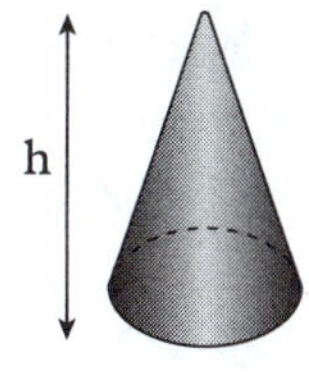

Pyramide : volume = $\frac{1}{3} \times B \times h$

- B = aire de la base
- h = hauteur

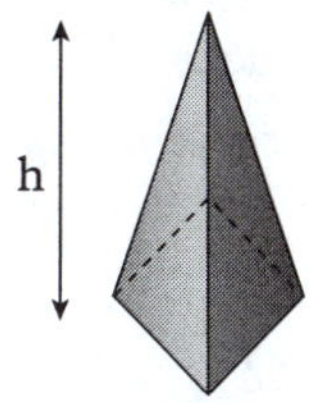

Sphère : volume = $\frac{4}{3} \pi r^3$

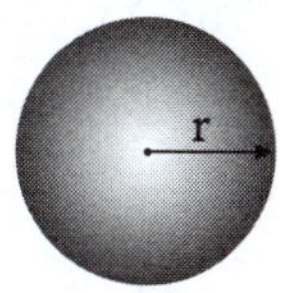

EXERCICES

Exercice 1.

> Calculez le volume d'un dé de 9 mm de côté.

Exercice 2.

> Calculez le volume d'un pavé de 17,3 cm sur 8,6 cm et 3,2 cm d'épaisseur.

Exercice 3.

> Calculez le volume d'un tube cylindrique de 1,15 m de long et 2,9 cm de rayon.

Exercice 4.

> Calculez le volume d'un tas de sable parfaitement conique dont la hauteur mesure 73 cm et le diamètre, 68 cm.

Exercice 5.

> Calculez le volume d'une pyramide ayant une base triangulaire (b = 12 cm et h = 10 cm) et de 24 cm de hauteur.

Exercice 6.

> Calculez le volume d'une boule de 4,3 cm de rayon.

CORRIGÉS

Exercice 1.

Formule du volume d'un cube : $v = a^3$

Application numérique :

$v = 9^3 = 9 \times 9 \times 9 = 729 \text{ mm}^3$

$\simeq 0{,}73 \text{ cm}^3$

Exercice 2.

Formule du volume d'un pavé : $v = L \times l \times h$

Application numérique :

$v = 17{,}3 \times 8{,}6 \times 3{,}2 = 476{,}09 \text{ cm}^3$

Exercice 3.

Transformation des unités :

1,15 m = 115 cm ou 2,9 cm = 0,029 m

Formule du volume d'un cylindre :

$v = B \times h = \pi r^2 \times h$ avec h = longueur

Application numérique :

$v = 3{,}14 \times 2{,}9^2 \times 115 = 3\,036{,}85 \text{ cm}^3$

Exercice 4.

Formule du volume d'un cône :

$$v = \frac{1}{3} \times \pi r^2 \times h$$

Vous avez besoin du rayon et non du diamètre :

si $\varnothing = 68$ cm alors $r = \varnothing \div 2 = 34$ cm

Application numérique :

$$v = \frac{1}{3} \times 3{,}14 \times 34^2 \times 68 \simeq 82\,276{,}37 \text{ cm}^3$$

$\simeq 82{,}27 \text{ dm}^3$

Exercice 5.

Formule du volume d'une pyramide :

$$v = \frac{1}{3} \times B \times h$$

Calcul de l'aire de la base :

$$a = \frac{b \times h}{2} = \frac{12 \times 10}{2} = 60 \text{ cm}^2$$

Application numérique :

$$v = \frac{1}{3} \times 60 \times 24 = 480 \text{ cm}^3$$

Exercice 6.

Formule du volume d'une sphère :

$$v = \frac{4}{3} \pi r^3$$

Application numérique :

$$v = \frac{4}{3} \times 3{,}14 \times 4{,}3^3 \simeq 332{,}87 \text{ cm}^3$$

EXERCICES

Exercice 7.

Un toit en terrasse rectangulaire mesure 35 m de long et 11 m de large. Il est recouvert d'une couche de neige de 35 cm d'épaisseur.

a. Sachant que 1 dm^3 de neige pèse 120 g, calculer la masse de neige qui couvre le toit.

b. Calculer le nombre d'hectolitres d'eau qui sera récupérée par la fonte de neige (1 dL pèse 1 kg).

c. Le toit peut supporter au maximum 160 kg/m^2. Quelle est l'épaisseur maximale de neige qui peut recouvrir ce toit ?

Exercice 8.

Un bac à fleurs de forme cylindrique est construit en béton. Sa hauteur totale est de 120 cm. Son diamètre extérieur est de 140 cm. Les parois latérales et la base du bac ont une épaisseur de 20 cm.

> Calculer le volume de béton nécessaire à la construction du bac en dm^3.

Exercice 9.

Un cylindre de 10 cm de diamètre contient de l'eau dont la hauteur est 4 cm. On immerge entièrement une bille dans l'eau. La hauteur de l'eau dans le cylindre est alors de 5 cm.

> Calculer le volume de la bille.

Exercice 10.

Un cube plein a une arête mesurant 4 cm. On le perce une première fois en découpant un parallélépipède rectangle selon la figure A. On le perce ensuite de la même manière selon la figure B sur laquelle le premier perçage n'est pas représenté.

> Calculer le volume du solide ainsi obtenu.

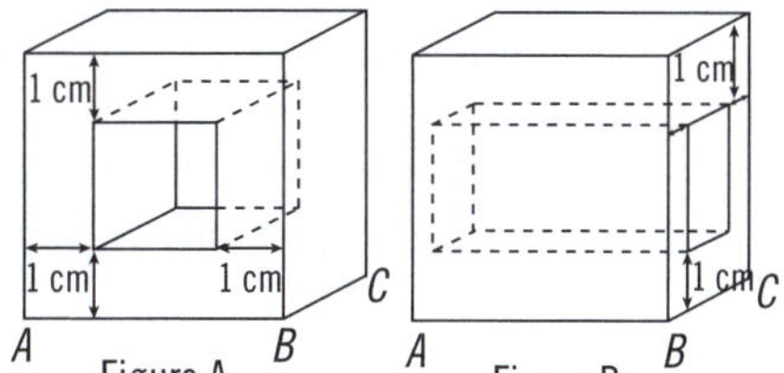

Figure A Figure B

CORRIGÉS

Exercice 7. **a.** Volume de la neige :
$35 \times 11 \times 0,35 = 134,75$ $m^3 = 134\,750$ dm^3.
Masse de neige :
$134\,750 \times 120 = 16\,170\,000$ g $= 16\,170$ kg.

b. 16 170 kg donne 16 170 dL = 16,17 hL.

c. Aire du toit : $35 \times 11 = 385$ m^2.
Masse maximale qu'il peut supporter :
$385 \times 160 = 61\,600$ kg.
Volume maximal de neige :
$\dfrac{61\,600\,000}{120} = 513\,333$ $dm^3 = 513,333$ m^3.
Épaisseur maximale de neige :
$513,333 \div 385 \approx 1,33$ m.

Exercice 8. La base du bac est un cylindre de rayon 7 dm et de hauteur 2 dm. Son volume est : $V = \pi \times 7^2 \times 2 = 307,72$ dm^3.
Le volume V' de la paroi latérale est la différence des volumes de deux cylindres de hauteur 10 dm et de rayons respectifs : 7 dm et 5 dm.
D'où :
$V' = \pi \times 7^2 \times 10 - \pi \times 5^2 \times 10$
$= 10\pi \times (7^2 - 5^2) \approx 753,6$ dm^3.
Volume total : $307,72 + 753,6 = 1\,061,32$ dm^3.

Exercice 9. Le volume de la bille est égal à celui d'un cylindre de diamètre 10 cm et de hauteur 1 cm :
$V = \pi \times 5^2 \times 1 = 25\pi$ $cm^3 \approx 78,54$ cm^3.

Exercice 10.

Volume enlevé au premier perçage :
$2 \times 2 \times 4 = 16$ cm^3.
Volume enlevé au second perçage :
$2 \times (2 \times 2 \times 1) = 8$ cm^3.
Volume total du cube : $4^3 = 64$ cm^3.
il reste : $64 - (16 + 8) = 40$ cm^3.

33 Les problèmes de temps et de vitesse

Si les opérations sur le temps vous rappellent de bien mauvais souvenirs, c'est encore plus fréquent pour les problèmes de vitesses. Afin de maîtriser au mieux ces notions, revoir certains exemples n'est pas superflu car ces exercices sont ancrés loin dans nos mémoires et ne font pas partie de nos pratiques quotidiennes.

1. La mesure du temps

Par convention, quelques données sont à retenir :
- 1 année = 365 jours
- 1 mois = 30 jours
- 1 jour = 24 heures = 1 440 minutes = 86 400 secondes
- 1 heure = 60 minutes = 3 600 secondes
- 1 minute = 60 secondes

Vous remarquez que la mesure du temps s'exprime en base 60 car l'unité de mesure est la seconde.

1.1. L'addition

Dans le cas d'additions horaires, additionnez séparément les nombres de chaque unité et si le nombre de secondes ou de minutes dépasse 60, procédez à une conversion.

Exemple

	2 h	36 min	27 s
+	5 h	42 min	33 s
	7 h	78 min	60 s

Convertissez les 60 secondes en minute soit 1 minute, que vous ajoutez à 78 = 79 minutes. Ces 79 minutes se transforment en 60 + 19 minutes soit 1 heure et 19 minutes. Enfin, vous ajoutez cette heure à la somme des heures trouvée précédemment.

7 h 78 min 60 s = 7 h 79 min = 8 h 19 min

Le résultat est donc 8 h 19 min.

1.2. La soustraction

Soustrayez séparément les nombres de chaque unité, si cela est possible. Dans le cas contraire, convertissez les secondes et/ou les minutes afin d'obtenir, en partie supérieure de la soustraction, un nombre supérieur au nombre à soustraire.

Exemple

	6 h	25 min	19 s
–	2 h	51 min	33 s

Vous ne pouvez pas soustraire 33 secondes à 19 secondes ; donc transformez 1 minute en 60 secondes et ajouter les 19 secondes de départ ; procédez de la même manière pour les minutes. 6 h 25 min 19 s = 6 h 24 min 79 s = 5 h 84 min 79 s

La soustraction est maintenant devenue :

	5 h	84 min	79 s
–	2 h	51 min	33 s
	3 h	33 min	46 s

1.3. La multiplication

Comme pour les précédentes opérations, multipliez séparément les nombres de chaque unité. Puis, si le nombre de secondes ou de minutes dépasse 60, convertissez.

Exemple

	1 h	22 min	56 s
× 3			
	3 h	66 min	168 s

Procédez à la conversion des secondes :

$168 \text{ s} = 2 \times 60 \text{ s} + 48 \text{ s} = 2 \text{ min } 48 \text{ s} \Rightarrow 3 \text{ h } 68 \text{ min } 48 \text{ s}$

Puis, convertissez les minutes : $68 \text{ min} = 60 \text{ min} + 8 \text{ min} = 1 \text{ h } 08 \text{ min}$ et vous ajoutez cette heure aux 3 h obtenues lors de la multiplication.

La solution est 4 h 8 min 48 s.

1.4. La division

Divisez successivement chaque unité de temps par le diviseur en commençant par les heures. Au fur et à mesure, s'il y a un reste, convertissez-le dans l'unité suivante et ajoutez-le à la précédente donnée (dans l'exemple suivant : 1 h = 60 min ajoutées aux 27 min données = 87 min).

Exemple

13 h	27 min	44 s	4
1 h ⇒	60 min		3 h 21 min 56 s
	87 min		
	3 min ⇒	180 s	
		224 s	
		0	

1.5. Les conversions horaires

Les conversions horaires sont très utiles pour établir les résultats des problèmes concernant les vitesses.

Il faut savoir que :

0,25 heure $= \frac{1}{4}$ d'heure soit 15 minutes

0,33 heure $\approx \frac{1}{3}$ d'heure soit 20 minutes

0,5 heure $= \frac{1}{2}$ heure soit 30 minutes

0,66 heure $\approx \frac{2}{3}$ d'heure soit 40 minutes

0,75 heure $= \frac{3}{4}$ d'heure soit 45 minutes

Exemple Convertissez 2 heures 35 minutes 54 secondes en secondes.

Vous savez que 1 heure = 3 600 secondes et que 1 minute = 60 secondes :

$2 \times 3\,600 + 35 \times 60 + 54 = 9\,354$ secondes

Exemple Convertissez 7 460 secondes en heures, minutes et secondes.

La première étape est la transformation des secondes en minutes puis la deuxième étape correspond à la transformation des minutes en secondes.

7460	60	
14	124 min	60
26	4 min	2 h
20 s		

Vous obtenez 2 h 4 min 20 s.

Exemple Convertissez 3,42 heures.

Il faut donc transformer ce nombre décimal en heures, minutes et secondes.

3,42 heures soit 3 h et il reste 0,42 h à transformer en minutes.

Vous savez que :
1 h correspond à 60 min donc 0,42 h correspond à $x = 0{,}42 \times 60 = 25{,}2$ min.

0,42 h équivaut à 25,2 min soit 25 min et il reste 0,2 min à transformer en secondes.

Vous savez que :
1 min correspond à 60 s donc 0,2 min correspond à $x = 0{,}2 \times 60 = 12$ s.

Vous obtenez 3 h 25 min 12 s.

2. La vitesse

La vitesse moyenne est la distance parcourue par un véhicule pendant une unité de temps.

$v = \frac{d}{t}$ avec v = vitesse en m/s
d = distance en mètre
t = temps en seconde

À partir de cette formule, déduisez l'expression de la distance ainsi que l'expression du temps :

$d = v \times t$ et $t = \frac{d}{v}$

L'unité de vitesse est généralement le mètre par seconde (m/s) mais vous pouvez également exprimer la vitesse en km/h, dm/min, etc. (en restant cohérent dans l'expression des unités).

Attention : la vitesse moyenne n'est pas égale à la moyenne des vitesses.

3. Les « problèmes des trains ou des cyclistes »

Ce type de problèmes rappelle les exercices de l'école primaire.

Exemple Un cycliste faisant 24 km en 1 heure et un automobiliste roulant à 60 km/h partent ensemble du même endroit et dans la même direction. À quelle distance se trouveront-ils l'un de l'autre au bout de 3 heures 10 ?

Commencez toujours par schématiser l'exercice :

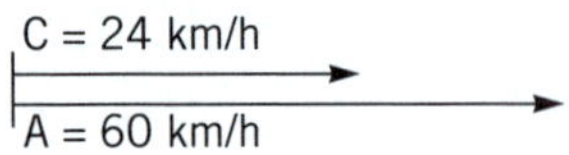

Au bout de 3 h 10 :

Le cycliste a fait : $3 \times 24 + \frac{24}{6} = 76$ km (en 10 min, il parcourt $\frac{24}{6}$ km car 10 min correspondent à 1/6e d'heure)

L'automobiliste a parcouru : $3 \times 60 + \frac{60}{6} = 190$ km

Distance séparant les deux personnes : $190 - 76 = 114$ km

EXERCICES

Exercice 1.

> Calculez 3 h 56 min 44 s + 4 h 26 min 16 s.

Exercice 2.

> Transformez 2,072 2 h en notations sexagésimales (en base 60).

Exercice 3.

En 2 heures 40, une automobile parcourt 240 km.

> Quelle est sa vitesse moyenne ?

Exercice 4.

Un automobiliste a parcouru 230 km à la vitesse de 72 km/h.

> Quelle est la durée du parcours ?

CORRIGÉS

Exercice 1.

Vous posez l'addition horaire :

	3 h	56 min	44 s
+	4 h	26 min	16 s
	7 h	82 min	60 s

Ensuite, vous procédez à la conversion.

Vous transformez les secondes en minutes :

60 s = 1 min $\Rightarrow$ 7 h 82 min 60 s = 7 h 83 min 0 s

Vous transformez également les minutes en heures :

60 min = 1 h donc 83 min = 60 min + 23 min = 1 h 23 min

Le résultat de l'addition est 7 h 83 min 0 s soit 8 h 23 min 0 s.

Exercice 2.

$$\begin{aligned} 2{,}0722 \text{ h} &= 2 \text{ h} + 0{,}0722 \text{ h} \\ &= 2 \text{ h} + 0{,}0722 \text{ h} \times 60 \text{ min} \\ &= 2 \text{ h} + 4{,}33 \text{ min} \\ &= 2 \text{ h} + 4 \text{ min} + 0{,}33 \text{ min} \\ &= 2 \text{ h} + 4 \text{ min} + 0{,}33 \times 60 \text{ s} \\ &= 2 \text{ h} + 4 \text{ min} + 20 \text{ s} \end{aligned}$$

Exercice 3.

Vous commencez par transformer les 2 heures 40 en minutes :

2 h 40 = 2 × 60 + 40 = 160 min

Rechercher une vitesse dont l'unité est le km/heure signifie qu'il faut trouver le nombre de kilomètres parcourus en 1 heure.

– En 2 h 40 = 160 min, 240 km sont parcourus

– En 1 h = 60 min, x km parcourus

$$\Rightarrow x = \frac{60 \times 240}{160} = 90 \text{ km}$$

$\Rightarrow$ vitesse = 90 km/h

Exercice 4.

Une vitesse moyenne de 72 km/h signifie que la voiture parcourt 72 km en 1 heure.

La méthode ci-dessous évite de transformer 1 heure en 60 minutes : c'est à vous de choisir, comme pour beaucoup d'exercices où plusieurs méthodes de résolutions existent, celle qui vous convient le mieux.

Calcul de la distance parcourue :

– L'automobiliste parcourt 72 km en 1 heure

– Il va parcourir 230 km en x heure

$$\Rightarrow x = \frac{230}{72} = 3{,}19 \text{ heures}$$

Conversion de 3,19 heures en heures, minutes et secondes :

3,19 heures = 3 heures et il reste 0,19 heure

Vous savez que 1 heure correspond à 60 minutes donc 0,19 heure correspond à :

0,19 × 60 = 11,40 minutes

$\Rightarrow$ 11,40 minutes = 11 minutes

et il reste 0,40 minute.

Vous savez également que 1 minute correspond à 60 secondes donc 0,40 minute correspond à 0,40 × 60 = 24 secondes.

En conclusion, la durée du trajet est de 3 h 11 min 24 s.

EXERCICES

Exercice 5.

Un train A part d'une ville A en direction d'une ville B à 9 heures. Sa vitesse moyenne est de 60 km/h. Au même moment, un train B part de la ville B pour la ville A et roule à 120 km/h.

> Sachant que la distance qui sépare les deux villes est de 360 km, à quelle heure se croiseront-ils ?

Exercice 6.

Un train de marchandises part de Lyon vers Paris et roule à une vitesse moyenne de 60 km/h. Au même moment, un train rapide part de la capitale pour Lyon et roule à 120 km/h.

> Sachant que la distance entre ces deux villes est de 480 km, au bout de combien de temps vont-ils se rencontrer ?

Exercice 7.

Un avion parcourt la distance Paris-Nice (1 200 km) à 1 200 km/h puis Nice-Paris à 600 km/h.

> Quelle est sa vitesse moyenne sur l'aller-retour ?

CORRIGÉS

Exercice 5.

Faites toujours un schéma de l'exercice : il vous aidera à raisonner.

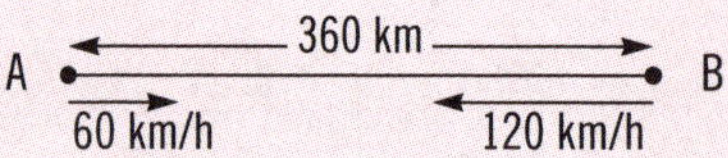

Vous pouvez résoudre cet exercice sous forme d'un tableau :

Temps	Distance parcourue par A	Distance parcourue par B	Distance totale parcourue
Au bout d'1 heure :	60 km	120 km	180 km
Au bout de 2 heures :	120 km	240 km	360 km

La distance totale (360 km) est parcourue en 2 heures : ce moment correspondant au point de rencontre. Par conséquent, ils se rencontreront à : 9 heures + 2 heures = 11 heures.

Exercice 6.

Schéma de l'exercice :

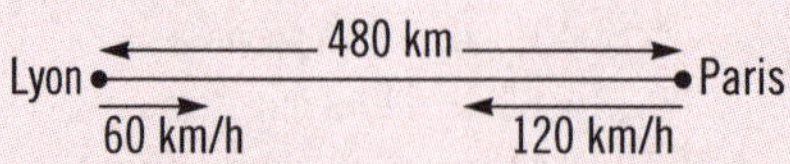

Vous pouvez résoudre cet exercice sous forme d'un tableau (*cf.* ci-dessus) mais il existe une méthode plus rapide applicable quel que soit l'exercice proposé :

En 1 heure, les trains parcourent :
60 + 120 = 180 km

Calcul du temps pour parcourir la distance totale :

– En 1 heure, 180 km sont parcourus

– En x heures, 480 km seront parcourus

$$\Rightarrow x = \frac{480}{180} = 2{,}66 \text{ heures}$$

Il ne reste plus qu'à effectuer la conversion horaire :

$$2{,}66 \text{ heures} = 2 \text{ heures} + 0{,}66 \text{ heure}$$
$$= 2 \text{ heures} + \frac{2}{3} \text{ heures}$$

soit 2 heures 40 min.

Exercice 7.

Attention, il ne faut surtout pas faire la moyenne des vitesses car la vitesse moyenne n'est pas égale à la moyenne des vitesses.

Calcul de la distance aller-retour :

Distance aller-retour = 1 200 km + 1 200 km
= 2 400 km

Calcul du temps aller-retour :

– Temps à l'aller (A) = 1 heure car il fait 1 200 km en 1 heure

– Temps au retour (R) = 2 heures car il vole 2 fois moins vite

– Temps A-R = 1 + 2 = 3 heures

Calcul de la vitesse moyenne aller-retour :

Il parcourt 2 400 km en 3 heures
x km en 1 heure

$$\Rightarrow x = \frac{2\,400}{3} = 800 \text{ km/h.}$$

EXERCICES

Exercice 8.

> Convertir

a. 90 km/h en m/s.

b. 4,5 m/min en km/h.

Exercice 9.

> Que représente en fraction :

a. 1/4 h pour une journée ?

b. 20 secondes pour l'heure ?

c. 40 min pour une journée ?

Exercice 10.

Une limace avance à la vitesse constante de 1,5 m/h.

a. Quelle distance, en cm, a-t-elle parcourue en 5 minutes ?

b. Combien de temps lui faut-il pour parcourir 50 cm ?

Exercice 11.

Un automobiliste se déplace à la vitesse moyenne de 78 km/h. Il roule de 9 h 15 à 11 h 30.

> Quelle distance a-t-il parcourue ?

Exercice 12.

Un train part d'une ville à 8 h 10 min et arrive à une autre ville à 11 h 40 min.

> Sachant que la distance entre les deux villes est 434 km, calculer la vitesse moyenne de ce train en km/h.

Exercice 13.

> Donner le nom du cycliste qui a parcouru la plus grande distance. Justifier la réponse.

Ⓐ a roulé 20 minutes à 30 km/h.

Ⓑ a roulé 30 minutes à 25 km/h.

Ⓒ a roulé 45 minutes à 15 km/h.

CORRIGÉS

Exercice 8. **a.** Comme on cherche la vitesse en m/s, on va transformer les km en m et les heures en secondes :

$90 \text{ km} = 90 \times 1\,000 = 90\,000 \text{ m}$;

$1 \text{ h} = 60 \text{ min} = 60 \times 60 = 3\,600 \text{ s}$.

Donc : $90 \text{ km/h} = \dfrac{90\,000 \text{ m}}{3\,600 \text{ s}} = 25 \text{ m/s}$.

b. Comme on cherche la vitesse en km/h, on va transformer les m en km.

$1 \text{ m} = \dfrac{1}{1\,000} \text{ km}$, donc

$4,5 \text{ m} = 4,5 \times \dfrac{1}{1\,000} = \dfrac{4,5}{1\,000} = 0,004\,5 \text{ km}$.

La vitesse est donc de 0,004 5 km par minute. Dans 1 h il y a 60 min, donc, en km/h, la vitesse sera de $0,004\,5 \times 60 = 0,27$ km/h.

Exercice 9. **a.** Il faut chercher combien il y a de quarts d'heure dans une journée. Dans un jour, il y a 24 h et dans une heure, il y a 4 quarts d'heure. Donc dans un jour, il y a :

$4 \times 24 = 96$ quarts d'heure. D'où $\dfrac{1}{4} \text{ h} = \dfrac{1}{96} \text{ j}$.

b. Il faut chercher combien il y a de secondes dans une heure. Dans 1 heure, il y a 60 min et dans 1 min il y a 60 s. Donc $1 \text{ h} = 60 \times 60 \text{ s} = 3\,600 \text{ s}$.

D'où $20 \text{ s} = \dfrac{20}{3\,600} \text{ h} = \dfrac{1}{180} \text{ h}$.

c. Dans une journée, il y a 24 h et 1h = 60 min. Donc : $1 \text{ j} = 24 \times 60 = 1\,440 \text{ min}$.

D'où $40 \text{ min} = \dfrac{40}{1\,440} \text{ j} = \dfrac{1}{36} \text{ j}$.

Exercice 10. **a.** La limace parcourt 1,5 m en 60 min. En 5 min, c'est-à-dire 12 fois moins, elle parcourt :

$1,5 \div 12 = 0,125 \text{ m} = 12,5 \text{ cm}$.

b. La limace parcourt 1,5 m en 60 min, donc 50 cm en 20 min.

Exercice 11. Durée du parcours :

11 h 30 – 9 h 15 min = 2 h 15 min = 2,25 h ;

$d = 78 \times 2,25 = 175,5$ km.

Exercice 12. Durée du parcours :

11 h 40 min – 8 h 10 min = 3 h 30 min = 3,5 h.

Vitesse moyenne : $\dfrac{434}{3,5} = 124$ km/h.

Exercice 13.

Distance parcourue par A : $30 \times \dfrac{20}{60} = 10$ km.

Distance parcourue par B : $25 \times \dfrac{30}{60} = 12,5$ km.

Distance parcourue par C : $15 \times \dfrac{45}{60} = 11,25$ km.

C'est le cycliste Ⓑ qui a parcouru la plus grande distance.

34 La proportionnalité

La « règle de trois » est une règle de calcul élémentaire sur des grandeurs proportionnelles : elle permet de résoudre bon nombre de problèmes arithmétiques ou algébriques. Parfois oubliée ou mal intégrée, elle est source de nombreuses erreurs bien que son principe soit assez simple.

1. La règle de trois

La règle de trois s'applique lorsqu'il existe une relation de proportionnalité entre deux grandeurs différentes. Elle permet de calculer l'un des quatre termes d'une proportion à partir de trois valeurs connues.

Par conséquent, dans un tableau de proportionnalité, la valeur recherchée est égale au produit des valeurs de la diagonale opposée divisé par le nombre sur la diagonale de l'inconnue.

Plus simplement, le tableau suivant est obtenu :

x	A	C
y	B	D

ou A ↘↗ C ; ce qui donne $A \times D = B \times C$.
B ↗↘ D

Par exemple, le calcul de A est égal à $\frac{B \times C}{D}$, le calcul de $C = \frac{A \times D}{B}$, etc.

Il est important de noter que les données représentant une grandeur doivent être exprimées dans la même unité, sinon le résultat obtenu sera erroné. Il est quelquefois nécessaire de convertir une ou plusieurs des données.

Exemple Un piéton parcourt 9 kilomètres en 2 heures. À la même vitesse, combien de temps mettra-t-il pour parcourir 22,5 km ?

Première méthode : raisonnement par étapes successives.

- Il parcourt 9 km en 2 heures
- Il parcourt 1 km en 9 fois moins de temps ⇒ division par 9.
- Il parcourt 22,5 km en 22,5 fois plus de temps ⇒ multiplication par 22,5.

$x = \frac{2 \times 22{,}5}{9} = 5$ heures

Ce raisonnement par étapes successives revient exactement à appliquer la règle de trois.

Deuxième méthode : application directe de la règle de trois.

Les deux grandeurs sont le temps et la distance parcourue ; ces deux grandeurs sont proportionnelles.

Vous connaissez deux valeurs de la première grandeur (9 km et 22,5 km) ainsi qu'une valeur de la deuxième grandeur (2 heures). La règle de trois s'applique pour calculer la quatrième valeur inconnue.

Distance	9 km	22,5 km
Temps	2 heures	x heures

ou $\frac{9}{2} = \frac{22,5}{x} \Rightarrow 9x = 2 \times 22,5 \Rightarrow x = 45 \div 9 = 5$ heures.

2. Les « problèmes des ouvriers »

Exemple Pour creuser une tombe, deux ouvriers mettent 16 heures.

Combien de temps auront besoin six ouvriers pour creuser cette même tombe ?

Il faut raisonner par étapes successives en passant par 1 ouvrier :

– 2 ouvriers mettent 16 heures

– 1 ouvrier par rapport à 2 ouvriers mettra 2 fois plus de temps :
on multiplie par 2 $\Rightarrow$ 16×2 heures

– 6 ouvriers par rapport à 1 ouvrier mettront 6 fois moins de temps :
on divise par 6 $\Rightarrow$ $\frac{16 \times 2}{6}$ heures

Vous trouvez 5,33 heures.

Il ne reste plus qu'à effectuer la conversion horaire :

5,33 heures = 5 heures + 0,33 heure = 5 heures + $\frac{1}{3}$ d'heure soit 5 heures 20.

3. L'échelle

Une échelle représente le rapport entre la mesure sur une carte et la mesure réelle. Il faut obligatoirement que ces deux mesures soient exprimées dans la même unité. Cette échelle est calculée à l'aide de la formule :

$$\text{Échelle} = \frac{\text{Distance sur la carte}}{\text{Distance réelle}}$$

Lorsque le numérateur est plus petit que le dénominateur, la représentation sur la carte est une réduction de la réalité. Dans le cas contraire, c'est un agrandissement.

EXERCICES

Exercice 1.

Un automobiliste parcourt 100 km en 1 heure.

> Combien va-t-il parcourir en 3 heures ?

Exercice 2.

Un fabricant facture 350 chaises identiques au prix de 530 euros.

> Quel aurait été le prix de 125 chaises ?

Exercice 3.

Une pièce de viande de 750 grammes coûte 8,50 euros.

> Quel est le prix du kilogramme ?

Exercice 4.

Voici ce que l'on peut lire sur la devanture du marchand de vélos : « Vous ne payez que les 2/5e à la livraison, soit 300 euros ».

> Quel est le prix de ce vélo ?

Exercice 5.

Une voiture de sport consomme 13 litres pour 100 kilomètres parcourus.

> Quelle sera la consommation de ce véhicule pour une distance de 386 kilomètres ?

CORRIGÉS

Exercice 1.

En 1 heure, il parcourt 100 km ; donc en 3 heures, c'est-à-dire en 3 fois plus de temps, il fera trois fois plus de kilomètres soit 300 km.

Temps	Distance
1 heure	100 km
3 heures	300 km

multiplié par 3

Exercice 2.

Vous appliquez directement la règle de trois.

350 chaises valent 530 euros

125 chaises valent x euros

$$\Rightarrow x = \frac{125 \times 530}{350} = 189{,}28 \text{ euros.}$$

Exercice 3.

Vous appliquez directement la règle de trois.

750 grammes coûtent 8,50 euros

1 kg = 1 000 grammes coûtent x euros

$$\Rightarrow x = \frac{8{,}50\ € \times 1\,000}{750} = 11{,}33 \text{ euros.}$$

Il ne faut pas oublier de convertir toutes les valeurs dans la même unité c'est-à-dire transformer les grammes en kilogrammes ou les kilogrammes en grammes.

Exercice 4.

Calcul du prix du vélo :

Les 2/5e du prix représentent 300 € alors 1/5e vaut : 300 ÷ 2 = 150 €.

Donc le prix (soit 5/5e) du vélo est :

150 × 5 = 750 €.

Exercice 5.

Calcul de cette consommation :

En 100 km, 13 litres sont consommés

En 386 km, x litres sont consommés

$$\Rightarrow x = \frac{386 \times 13}{100} = 50{,}18 \text{ litres}$$

EXERCICES

Exercice 6.

En deux jours, trois ouvriers peignent 3 600 m^2.

> Combien deux ouvriers vont-ils peindre de m^2 en cinq jours ?

Exercice 7.

Trois machines ont besoin de 20 jours pour effectuer un travail.

> Combien de jours faudra-t-il pour que 5 machines effectuent le même travail ?

Exercice 8.

Trois fontaines coulent ensemble dans le même bassin. La première fontaine seule remplirait ce bassin en 12 heures, la deuxième en 8 heures et la troisième en 15 heures. Ce bassin possède un robinet de vidange permettant de vider le bassin en 18 heures.

> Si ce robinet de vidange est malencontreusement ouvert, combien de temps faudra-t-il pour remplir ce bassin ?

CORRIGÉS

Exercice 6.

Progressez étape par étape en vous rapportant à un ouvrier :

En 2 jours, 3 ouvriers font 3 600 m^2

En 2 jours, 1 ouvrier par rapport à 3 ouvriers fera 3 fois moins de $m^2 \Rightarrow \dfrac{3\,600}{3}\ m^2$

En 1 jour par rapport à 2 jours, 1 ouvrier fera 2 fois moins de $m^2 \Rightarrow \dfrac{3\,600}{3 \times 2}\ m^2$

En 1 jour, 2 ouvriers par rapport à 1 ouvrier feront 2 fois plus de $m^2 \Rightarrow \dfrac{3\,600 \times 2}{3 \times 2}\ m^2$

En 5 jours par rapport à 1 jour, 2 ouvriers feront 5 fois plus de m^2

$$\Rightarrow \frac{3\,600 \times 2 \times 5}{3 \times 2} = 6\,000\ m^2$$

Exercice 7.

Pour réaliser ce travail, 1 machine seule mettra 3 fois plus de temps que 3 machines
$\Rightarrow$ multiplication par 3.

Pour faire ce travail, 5 machines mettront 5 fois moins de temps qu'1 machine seule
$\Rightarrow$ division par 5.

Vous pouvez donc simplifier l'écriture :

3 machines $\rightarrow$ 20 jours

1 machine $\rightarrow$ 20×3 jours

5 machines $\rightarrow$ $\dfrac{20 \times 3}{5}$ jours soit 12 jours

Exercice 8.

Calcul sur 1 heure :

En 12 heures, la première fontaine remplirait le bassin donc en 1 heure, la première fontaine remplirait 1/12e du bassin.

En 8 heures, la deuxième fontaine remplirait le bassin donc en 1 heure, la deuxième fontaine remplirait 1/8e du bassin.

En 15 heures, la troisième fontaine remplirait le bassin donc en 1 heure, la troisième fontaine remplirait 1/15e du bassin.

En 18 heures, le robinet de vidange viderait le bassin donc en 1 heure, le robinet de vidange viderait 1/18e du bassin.

Calcul du temps de remplissage du bassin :

En 1 heure,

$$\frac{1}{12} + \frac{1}{8} + \frac{1}{15} - \frac{1}{18} = \frac{30 + 45 + 24 - 20}{360}$$

$$= \frac{79}{360} \text{ du bassin sont remplis.}$$

En x heure, $\dfrac{360}{360}$ = le bassin rempli

$$\Rightarrow x = \frac{\dfrac{360}{360}}{\dfrac{79}{360}} = \frac{360}{79} = 4{,}55 \text{ heures}$$

Il ne reste plus que la conversion horaire à effectuer :

4,55 heures = 4 heures + 0,55 heure

1 heure correspond à 60 minutes donc 0,55 heure correspond à x minutes

$\Rightarrow x = 0{,}55 \times 60 = 33$ minutes

Donc 4,55 heures = 4 heures 33 minutes.

EXERCICES

Exercice 9.

Chaque semaine, une crèche utilise en moyenne un paquet de 100 couches pour trois nourrissons. Combien de couches sont utilisées pour 18 nourrissons et combien faut-il acheter de paquets par semaine ?

Exercice 10.

Pour un régime anti-diarrhéique, un pédiatre prescrit un biberon de 220 mL dans lequel il y a 2/3 de soluté de réhydratation et 1/3 de soda dégazéifié. Sachant qu'un sachet de soluté de réhydratation orale se reconstitue avec 200 mL d'eau, calculez les quantités de soluté de réhydratation et de soda.

Exercice 11.

Une halte-garderie, où 28 enfants sont inscrits, reçoit une subvention communale de 177,50 € pour 10 enfants. Combien recevra-t-elle pour l'ensemble des enfants ?

Exercice 12.

Dans une recette, il faut 75 g de sucre pour 3 personnes. Pour 5 personnes, combien faut-il de sucre ?

Exercice 13.

Pour préparer un biberon, on sait qu'il faut 1 mesurette de lait pour 30 g d'eau, 1 mesurette arasée de lait pèse 3 g et 1 litre d'eau a une masse de 1 kg. Quelle sera la masse d'une préparation de 6 centilitres d'eau ?

CORRIGÉS

Exercice 9. 1 600 couches et 6 paquets. Nombre de couches utilisées chaque semaine :
– pour 3 nourrissons, il faut 100 couches,
– pour 18 nourrissons, il faut : $x = \frac{100 \times 18}{3}$ = 600 couches.
Nombre de paquets achetés : 600 ÷ 100 = 6 paquets.

Exercice 10. 146,67 mL et 73,33 mL. Vous devez prendre 2/3 et 1/3 de chaque composant.
Quantité de soluté : $\frac{220 \times 2}{3}$ = 146,67 mL et quantité de soda : $\frac{220 \times 1}{3}$ = 73,33 mL.

Exercice 11. Subvention pour 28 enfants :
– pour 10 enfants, la subvention est de 177,5 €,
– pour 28 enfants, elle serait de :
$x = \frac{28 \times 177{,}5}{10}$ = 497 €.

Exercice 12. Quantité de sucre pour 5 personnes :
– pour 3 personnes, il faut 75 g de sucre,
– pour 5 personnes, il faut x g de sucre :
$x = \frac{5 \times 75}{3}$ = 125 g.

Exercice 13.
Masse d'eau correspondant à 6 cL : on sait qu'1 litre d'eau pèse 1 kg soit 1 000 g. De plus, 1 cL correspond à 0,01 L donc 6 cL d'eau correspondent à 0,06 L.
1 litre correspond à 1 000 kg,
0,06 litre correspond à x g →
$x = \frac{1\,000 \times 0{,}06}{1}$ = 60 g d'eau.
Nombre de mesurettes de lait à ajouter à 60 g d'eau :
On sait qu'il faut 1 mesurette pour 30 g d'eau → 60 ÷ 30 = 2 mesurettes de 3 g de lait, soit 6 g de lait, à ajouter dans 60 g d'eau.
Masse de la préparation (eau + lait) de 6 cL d'eau : 60 + 6 = 66 g de préparation.

EXERCICES

Exercice 14.

Sachant que 4 auxiliaires de puériculture, travaillant 7 heures chacune, peuvent assurer les soins de 28 enfants, combien de temps travaillera chacune des 8 auxiliaires de puériculture si le nombre d'enfants augmente de la moitié ?

Exercice 15.

L'apport calorique pour 100 g de chacun des aliments suivants est : pour le bœuf : 170 kcal et pour le thon : 225 kcal. Par quelle quantité de thon peut-on remplacer un steak de bœuf de 180 g pour avoir le même nombre de calories ?

Exercice 16.

Trois machines ont besoin de 20 jours pour effectuer un ouvrage. Combien faudra-t-il de jours pour que 5 machines effectuent le même ouvrage ?

Exercice 17.

Six personnes fabriquent 4 jouets en 2 jours. Combien de jours seront nécessaires pour que 9 personnes fabriquent 12 jouets ?

CORRIGÉS

Exercice 14.
Nouveau nombre d'enfants : 28 + (28 ÷ 2) = 28 + 14 = 42 enfants.
Mettez les données sous forme de tableau puis faites les produits en croix.

Nombre d'auxiliaires	Heures travaillées	Nombre d'enfants
4 auxiliaires	7 heures	28 enfants
8auxiliaires	3 heures30	28 enfants
	+ 1 heure 45	14 enfants
	= 5 heures 15	42 enfants

Elles travailleront 5 heures 15 chacune.

Exercice 15.
Nombre de calories apportées par 180 g de bœuf : $170 \times 1{,}8 = 306$ kcal.
Quantité de thonl apportant 306 kcal :

$$\frac{100}{225} \times 306 = 136 \text{ g.}$$

Exercice 16. Pour faire cet ouvrage, 1 machine seule mettra 3 fois plus de temps que 3 machines → multiplication par 3. Pour faire ce même ouvrage, 5 machines mettront 5 fois moins de temps qu'une machine seule → division par 5. Vous pouvez donc simplifier l'écriture de la manière suivante : ....

– 3 machines → 20 jours,
– 1 machine → 20 × 3 jours,
– 5 machines → $\frac{20 \times 3}{5} = 12$ jours.

Exercice 17. Pour résoudre ce type d'exercices, il ne faut faire varier qu'une seule quantité à la fois. On commence par calculer combien de jours 1 personne va mettre pour fabriquer 4 jouets. Si 6 personnes fabriquent 4 jouets en 2 jours, 1 personne fabrique 4 jouets en $2 \times 6 = 12$ jours.
Ensuite combien de jours vont mettre 9 personnes toujours pour fabriquer 4 jouets :

$\frac{12}{9} = 1$ jour $\frac{1}{3}$.

Vous pouvez enfin calculer combien de jours vont mettre les 9 personnes pour fabriquer 12 jouets : $\frac{12}{9} \times 3 = \frac{36}{9} = 4$ jours.

EXERCICES

Exercice 18.

Pour aller de Paris à Strasbourg, on parcourt 360 km. Sur une carte, cette distance est représentée par 12 cm.

> Quelle est l'échelle de cette carte ?

Exercice 19.

Sur une carte à l'échelle 1/50 000e, la distance entre deux villes est de 6 cm.

> Quelle est la distance réelle séparant ces deux villes ?

Exercice 20.

La distance entre deux villes est de 60 km.

> Sur une carte à l'échelle 1/80 000e, quelle distance sépare ces deux villes ?

Exercice 21.

Sur un plan cadastral, un mur de 20 mètres de long est représenté par une ligne de 8 mm.

> Quelle est l'échelle de ce plan ?

CORRIGÉS

Exercice 18.

La recherche d'une échelle revient à trouver combien 1 cm sur la carte représente en réalité.

Vous savez que :

Sur la carte	En réalité
12 cm	360 km
1 cm	x km

En utilisant le produit en croix, vous obtenez $x = \frac{1 \times 360}{12} = 30 \text{ km} = 3\,000\,000 \text{ cm}$.

Vous en déduisez que l'échelle de cette carte est de 1/3 000 000.

Exercice 19.

L'échelle 1/50 000e signifie que 1 cm sur la carte représente 50 000 cm en réalité.

$\Rightarrow$ 6 cm sur la carte représentent

$6 \times 50\,000 = 300\,000$ cm en réalité.

Une distance s'exprime généralement en kilomètres : vous terminez par la conversion des centimètres en kilomètres à l'aide d'un tableau de conversions.

km	hm	dam	m	dm	cm
3,	0	0	0	0	0

La distance est donc de 3 km.

Exercice 20.

Une échelle au 1/80 000e signifie que 1 cm sur le plan représente 80 000 cm en réalité.

Calcul de la distance :

Sur le plan :		En réalité :
1 cm représente	→	80 000 cm = 0,8 km
x cm représente	→	60 km

$\Rightarrow x = 60 \div 0{,}8 = 75$ cm.

À cette échelle, les deux villes sont distantes de 75 cm sur le plan.

Exercice 21.

Pour trouver une échelle, il faut savoir combien 1 mm sur le plan représente en réalité :

Sur le plan :		En réalité :
8 mm représente	→	20 m = 20 000 mm
1 mm représente	→	x mm

$\Rightarrow x = 20\,000 \div 8 = 2\,500$ mm.

L'échelle est donc de 1/2 500.

Les pourcentages 35

Un pourcentage est un nombre d'éléments caractérisés sur une population totale de 100 entités. Il représente le rapport de la proportion d'une quantité à une autre et évaluée sur la centaine. Les pourcentages sont donc une application des fractions. En effet, le calcul d'un pourcentage revient à la multiplication d'un nombre entier par une fraction.

1. Calcul d'un pourcentage

Pour calculer un pourcentage, on applique la règle de trois en se rapportant toujours à 100.

Nombre d'événements	6	x
Nombre total	20	100

Le pourcentage d'événements ayant une caractéristique particulière est égal à $\frac{6 \times 100}{20} = 30$ soit 30 %.

Exemple Sur les 85 enfants d'une colonie de vacances à la mer, 34 pratiquent la planche à voile. Quel pourcentage du total des enfants représente les amateurs de planche à voile ?
Mise en forme du tableau :

Nombre de véliplanchistes	34	x
Nombre total	85	100

Calcul du pourcentage :

$x = \frac{34 \times 100}{85} = 40$ soit 40 %.

Un pourcentage est mathématiquement représenté par une fraction sur 100. Prendre le pourcentage d'un nombre revient à multiplier ce nombre par la fraction correspondante.

Si vous désirez un pourcentage, par exemple 20%, d'une quantité quelconque x, il suffit de multiplier cette quantité x par 0,2 car :

$$x' = 20\% \text{ de } x$$

$$x' = \frac{20}{100} \times x \Rightarrow x' = 0{,}2\,x$$

2. Réduction ou augmentation

Pour augmenter un nombre, de 20% par exemple, il suffit de multiplier le nombre de départ par 1,2 car :

nouveau nombre (NN) = ancien nombre (AN) + 20% de l'ancien nombre (AN)

$$\text{NN} = \text{AN} + \frac{20}{100} \times \text{AN}$$

$$NN = AN + 0{,}2\,AN$$

ancien nombre est mis en facteur :

$$NN = (1 + 0{,}2)\,AN \Rightarrow NN = AN \times 1{,}2$$

Exemple Si la taille d'un enfant augmente de 8% en un an et sachant qu'au début de l'année, il mesurait 112 cm (AT), quelle est sa taille à la fin de l'année (NT) ?

Augmentation de 8% $= \frac{8}{100} = 0{,}08$

$NT = AT \times (1 + 0{,}08) = AT \times 1{,}08$

Application numérique : $NT = 112 \times 1{,}08 = 120{,}96$ cm

Par la même démonstration, vous trouvez que, pour diminuer un nombre de 20%, il faut multiplier le nombre de départ par 0,8 car :

$$NN = AN - \frac{20}{100} \times AN$$

$$NN = (1 - 0{,}2)\,AN \Rightarrow NN = AN \times 0{,}8$$

3. La TVA

Si la TVA (taxe sur la valeur ajoutée) est à 19,6%, elle correspond à 19,6% du prix (Hors Taxe) :

Prix TTC (Toutes taxes comprises) = Prix HT + TVA

Prix TTC = Prix HT + 19,6% du Prix HT

On met en facteur Prix HT :

Prix TTC = $(1 + 0{,}196) \times$ Prix HT $\Rightarrow$ Prix TTC = $1{,}196 \times$ Prix HT

Pour trouver un prix TTC, il suffit de multiplier le prix HT par 1,196 (si la TVA est de 19,6%).

Attention : la TVA s'applique seulement sur le prix HT ; vous ne pouvez jamais soustraire la TVA à un prix TTC pour trouver le prix HT.

Exemple Quel est le prix HT d'un article coûtant 119,6 euros TTC sachant que la TVA est à 19,6% ?

Résolution de cet exemple :

$$TTC = HT \times 1{,}196 \Rightarrow HT = \frac{TTC}{1{,}196} = \frac{119{,}6}{1{,}196} = 100 \text{ euros}$$

Vérification :

$$TTC = HT + 19{,}6\% \text{ du } HT = 100 + \frac{19{,}6 \times 100}{100} = 119{,}6 \text{ euros}$$

À éviter

Vous savez qu'un article à 100 euros HT va coûter 119,6 euros TTC si la TVA est de 19,6% car vous ajoutez 19,6 euros à 100 euros pour obtenir le prix TTC.

Ne faite pas l'erreur de soustraire 19,6% du prix TTC pour calculer le prix HT car dans ce cas, vous allez prendre 19,6% du prix déjà augmenté de ces 19,6%.

Soustraire 19,6% revient à multiplier par $0{,}804\,(1 - 19{,}6)$, donc le calcul interdit donne : $119{,}6 \times 0{,}804 = 96{,}16$ euros et non 100 euros.

4. Les intérêts

Il existe deux types d'intérêts : les intérêts simples et les intérêts composés.

Dans le cas d'intérêts simples, le capital de départ ne varie pas, et les intérêts sont calculés chaque année sur la somme initiale.

Capital final = capital initial $\times (1 + n \times i)$ dans le cas d'intérêts simples
avec i = intérêt pour 1 euro
n = nombre d'année

Exemple Si une somme de 1 000 euros est placée à un taux de 5 %, vous obtenez un capital final de :

Somme finale = $1\,000 \times 1{,}05 = 1\,050$ euros au bout d'1 an.

Si cette même somme est placée pendant 3 ans :

Somme finale = $1\,000 \times (1 + 0{,}05 \times 3) = 1\,150$ euros au bout de 3 ans.

En revanche, lors d'intérêts composés, lorsque le capital de départ est augmenté des intérêts chaque année (cas le plus fréquent lors des concours), le calcul est différent.

Capital final = capital initial $\times (1 + i)^n$ dans le cas d'intérêts composés
avec i = intérêt pour 1 euro
n = nombre d'année

Exemple Dans le cas d'intérêts composés, si l'on place une somme de 1 000 euros à un taux de 5% pendant 3 ans, vous obtenez :

Somme finale = $1\,000 \times 1{,}05^3 = 1\,157{,}62$ euros.

Il est important de noter que les intérêts se rapportent toujours à l'année. Le cas échéant, la durée du rapport sera obligatoirement précisée.

Par exemple, un taux de crédit de 5% signifie qu'il s'agit toujours d'un rapport de 5% par an.

EXERCICES

Exercice 1.

Sur 1 225 électeurs, 32 % se sont abstenus.

> Quel est le nombre de personnes qui se sont abstenues ?

Exercice 2.

Le prix d'un vêtement est de 75 euros. Lors des soldes de fin d'année, on accorde une remise de 15 %.

> Quel est alors le prix de ce vêtement ?

Exercice 3.

Lors d'une élection municipale, Monsieur Martin a obtenu 3 200 voix sur 6 250 votants.

> Quel est le pourcentage de voix obtenu par ce candidat ?

Exercice 4.

Un jeune enfant voit sa taille augmenter de 10 % la première année et de 8 % la seconde année.

> Sachant que sa taille de départ est de 122 cm, combien va mesurer cet enfant après ces deux ans de croissance ?

Exercice 5.

Une télévision coûte 500 euros. On accorde une remise de 20 %.

> Quel est le nouveau prix de la télévision ?

Exercice 6.

> Quel est le prix TTC d'un article dont le prix HT est de 150 euros, sachant que la TVA est à 19,6 % ?

CORRIGÉS

Exercice 1.

Vous devez prendre 32 % de 1 225 et

$$32\% = \frac{32}{100} = 0{,}32$$

Application numérique :
$1\,225 \times 0{,}32 = 392$ personnes

Exercice 2.

Une remise de $15\% = \frac{15}{100} = 0{,}15$

Donc NP = AP × (1 – 0,15) = AP × 0,85

Application numérique :
NP = 75 × 0,85 = 63,75 euros

Exercice 3.

Pour calculer un pourcentage, il faut se ramener à 100 :

– Sur 6 250 personnes, 3 200 personnes votent pour Monsieur Martin.

– Sur 100 personnes, x personnes auraient voté pour Monsieur Martin.

$$\Rightarrow x = \frac{100 \times 3\,200}{6250} = 51{,}2 \text{ soit } 51{,}2\,\%$$

Exercice 4.

La première année : taille × 1,10 = nouvelle taille

La deuxième année : nouvelle taille × 1,08 = taille finale

Sur les 2 ans :
taille × 1,10 × 1,08 = taille × 1,188

Application numérique :
122 × 1,188 = 144,93 cm

Exercice 5.

Première méthode :

Calcul de la remise :

– Sur 100 euros, il y a 20 euros de remise

– Sur 500 euros, il y a x euros de remise

$$\Rightarrow x = \frac{(500 \times 20)}{100} = 100 \text{ euros}$$

Calcul du prix de la télé :

Prix final = Prix départ – remise
= 500 – 100 = 400 euros

Deuxième méthode : plus rapide

– Sur 100 euros, il y a 20 euros de remise

⇒ nouveau prix = 80 euros

Pour trouver le nouveau prix, vous avez multiplié par 0,8.

De même, 500 × 0,8 = 400 euros

En fait, vous appliquez la formule vue au paragraphe 2.

Exercice 6.

D'après la formule :

$$TTC = HT + \frac{19{,}6}{100} \times HT \text{ soit } TTC = HT \times 1{,}196$$

Application numérique :
TTC = 150 × 1,196 = 179,40 euros

EXERCICES

Exercice 7.

Une entreprise achète un produit 1 000 euros TTC.

> Quel est le prix HT sachant que la TVA est de 19,6 % ?

Exercice 8.

Un capital placé à 4 % pendant 1 an a rapporté 320 euros d'intérêts.

> Quel est ce capital ?

Exercice 9.

Un capital de 5 000 euros a rapporté 300 euros en 1 an.

> À quel taux a-t-il été placé ?

Exercice 10.

Un épargnant place 1 500 euros à 8 % pendant 2 ans. Ce taux de 8 % est sur 1 an et il s'agit toujours d'intérêts composés.

> Quel sera son capital à l'issue du placement ?

CORRIGÉS

Exercice 7.

Première méthode :

Si le prix TTC est de 119,6 euros, le prix HT est 100 euros.

Si le prix TTC est de 1 000 euros, le prix HT(x) est de :

$$\rightarrow x = \frac{1\,000 \times 100}{119{,}6} \Rightarrow x = 836{,}12 \text{ euros}$$

Deuxième méthode : vous savez que

$$TTC = 1{,}196 \times HT \Rightarrow HT = \frac{TTC}{1{,}196}$$

$$HT = \frac{1\,000}{1{,}196} \Rightarrow x = 836{,}12$$

Attention : La TVA ne s'applique pas sur le prix TTC ; elle ne s'applique qu'au prix HT.

Exercice 8.

100 euros placés rapportent 4 euros

x euros placés rapportent 320 euros

$$\Rightarrow x = \frac{100 \times 320}{4} = 8\,000 \text{ euros}$$

Exercice 9.

Comme vous désirez un pourcentage, il faut ramener à 100 :

– En 1 an, 5 000 euros ont rapporté 300 euros

– En 1 an, 100 euros auraient rapporté x euros

$$\Rightarrow x = \frac{100 \times 300}{5\,000} = 6 \text{ soit } 6\,\%$$

Exercice 10.

Première méthode :

– Au bout d'1 an :

$$C_{final} = 1\,500 \times 1{,}08 = 1\,620 \text{ euros}$$

– Au bout de 2 ans :

$$C_{final} = 1\,620 \times 1{,}08 = 1\,749{,}6 \text{ euros}$$

Deuxième méthode : souvent plus rapide

$$C_{final} = 1\,500 \times 1{,}08^2 = 1\,749{,}6 \text{ euros}$$

EXERCICES

Exercice 11.

Lors d'une élection, un candidat a obtenu 3 200 voix sur 6 250 votants. Quel est le pourcentage de voix obtenu par ce candidat ?

Exercice 12.

Chaque jour, un enfant boit un bol de lait contenant 300 mg de calcium. Sachant que ce bol de lait représente 35 % des apports journaliers en calcium, quelle quantité de calcium doit être absorbée par cet enfant chaque jour ?

Exercice 13.

Vous devez ajouter 8 % de farine dans un biberon de 210 mL. Sachant qu'il faut une mesurette de poudre de lait pour 30 mL d'eau :
a. Combien faut-il de mesurettes de lait pour ce biberon ?
b. Combien de grammes de farine ajoutez-vous ?
c. Sachant qu'une cuillère à café de farine équivaut à 1,5 g, combien en utilisez-vous ?

Exercice 14.

Dans une même journée, vous avez bu 1,69 litre d'eau et vous avez uriné 1,3 litre. Quel est le pourcentage de liquide éliminé par rapport au liquide absorbé ?

Exercice 15.

La ration calorique chez un homme adulte actif est de 3 000 kcal par jour. L'apport protéique journalier doit être de 10 %. Calculez l'apport de protides en kcal à consommer pour respecter la ration calorique journalière.

CORRIGÉS

Exercice 11.

Pour calculer un pourcentage, il faut ramener à 100 :
– sur 6 250 personnes, 3 200 personnes votent pour le candidat,
– sur 100 personnes, *x* personnes auraient voté pour le candidat.

$\rightarrow x = \dfrac{100 \times 3\,200}{6\,250} = 51{,}20$ soit 51,20 %.

Exercice 12.

Quantité des apports journaliers recommandés en calcium :
– 35 % correspond à 300 mg,
– 100 % correspond à :

$x = \dfrac{100 \times 300}{35} = 857{,}14$ mg.

Exercice 13.

a. Nombre de mesurettes de lait :
– pour 30 mL d'eau, il faut 1 mesurette de lait,
– pour 210 mL, c'est-à-dire 7 fois plus, il faut donc 7 mesurettes de lait.

b. Quantité de farine à ajouter : $210 \times \dfrac{8}{100} = 210 \times 0{,}08 = 16{,}8$ g.
c. Nombre de cuillères à café de farine : $16{,}8 \div 1{,}5 = 11{,}2$ cuillères à café de farine.

Exercice 14.

Pourcentage de liquide éliminé : pour obtenir un pourcentage, il faut rapporter les quantités à 100 :
– pour 1,69 litre bu, vous éliminez 1,3 litre,
– pour 100 litres bus, vous auriez éliminé :

$x = \dfrac{1{,}3 \times 100}{1{,}69} = 76{,}92$ %.

Exercice 15.

Apport protidique : $3\,000 \times \dfrac{10}{100} = 3\,000 \times 0{,}1 = 300$ kcal.

EXERCICES

Exercice 16.

Dans une entreprise, les salaires ont augmenté de 2 % en juillet. Si Monsieur Dupond percevait un salaire de 1 650 €, après cette augmentation quel est le montant de son nouveau salaire ?

Exercice 17.

Lors de soldes, le prix d'un vêtement est passé de 50 € à 30 €. Quel est le pourcentage de réduction ?

Exercice 18.

Un individu est considéré comme obèse si son poids est supérieur de 15 % du poids idéal. Est-ce qu'une femme de 58 kg, mais dont le poids idéal devrait être de 56 kg, est obèse ?

Exercice 19.

Exprimez par un pourcentage la teneur en eau d'un fromage si, celui-ci ayant une masse de 330 g, on y trouve après déshydratation 158,4 g d'eau.

Exercice 20.

Un fromage blanc indique 30 % de matières grasses et 80 % d'humidité. Calculez le poids de matières grasses pour 100 g de fromage blanc, sachant que le taux de matières grasses s'applique à l'extrait sec.

Exercice 21.

La population d'une ville est de 100 000 habitants en 2007. Cette population a diminué de 6 % par rapport à l'année précédente. Quelle était la population de cette ville en 2006 ?

CORRIGÉS

Exercice 16. Une augmentation de 2 % revient à multiplier par 1,02. Nouveau salaire de Monsieur Dupond : $1\,650 \times 1{,}02 = 1\,683$ €

Exercice 17. Réduction : $50 - 30 = 20$ €.
Pourcentage de réduction :
– sur 50 €, la réduction est de 20 €
– sur 100 €, la réduction sera de x :

$x = \frac{100 \times 20}{50} = 40$ soit une réduction de 40 %.

Exercice 18.
Estimation de la surcharge pondérale :

$56 \times \frac{15}{100} = 8{,}4$ kg.

Seuil d'obésité :
$56 + 8{,}4 = 64{,}4$ kg.
Cette femme serait obèse si elle pesait plus de 64,4 kg.

Exercice 19.

Pourcentage en eau : On sait que le fromage contient 158,4 g d'eau pour un poids de 330 g.
– 100 % correspond à 330 g,
– x % correspond à 158,4 g

⇒ produit en croix : $x = \frac{100 \times 158{,}4}{330} = 48$ %.

Exercice 20.
Poids d'eau dans le fromage blanc :

$100 \times \frac{80}{100} = 100 \times 0{,}8 = 80$ g.

Poids de l'extrait sec : $100 - 80 = 20$ g.
Poids de matières grasses :

$20 \times \frac{30}{100} = 20 \times 0{,}3 = 6$ g.

Exercice 21.

Une diminution de 6 % revient à multiplier par 0,94 (1 – 0,06). Population actuelle = Population précédente × 0,94.
Mais vous voulez calculer la population précédente donc :
population précédente = population actuelle ÷ 0,94 = 100 000 ÷ 0,94 = 106 383 habitants.

36 Les équations du premier degré à une inconnue

Une équation est une égalité entre deux quantités ; résoudre une équation revient à calculer la ou les valeurs de la ou des lettres représentant la ou les inconnues afin que l'égalité soit vérifiée. Le nombre d'inconnues et le degré de l'équation sont distincts et les méthodes de résolution sont dépendantes de ces deux facteurs. Le degré d'une équation est égal au plus grand exposant de la variable lorsque l'expression littérale est développée. Il est essentiel de savoir résoudre tout type d'équations car vous les rencontrerez fréquemment dans les problèmes composant l'aptitude numérique.

1. Comprendre les équations

Les équations du premier degré sont des équations linéaires où x = quantité inconnue n'apparaît qu'à la première puissance, c'est-à-dire de la forme $ax + b = c$.

Résoudre une équation du premier degré à une inconnue consiste à trouver la valeur de la variable, généralement notée x, pour laquelle l'équation devient une identité.

2. Résoudre une équation

Pour résoudre une équation du premier degré à une inconnue, il suffit d'isoler d'un côté de l'égalité les variables et, de l'autre côté, les constantes (dont on connaît la valeur).

Pour résoudre une équation du premier degré à une variable, il convient de suivre les étapes suivantes :

➜ 1re étape : faites disparaître, s'il y a lieu, les parenthèses ;

➜ 2e étape : faites disparaître, s'il y a lieu, les dénominateurs en multipliant ou divisant chaque membre de l'équation par le dénominateur commun ;

➜ 3e étape : regroupez les termes contenant l'inconnue dans le membre de gauche et les termes ne contenant pas l'inconnue dans le membre de droite en additionnant ou en retranchant une même quantité à chaque membre de l'équation, ou plus simplement en faisant passer ces termes de l'autre côté de l'équation en changeant leurs signes ;

➜ 4e étape : réduisez chaque membre pour ramener l'équation à la forme $ax = b$;

➜ 5e étape : isolez l'inconnue en multipliant ou en divisant chaque membre par le coefficient non nul de x ;

➜ 6e étape : vérifiez la solution en remplaçant la valeur obtenue dans l'équation de départ.

Exemple Résolution de l'équation $\frac{8(2+x)}{2} = 7 - 2x$

1re étape : vous faites disparaître les parenthèses : $\frac{16 + 8x}{2} = 7 - 2x$

2e étape : vous faites disparaître le dénominateur : $8 + 4x = 7 - 2x$

3e étape : vous regroupez les variables d'un même côté sans oublier de changer de signe lorsque vous changer de côté : $4x + 2x = 7 - 8$

4e étape : vous réduisez chaque membre : $6x = -1$

5e étape : vous isolez l'inconnue x en divisant par 6 : $x = -\frac{1}{6}$

6e étape (non indispensable par manque de temps) : vous vérifiez la solution en remplaçant x par sa valeur $\left(-\frac{1}{6}\right)$ dans l'équation de départ :

$$8\left[\frac{2+\left(-\frac{1}{6}\right)}{2}\right] = 7-2\left(-\frac{1}{6}\right)$$

$$\frac{16-\frac{8}{6}}{2} = 7+\frac{2}{6}$$

$$16-\frac{8}{6} = 2\left(7+\frac{2}{6}\right)$$

$$16-\frac{8}{6} = 14+\frac{4}{6}$$

$$6 \times 16 - 8 = 6 \times 14 + 4$$

$$96 - 8 = 84 + 4 = 88$$

L'équation de départ est vérifiée et sa solution est donc $x = -\frac{1}{6}$.

EXERCICES

Exercice 1.

> Résolvez l'équation suivante :

$2x - 4 = 6$

Exercice 2.

> Résolvez l'équation suivante :

$6x + 1 = 2x - 5$

Exercice 3.

> Résolvez l'équation suivante :

$2x + 3 = 7(x - 2) - x + 9$

Exercice 4.

> Résolvez l'équation suivante :

$3x - 4 = 10 + 2x$

Exercice 5.

> Résolvez l'équation suivante :

$\frac{x}{3} = 9$

Exercice 6.

> Résolvez l'équation suivante :

$5 \times (2 + x) = 7x$

CORRIGÉS

Exercice 1.

1re étape : vous additionnez le nombre 4 à chaque membre de l'équation afin d'isoler les constantes des variables.

$2x - 4 + 4 = 6 + 4$

Plus rapidement, cela revient à faire passer 4 de l'autre côté de l'équation sans omettre de changer son signe.

$2x = 6 + 4$

2e étape : vous additionnez les termes semblables dans chaque membre.

$2x = 10$

3e étape : vous isolez la variable x en divisant chaque membre de l'équation précédente par 2.

$\frac{2x}{2} = \frac{10}{2}$

Ce qui donne : $x = 5$

La solution de l'équation est donc $x = 5$.

Vous vérifiez enfin cette solution en remplaçant x par 5 dans l'équation à résoudre.

$2 \times 5 = 10$

Le membre de gauche est égal au membre de droite : $x = 5$ est bien la solution de l'équation.

Exercice 2.

La résolution de cette équation peut maintenant s'effectuer directement sans préciser toutes les étapes.

$6x + 1 = 2x - 5$

$6x - 2x = -5 - 1$

$4x = -6 \Rightarrow x = -\frac{6}{4} = -\frac{3}{2}$

Exercice 3.

$2x + 3 = 7(x - 2) - x + 9$

$2x + 3 = 7x - 14 - x + 9$

$2x + 3 = 6x - 5$

$2x - 6x = -5 - 3$

$-4x = -8 \Rightarrow x = 2$

Exercice 4.

$3x - 4 = 10 + 2x$

$3x - 2x = 10 + 4$

$\Rightarrow x = 14.$

Exercice 5.

$\frac{x}{3} = 9 \Rightarrow x = 9 \times 3 \Rightarrow x = 27.$

Exercice 6.

$5 \times (2 + x) = 7x$

$5 \times 2 + 5 \times x = 7x$

$10 + 5x = 7x$

$10 = 7x - 5x$

$10 = 2x \Rightarrow x = 5.$

EXERCICES

Exercice 7.

> Résoudre les équations.

a. $x - 5 = -3$.

b. $x + 12 = 7$.

c. $3 - x = -5$.

d. $-2x = 7$.

e. $-x + 3 = 5$.

f. $5x = -12$.

Exercice 8.

> Résoudre les équations.

a. $6x + 9 = 5x + 8$.

b. $3(2x + 4) = 5x + 8$.

Exercice 9.

> Résoudre les équations.

a. $\frac{x}{3} + 4 = 5$.

b. $-9 = -4 - \frac{x}{2}$.

c. $\frac{3}{4}x - 5 + x = -x + 4$.

Exercice 10.

> Résoudre les équations.

a. $7(x-8) + 3(2x+1) = \frac{5}{2}x + 3$.

b. $3(x + 1) - 7(3 - 2x) = -1$.

Exercice 11.

> Résoudre les équations.

a. $3(2x + 7)(3 - 11x) = 0$.

b. $x^2 + 7 = 23$.

CORRIGÉS

Exercice 7. **a.** $x = 5 - 3$ d'où $x = 2$.

b. $x = 7 - 12$ d'où $x = -5$.

c. $-x = -5 - 3 = -8$ d'où $x = 8$.

d. $x = \frac{7}{-2}$ d'où $x = -3{,}5$.

e. $-x = 5 - 3 = 2$ d'où $x = -2$.

f. $x = -\frac{12}{5} = -2{,}4$.

Exercice 8. **a.** $6x - 5x = 8 - 9$ d'où $x = -1$.

b. $6x + 12 = 5x + 8$; $6x - 5x = 8 - 12$ d'où $x = -4$.

Exercice 9. **a.** $\frac{x}{3} + \frac{12}{3} = \frac{15}{3}$; $x + 12 = 15$; $x = 15 - 12$ d'où $x = 3$.

b. $-\frac{18}{2} = -\frac{8}{2} - \frac{x}{2}$; $-18 = -8 - x$; $x = -8 + 18$ d'où $x = 10$.

c. $\frac{3x}{4} - \frac{20}{4} + \frac{4x}{4} = -\frac{4x}{4} + \frac{16}{4}$;

d. $3x - 20 + 4x = -4x + 16$; $7x - 20 = -4x + 16$; $7x + 4x = 16 + 20$;

e. $11x = 36$ d'où $x = \frac{36}{11}$.

Exercice 10.

a. $14(x-8) + 6(2x+1) = 5x + 6$;

b. $14x - 112 + 12x + 6 = 5x + 6$;

c. $26x - 106 = 5x + 6$; $26x - 5x = 6 + 106$;

d. $21x = 112$; $x = \frac{112}{21} = \frac{16}{3}$.

e. $3x + 3 - 21 + 14x = -1$; $17x - 18 = -1$; $17x = -1 + 18 = 17$; $x = 1$.

Exercice 11. **a.** L'équation est équivalente à $2x + 7 = 0$ ou $3 - 11x = 0$.

$2x + 7 = 0$ donne $2x = -7$ d'où $x = -\frac{7}{2}$.

$3 - 11x = 0$ donne $-11x = -3$ d'où $x = \frac{3}{11}$.

Les solutions de l'équation sont les nombres $-\frac{7}{2}$ et $\frac{3}{11}$.

b. $x^2 + 7 = 23$ peut s'écrire $x^2 + 7 - 23 = 0$, soit $x^2 - 16 = 0$.

Or $x^2 - 16 = (x-4)(x+4)$. On est donc amené à résoudre $(x-4)(x+4) = 0$. Les solutions sont les nombres 4 et -4.

EXERCICES

Exercice 12.

> Résoudre les équations :

a. $\dfrac{7x+2}{4} - \dfrac{1}{2} = \dfrac{1-3x}{2}$;

b. $(3x+1)^2 - (x-1)(3x+1) = 0$.

Exercice 13.

La secrétaire d'un collège a acheté 22 livres, les uns à 3 €, et les autres à 2,70 €. Elle a payé en tout 63,90 €.

> Combien de livres de chaque sorte a-t-elle achetés ?

Exercice 14.

En Australie, Bill me fit visiter une partie de sa propriété de 90 km de long : « Nous élevons normalement 7 500 têtes de bétail, dit-il alors. Ici, un kilomètre carré de pâturage nourrit deux bêtes. »

B. Brander et M.A. Harrel,
L'Australie, Flammarion.

> En supposant que la propriété de Bill a la forme d'un rectangle, calculer sa largeur arrondie au km.

Exercice 15.

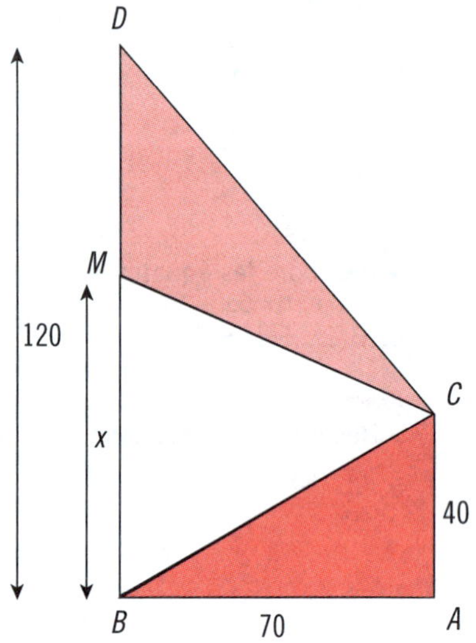

a. Quelle est l'aire du triangle ABC ?

b. Quelle est l'aire du triangle DMC (en fonction de *x*) ?

c. Pour quelle valeur de *x* ces deux aires sont-elles égales ?

CORRIGÉS

Exercice 12.

a. $\dfrac{7x+2}{4} - \dfrac{2}{4} = \dfrac{2(1-3x)}{4}$

$7x + 2 - 2 = 2(1 - 3x)$

$7x = 2 - 6x$; $13x = 2$ d'où $x = \dfrac{2}{13}$.

b. On factorise le premier membre :

$(3x+1)[(3x+1)-(x-1)] = (3x+1)(2x+2) = 2(3x+1)(x+1)$.

On doit donc résoudre $2(3x+1)(x+1) = 0$. Cette équation est équivalente à $3x+1 = 0$ ou $x+1 = 0$, dont les solutions sont respectivement $x = -\dfrac{1}{3}$ et $x = -1$.

Exercice 13. Soit x le nombre de livres à 3 €.

Il y a donc $(22 - x)$ livres à 2,70 €.

Le prix total est : $3x + (22 - x) \times 2{,}70 = 63{,}90$.

On résout l'équation : $3x - 2{,}7\,x + 59{,}40 = 63{,}90$.

$0{,}3x = 4{,}5$ d'où $x = 15$.

Il y a 15 livres à 3 € et 7 livres à 2,70 €.

Exercice 14. Soit x la largeur de la propriété. La superficie de la propriété est : $90x$ km^2. Elle nourrit 7 500 têtes de bétail, donc mesure $7\,500 \div 2 = 3\,750$ km^2. On a l'équation : $90x = 3\,750$ d'où

$x = \dfrac{3\,750}{90} = 41{,}66$ qu'on arrondit à 42 km.

Exercice 15.

a. Aire du triangle ABC : $\dfrac{40 \times 70}{2} = 1\,400$.

b. Aire du triangle DMC : la base est DM = $120 - x$; la hauteur correspondante vaut 70 ; d'où l'aire : $\dfrac{(120-x) \times 70}{2} = 35(120 - x)$.

c. On a l'équation $35(120 - x) = 1\,400$; d'où $-35x = -2\,800$, et $x = 80$.

EXERCICES

Exercice 16.

La recette d'une salle de cinéma s'élève à 239,6 €. Les places coûtent 2,6 € à l'orchestre et 2,1 € au balcon. 101 spectateurs ont assisté à la séance.

> Combien d'entre eux se trouvaient au balcon ?

Exercice 17.

ABCD est un rectangle.
M est un point du segment [AB].
DA = 4 cm.
DC = 10 cm.
On pose AM = x.

a. Calculer en fonction de x l'aire $A_1(x)$ du trapèze AMCD.

b. Calculer en fonction de x l'aire $A_2(x)$ du triangle rectangle CBM.

c. Pour quelle valeur de x, l'aire du trapèze AMCD est-elle le triple de l'aire du triangle MBC ?

Exercice 18.

En se servant du fait que x étant un nombre entier, trois nombres entiers consécutifs s'écrivent x, $x + 1$, $x + 2$.

> Trouver trois nombres entiers consécutifs tels que la différence entre le carré du plus grand et le produit des deux autres soit égale à 520.

CORRIGÉS

Exercice 16. Soit x le nombre de spectateurs au balcon. Il y avait donc $(101 - x)$ spectateurs à l'orchestre.
On a l'équation : $2{,}1x + 2{,}6(101 - x) = 239{,}6$ d'où $-0{,}5x = -23$ et $x = 46$.

Exercice 17. **1.** Aire du trapèze AMCD :

$$A_1(x) = \frac{(\text{CD} + \text{AM}) \times \text{DA}}{2} = 2(10 + x).$$

2. Aire du triangle CBM :

$$A_2(x) = \frac{\text{CB} \times \text{BM}}{2} = 2(10 - x).$$

3. Il faut résoudre l'équation :
$A_1(x) = 3A_2(x)$, soit : $2(10 + x) = 6(10 - x)$.
On a : $20 + 2x = 60 - 6x$, d'où $8x = 40$ et $x = 5$.

Exercice 18. L'énoncé se traduit par l'équation : $(x + 2)^2 - x(x + 1) = 520$.
D'où : $x^2 + 4x + 4 - x^2 - x = 520$;
$3x = 516$ et $x = 172$.
Les nombres sont 172, 173, 174.

37 Les systèmes d'équations

Deux équations différentes qui font intervenir les deux mêmes inconnues forment un système d'équations à deux variables. Il peut aussi exister des systèmes à plus de deux équations comportant plus de deux inconnues. Les inconnues sont déterminées en combinant les équations de manière à obtenir une équation qui ne comporte plus qu'une seule variable. Il existe deux méthodes de résolution : substitution ou combinaison. Il faut toujours choisir la méthode la plus appropriée à l'équation donnée.

1. Résolution par substitution

Pour résoudre un système d'équation par substitution, l'une des inconnues est exprimée en fonction de l'autre dans l'une des équations. Puis vous remplacez, dans l'autre équation, cette inconnue par l'expression équivalente tirée de la première équation.

Exemple Résolvez par substitution le système suivant :

$$\begin{cases} 2x + y = 3 & ① \\ 3x + 2y = -5 & ② \end{cases}$$

Première étape : addition de −2x aux deux membres de l'équation ①.

$$\begin{cases} 2x - 2x + y = 3 - 2x \Rightarrow y = 3 - 2x \\ 3x + 2y = -5 \end{cases}$$

Deuxième étape : substitution de y par son expression en fonction de x dans l'équation ②.

$$\begin{cases} y = 3 - 2x \\ 3x + 2(3 - 2x) = -5 \end{cases}$$

Troisième étape : développement de l'équation ②.

$$\begin{cases} y = 3 - 2x \\ 3x + 6 - 4x = -5 \end{cases}$$

Quatrième étape : réduction de l'équation ②.

$$\begin{cases} y = 3 - 2x \\ -x + 6 = -5 \end{cases}$$

Cinquième étape : résolution de l'équation ②.

$$\begin{cases} y = 3 - 2x \\ -x = -5 - 6 \Rightarrow x = 11 \end{cases}$$

Sixième étape : remplacement de x par sa valeur dans l'équation ①.

$$\begin{cases} y = 3 - 2 \times 11 \Rightarrow y = -19 \\ x = 11 \end{cases}$$

Le système a donc pour solution le couple (11 ; −19). Par convention, le premier terme du couple (11) correspond à la valeur de x et le deuxième terme (−19) correspond à la valeur de y.

2. Résolution par combinaison

Pour résoudre un système d'équation par combinaison (ou addition), les deux équations sont multipliées par des coefficients appropriés de façon qu'en les additionnant, vous obteniez une équation ne renfermant plus qu'une inconnue.

Exemple Résolvez par combinaison le système suivant :

$$\begin{cases} 2x + 3y = 8 \\ 3x - 4y = -5 \end{cases}$$

Première étape : multiplication des deux membres de chaque équation afin de faire disparaître une des inconnues ⇒ multiplication par 3 de la première équation et multiplication par – 2 de la deuxième équation afin de faire disparaître l'inconnue x.

$$\begin{cases} 2x + 3y = 8 & \text{multipliée par 3} \\ 3x - 4y = -5 & \text{multipliée par} -2 \end{cases}$$

Vous obtenez alors le système :

$$\begin{cases} 6x + 9y = 24 \\ -6x + 8y = 10 \end{cases}$$

Deuxième étape : addition membre à membre de la seconde équation à la première.

$$\begin{cases} \not{6}x + 9y = 24 \\ -\not{6}x + 8y = 10 \end{cases}$$
$$\overline{0x + 17y = 34}$$

Troisème étape : résolution de l'équation obtenue.

$$y = \frac{34}{17} \Rightarrow y = 2$$

Quatrième étape : résolution de la première équation après avoir remplacé y par sa valeur.

$$\begin{cases} y = 2 \\ 2x + 3 \times 2 = 8 \Rightarrow 2x = 8 - 6 \Rightarrow x = 1 \end{cases}$$

Le système a donc pour solution le couple (1 ; 2).

3. Les systèmes à plus de deux inconnues

Ce type de système d'équations se résout de la même manière que les systèmes à deux inconnues. La première étape consiste à exprimer toutes les inconnues en fonction d'une seule inconnue. Il suffit ensuite de remplacer les inconnues par leur expression en fonction de l'unique inconnue ; le problème revient à résoudre une équation à une seule inconnue.

Exemple Résolvez le système suivant

$$\begin{cases} x + 3y = 30 & \text{équation ①} \\ y + x = 14 & \text{équation ②} \Rightarrow y = 14 - x \qquad \text{équation ④} \\ x + z = 13 & \text{équation ③} \end{cases}$$

Vous remplacez y exprimée en fonction de x dans l'équation ① :

$x + 3 \times 14 - 3x = 30$

$-2x = 30 - 42 = -12 \Rightarrow x = 6$

Vous remplacez x par sa valeur dans l'équation ④ :

$y = 14 - 6 \Rightarrow y = 8$

Vous remplacez x par sa valeur dans l'équation ③ :

$6 + z = 13 \Rightarrow z = 7$

D'une façon générale, si vous devez résoudre un système de deux équations à deux inconnues ou un système à plus d'inconnues, l'étape principale est de vous rapporter à une équation à une seule inconnue puisque vous devez pouvoir facilement résoudre une équation linéaire à une inconnue.

EXERCICES

Exercice 1.

> Résolvez le système suivant par substitution :

$$\begin{cases} x - 6y = 20 \\ -x + 8y = 0 \end{cases}$$

Exercice 2.

> Résolvez le système suivant par substitution :

$$\begin{cases} x + 3y = 6 \\ 2x - y = 5 \end{cases}$$

Exercice 3.

> Résolvez le système suivant par combinaison :

$$\begin{cases} x - 6y = 20 \\ -x + 8y = 0 \end{cases}$$

Exercice 4.

> Résolvez le système suivant par addition :

$$\begin{cases} x + 3y = 6 \\ 2x - y = 5 \end{cases}$$

CORRIGÉS

Exercice 1.

Exprimez l'inconnue x en fonction de l'autre inconnue y.

$$\begin{cases} x - 6y = 20 & ① \\ -x + 8y = 0 & ② \Rightarrow -x = -8y \end{cases}$$

$$② \Rightarrow x = 8y$$

Pour des raisons de rapidité, n'écrivez plus l'intégralité du système c'est-à-dire les deux équations mais seulement celle sur laquelle vous travaillez. Dans l'équation ①, remplacez x par sa valeur en fonction de y :

$8y - 6y = 20$; $2y = 20 \Rightarrow y = 10$.

Terminez par le calcul de x :

Si $y = 10$, alors $x = 8 \times 10 \Rightarrow x = 80$.

Exercice 2.

Vous exprimez l'inconnue x en fonction de l'autre inconnue.

$$\begin{cases} x + 3y = 6 & ① \Rightarrow x = 6 - 3y \\ 2x - y = 5 & ② \end{cases}$$

Vous remplacez x par sa valeur en fonction de y dans l'équation ② :

$2(6 - 3y) - y = 5$

$12 - 6y - y = 5$

$-7y = 5 - 12$

$-7y = -7 \Rightarrow y = 1$

Il ne vous reste plus qu'à calculer x : si $y = 1$ alors $x = 6 - 3 \times 1 \Rightarrow x = 3$

Exercice 3.

Vous faites disparaître l'un des termes en multipliant par la valeur appropriée.

Dans cet exemple, il est possible d'additionner directement chaque membre des deux équations afin de faire disparaître x.

Il ne reste plus qu'une seule équation à une seule inconnue.

$$\begin{cases} \cancel{x} - 6y = 20 \\ -\cancel{x} + 8y = 0 \end{cases}$$

$$2y = 20 \Rightarrow y = 10$$

Maintenant, vous pouvez calculer x :

si $y = 10$ alors $x = 80$

Exercice 4.

Cet exercice est très simple : vous pouvez directement obtenir la valeur de y.

$$\begin{cases} x + 3y = 6 & ① \text{ multipliée par } 2 \\ 2x - y = 5 & ② \text{ multiplié par } -1 \end{cases}$$

$$\Rightarrow \begin{cases} \cancel{2x} + 6y = 12 \\ -\cancel{2x} + y = -5 \end{cases}$$

$$7y = 7 \Rightarrow y = 1$$

Si $y = 1$ alors $x = 6 - 3 \times 1 \Rightarrow x = 3$

EXERCICES

Exercice 5.

> Trouvez cinq nombres dont la somme est égale à 250 et tels que le premier divisé par 2, le deuxième divisé par 4, le troisième divisé par 4 et le quatrième moins 10 soient égaux à un même cinquième nombre.

Exercice 6.

> Un professeur multiplie la moitié d'un nombre par son tiers et obtient pour résultat 24. Puis il demande à ses élèves : « Lequel d'entre vous peut me dire quel est ce nombre ? »

Exercice 7.

> Deux sommes A et B ont pour différence 1 400. Sachant que la somme A est égale aux $\frac{7}{5}$ de la somme B, calculez la valeur de B.

CORRIGÉS

Exercice 5.

Il suffit d'écrire un système d'équation :

$$\begin{cases} 250 = x + y + z + t + v & \text{équation ①} \\ \frac{x}{2} = \frac{y}{4} = \frac{t}{4} = v - 10 = z \end{cases}$$

Exprimez toutes les inconnues en fonction de z :

$\frac{x}{2} = z \Rightarrow x = 2z$

$\frac{y}{4} = z \Rightarrow y = 4z$

$\frac{t}{4} = z \Rightarrow t = 4z$

$v - 10 = z \Rightarrow v = z + 10$

Remplacez dans l'équation ① :

$250 = 2z + 4z + z + 4z + z + 10$

$250 = 12z + 10$

$12z = 250 - 10 = 240 \Rightarrow z = 20$

Alors : $x = 2 \times 20 \Rightarrow x = 40$

$y = 4 \times 20 \Rightarrow y = 80$

$t = 4 \times 20 \Rightarrow t = 80$

$v = 20 + 10 \Rightarrow v = 30$

Exercice 6.

Il suffit de mettre ce problème sous la forme d'une équation à une inconnue x :

$\frac{x}{2} \times \frac{x}{3} = 24$

Résolution de l'équation :

$\frac{x^2}{6} = 24$

$x^2 = 24 \times 6 = 144 \Rightarrow x = +12$

ou $x = -12$

Le nombre recherché est 12 mais il peut également être −12.

Exercice 7.

Transformez l'énoncé en un système d'équation à deux inconnues, A et B.

$$\begin{cases} A - B = 1\,400 & \text{équation ①} \\ A = \frac{7}{5}B \end{cases}$$

Choisissez de résoudre ce système par substitution : remplacez A par son expression en fonction de B dans l'équation ① :

$\frac{7}{5}B - B = 1\,400$

$7B - 5B = 5 \times 1\,400$

$2B = 7\,000 \Rightarrow B = 3\,500$

La transformation des problèmes en équations 38

Vous pouvez rencontrerez de multiples problèmes faisant appel à votre raisonnement logique mais aussi à vos connaissances de base en arithmétique. En effet, la majorité des problèmes paraissant insurmontables peuvent se résoudre très facilement par l'arithmétique : leur mise en équation facilite souvent leur résolution.

Cette mise en équation comporte généralement quatre étapes :

➜ Choisir les inconnues les plus appropriées. La lecture de la question suffit souvent à dégager une inconnue.

➜ Traduire les informations fournies par des égalités où figurent les inconnues. Vous obtenez ainsi des équations à plusieurs variables.

➜ Résoudre l'équation ou le système d'équation en utilisant les différents calculs et méthodes possibles.

➜ Retraduire les résultats obtenus dans le langage de la situation et éventuellement vérifier la pertinence des réponses (par un calcul approché ou simplement par le bon sens).

Exemple « Il y a dix ans, mon père avait le triple de mon âge ; dans deux ans, il aura le double », dit le fils.

Quel est l'âge du père et celui du fils ?

L'âge du fils est désigné par F et l'âge du père est désigné par P : prenez toujours des inconnues faciles à identifier et à retranscrire afin d'éviter les erreurs.

Mise en équation du problème : vous traduisez par deux expressions numériques les deux parties de la phrase :

$$\begin{cases} P - 10 = 3(F - 10) & ① \\ P + 2 = 2(F + 2) & ② \end{cases}$$

Vous obtenez alors un système de deux équations à deux inconnues (F et P) du 1er degré maintenant facile à résoudre.

Vous développez les seconds membres :

$$\begin{cases} P - 10 = 3F - 30 & ① \\ P + 2 = 2F + 4 & ② \end{cases}$$

Dans l'équation ①, vous ajoutez 10 à chaque membre pour calculer P en fonction de F :

$P = 3F - 30 + 10 \Rightarrow P = 3F - 20$ ③

Vous reportez cette valeur de P dans l'équation ② :

$3F - 20 + 2 \Rightarrow 2F + 4$

$3F - 18 = 2F + 4$ ④

Vous ordonnez les valeurs de l'équation ④ :

$3F - 2F = 4 + 18 \Rightarrow F = 22$ ans

Enfin, vous reportez l'âge du fils dans l'équation ③ :

$P = 3 \times 22 - 20 \Rightarrow P = 46$ ans

En conclusion, le père a 46 ans et le fils a 22 ans.

Vous vérifiez : il y a 10 ans, le père avait 36 ans soit 3×12, le fils avait alors 12 ans ; dans 2 ans, le père aura 48 ans et le fils $24(12 + 10 + 2)$.

EXERCICES

Exercice 1.

Cinq personnes se sont partagé 682 € de telle façon que la deuxième reçoive la moitié de ce que la première a reçu, la troisième reçoive la moitié de ce que la deuxième a reçu, et ainsi de suite.

> Trouvez la part de la première personne.

Exercice 2.

Lors d'une randonnée, vous apercevez une ferme d'animaux exotiques où sont élevés des autruches et des buffles. Intrigué, vous vous arrêtez et demandez à l'éleveur le nombre de chaque espèce. L'éleveur vous répond : « c'est simple, si vous comptez le nombre de têtes et le nombre de pattes, vous trouverez respectivement 126 et 330 ».

> Quel est le nombre d'autruches et le nombre de buffles que possède cet éleveur ?

CORRIGÉS

Exercice 1.

Soit P, la somme reçue par la première personne.

Traduction des informations sous forme d'une équation :

$$682 = P + \frac{P}{2} + \frac{P}{4} + \frac{P}{8} + \frac{P}{16}$$

Résolution de l'équation :

$$682 \times 16 = 16P + 8P + 4P + 2P + P$$

$$10\,912 = 31P \Rightarrow P = \frac{10\,912}{31} \Rightarrow P = 352$$

La première personne a reçu 352 €.

Exercice 2.

Ce problème peut se transformer en un système d'équation à deux inconnues dont A est le nombre d'autruches et B, le nombre de buffles.

– Mise en équation du nombre de têtes :

$$126 = A + B$$

– Mise en équation du nombre de pattes :

$$330 = 2A + 4B$$

Attention : les autruches possèdent 2 pattes alors que les buffles en possèdent 4.

Écriture du système de deux équations à deux inconnues :

$$\begin{cases} 126 = A + B & \text{équation ①} \\ 330 = 2A + 4B & \text{équation ②} \end{cases}$$

Dans l'équation ①, vous exprimez l'inconnue A en fonction de l'inconnue B :

$$126 = A + B \Rightarrow A = 126 - B$$

Dans l'équation ②, vous remplacez ensuite A par sa valeur exprimée en fonction de B :

$$330 = 2(126 - B) + 4B$$

Ce problème se ramène maintenant à une équation à une seule inconnue.

Vous faites disparaître les parenthèses :

$$330 = 2 \times 126 - 2 \times B + 4B$$

$$330 = 252 - 2B + 4B$$

Vous additionnez les inconnues :

$$330 = 252 + 2B$$

Vous ajoutez (– 252) à chaque membre de l'équation :

$$330 - 252 = 252 - 252 + 2B$$

Vous réduisez chaque membre :

$$78 = 2B$$

Vous divisez chaque membre de l'équation par 2 :

$$\frac{78}{2} = \frac{2B}{2}$$

La solution de cette équation est : $B = 39$

Pour trouver A, vous remplacez B par sa valeur dans l'équation ① :

$$A = 126 - 39 \Rightarrow A = 87$$

L'éleveur possède donc 39 buffles et 87 autruches.

Vous vérifiez l'équation en effectuant $4 \times 39 + 2 \times 87$: on obtient bien 330 pattes.

EXERCICES

Exercice 3.

Sur un rayon d'une bibliothèque se trouvent côte à côte 42 livres ; les uns ont 3 cm d'épaisseur et les autres ont 5 cm d'épaisseur. Ils occupent toute la longueur de l'étagère soit 1,5 mètre.

> Déterminez le nombre de livres de 3 cm d'épaisseur.

Exercice 4.

Jean possède 10 billes de plus que Pierre, lequel en a 5 de moins par rapport à Mélanie. Mélanie possède un nombre total de billes inférieur de 25 % à celui de Jean.

> Quel est le nombre de billes appartenant à chaque personne ?

CORRIGÉS

Exercice 3.

Soit x, le nombre de livres de 3 cm et y, le nombre de livres de 5 cm.

Écriture du système d'équations :

$$\begin{cases} x + y = 42 \Rightarrow y = 42 - x & ① \\ 3x + 5y = 1{,}5 \text{ m} = 150 \text{ cm} & ② \end{cases}$$

Respectez les unités : ne laissez pas des centimètres et des mètres dans une même équation.

D'autre part, étant donné que l'on recherche x, il faut s'arranger pour faire disparaître y en l'exprimant en fonction de x.

Résolution du système : vous remplacez y par sa valeur en fonction de x dans l'équation ②.

$$3x + 5(42 - x) = 150$$

$$3x + 5 \times 42 - 5x = 150$$

$$3x - 5x = 150 - 210$$

$$-2x = -60 \Rightarrow x = 30$$

Ce rayon comporte 30 livres de 3 cm d'épaisseur.

Exercice 4.

Soit J, le nombre de billes possédé par Jean ; P, celui possédé par Pierre et M, le nombre que possède Mélanie.

Écriture du système d'équations :

$$\begin{cases} J = P + 10 \\ P = M - 5 \\ M = J - \dfrac{25J}{100} \end{cases}$$

Vous exprimez deux des trois inconnues en fonction de la troisième inconnue : vous choisissez de tout exprimer en fonction de J.

$$\begin{cases} J = P + 10 \quad \text{équation ①} \Rightarrow P = J - 10 \\ P = M - 5 \quad \text{équation ②} \Rightarrow M = P + 5 \\ \Rightarrow M = J - 10 + 5 = J - 5 \\ M = J - \dfrac{25J}{100} \quad \text{équation ③} \Rightarrow M = \dfrac{3}{4}J \end{cases}$$

Résolution du système :

équation ② = équation ③

$$M = J - 5 = \frac{3}{4}J$$

$$4J - 4 \times 5 = 3J$$

$$4J - 3J = 20 \Rightarrow J = 20$$

Calcul du nombre de billes que possèdent Pierre et Mélanie :

À partir de l'équation ① :

$$P = J - 10 \Rightarrow P = 20 - 10 \Rightarrow P = 10$$

À partir de l'équation ③ :

$$M = \frac{3}{4}J \Rightarrow M = \frac{3}{4} \times 20 \Rightarrow M = 15$$

En conclusion, Jean possède 20 billes, Pierre possède 10 billes et Mélanie en possède 15.

Il y a 10 livres à 3 € et 15 livres à 4 €.

EXERCICES

Exercice 5.
Un particulier achète 62 arbustes d'ornement constitués de troènes à 0,5 € le pied et de fusains à 0,7 € le pied.
Il reçoit une facture de 35 €.

> Quel est le nombre d'arbustes de chaque sorte ?

Exercice 6.
Un collège achète quinze ordinateurs et deux imprimantes pour un total de 10 883 €. Il achète trois mois plus tard aux mêmes conditions deux ordinateurs et une imprimante pour un total de 1 597 €.

1. Calculer les prix respectifs d'un ordinateur et d'une imprimante.

Un mois plus tard, le prix des ordinateurs baisse de 10 %, celui des imprimantes baisse de 20 %.

2. Quelle économie le collège aurait-il réalisée, s'il avait acheté toutes les machines à ce moment-là ?

Exercice 7.
Les tirelires de Jeanne et Pierre ne contiennent que des pièces de 2 €.
Jeanne dit à Pierre :
– si tu me donnais six pièces, je disposerais alors de deux fois plus d'argent que toi ;
– mais, si je te donnais quatre pièces, les deux sommes d'argent que nous possèderions alors seraient égales.

1. Traduire cet énoncé par un système d'équations

2. Quelle est la somme possédée par Jeanne ? par Pierre ?

Exercice 8.

> Déterminer les dimensions d'un rectangle, sachant qu'on ne change pas son aire si on augmente sa longueur de 2 m en diminuant sa largeur de 1 m et qu'on obtient un carré si on diminue sa longueur de 1 m en augmentant sa largeur de 1 m.

CORRIGÉS

Exercice 5. Soit x le nombre de troènes et y celui de fusains. On doit résoudre le système :

$$\begin{cases} x + y = 62 \\ 0{,}5x + 0{,}7y = 35 \end{cases}$$

La solution est le couple (42 ; 20).
Il y a 42 troènes et 20 fusains.

Exercice 6. **1.** Soit x le prix d'un ordinateur et y celui d'une imprimante.
On doit résoudre le système :

$$\begin{cases} 15x + 2y = 10\,883 \\ 2x + y = 1\,597 \end{cases}$$

La solution est le couple (699 ; 199).
Le prix d'un ordinateur est 699 € et celui d'une imprimante 199 €.

2. Le collège a acheté 17 ordinateurs à 699 € et 3 imprimantes à 199 €.
Un mois plus tard, il aurait payé :
$17 \times 699 \times 0{,}90 + 3 \times 199 \times 0{,}80$
$= 11\,172{,}3$ €.

Économie réalisée :
$10\,883 + 1\,597 - 11\,172{,}3 = 1\,307{,}7$ €.

Exercice 7. **1.** Soit x le nombre de pièces de Jeanne et y celui de de Pierre.
L'énoncé se traduit par le système :

$$\begin{cases} x + 6 = 2(y - 6) \\ x - 4 = y + 4 \end{cases}$$

dont la solution est le couple (34 ; 26).

2. Jeanne possède $34 \times 2 = 68$ € et Pierre $26 \times 2 = 52$ €.

Exercice 8. Soit L la longueur et l la largeur.
L'énoncé se traduit par le système :

$$\begin{cases} L \times l = (L + 2)(l - 1) \\ L - 1 = l + 1 \end{cases}$$

Après réduction, ce système peut s'écrire :

$$\begin{cases} 2l - L = 2 \\ l - L = -2 \end{cases}$$

La solution est (6 ; 4). Le rectangle a 6 m de longueur et 4 m de largeur.

EXERCICES

Exercice 9.

> Cochez la bonne réponse

1. « Il y a dix ans, mon père avait le triple de mon âge ; dans deux ans, il aura le double », dit le fils. Quel est l'âge du père ?

Ⓐ 12 ans Ⓑ 20 ans
Ⓒ 22 ans Ⓓ 36 ans
Ⓔ 46 ans

2. Dans une corbeille, un quart des fruits sont des oranges, la moitié des pommes et le reste correspond à trois bananes. Quel est le nombre total de fruits ?

Ⓐ 3 Ⓑ 6
Ⓒ 9 Ⓓ 10
Ⓔ 12

3. Valentine retire à la banque 3 billets de 100 euros, 10 billets de 50 euros et 3 paquets de 10 pièces de 2 euros. Quelle est la somme dont elle dispose ?

Ⓐ 540 € Ⓑ 680 €
Ⓒ 820 € Ⓓ 860 €
Ⓔ 1 030 €

4. Jean veut acheter trois ordinateurs à 1250 euros l'unité. Le vendeur lui propose une réduction de 20 % supplémentaires sur un modèle à 1299 euros l'unité. Si Jean accepte l'offre du vendeur, quelle sera son économie ?

Ⓐ 543,80 € Ⓑ 632,40 €
Ⓒ 721,10 € Ⓓ 839,50 €
Ⓔ 902,60 €

CORRIGÉS

Exercice 9.

1. Ⓔ L'âge du fils est désigné par F et l'âge du père par P. *Prenez toujours des inconnues faciles à identifier et à retranscrire.*
Mise en équation du problème : vous traduisez par deux expressions numériques les deux parties de la phrase :
P – 10 = 3 (F – 10)①
P + 2 = 2 (F + 2) ②
Vous obtenez alors un système de deux équations à deux inconnues (F et P) du 1er degré maintenant facile à résoudre.
Vous développez les seconds membres :
P – 10 = 3F – 30①
P + 2 = 2F + 4 ②
Dans l'équation ①, vous ajoutez 10 à chaque membre pour calculer P en fonction de F :
P = 3F – 30 + 10 → P = 3F - 20 ③
Vous reportez cette valeur de P dans l'équation ② : 3F – 20 + 2 = 2F + 4
3F – 18 = 2F + 4④
Vous ordonnez les valeurs de l'équation④ :
3F – 2F = 4 + 18 → F = 22 ans
Enfin, vous reportez l'âge du fils dans l'équation ③ : P = 3 × 22 – 20 → P = 46 ans
Le père a 46 ans et le fils 22 ans.
Vous vérifiez : il y a 10 ans, le père avait 36 ans soit 3 × 12, le fils avait alors 12 ans ; dans 2 ans, le père aura 48 ans et le fils 24 (12 + 10 + 2).

2. Ⓔ Si C est le nombre de fruits dans la corbeille, vous pouvez poser l'équation suivante :
C = C/4 + C/2 + 3
Ensuite, vous résolvez cette équation en mettant tout sous le dénominateur commun (4) et vous obtenez : 4C = C + 2C + 4 × 3
→ 4C = 3C + 12
→ 4C – 3C = 12 → C = 12

3. Ⓓ Billets de 100 € : 3 × 100 = 300
Billets de 50 € : 10 × 50 = 500
Pièces de 2 € : 3 × 10 × 2 = 60
→ Total : 300 + 500 + 60 = 860 euros

4. Ⓑ Premiers ordinateurs :
3 × 1 250 = 3 750 €
Ordinateurs avec remise :
3 × 1 299 × 0,8 = 3 117,60 €
Économie : 3 750 – 3 117,6 = 632,40 €

39 Les dénombrements et probabilités

Un dénombrement correspond au fait de déterminer le nombre exact d'évènements pouvant se produire lors d'une situation particulière. En revanche, une probabilité est une grandeur par laquelle on mesure le caractère aléatoire (dépendant du hasard) d'un évènement, par l'évaluation du nombre de chances d'en obtenir la réalisation.
Élaboré pour résoudre des problèmes posés par les jeux de hasard, le calcul des probabilités est devenu un des outils mathématiques les plus utilisés, mais dans les exercices qui vous seront proposés, vous n'avez pas besoin d'en connaître les grandes lois. Il faudra seulement faire appel à votre bon sens car ces exemples s'apparentent à de simples déductions logiques.

1. Les dénombrements

Les dénombrements se ramènent à la seule notion de comptage de personnes ou d'objets.

Lors des tests numériques, vous utiliserez des notions simples qui ne font pas appel à des formules de mathématique mais à votre bon sens.

Pour résoudre les exercices, il existe deux cas possibles :
– si vous n'utilisez pas deux fois le même objet : il s'agit de compter le nombre de groupements différents que l'on peut réaliser avec n objets en tenant compte de l'ordre de ces objets ;

Exemple Avec les lettres A, B, C, vous pouvez former les permutations : ABC ; ACB ; BAC ; BCA ; CAB et CBA soit 6 possibilités $= 3 \times 2 \times 1 = 3!$ (factorielle 3) c'est-à-dire $n!$ si vous généralisez.

– si vous utilisez plusieurs fois le même objet : en se donnant le droit de répétition, vous auriez n^n possibilités.

Exemple Avec les lettres A, B, C, vous devez composer un code secret de trois lettres. Le nombre de possibilités pour la première lettre est de 3, le nombre de possibilités pour la deuxième lettre est de 3 et enfin, le nombre de possibilités pour la troisième lettre est aussi de 3 donc 3^3 soit 27 possibilités.

Au contraire, si vous ne pouviez pas reprendre deux fois la même lettre, le nombre de possibilités serait de 3 pour la première lettre, de 2 pour la deuxième lettre et de 1 pour la troisième lettre donc $3 \times 2 \times 1 = 6$ possibilités.

2. Les probabilités

Lorsqu'un événement peut ou non se produire, on définit sa probabilité comme le rapport du nombre de cas favorables au nombre de cas possibles.

$$\text{Probabilité} = \frac{\text{nombre de cas favorables}}{\text{nombre de cas possibles}}$$

Exemple Quelle est la probabilité d'obtenir un 2 en lançant une fois un dé ?
Nombre de cas favorables = 1
Nombre de cas possibles = 6 (le dé possède 6 faces donc 6 chiffres différents)

Donc la probabilité d'obtenir un 2 en lançant une seule fois le dé est de $\frac{1}{6}$.

La probabilité est un nombre compris entre 0 et 1 ; elle est nulle si l'événement ne se produit jamais et elle est égale à 1 pour un événement certain.

Plusieurs principes de base sont à retenir :

– tant que le tirage n'est pas complet, c'est-à-dire lorsque vous avez « et » dans la formulation de la question, il faut multiplier ;

– quand plusieurs cas sont possibles, c'est-à-dire lorsque vous avez « ou » dans la formulation de la question, il faut additionner ;

– dans le cas de « au moins », vous devez utiliser le complémentaire ou le contraire.

EXERCICES

Exercice 1.

Un coffre-fort est doté de 3 compteurs numérotés de 0 à 9.

> Combien existe-il de combinaisons possibles ?

Exercice 2.

Un coffre-fort est doté de 3 compteurs numérotés de 0 à 9.

> Combien existe-il de combinaisons possibles si le même chiffre ne peut être utilisé deux fois ?

Exercice 3.

> Si une boîte contient 4 billes rouges et 3 billes blanches et une autre boîte contient 5 billes rouges et 2 billes blanches, quelle est la probabilité que 2 billes, chacune prise dans chaque boîte, soient blanches ?

CORRIGÉS

Exercice 1.

Il faut trouver le nombre de possibilités pour le 1er compteur

et le nombre de possibilités pour le 2e compteur

et le nombre de possibilités pour le 3e compteur

Calcul du nombre de possibilités pour le 1er compteur :

De 0 à 9, il y a 10 chiffres possibles

Calcul du nombre de possibilités pour les 3 compteurs :

$10 \times 10 \times 10 = 10^3 = 1\,000$ possibilités

Exercice 2.

Il s'agit du même exercice que précédemment mais il faut faire attention au fait que vous ne pouvez pas utiliser deux fois le même chiffre ; ce qui limite le nombre de possibilités.

Calcul du nombre de possibilités pour le 1er compteur :

De 0 à 9, il y a 10 chiffres possibles

Calcul du nombre de possibilités pour le 2e compteur :

Il ne reste plus que 9 possibilités puisqu'un chiffre est déjà utilisé pour le 1er compteur.

Calcul du nombre de possibilités pour le 3e compteur :

Il ne reste plus que 8 possibilités puisque deux chiffres sont déjà utilisés pour les deux premiers compteurs.

Calcul du nombre de possibilités pour les 3 compteurs :

$10 \times 9 \times 8 = 720$ possibilités

Exercice 3.

Résumé de l'exercice afin de simplifier les informations :

– Dans la boîte 1 : total de 7 billes dont 4 R et 3 B

– Dans la boîte 2 : total de 7 billes dont 5 R et 2 B

Descriptif de l'exercice :

Il faut calculer la probabilité de tirer 1 bille B dans la boîte 1 et la probabilité de tirer 1 bille B dans la boîte 2

Calcul de la probabilité de tirer 1 bille B dans la boîte 1 :

– Nombre de cas possibles = 3

– Nombre de cas total = 7

La probabilité est donc de $\frac{3}{7}$.

Calcul de la probabilité de tirer 1 bille B dans la boîte 2 :

– Nombre de cas possibles = 2

– Nombre de cas total = 7

La probabilité est donc de $\frac{2}{7}$.

Calcul de la probabilité demandée :

$$P = \frac{3}{7} \times \frac{2}{7} = \frac{6}{49}$$

EXERCICES

Exercice 4.
Un représentant désire visiter 4 clients dans la journée.

> De combien de manières différentes peut-il organiser sa tournée ?

Exercice 5.
Un groupe de 8 personnes doit désigner un bureau composé de 3 membres : le président, le secrétaire, le trésorier.

> Quel est le nombre de bureaux possibles ?

Exercice 6.
Un groupe est composé de 5 hommes et 3 femmes. Il faut désigner une délégation de deux personnes.

> De combien de façons peut-on composer une délégation comportant un homme et une femme ?

Exercice 7.

> De combien de façons différentes peut-on disposer 5 personnes autour d'une table ronde ?

Exercice 8.
Six candidats se présentent à une sélection où seuls trois seront retenus et classés 1er, 2e, 3e.

> Combien y a-t-il de résultats possibles ?

Exercice 9.
Dans un lot de 50 pièces figurent 7 pièces défectueuses. On prélève au hasard une pièce.

> Quelle est la probabilité pour que cette pièce soit bonne ?

Exercice 10.
Une tombola comporte 50 billets, dont 2 gagnants. Une personne achète un billet.

> Quelle est la probabilité pour que ce billet soit gagnant ?

Exercice 11.
On jette un dé à 6 faces numérotées de 1 à 6.

> Quelle est la probabilité d'obtenir :

a. un 5 ou un 6 ;

b. ni un 5 ni un 6.

CORRIGÉS

Exercice 4. Le nombre de circuits possibles est le nombre de permutations qu'il peut faire avec les 4 clients, donc : $4\,! = 4 \times 3 \times 2 \times 1 = 24$.

Exercice 5. Il y a 8 façons de choisir le président, puis celui-ci étant choisi, 7 fois pour le secrétaire et enfin 6 pour le trésorier.
Au total $8 \times 7 \times 6 = 336$.

Exercice 6. Il y a 5 choix pour l'homme et 3 pour la femme, donc au total $5 \times 3 = 15$ délégations possibles.

Exercice 7. C'est le nombre de permutations que l'on peut faire avec 5 personnes : $5\,! = 5 \times 4 \times 3 \times 2 \times 1 = 120$.

Exercice 8. Il y a 6 possibilités pour la première place, puis 5 pour la deuxième et 4 pour la troisième, donc au total : $6 \times 5 \times 4 =$ 120 résultats possibles.

Exercice 9. Sur les 50 pièces, il y a $50 - 7 = 43$ bonnes. Si on prélève une pièce, il y a 50 cas possibles, et 43 cas favorables. La probabilité pour que la pièce soit bonne est donc : $\frac{43}{50} = 0{,}86$.

Exercice 10. Nombre de cas possibles : 50 ; nombre de cas favorables : 2.

La probabilité est donc : $\frac{2}{50} = \frac{1}{25}$.

Exercice 11. Nombre de cas possibles : 6 ;
a. nombre de cas favorables : 2. La probabilité d'obtenir un 5 ou un 6 est donc $\frac{2}{6} = \frac{1}{3}$.
b. la probabilité d'obtenir « ni un 5 ni un 6 » est la probabilité de l'événement contraire du précédent. Elle est donc égale à : $1 - \frac{1}{3} = \frac{2}{3}$.

EXERCICES

Exercice 12.

> Calculer la probabilité d'obtenir au moins une face en jetant deux pièces de monnaie.

Exercice 13.

Sur un groupe de 10 personnes, auquel appartient M. Durand, il faut en désigner 2 qui se rendront, l'une dans une ville A, l'autre dans une ville B. On effectue un tirage au sort.

> Quelle est la probabilité pour M. Durand d'effectuer un déplacement ?

Exercice 14.

On jette un dé équilibré.

> Quelle est la probabilité d'obtenir un chiffre pair ?

Exercice 15.

On jette deux dés équilibrés.

> Quelle est la probabilité d'obtenir :

a. Un total égal à 7 ?

b. Un total strictement supérieur à 8 ?

c. Un total au moins égal à 6 ?

CORRIGÉS

Exercice 12. Il y a 4 cas possibles : (pile, pile) ; (pile, face) ; (face, pile) ; (face, face).
Il y a 3 cas favorables : (pile, face) ; (face, pile) ; (face, face).
La probabilité cherchée est donc : $\frac{3}{4} = 0{,}75$.

Exercice 13. La probabilité de l'événement « aller dans la ville A » est $\frac{1}{10}$.
La probabilité de l'événement « aller dans la ville B » est $\frac{1}{10}$.
Ces deux événements sont incompatibles. La probabilité d'aller dans la ville A ou dans la ville B est :
$\frac{1}{10} + \frac{1}{10} = \frac{2}{10} = 0{,}20$.

Exercice 14. Nombre de cas possibles : 6.
Nombre de cas favorables : 3 (le 2, le 4 ou le 6).
La probabilité est donc : $\frac{3}{6} = 0{,}5$.

Exercice 15. On peut faire un tableau pour obtenir le nombre de cas possibles, en mettant dans les cases le total des deux dés :

1er dé / 2e dé		2	3	4	5	6
1	2	3	4	5	6	7
2	3	4	5	6	7	8
3	4	5	6	7	8	9
4	5	6	7	8	9	10
5	6	7	8	9	10	11
6	7	8	9	10	11	12

Il y a 36 cas possibles.

a. Il y a 6 cases dont le total est 7, donc 6 cas favorables. La probabilité d'un total de 7 est :
$\frac{6}{36} = \frac{1}{6}$.

b. Il y a 10 cases dont le total est strictement supérieur à 8, donc la probabilité cherchée est :
$\frac{10}{36} = \frac{5}{18}$.

c. Il y a 26 cas dont le total est au moins égal à 6, donc la probabilité cherchée est :
$\frac{26}{36} = \frac{13}{18}$.

4

Les tests de cette partie déterminent les capacités d'attention, de concentration, d'observation et de vitesse du candidat.

Il n'existe pas de difficultés liées à des calculs ou à la mise en jeu des connaissances.

LES TESTS DE RAPIDITÉ ET DE CONCENTRATION

40 Les tests de rapidité

La capacité à maintenir son attention, à se concentrer, est une dimension importante de la vie de tous les jours. Elle contribue largement à la réussite de nombreux tests, et peut aussi faire elle-même l'objet d'épreuves. En effet, les capacités d'attention sont nécessaires à l'accomplissement de bon nombre de tâches. Elles conditionnent partiellement la qualité de l'activité pour tous les travaux où la précision et la minutie sont requises.

1. Objectifs de ces tests

Les tests d'attention (dénombrements, comparaisons ou observations) requièrent rapidité et exactitude et mesurent les capacités d'observation et de visualisation dans l'espace.

Tous ces tests permettent de repérer si vous êtes plus précis que rapide, si vous êtes concentré, ou si vous êtes plus performant au début qu'à la fin de l'épreuve.

2. Description de ces tests

Les tests d'attention vous demandent essentiellement de percevoir des différences ou des identités dans des séries de symboles (verbaux, numériques et/ou graphiques) puis de décompter un nombre d'éléments communs dans les figures.

Ces tests sont sans grande difficulté, et l'essentiel de la variation des résultats provient de l'effort mobilisé dans la perception. Cet effort est plus difficile à maintenir si les séquences n'ont pas de sens immédiat, si elles ne peuvent être l'objet d'une configuration connue. Pour les figures, la difficulté réside dans le nombre, parfois considérable, de figures, des différents détails, et de leur positionnement.

Enfin, d'autres épreuves, plus ludiques, les codes de substitution, évaluent votre pertinence face à des phrases à décrypter : vous devez découvrir leur sens à partir de mots codés.

3. Conseils

Une partie de la difficulté tient au temps limité alloué pour les épreuves : ces tests sont souvent impossibles à terminer dans le temps imparti. Essayez donc de trouver le plus possible de questions justes ; si vous privilégiez la vitesse, vous risquez d'oublier des informations.

Les tests de dénombrement 41

D'appellation commune, ces tests recouvrent dans la réalité diverses formes. Si le but est à peu près le même, à savoir vérifier que le candidat est capable de maintenir son attention pendant un certain temps, la tâche à accomplir peut être très différente. Ces tests font appel aux capacités d'attention, de concentration et de rapidité. Mais entre rapidité et précision, il existe un savant dosage.

1. Objectifs de ces tests

Les tests d'attention ont pour but d'évaluer la capacité à repérer, souvent en association ou en opposition, un certain nombre de détails dans un ensemble. Ils permettent aussi d'apprécier l'intervalle de temps pendant lequel votre attention est mobilisée et efficace.

Ces épreuves étant souvent chronométrées, on mesure la finesse de perception des détails, la résistance à la fatigue et la persévérance dans une tâche qui ne présente que peu d'intérêt en elle-même.

2. Lire les consignes

Les consignes peuvent être très variables d'un exercice à l'autre. En général, il s'agit d'observer des images ou des séries d'informations écrites, d'apparence très semblables (données verbales, numériques ou figures) et d'y distinguer certains éléments particuliers.

Exemple Chaque ligne comporte deux séries d'éléments. Cochez la case « oui » si ces deux séries sont identiques ou la case « non » si elles sont différentes.

			Oui	Non
1	♋ ♒ ♒ ♈ ♉ ✡ ✡ ♏ ♎	♋ ♒ ♒ ♈ ♉ ✡ ✡ ♏ ♎	×	
2	❧ ❧ ▩ ❦ ❦ ❧ ✪ ☆ ❦	❧ ❧ ▩ ❦ ❦ ❧ ✪ ☆ (❧)		×
3	π ψ ξ ξ ψ ϖ τ χ ε δ ι κ λ μ ϖ ξ	π ψ ξ (ζ) ψ ϖ τ χ ε δ ι κ λ μ ϖ ξ		×
4	Φ Φ Γ Δ ϑ Δ Λ Θ ς Ω Ξ Ψ Υ Π	Φ Φ Γ Δ ϑ Δ Λ Θ ς Ω Ξ Ψ Υ Π	×	
5	ℵ ℑ ℜ ℑ ℑ ℘ ℵ ≈ ∝ ∂ ∝ ℘ ℜ	ℵ ℑ ℜ ℑ ℑ ℘ ℵ ≈ ∝ ∂ ∝ ℘ ℜ	×	
6	🏋 ⛷ 🏂 🚶 🏊 🏄 🏍 🏎 🚶	🏋 ⛷ 🏂 🚶 🏊 🏄 🏍 🏎 🚶	×	
7	❖ ♦ ✿ ❀ ✪ ❋ ✹ ✸ ★ ✦ ✦	❖ ♦ ✿ ❀ (☆) ❋ ✹ ✸ ★ ✦ ✦		×

Ce test est construit sur une symbolique peu familière et alterne éléments de graphisme et d'alphabet non usités. De tels tests peuvent donc être constitués à partir de n'importe quel type d'éléments ; ils sont d'autant plus difficiles ou ennuyeux que ces symboles sont moins familiers.

Recherchez ligne par ligne le signe et barrez-le, soulignez-le ou entourez-le afin de pouvoir le discerner très facilement.

3. Conseils

➜ Ne tombez pas dans l'excès de rapidité au détriment de l'exactitude : mieux vaut répondre à moins de questions mais de façon juste.

➜ Restez très concentré et ne vous laissez perturber par aucun élément extérieur.

➜ Adoptez une méthode de travail extrêmement rigoureuse : ne vous « éparpillez » pas.

EXERCICES

Exercice 1.

Hommage à Victor Hugo

Du haut de ce monument, quelques siècles nous contemplent !

Victor Hugo, monceau de gloire, se dresse dans la mémoire française en vestige d'un passé englouti, comme un de ces châteaux forts dévorés d'ombre qu'il aimait à noircir d'un lavis ténébreux. Son siècle fut d'une autre pâte que le nôtre. Et le dernier d'une longue légende.

En ce temps-là, une trinité de géants – Hugo, Balzac, Dumas – parlaient, chantaient, écrivaient le langage d'un peuple qui se reconnaissaient entre eux. Un temps sans disques ni caméras, où seuls les poètes semaient à tous vents les sons et les images. Dans la foule française, ils comblaient à la fois l'amour de l'idéal et l'appétit du commun. Leurs vers s'envolaient dans les préaux d'école, tournaient comme phalènes sur les lampes du soir, faisaient soupirer les jeunes filles et pleurer les vieillards…

Ce que fut, en temps anciens, quasi antiques, le personnage du « grand écrivain », nous n'en avons plus aucune idée ! Il régnait en démiurge sur une autre culture, celle du Livre et du Verbe qui partout rayonnaient. Il portait les mythes anciens et les pensées nouvelles. Disant l'amour, il en changeait le sentiment, disant la mort, il en changeait le spectre. Son phare éclairait l'aventure humaine. Et ses fusées, lancées vers l'avenir, inspiraient de leurs éclairs les conducteurs des peuples et les révoltes des barricades.

Pour mesurer l'empire de ce qu'il était « le grand homme », il faut se remettre en mémoire ses funérailles. Pensez à celles de Voltaire, d'Anatole France et, avant lui, de Victor Hugo, assisté, de l'Arc de triomphe au Panthéon, par un million et demi de « fidèles ». De ces obsèques, qui, le soir pouvaient tourner en ribote, le peuple faisait un sacre, et la République un Te Deum laïque pour des morts qui, vivants, marchaient dans l'immortalité.

Extrait de l'éditorial de Claude Imbert
Le Point n° 1525, 7 décembre 2001.

> Lisez attentivement ce texte et choisissez, pour chaque question, la réponse qui vous semble le mieux convenir.

1. Combien de fois la configuration « en » est-elle présente dans le texte ci-dessus ?

Ⓐ 32
Ⓑ 33
Ⓒ 34
Ⓓ 35
Ⓔ 36

CORRIGÉS

Pour tous les tests d'attention, travaillez ligne par ligne. Entourez, barrez ou soulignez au crayon les éléments que vous avez identifiés afin de les distinguer beaucoup plus rapidement lorsque vous en ferez le compte. Gommez vos indications dès qu'une question est finie.

Exercice 1.

Faites attention de ne pas oublier le titre et la source ; les questions concernent tout le texte.

1. Ⓒ Pour cette question, ne comptez par la configuration « én », ni « En ». S'il fallait les compter, ce serait précisé.

EXERCICES

2. Combien y a-t-il de verbes différents (les participes présents et passés sont exclus) ?

Ⓐ 28
Ⓑ 29
Ⓒ 30
Ⓓ 31
Ⓔ 32

3. Combien de fois les lettres « B » ou « b » sont-elles présentes ?

Ⓐ 8
Ⓑ 9
Ⓒ 10
Ⓓ 11
Ⓔ 12

4. Combien de mots sont terminés par « e » ?

Ⓐ 85
Ⓑ 86
Ⓒ 87
Ⓓ 88
Ⓔ 89

5. Combien de fois la configuration « de » est-elle présente ?

Ⓐ 21
Ⓑ 22
Ⓒ 23
Ⓓ 24
Ⓔ 25

6. Combien de mots sont composés à la fois de la lettre « c » et de la lettre « a » ?

Ⓐ 20
Ⓑ 21
Ⓒ 22
Ⓓ 23
Ⓔ 24

7. Combien de fois la lettre « f » (minuscule uniquement) est-elle présente ?

Ⓐ 10
Ⓑ 11
Ⓒ 12
Ⓓ 13
Ⓔ 14

8. Combien de mots sont à la fois composés des lettres « m » et « l » sans la lettre « a » ?

Ⓐ 1
Ⓑ 2
Ⓒ 3
Ⓓ 4
Ⓔ 5

CORRIGÉS

2. Ⓑ *Attention à ne pas compter deux fois le même verbe à deux formes différentes.* Contemplent, se dresse, aimait, noircir, fut, parlaient, chantaient, écrivaient, reconnaissaient, semaient, comblaient, envolaient, tournaient, faisaient, soupirer, pleurer, fut, avons, régnait, rayonnait, portait, changeait, éclairait, inspiraient, mesurer, était, remettre, pensez, pouvaient, tourner et faisait, marchaient.

3. Ⓓ Ombre, ténébreux, Balzac, comblaient, verbe, barricades, obsèques, ribote, République, Imbert, décembre.

4. Ⓓ Pour cette question, ne comptez pas la configuration « é », « è », etc. S'il fallait compter tous les « e », avec ou sans accent, en minuscule ou en majuscule, etc., il serait écrit de rechercher la lettre « e ».

5. Ⓑ Ne comptez pas la configuration « De ».

6. Ⓑ Ne comptez pas le « ç » et si la consigne ne précise pas « des mots différents », il faut compter aussi les doublons : monceau, châteaux, Balzac, chantaient, écrivaient, reconnaissaient, caméras, comblaient, anciens, écrivain, aucune, anciens, changeait, changeait, éclairait, lancées, éclairs, barricades, France, sacre, marchaient.

7. Ⓔ

8. Ⓑ Contemplent, million.

EXERCICES

Exercice 2.

Lors d'une chasse au trésor, il vous est demandé de déchiffrer le parchemin 1ci-dessous comportant de nombreux signes.

●■	■●■●	●●●	●●●	●■	●●■	●●■	■■■■■	●●●■■
●■	●■■■■	●●■	■●■●	●●●	●●●	■■■■■	●●●	●■■■■
■●■	■■■■■	●■	●■	■●■●	●■■■■	●●●	■●■	■■■■■
■■■■■	●■■■■	■●■●	■■■■■	●●■	■■■■■	●■	■●■	●■
■■■■■	●■■■■	●●■	●■	■●■●	■●■	■■■■■	●●●	■■■■■
●●●■■	●■	●●●	●■	●■■■■	■●■●	■●■	●●●	■●■
●●●	●●■	■■■■■	●■	■●■●	■●■	●■■■■	■●■	●■■■■
■●■	●■	■■■■■	●●●	■■■■■	●●●■■	■●■	■■■■■	■●■
●●■	●●●■■	●■■■■	●●●■■	●●■	■●■	●■	●■■■■	■●■●
■●■	■●■	■■■■■	●■	●■	■■■■■	■●■●	■■■■■	■●■
●■	●■■■■	●●●■■	●●●	●●■	■●■●	■●■	■●■	■■■■■
■■■■■	■●■●	●●●	●■	■●■●	●●●■■	■●■	■●■	●●●■■
●●■	●■	●■	■●■●	●●■	■●■	■■■■■	■●■	■■■■■
●■■■■	●●●■■	●●●	■●■●	■●■	●●●	●●●■■	■■■■■	●■
●●●	●●●	●●■	■●■●	●●●■■	■●■	●●●	■■■■■	●●●
■■■■■	●●●	■●■	●■	●●●■■	■●■●	●●●	●●●■■	●●●
●●■	●■	●■■■■	■●■	●■■■■	●●●■■	■●■●	●●●	●●●■■
●●●	■■■■■	●●●■■	●●●	●●■	●●●	■●■●	■●■●	■■■■■
●●■	●●■	●●●	●●■	■■■■■	●■	■●■●	●■	●■■■■

> Regardez attentivement cet ensemble et choisissez, pour chaque question, la réponse qui vous semble le mieux convenir.

1. Combien existe-t-il de signes de la forme ● ■ ?

Ⓐ 12
Ⓑ 14
Ⓒ 18
Ⓓ 20
Ⓔ autre valeur

2. Combien existe-t-il de signes de la forme ● ● ■ ?

Ⓐ 15
Ⓑ 16
Ⓒ 17
Ⓓ 18
Ⓔ autre valeur

3. Combien existe-t-il de signes de la forme ■ ● ■ ● ?

Ⓐ 15
Ⓑ 18
Ⓒ 21
Ⓓ 24
Ⓔ autre valeur

4. Combien existe-t-il de signes de la forme ● ● ● ?

Ⓐ 25
Ⓑ 26
Ⓒ 27
Ⓓ 28
Ⓔ autre valeur

CORRIGÉS

Exercice 2.

1. Ⓔ (24)
2. Ⓑ (16)
3. Ⓒ (21)
4. Ⓒ (27)

EXERCICES

Exercice 3.

Un enfant s'est amusé avec différents pochoirs et a créé le dessin ci-dessous.

> Regardez attentivement cet ensemble de figures et choisissez, pour chaque question, la réponse qui vous semble le mieux convenir.

1. Combien y a-t-il de figures différentes ?

Ⓐ 15 Ⓑ 16 Ⓒ 17 Ⓓ 18

Ⓔ autre réponse

2. Combien de fois trouve-t-on la figure

 **?**

Ⓐ 7 Ⓑ 8 Ⓒ 9 Ⓓ 10

Ⓔ autre réponse

3. Combien de fois trouve-t-on la figure

 **?**

Ⓐ 7 Ⓑ 8 Ⓒ 9 Ⓓ 10

Ⓔ autre réponse

4. Combien de fois trouve-t-on la figure

 **?**

Ⓐ 2 Ⓑ 3 Ⓒ 5 Ⓓ 6

Ⓔ autre réponse

5. Combien de fois trouve-t-on la figure

 **et la figure**  **?**

Ⓐ 12 Ⓑ 13 Ⓒ 14 Ⓓ 15

Ⓔ autre réponse

6. Combien de fois trouve-t-on la figure

 **et la figure**  **?**

Ⓐ 17 Ⓑ 18 Ⓒ 19 Ⓓ 20

Ⓔ autre réponse

CORRIGÉS

Exercice 3.

1. Ⓓ (18)

2. Ⓓ (10)

3. Ⓑ (8)

4. Ⓒ (5)

5. Ⓔ (16) 10 + 6

6. Ⓒ (19)

EXERCICES

Exercice 4.

Voici le listing des cartes bleues volées d'une grande banque française.

M. Jean-Pierre RESZITNYK 2 rue d'Alsace 75002 PARIS Fin 10/09	M. Jean-Paul ROKOSZACK 16 allée de Bourgogne 75008 PARIS Fin 01/09	M. Jean-Jacques RZENNO 36 allée de Picardie 75011 PARIS Fin 12/08	M. Jean-Yves ROKOSZAK 159 avenue de Provence 75007 PARIS Fin 12/10
M. Jean-Marc RYCKAERT 26 avenue d'Auvergne 75004 PARIS Fin 12/09	M. Jean-Claude RKALOVIC 4 rue de Corse 75012 PARIS Fin 11/09	M. Jean-Pierre RESZITNYK 2 avenue d'Alsace 75002 PARIS Fin 01/09	M. Jean-François RESZITNYCK 2 avenue d'Alsace 75002 PARIS Fin 09/09
M. Jean-Luc ROKOSZACK 11 rue de Bretagne 75001 PARIS Fin 11/08	M. Jean-Michel RUTKOWSKI 77 avenue du Centre 75009 PARIS Fin 03/09	M. Jean-Charles RZETKOWSKI 11 boulevard d'Auvergne 75016 PARIS Fin 03/08	M. Jean-Hervé RKALOVIC 25 rue de Bretagne 75019 PARIS Fin 10/09
M. Jean-Didier RESZITNYK 21 avenue de Lorraine 75004 PARIS Fin 11/09	M. Jean-Patrick RYCKAERT 4 rue du Limousin 75002 PARIS Fin 11/10	M. Jean-David RZETKOWSKY 72 avenue d'Alsace 75002 PARIS Fin 11/09	M. Jean-Pascal RYCKAERT 104 rue du Limousin 75012 PARIS Fin 08/09
M. Jean-Marc RKALOVIC 8 avenue d'Alsace 75014 PARIS Fin 11/09	M. Jean-Jacques RZENNO 27 allée de Bourgogne 75011 PARIS Fin 01/08	M. Jean-Marie RESZITNYK 13 rue du Languedoc 75016 PARIS Fin 10/09	M. Jean-Claude RZETKOWSKI 11 boulevard d'Auvergne 75016 PARIS Fin 10/09
M. Jean-Louis RZENO 1 allée de Bourgogne 75011 PARIS Fin 11/10	M. Jean-Jacques RESZITNYK 23 allée d'Aquitaine 75006 PARIS Fin 08/09	M. Jean-Guy ROKOSZACK 10 rue du Limousin 75018 PARIS Fin 12/08	M. Jean-Alain RZENO 111 allée des Pyrénées 75001 PARIS Fin 10/09
M. Jean-Michel ROKOZACK 16 rue d'Alsace 75012 PARIS Fin 01/09	M. Jean-Luc RYCKAERT 2 allée de Picardie 75002 PARIS Fin 12/08	M. Jean-Bernard RESZITNICK 9 avenue de Provence 75004 PARIS Fin 06/10	M. Jean-André RESZITNYK 23 allée d'Aquitaine 75006 PARIS Fin 12/10
M. Jean-François RESZITNYK 43 rue du Limousin 75015 PARIS Fin 01/08	M. Jean-Daniel RUTKOWSKI 2 rue de Corse 75004 PARIS Fin 02/09	M. Jean-Marc RESZITNYCK 13 rue du Languedoc 75016 PARIS Fin 12/08	M. Jean-Eudes RYCKAERT 28 avenue de Picardie 75002 PARIS Fin 11/10

EXERCICES

> Regardez attentivement cet ensemble de cartes et choisissez, pour chaque question, la réponse qui vous semble le mieux convenir.

1. Combien y a-t-il de RESZITNYK ?

Ⓐ 5
Ⓑ 7
Ⓒ 9
Ⓓ autre valeur

2. Combien y a-t-il de ROKOSZACK ?

Ⓐ 4
Ⓑ 5
Ⓒ 6
Ⓓ autre valeur

3. Combien y a-t-il de RYCKAERT habitant Paris 2e ?

Ⓐ 2
Ⓑ 3
Ⓒ 4
Ⓓ autre valeur

4. Combien y a-t-il de REZNNO dont la carte se périme avant le 31/01/10 ?

Ⓐ 0
Ⓑ 1
Ⓒ 2
Ⓓ autre valeur

5. Combien y a-t-il de RESZITNYK habitant allée d'Aquitaine ?

Ⓐ 0
Ⓑ 2
Ⓒ 4
Ⓓ autre valeur

6. Combien y a-t-il de RYCKAERT habitant avenue de Picardie ?

Ⓐ 1
Ⓑ 3
Ⓒ 4
Ⓓ autre valeur

7. Combien y a-t-il de RUTKOWSKI habitant Paris 4e ?

Ⓐ 0
Ⓑ 1
Ⓒ 2
Ⓓ autre valeur

8. Combien y a-t-il de RESZITNICK dont la carte expire avant le 31/07/09 ?

Ⓐ 2
Ⓑ 3
Ⓒ 4
Ⓓ autre valeur

9. Combien y a-t-il de ROKOZACK habitant Paris 8e et dont la carte se termine après le 30/11/08 ?

Ⓐ 1
Ⓑ 2
Ⓒ 3
Ⓓ autre valeur

10. Combien y a-t-il de RZETKOWSKY habitant boulevard d'Auvergne ?

Ⓐ 0
Ⓑ 2
Ⓒ 4
Ⓓ autre valeur

CORRIGÉS

Exercice 4.

1. Ⓑ

2. Ⓓ (3) Faites attention de ne pas prendre en compte ROKOSZAK (4e sur la 1re ligne) et ROKOZACK (1er sur la 7e ligne).

3. Ⓑ

4. Ⓐ Il n'y a que des RZENNO et non des REZNNO.

5. Ⓑ

6. Ⓐ Ne confondez pas avenue de Picardie et allée de Picardie.

7. Ⓑ

8. Ⓓ Attention à ne pas tenir compte des RESZITNYCK.

9. Ⓓ (0) Ne prenez pas en compte les ROKOSZACK.

10. Ⓐ Ne confondez pas RZETKOWSKY et RZETKOWSKI.

Exercice 5.

Lors d'une promenade en forêt, vous découvrez un ensemble de curieux panneaux de signalisation dont la forme peut être ronde, carrée ou triangulaire. Sur ces panneaux sont dessinées des figures rondes, carrées ou triangulaires et ces figures portent elles-mêmes une inscription ronde, carrée ou triangulaire. Les couleurs sont également variables.

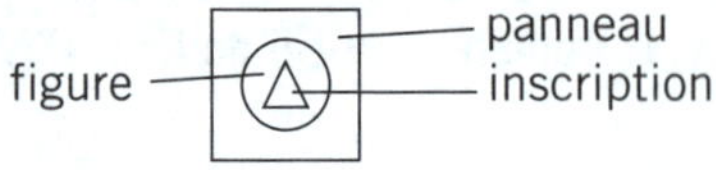

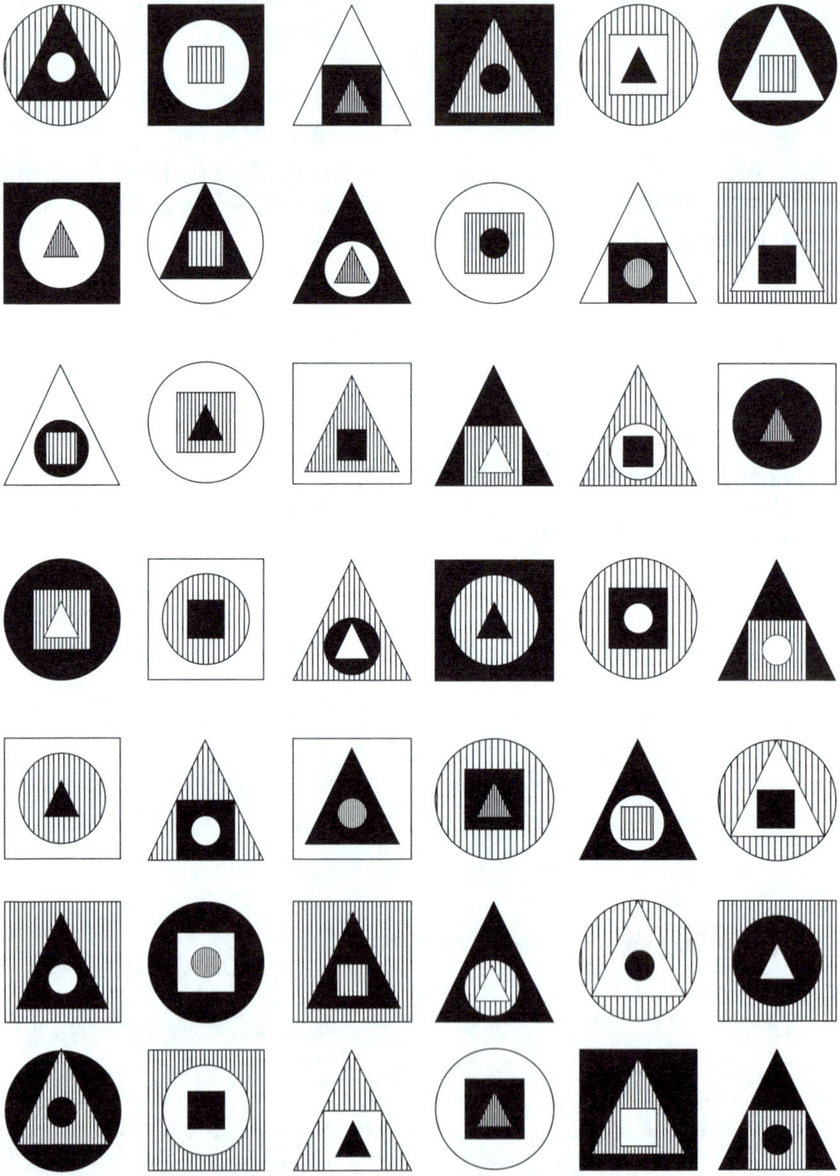

> Regardez attentivement cet ensemble et choisissez, pour chaque question, la réponse qui vous semble le mieux convenir.

EXERCICES

1. Combien y a-t-il au total de panneaux carrés de couleur blanche ?

Ⓐ 6
Ⓑ 3
Ⓒ 7
Ⓓ 5
Ⓔ 4

2. Combien y a-t-il au total de figures triangulaires et d'inscriptions rondes ?

Ⓐ 27
Ⓑ 26
Ⓒ 29
Ⓓ 25
Ⓔ 28

3. Combien y a-t-il au total de figures carrées se situant à l'intérieur d'un panneau de couleur noire ou de couleur rayée ?

Ⓐ 10
Ⓑ 8
Ⓒ 9
Ⓓ 12
Ⓔ 11

4. Combien y a-t-il au total d'inscriptions triangulaires de couleur noire contenues dans une figure ronde ou carrée de couleur rayée ?

Ⓐ 1
Ⓑ 3
Ⓒ 4
Ⓓ 2
Ⓔ 0

5. Combien y a-t-il de figures rondes de couleur noire ou de couleur blanche à l'intérieur d'un panneau triangulaire ou carré de couleur rayée et portant une inscription carrée ?

Ⓐ 4
Ⓑ 2
Ⓒ 1
Ⓓ 5
Ⓔ 3

CORRIGÉS

Exercice 5.

1. Ⓓ
2. Ⓑ (13 + 13)
3. Ⓐ
4. Ⓑ
5. Ⓑ

EXERCICES

Exercice 6.

Regardez attentivement le dessin ci-dessous et choisissez, pour chaque question, la réponse qui vous semble le mieux convenir.

1. Combien comptez-vous de  ?

Ⓐ 6 Ⓑ 7
Ⓒ 8 Ⓓ 9
Ⓔ Aucune réponse

2. Combien comptez-vous de  ?

Ⓐ 13 Ⓑ 14
Ⓒ 15 Ⓓ 16
Ⓔ Aucune réponse

3. Combien comptez-vous de  et de  ? (donnez le cumul des deux)

Ⓐ 22 Ⓑ 23
Ⓒ 24 Ⓓ 25
Ⓔ Aucune réponse

4. Combien comptez-vous de  toutes « couleurs » confondues ?

Ⓐ 26 Ⓑ 27
Ⓒ 28 Ⓓ 29
Ⓔ Aucune réponse

5. Combien de carrés « noirs » et de ronds « blancs » ? (donnez le cumul des deux)

Ⓐ 23 Ⓑ 24
Ⓒ 25 Ⓓ 26
Ⓔ Aucune réponse

6. Combien comptez-vous de  toutes « couleurs » confondues ?

Ⓐ 34 Ⓑ 35
Ⓒ 36 Ⓓ 37
Ⓔ Aucune réponse

7. Combien comptez-vous de figures « hachurées » (horizontalement ou verticalement) ?

Ⓐ 31 Ⓑ 32
Ⓒ 33 Ⓓ 34
Ⓔ Aucune réponse

8. Si les losanges deviennent des ronds et que les figures hachurées deviennent noires, combien comptez-vous de ronds noirs ?

Ⓐ 11 Ⓑ 12
Ⓒ 13 Ⓓ 14
Ⓔ Aucune réponse

CORRIGÉS

Exercice 6.

1. Ⓒ Faites attention de ne pas compter les ronds hachurés verticalement.

2. Ⓒ

3. Ⓓ (15 + 10)

4. Ⓑ Ne comptez pas les figures : 

5. Ⓐ (10 + 13)

6. Ⓒ

7. Ⓑ

8. Ⓓ (6 + 2 + 6). Commencez par compter les ronds noirs (6) initialement présents puis les losanges noirs (2) et les losanges hachurés (6) qui se sont transformés en ronds noirs.

42 LES TESTS DE COMPARAISON

La capacité à se concentrer et à maintenir son attention est une dimension importante de la vie. Elle contribue largement à la réussite des tests et est elle-même l'objet d'une épreuve. D'appellation commune, ces tests d'attention recouvrent en réalité des formes différentes. Si le but est à peu près le même, à savoir vérifier que le candidat est capable de maintenir son attention pendant un certain temps, la tâche à accomplir peut être très différente.

1. Objectifs

En plus de l'attention, ces tests requièrent de la concentration, de la rapidité et de l'exactitude. Mais le rapport entre vitesse et précision demande un savant dosage. Ces tests permettent tous de repérer si le candidat est plus précis que rapide ou concentré, et mesurent les capacités d'observation et de visualisation dans l'espace.

Ces tests d'attention ont donc pour but d'évaluer la capacité à repérer un certain nombre de détails, souvent en association ou en opposition, parmi un ensemble. Ils évaluent aussi l'intervalle de temps pendant lequel l'attention du candidat est mobilisée et efficace.

2. Lire les consignes

Les consignes peuvent être très variables d'un exercice à l'autre. En général, il s'agit d'observer des images ou des séries d'informations d'apparence très semblable (données verbales, numériques, symboles ou figures) et d'y distinguer certains éléments particuliers.

Exemple Une personne a réalisé une photocopie mais, par mystère, des erreurs se sont glissées entre l'original et la copie. Quel est le nombre d'erreurs ?

Original

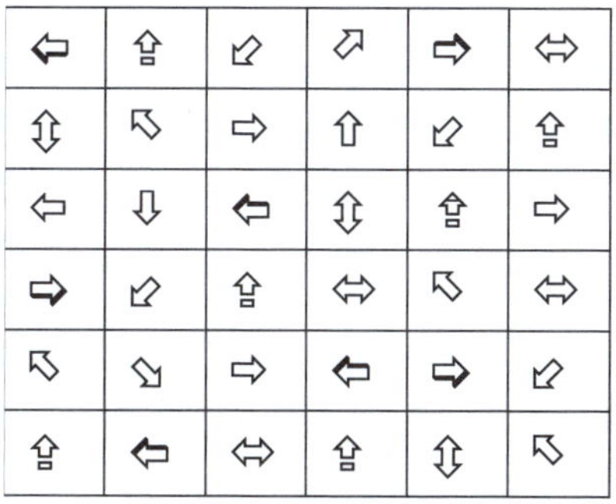

Photocopie

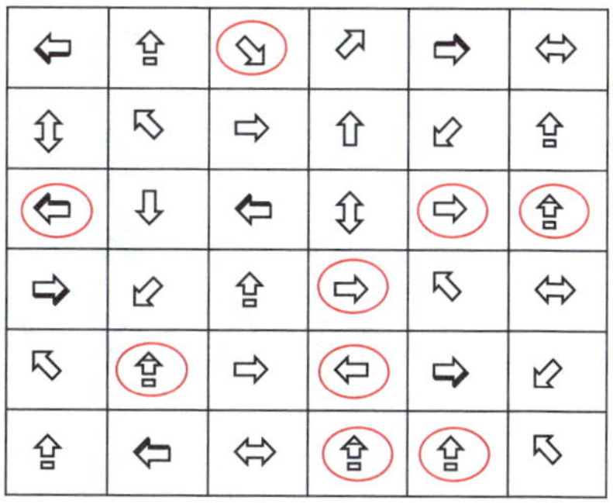

Méthode : Dans la photocopie, recherchez ligne par ligne, case par case, le signe différent et entourez-le afin de pouvoir le distinguer ultérieurement.

La première ligne comporte 1 erreur ; la seconde, aucune erreur ; la troisième, 3 erreurs ; la quatrième, 1 seule erreur ; la cinquième, 2 erreurs ; la sixième, 2 erreurs. Soit un total de 9 erreurs.

Ce test est construit sur une symbolique peu familière et composé de signes très ressemblants. De tels tests peuvent donc être constitués à partir de n'importe quel type d'éléments, et ils sont d'autant plus difficiles ou ennuyeux que ces symboles sont moins familiers.

3. Les tests de comparaison

Ces tests s'inspirent du jeu de sept erreurs mais avec un ensemble de lettres, dessins ou symboles présentés dans un tableau par exemple. Il faut alors comparer très méthodiquement la copie et l'original en n'oubliant aucune case du tableau.

Exemple Une personne a réalisé la copie d'un document. Vous devez, à l'aide du document original, retrouver le nombre d'erreurs commises par cette personne lors de son travail.

Dessin original

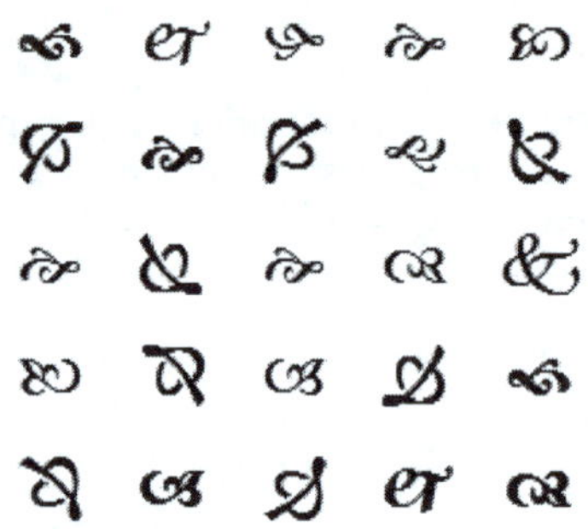

Copie du dessin

La disposition proposée dans cette question facilite une comparaison méthodique des dessins. Il suffit de commencer à la première ligne et d'avancer dessin après dessin sur chaque ligne et de souligner les erreurs pour les comptabiliser ensuite. La comparaison des dessins est un peu plus compliquée car ceux-ci diffèrent peu les uns des autres et il faut faire attention à chaque détail. Il y a 6 erreurs entre la copie et l'original. Il faut donc répondre **6** à la question.

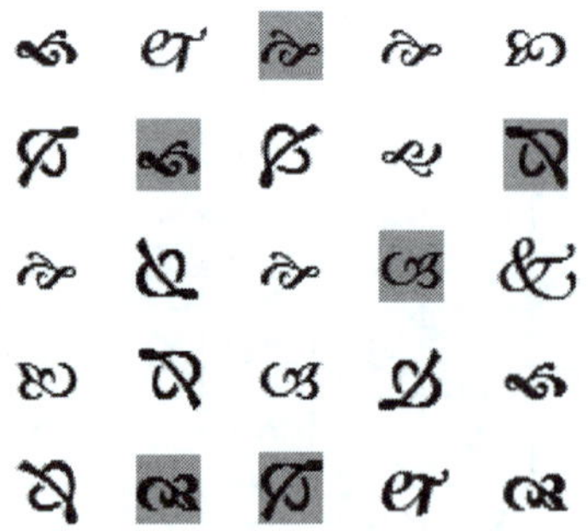

Exercice 1.

> Regardez attentivement l'exemple et cochez la figure identique parmi les réponses proposées

	Exemple	Ⓐ	Ⓑ	Ⓒ	Ⓓ
1.					
2.	* ● + *	* ● + +	+ ● + +	* ● * *	* ● + *
3.	A B D C	A B C D	A B D C	A B D D	A D D C
4.	XYZ ZYX	XYZ ZYX	ZYX XYZ	XYZ XYZ	XYZ ZYZ
5.	A a a A	A A a a	A A a A	A a a A	A a A A
6.	Ab Cd Ef Gh	Ab Cd eF gH	Ab Cd Ef Gh	AB Cd Ef Gh	Ab Cd Ef Gg
7.	Pd Pd pd pd	Pd Pd pd pd	Pp Pd pd pd	Pd Pd Pd Pd	Pd Pd pp pd
8.	MONO ONON	NONO ONON	NOON ONON	MONO ONON	NONO ONON
9.	34 35 21 33	34 33 21 33	34 36 21 33	34 35 23 13	34 35 21 33
10.	68 96 21 21	68 96 21 12	68 96 21 21	68 66 21 21	68 99 21 21

CORRIGÉS

1. Ⓓ
2. Ⓓ
3. Ⓑ
4. Ⓐ
5. Ⓒ
6. Ⓑ
7. Ⓐ
8. Ⓒ
9. Ⓓ
10. Ⓑ

Exercice 2.

> Indiquez si les lignes sont constituées de noms et/ ou de chiffres identiques ou différents

1. 2839450542183948821329487/ 2839450542183948821329487
Ⓐ Identique Ⓑ Différent

Ⓐ

2. 38745+498654+56983+39405/ 38745+498654+56983+38405
Ⓐ Identique Ⓑ Différent

Ⓑ

3. 2398475097545628465587453/ 2398475097546628465587453
Ⓐ Identique Ⓑ Différent

Ⓑ

4. 7683945876109573622449587/ 7683945876109573622449587
Ⓐ Identique Ⓑ Différent

Ⓐ

5. 45985763+74653=459866274/45985763+ 74653=459866274
Ⓐ Identique Ⓑ Différent

Ⓐ

6. 2748597564302976453748/ 2748597562302976453748
Ⓐ Identique Ⓑ Différent

Ⓑ

7. 111212212221222111221212/ 111212212221221111221212
Ⓐ Identique Ⓑ Différent

Ⓑ

8. Maximilienne Broncoschvig/Maximilienne Broncochvig
Ⓐ Identique Ⓑ Différent

Ⓑ

9. John Scott Fitzgerald/John Scott Fritzerald
Ⓐ Identique Ⓑ Différent

Ⓑ

10. Andreai Zulavsky/Andréai Zulavski
Ⓐ Identique Ⓑ Différent

Ⓑ

11. Yamasuri Okasaky/Yanasuri Okasaky
Ⓐ Identique Ⓑ Différent

Ⓑ

12. Sulivan Oliver Neils/Sulivan Qliver Neils
Ⓐ Identique Ⓑ Différent

Ⓑ

13. Karl Max Lagerfield/Karl Max Lagerfeild
Ⓐ Identique Ⓑ Différent

Ⓑ

Exercice 3.

> Votre travail consiste à comparer sur chaque ligne les deux séries proposées et à retrouver le nombre de caractères différents entre les deux. Choisissez la lettre correspondant à votre réponse. Ne donnez qu'une seule réponse.

Méthode - *Comparez caractère après caractère sans précipitation pour ne pas perdre de points sur une réponse fausse.*

1. Y22Z14W211K12 Y22Z14W21IK12
Ⓐ 0 Ⓑ 1 Ⓒ 2 Ⓓ 3 Ⓔ 4 — B

2. 414Z58R996G56 P4I4ZS8R996G56
Ⓐ 0 Ⓑ 1 Ⓒ 2 Ⓓ 3 Ⓔ 4 — C

3. Q57R589H123J12 Q57R589H123J12
Ⓐ 0 Ⓑ 1 Ⓒ 2 Ⓓ 3 Ⓔ 4 — A

4. O247Q558G27W1 Q247O558G27WI
Ⓐ 0 Ⓑ 1 Ⓒ 2 Ⓓ 3 Ⓔ 4 — D

5. H33L75F56U68Z1 H33L75F56U6BZ1
Ⓐ 0 Ⓑ 1 Ⓒ 2 Ⓓ 3 Ⓔ 4 — B

6. D27Y77R88UI891 D27Y71R83U189I
Ⓐ 0 Ⓑ 1 Ⓒ 2 Ⓓ 3 Ⓔ 4 — E

7. K57D96BG87VC5 K57O96BG87VC5
Ⓐ 0 Ⓑ 1 Ⓒ 2 Ⓓ 3 Ⓔ 4 — B

8. J45F87YW32KF91 J45F87YW32KF91
Ⓐ 0 Ⓑ 1 Ⓒ 2 Ⓓ 3 Ⓔ 4 — A

9. I1IF78POQ33M87 I11F78POQ33M8S
Ⓐ 0 Ⓑ 1 Ⓒ 2 Ⓓ 3 Ⓔ 4 — C

10. L22D750HRO0591 L22D75OHRO0591
Ⓐ 0 Ⓑ 1 Ⓒ 2 Ⓓ 3 Ⓔ 4 — B

11. HGT758JK59V59J HGT758JK59V59J
Ⓐ 0 Ⓑ 1 Ⓒ 2 Ⓓ 3 Ⓔ 4 — A

12. HTR85FKIGU8JH HTR8SFK1GU8IH
Ⓐ 0 Ⓑ 1 Ⓒ 2 Ⓓ 3 Ⓔ 4 — D

13. DIG1R98NFUR1F D1G1R98NFURIF
Ⓐ 0 Ⓑ 1 Ⓒ 2 Ⓓ 3 Ⓔ 4 — C

14. PE59H44D81ZX8 PE59H44O81ZX8
Ⓐ 0 Ⓑ 1 Ⓒ 2 Ⓓ 3 Ⓔ 4 — B

15. YTRE598GFJ54 HYIRE598GEI54
Ⓐ 0 Ⓑ 1 Ⓒ 2 Ⓓ 3 Ⓔ 4 — D

16. GTD158FJ56KFJ1 GTDI53FJ56KFJI
Ⓐ 0 Ⓑ 1 Ⓒ 2 Ⓓ 3 Ⓔ 4 — D

17. UYDG58KF28D11 UYDG58KF28D71
Ⓐ 0 Ⓑ 1 Ⓒ 2 Ⓓ 3 Ⓔ 4 — B

18. JUE547DJG554HJ JUE547DJG554HJ — A
Ⓐ 0 Ⓑ 1 Ⓒ 2 Ⓓ 3 Ⓔ 4

19. BFUI6E1EHFD45 BFUI6E1EHFD45 — A
Ⓐ 0 Ⓑ 1 Ⓒ 2 Ⓓ 3 Ⓔ 4

20. NFIF1V94FNR2F NF1FIV94ENR2E
Ⓐ 0 Ⓑ 1 Ⓒ 2 Ⓓ 3 Ⓔ 4

21. NYSC19DJD18D1 NYSCI9DJDI8D1 — C
Ⓐ 0 Ⓑ 1 Ⓒ 2 Ⓓ 3 Ⓔ 4

22. JIFG158OGI514B JIFGI58OGI514B
Ⓐ 0 Ⓑ 1 Ⓒ 2 Ⓓ 3 Ⓔ 4

23. JF58VJF7DUIDS2 JF58VJF7DUIDS2 — A
Ⓐ 0 Ⓑ 1 Ⓒ 2 Ⓓ 3 Ⓔ 4

24. HFY5D7FYR4J57 HFY5D1FYR4J57 — B
Ⓐ 0 Ⓑ 1 Ⓒ 2 Ⓓ 3 Ⓔ 4

25. JDUC187DJD15U JDUC187DJD1SU — B
Ⓐ 0 Ⓑ 1 Ⓒ 2 Ⓓ 3 Ⓔ 4

26. ML15CGHD872S ML15CGHD872S — A
Ⓐ 0 Ⓑ 1 Ⓒ 2 Ⓓ 3 Ⓔ 4

27. BDTS196SU16DY 8DTS196SU16DY — B
Ⓐ 0 Ⓑ 1 Ⓒ 2 Ⓓ 3 Ⓔ 4

28. NCYZE1968DHTE NCYZE1968DHTE — A
Ⓐ 0 Ⓑ 1 Ⓒ 2 Ⓓ 3 Ⓔ 4

29. NCI267EGHE198E NC1267FGHFI98E — E
Ⓐ 0 Ⓑ 1 Ⓒ 2 Ⓓ 3 Ⓔ 4

30. NHTY19DJNYFD5 NHTYJ9DJNYFDS — C
Ⓐ 0 Ⓑ 1 Ⓒ 2 Ⓓ 3 Ⓔ 4

Exercice 4.

> Dans cette partie, on vous donne une série de trois symboles : Λ Σ ϑ.
Votre travail consiste à compter, pour chaque question (ligne par ligne), le nombre de symboles identiques à ceux donnés au début de cette partie.
Cochez la réponse correspondant à la valeur trouvée. Si aucune valeur ne vous convient, choisissez la réponse E.

Ce test d'attention, proposé en fin d'épreuve lorsque le candidat commence à ressentir la fatigue liée aux différentes parties, teste les capacités de concentration et de rapidité puisque le temps imparti est généralement très court.
Cependant, faites attention à ne pas confondre vitesse et précipitation. Prenez le temps de bien comprendre et mémoriser la consigne. Travaillez ensuite de façon méthodique en prenant le temps de comparer symbole

après symbole chaque ligne en les pointant avec le doigt par exemple.
Ne vous affolez pas, même si vous n'avez pas terminé l'ensemble des questions. Il vaut mieux répondre juste aux trois quarts des questions plutôt que de répondre à toutes les questions en commettant un nombre d'erreurs important.

Méthode - *Gardez constamment sous les yeux les trois symboles que vous devez dénombrer dans les questions et réécrivez-les sur votre brouillon si nécessaire. Soulignez les symboles trouvés sur chaque ligne de façon à pouvoir vérifier vos réponses si vous en avez le temps.*

1. Η Σ Δ Ψ Ο Σ Τ Θ Η Ω Ξ Χ ΟΥ Ι Μ Θ Σ Δ Ν Γ Σ Ι Γ
Ν Φ Δ ϑ Μ Δ Θ Φ Ν Σ Δ ϑ
Ⓐ 7 Ⓑ 8 Ⓒ 9 Ⓓ 10 Ⓔ autre valeur

A

2. Ν Σ Δ ϑ Ψ Τ Ο Γ Ψ ϑ Σ Η Φ Ο Θ Σ Φ Η Β ϑ Θ Λ Υ
Π Ρ Γ Λ ϑ Ε Ζ ϑ Γ Τ Ε ϑ ϑ Λ
Ⓐ 11 Ⓑ 12 Ⓒ 13 Ⓓ 14 Ⓔ autre valeur

C

3. Δ Σ ΛΥ ϑ Σ Δ Η Γ Λ Θ ϑ Γ Κ ϑ Σ Ν Ξ Χ Θ Σ Λ Θ ϑ
Σ Γ Φ Σ Θ Μ Δ Η Ν Φ Γ Γ
Ⓐ 9 Ⓑ 10 Ⓒ 11 Ⓓ 12 Ⓔ autre valeur

E (13)

4. Λ Σ Σ Θ Φ ϑ Θ Λ Δ Θ Λ Υ Γ Τ Η ϑ Β Θ Ψ Τ Γ Δ Ν
Θ Γ Δ Ψ Γ Δ Σ Ω Γ Γ Φ Ι
Ⓐ 7 Ⓑ 8 Ⓒ 9 Ⓓ 10 Ⓔ autre valeur

B

5. ϑ Δ Ψ Φ Η Ο Μ Σ Γ Φ Α Ζ Μ Ο ϑ Φ Ε Ζ Η Φ Ζ Μ
Ψ Ν Ε Ζ Χ Ψ Ψ Ψ Σ Σ Λ Δ Σ
Ⓐ 4 Ⓑ 5 Ⓒ 6 Ⓓ 7 Ⓔ autre valeur

D

6. Β ϑ Ψ Σ Φ Β Γ Ψ Θ Κ Γ Θ Η Ν Θ Φ Γ Β Ω Υ Ρ Μ Σ
Ξ Γ Υ Ε Ψ Ο Θ Η Γ Θ Γ Ρ ϑ
Ⓐ 3 Ⓑ 4 Ⓒ 5 Ⓓ 6 Ⓔ autre valeur

B

7. Η Δ ϑ Κ Ψ Θ Η Ε Ψ Φ Θ Γ Η Γ ϑ Δ Σ Γ Λ ϑ Σ Θ ϑ
Σ Υ ϑ Ψ Γ Φ ΓΛ Κ Ψ Υ ϑ ϑ
Ⓐ 10 Ⓑ 11 Ⓒ 12 Ⓓ 13 Ⓔ autre valeur

C

8. Γ Φ Β Γ Θ Υ Ψ ϑ Η Λ Γ Φ Η Σ ϑ Γ Υ Γ ϑ Φ Δ Τ Η
Γ Φ Λ Κ Δ Η Κ Λ Φ Δ Δ Η Γ
Ⓐ 7 Ⓑ 8 Ⓒ 9 Ⓓ 10 Ⓔ autre valeur

A

9. Β ϑ Χ Σ Κ Υ Η ϑ Σ Τ Σ Γ Λ Φ ϑ Γ Σ ϑ Η Κ Φ Δ Σ
Ψ Ι Τ ϑ ΣΟ Τ Ζ Υ Ψ Κ Λ Η Φ Σ
Ⓐ 12 Ⓑ 13 Ⓒ 14 Ⓓ 15 Ⓔ autre valeur

C

10. Ν Δ Ψ Τ Η Θ Η Β Θ Γ Ν Ζ Σ Μ Γ Δ Φ Θ Ζ Φ Ξ Ν
Γ Β Λ Σ Δ Θ Γ Δ Σ Κ Λ Δ ϑ Σ
Ⓐ 4 Ⓑ 5 Ⓒ 6 Ⓓ 7 Ⓔ autre valeur

D

11. Σ Σ Γ ϑ Δ Λ Σ Η Γϑ Δ Ξ ϑ Η Λ Σ Γ Λ Υ Ψ Η ϑ Τ
ϑ Σ Ω Γ ϑ Τ Δ ΔΗ Δ Δ ϑ Η ϑ Φ ϑ
Ⓐ 13 Ⓑ 14 Ⓒ 15 Ⓓ 16 Ⓔ autre valeur

E (17)

12. Β Ψ Θ Τ Ι Σ Ε ϑ Γ Δ ϑ Φ Η Ο Ψ Ο Ε Ρ Κ Τ ϑ Γ ϑ
Π Π Ψ Κ Τ ϑ ϑ Φ Δ Λ Η Ξ Λ Σ Ρ
Ⓐ 9 Ⓑ 10 Ⓒ 11 Ⓓ 12 Ⓔ autre valeur

B

13. Β Η Χ Σ Ζ Ρ Ζ Τ Η ϑ Υ Ψ Ζ ϑ Σ Γ ϑ ϑ Μ Φ Ο Ζ Σ
Δ Κ Ι ϑ Σ Ι Η Δ Κ Σ ϑ Η Δ Κ Ξ
Ⓐ 8 Ⓑ 9 Ⓒ 10 Ⓓ 11 Ⓔ autre valeur

D

14. Ν Α ϑ Ψ Τ Ζ Π Σ Γ Η ϑ ϑ Σ Ο Ψ Ι Ν Ζ Η Γ Κ Λ ϑ
Ι Λ Η Γ Β Λ Κ Ψ Λ Σ Ψ Κ ϑ Ψ
Ⓐ 10 Ⓑ 11 Ⓒ 12 Ⓓ 13 Ⓔ autre valeur

C

15. Ν Θ Ι Π Ε Η Β Κ Λ Φ Σ Υ Η Γ Ο Ε Μ Κ Υ Π Ε Η
Γ Σ ϑ Λ Γ Ρ Ι ϑ Η Σ Ζ Ψ Τ Γ Κ
Ⓐ 7 Ⓑ 8 Ⓒ 9 Ⓓ 10 Ⓔ autre valeur

A

16. Β Φ Σ Κ Τ Ψ Θ Γ Η Π Ο Η Γ Τ ϑ Κ Γ Ζ Γ ϑ Ε Ο
Η Γ ϑ Ε Κ Λ Κ ϑ Φ Δ Ψ Υ Η Γ
Ⓐ 3 Ⓑ 4 Ⓒ 5 Ⓓ 6 Ⓔ autre valeur

D

17. Φ Δ Ζ Τ Υ Π Ε Ψ Ψ Γ ϑ Κ Δ Η Γ Λ Π Σ Γ Δ Λ Σ Ι
Γ Β Π Ι Υ Ψ ϑ ϑ Η Ψ Π Σ Γ Λ ϑ
Ⓐ 6 Ⓑ 7 Ⓒ 8 Ⓓ 9 Ⓔ autre valeur

E (10)

18. Σ Η ϑ Σ Μ Δ Φ Σ Η Κ ϑ Μ Φ Λ Ν Φ Σ Η Λ ϑ Ν Φ
Κ Δ Η ϑ Σ Η Λ Δ Δ ϑ Γ Κ Δ Η Φ
Ⓐ 13 Ⓑ 14 Ⓒ 15 Ⓓ 16 Ⓔ autre valeur

A

19. Γ Σ ϑ Γ Φ Ο Μ Λ Κ Δ Η Γ Λ ϑ Η Κ Δ Σ Γ Δ Φ Η
ϑ ϑ Ν Φ Σ Λ Σ Κ Γ Η Φ Δ Ω Η Λ
Ⓐ 10 Ⓑ 11 Ⓒ 12 Ⓓ 13 Ⓔ autre valeur

C

20. Β ϑ Δ Τ Π Ο Ε Υ Γ Ρ Ν Η Μ Σ Φ ϑ Γ Η Σ Σ Σ Γ Η
Φ Δ ϑ Κ Λ Ψ Γ Φ Σ ϑ Σ Ζ ϑ Φ
Ⓐ 11 Ⓑ 12 Ⓒ 13 Ⓓ 14 Ⓔ autre valeur

B

21. Φ Β ϑ Δ Φ Ζ Ψ Γ Θ Ψ Δ ϑ Σ Γ ϑ Ψ Κ Γ Δ Φ Κ Σ
ϑ Ο Δ ϑ Σ Γ Δ Λ ϑ Σ Ε Δ Ο Η Λ Φ
Ⓐ 11 Ⓑ 12 Ⓒ 13 Ⓓ 14 Ⓔ autre valeur

B

22. Η Σ Κ Λ ϑ Λ Σ Η Γ Ο Τ Σ Η ϑ Φ Δ Ι Ψ Ο ϑ Σ Κ Ψ
ϑ Η Μ Ε Υ Ζ Ψ Η Κ Φ Κ Δ Ε ϑ Γ
Ⓐ 8 Ⓑ 9 Ⓒ 10 Ⓓ 11 Ⓔ autre valeur

D

23. Φ Θ Ψ Τ Λ Η Θ Σ ϑ Γ Λ Υ Ψ Σ Λ Δ Ψ Δ Σ ϑ Λ Σ Δ
Φ Υ Ι Ψ Λ Δ Σ Ξ ϑ Η Λ ϑ Σ Δ Ι ϑ
Ⓐ 15 Ⓑ 16 Ⓒ 17 Ⓓ 18 Ⓔ autre valeur

C

24. Ν Φ Δ Σ Γ Υ Σ ϑ Η Λ Δ Ι ϑ Ξ Γ ϑ Γ ϑ Φ Δ Π Ο Κ
ϑ Ε Δ Ξ Κ ϑ Δ Φ Μ Λ Ι Γ Υ Ο ϑ
Ⓐ 11 Ⓑ 12 Ⓒ 13 Ⓓ 14 Ⓔ autre valeur

A

25. Β Ψ Σ Ι Λ Φ Δ Η Ω Ν Β Δ Γ Σ Ι Υ Γ Ι Σ Η Γ ϑ Φ
Μ Λ Σ ϑ ϑ Σ Μ Η ϑ Δ Δ Ν Σ Σ ϑ
Ⓐ 10 Ⓑ 11 Ⓒ 12 Ⓓ 13 Ⓔ autre valeur

E (14)

43 LES TESTS D'OBSERVATION

Ces tests se présentent sous forme de divers jeux et ne font pas appel à des connaissances particulières.
Ce sont vos capacités d'observation mais aussi votre rapidité qui sont évaluées dans la mesure où ces épreuves sont souvent limitées dans le temps.

1. Description des tests

Les exercices peuvent porter sur la recherche de différences ou de dessins identiques.
Exemple Quelles sont les deux montgolfières totalement identiques ?

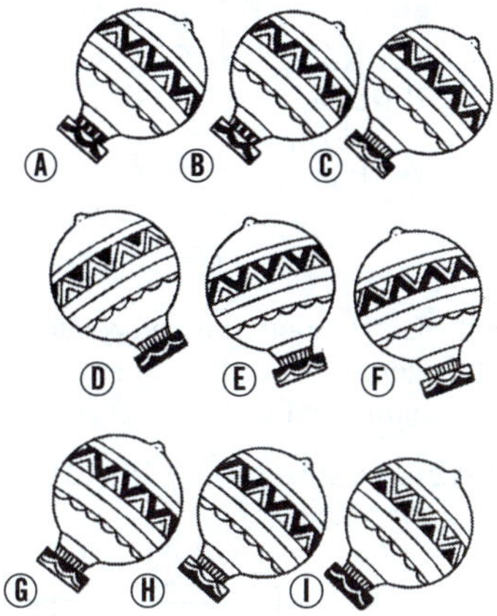

Ne procédez pas par tâtonnements mais donnez-vous une méthode.
Partez par exemple d'un élément de Ⓐ (la base) que vous recherchez dans les autres dessins. Vous voyez qu'aucune autre montgolfière n'a la même base.
Ⓒ a la même base que Ⓔ mais pas les mêmes dessins sur le ballon. De même pour Ⓓ et Ⓘ.
Vous arrivez alors à Ⓔ complètement identique à Ⓖ. Réponse : Ⓔ et Ⓖ.

Quels éléments verticaux de la barrière comportent les mêmes signes placés dans un ordre différent ?

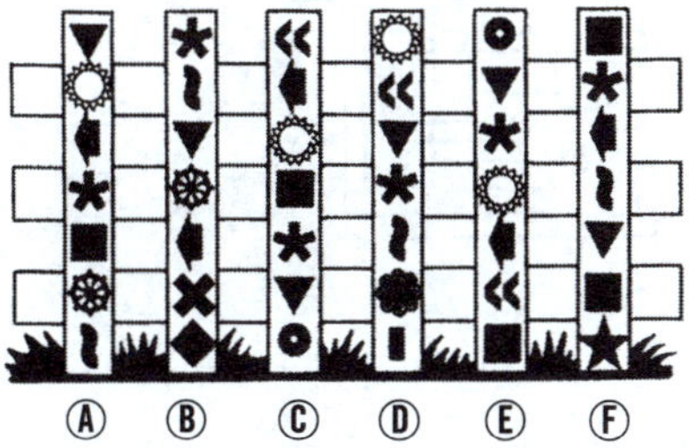

Remarquez que vous pouvez éliminer d'emblée Ⓔ ayant 2 signes originaux. Ensuite, Ⓐ et Ⓑ seules ont 1 roue mais Ⓑ n'a pas de soleil.
Reste Ⓒ, Ⓔ, Ⓕ. Vous voyez que Ⓕ n'a pas de soleil. Il reste à vérifier les réponses Ⓒ et Ⓔ... qui sont la bonne réponse !

Pour ce type d'exercices, il faut vous donner une méthode de travail pour isoler les éléments spécifiques (par élimination par exemple) et la suivre rigoureusement. Après avoir trouvé la réponse, effectuez une vérification rapide.

Les jeux de « pêle-mêle » (de lettres, de mots, d'objets) sont couramment utilisés.

Exemple Repérez dans la grille tous les mots de la liste ci-dessous. Les mots peuvent être lus horizontalement de gauche à droite ou de droite à gauche, verticalement de haut en bas ou de bas en haut, en diagonale.
Lorsque vous aurez trouvé tous les mots, il restera 5 lettres vous permettant de reconstituer un adjectif utilisé pour désigner l'os de la pommette. Quel est cet adjectif ?

ABOYER	ENIGME	ONDEE
BOLEE	FROID	PIECE
BOMBE	GARDE	POLI
CLOUE	GREE	ROUND
COKE	HUEE	TENEUR
CRAC	LIEUE	TERREUR
DRUE	LISIBLE	VAINCU

E	L	B	I	S	I	L	O	P	A	E
D	E	B	M	O	B	J	U	B	N	U
R	N	L	E	E	D	N	O	I	R	R
A	E	U	O	L	C	Y	G	L	U	D
G	E	C	O	B	E	M	G	I	E	I
R	U	E	R	R	E	T	A	E	N	O
E	H	L	V	A	I	N	C	U	E	R
E	C	E	I	P	C	O	K	E	T	F

La réponse est JUGAL.
Il vous faut lire rapidement tous les mots puis procéder de façon méthodique en balayant les lignes d'abord horizontalement, puis verticalement et rayer au fur et à mesure. Les premières lettres des mots vous permettent de travailler plus rapidement.

Des exercices de labyrinthes sont moins fréquents.

Exemple Quelle pelote mène aux aiguilles ?

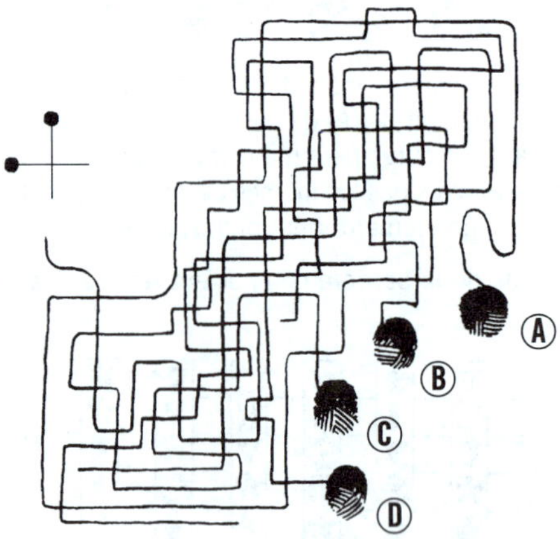

La réponse est Ⓑ.

Les exercices nécessitent surtout une grande concentration mais aussi une rapidité de réalisation.

La recherche d'un fragment appartenant à un dessin sollicite vos facultés d'exactitude, les différences étant souvent minimes.

Exemple Quel est le fragment appartenant au dessin ?

La réponse est le numéro 9.

2. Astuces pour réussir

Cette catégorie de tests ne pose pas de difficultés de raisonnement mais réclame toute votre attention.

Certains exercices nécessitent un raisonnement sur plusieurs éléments et appellent une méthode rigoureuse (élimination, soulignement, encadrement systématiques).

Attention aussi à ne pas travailler dans la précipitation. Il faut être rapide mais exact ! Ne vous « éparpillez » pas et restez calme.

EXERCICES

Exercice 1.

1. Dans la grille ci-dessous, rayez les mots de la liste. Il restera alors 6 lettres non rayées avec lesquelles former un mot en le relevant dans le sens normal de lecture. Attention, les mots peuvent s'écrire dans tous les sens (même en diagonale et à l'envers) et une lettre peut faire partie de plusieurs mots.

```
C H O C O L A T C E N O L E M
C E E H C E P A R C O U P E G
O S B B L S F I R R F N C N L
N I A A E E O H I R E O R I A
G O T N M P U H A R C I E R C
E B O A A M C I D O E S M A E
L M N N R I S N R M E E E D L
A A O E A E O N M E L T O N L
T R R R C F E O M L L T T A I
E F F B A T P E E L I E I M E
U A E A U N E T N I T K U G S
R M U R E C G E T N R I R O O
C A S S I S O E H A Y W F U R
T O C I R B A L E V M I T T G
E H C A T S I P A C I T R O N
```

Mots à rayer :

Abricot	Eau	Mûre
Banane	Été	Noisette
Bâton	Fondre	Myrtille
Café	Fraise	Orange
Caramel	Framboise	Pêche
Cassis	Fruit	Pistache
Chocolat	Glace	Poire
Citron	Goût	Pomme
Cola	Groseille	Rafraîchir
Congélateur	Kiwi	Rhum
Cornet	Mandarine	Vanille
Coupe	Melon	
Crème	Menthe	

Mot à trouver : ••••••

Douze noms de choses que l'on peut voir sur une plage se suivent, en zig-zag, dans cette grille, en partant de la case fléchée. (Deux d'entre elles sont en trois mots). Chaque lettre ne sert qu'une fois et toutes les lettres sont utilisées. Quels sont les 12 noms ?

CORRIGÉS

Exercice 1.

1. Sorbet

2. Dans l'ordre : parasol, casquette, sable, ballon, serviette, lunettes de soleil, bouée, maillot de bain, galet, palmes, seau, coquillage.

3. Dans chaque fenêtre, un des deux fragments appartient au dessin. Lequel ?

4. Combien y a-t-il de cercles dans ce ballon ?

5. Quelles sont les différences entre ce paysage et son reflet ?

6. Parmi ces six scènes, il y en a deux parfaitement identiques. Lesquelles ?

CORRIGÉS

3. A 2 ; B 1 ; C 1 ; D 2 ; E 1.

4. 24.

5. Dans le reflet, le bâton est plus court, la pierre, à droite de l'alpiniste, est plus petite, une tache noire apparaît près du sommet de la plus haute montagne, le sommet de la plus petite est plus rectiligne et la pente, à droite de l'alpiniste, devient plus douce.

6. 1 et 4.

7. Combien de différences trouvez-vous entre ces deux alpinistes : 3, 4, 5 ou 6 ?

8. Combien y a-t-il d'extra-terrestres dans ce pêle-mêle ?

9. Parmi ces cristaux de glace, deux sont identiques. Lesquels ?

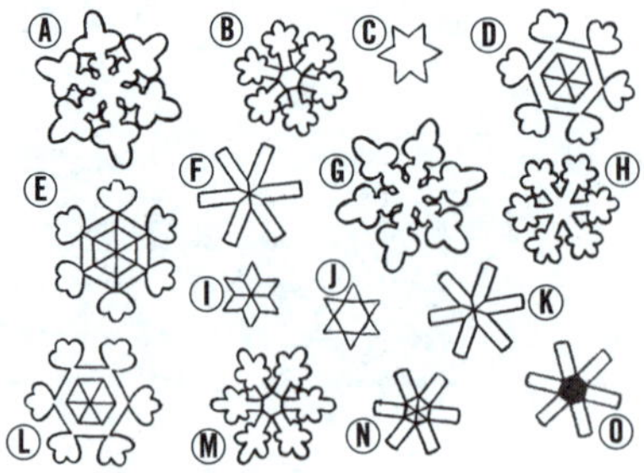

Exercice 2.

1. Combien comptez-vous d'enveloppes ?

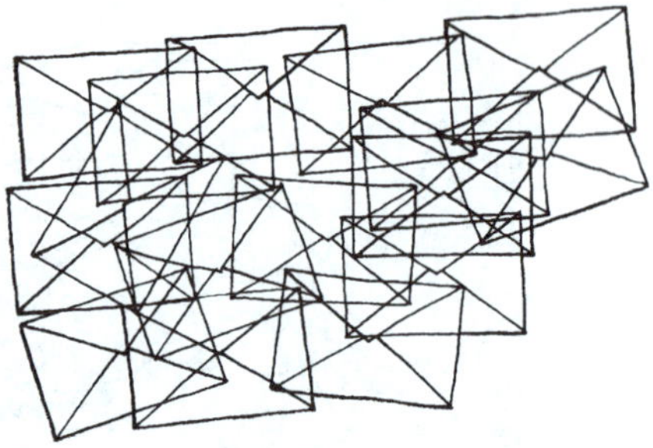

2. Combien comptez-vous d'allumettes ?

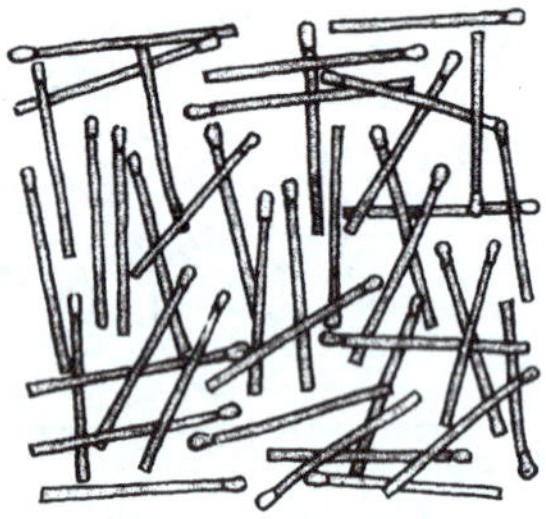

3. Quel chemin prendre pour trouver la sortie : Ⓐ, Ⓑ, Ⓒ ou Ⓓ ?

CORRIGÉS

7. 4. L'alpiniste du bas porte des chaussures à semelles noires, son casque est hachuré, sur sa jambe droite une ombre apparaît et son marteau est rayé.

8. 8. Il faut repérer les yeux et la bouche.

9. Ⓓ et Ⓛ

Exercice 2.

1. 16. Repérez le centre de chaque enveloppe.

2. 41.

3. Ⓑ

4. Deux carrés sont repris du dessin. Lesquels ?

Ⓐ Ⓑ Ⓒ Ⓓ Ⓔ

5. Parmi tous ces jardiniers, il y en a deux parfaitement identiques. Lesquels ?

6. L'un des deux fragments situés dans chaque fenêtre appartient au dessin ci-dessus. Lequel ?

7. Deux des six détails sont issus de la scène principale. Lesquels ?

CORRIGÉS

4. Ⓐ et Ⓔ
5. Ⓐ et Ⓔ
6. Ⓐ 2 ; Ⓑ 1 ; Ⓒ 2 ; Ⓓ 2 ; Ⓔ 1.
7. 2 et 6.

EXERCICES

Exercice 3.

1. Quelle lettre se trouve tout juste à la même distance d'une fleur, d'un champignon, d'une touffe d'herbe et d'un caillou ? Ces quatre sujets équidistants n'étant pas obligatoirement les plus proches de la lettre en question.

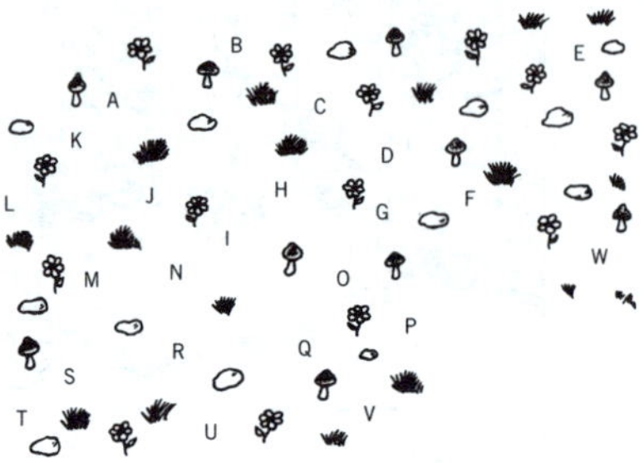

2. Sur quel côté (1 ou 2) se trouve la croix qui figure à l'extrémité gauche du ruban ?

3. Au coup d'œil, pouvez-vous dire laquelle des deux lignes AB ou CD est la plus longue ?

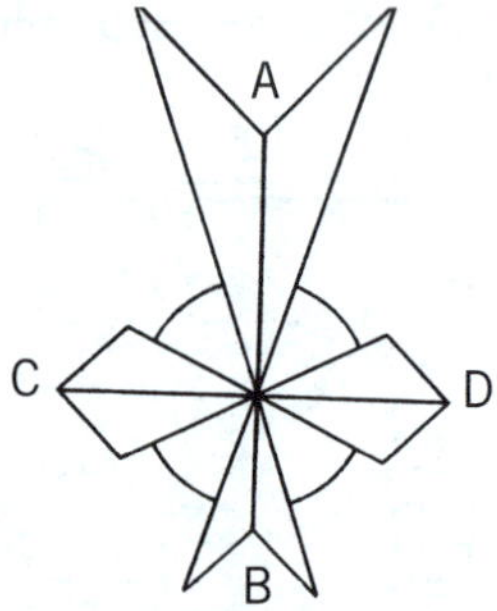

4. Quel ballon est différent des autres ?

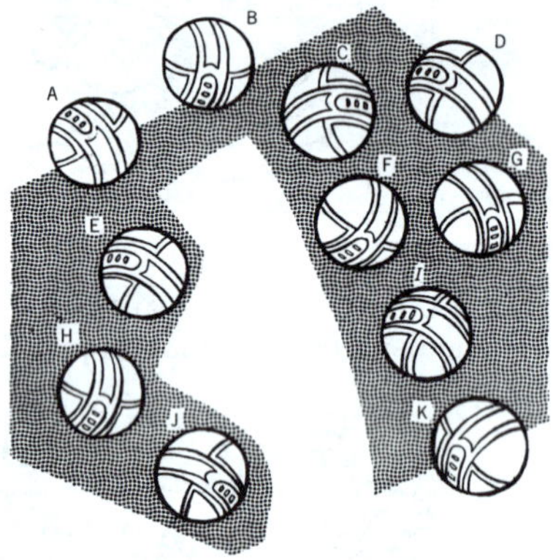

5. En lisant le ruban d'une certaine façon, vous trouverez le titre d'un livre et son auteur ?

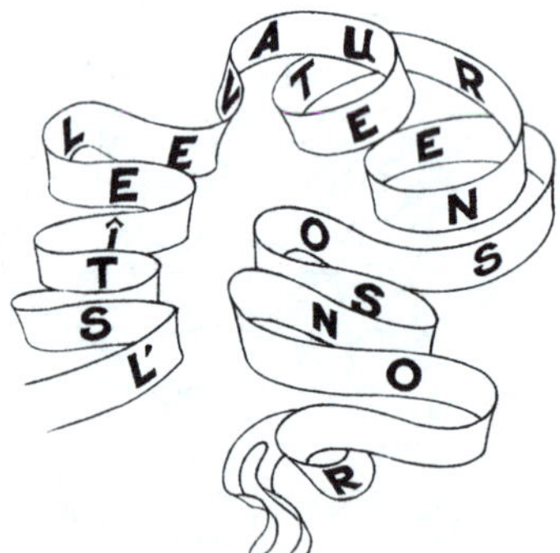

CORRIGÉS

Exercice 3.

1. N, à égale distance de la touffe d'herbe placée au-dessus de J, de la fleur à l'ouest de M, du champignon au-dessous de H et du caillou situé au sud-est de R.

2. Côté n° 1.

3. Elles sont de longueur égale.

4. Le ballon I.

5. Sur une face : L'île au trésor ; sur l'autre : Stevenson.

6. Retrouvez dans la grille, tous les mots de la liste ! Les 6 lettres restantes vous permettront de reconstituer le nom d'une pierre sacrée

AVEC	EXPULSER	NOMME
CINE	FARCE	OSSEUX
CUIRE	FLORE	PORCIN
CULEE	GROSSE	RACE
CUVE	MADRE	RELIQUE
DORSAL	MELE	SAINE
EMPARER	MUSC	SUEUR

O	M	A	D	R	E	L	I	Q	U	E
B	S	E	L	E	M	M	O	N	E	X
T	Y	S	L	E	N	I	C	R	O	P
C	L	U	E	M	P	A	R	E	R	U
U	C	E	C	U	D	O	R	S	A	L
I	E	U	R	S	X	E	N	I	A	S
R	V	R	A	C	G	R	O	S	S	E
E	A	E	F	L	O	R	E	C	A	R

7. Biffez un à un les nombres de la liste, ceux-ci pouvant se lire dans tous les sens, y compris obliquement, à l'envers ou à l'endroit. Un seul chiffre restera dans la grille. Lequel ?

5912	87714	556899	7972487
25478	117397	563587	8556896
28925	365875	586562	9794133
41395	379519	659736	24165731
42968	385845	711761	34357323
48469	413588	892767	81212133
83328	537248	942855	97141945

5	6	3	5	8	7	5	4	3	4	8
4	3	3	7	9	5	1	9	2	2	1
9	3	7	7	8	3	6	1	3	4	2
1	1	8	2	9	7	9	3	7	1	1
4	4	4	5	4	5	8	6	5	6	2
1	9	2	2	8	8	6	5	3	5	1
7	7	7	9	4	4	5	8	4	7	3
9	9	9	8	6	5	5	7	3	3	3
7	6	7	2	9	8	8	5	3	1	4

8. Quelle est la lettre la plus utilisée dans la grille et les lettres non utilisées ?

S	N	A	E	F	X	L	I
T	Q	B	S	L	M	Z	X
S	K	X	T	C	G	Q	V
A	S	I	Y	Y	D	Q	S
A	N	W	O	D	H	A	U
K	K	M	G	X	Y	S	C
O	L	L	N	M	Q	D	Z
N	Z	S	C	M	P	Z	B

9. Lesquels de ces nœuds sont de vrais nœuds ?

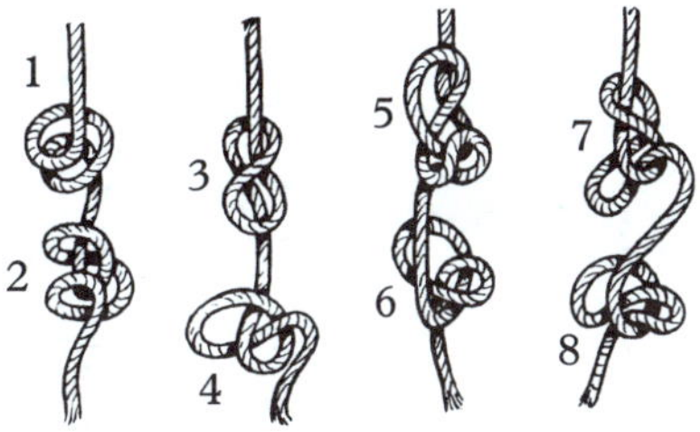

10. Quatre des morceaux ci-dessous, correctement assemblés, constituent une étoile à cinq branches. Quel morceau est en trop ?

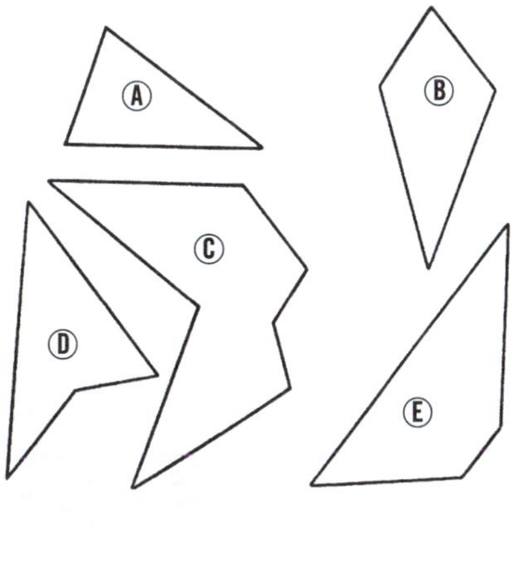

CORRIGÉS

6. Bétyle.

7. 4.

8. S a été utilisée 7 fois ;
J et R n'ont pas été utilisées.

9. 4 et 7.

10. Ⓓ

Mise en page : STDI

ÉDITIONS FOUCHER 58, RUE JEAN-BLEUZEN, 92178 VANVES CEDEX
JANVIER 2011 – 01 – MV-MB/SM

NORMANDIE ROTO IMPRESSION S.A.S., 61250 LONRAI – N° D'IMPRESSION : 104762 IMPRIMÉ EN FRANCE